LEONARDO
ANATOMÍA Y VUELO

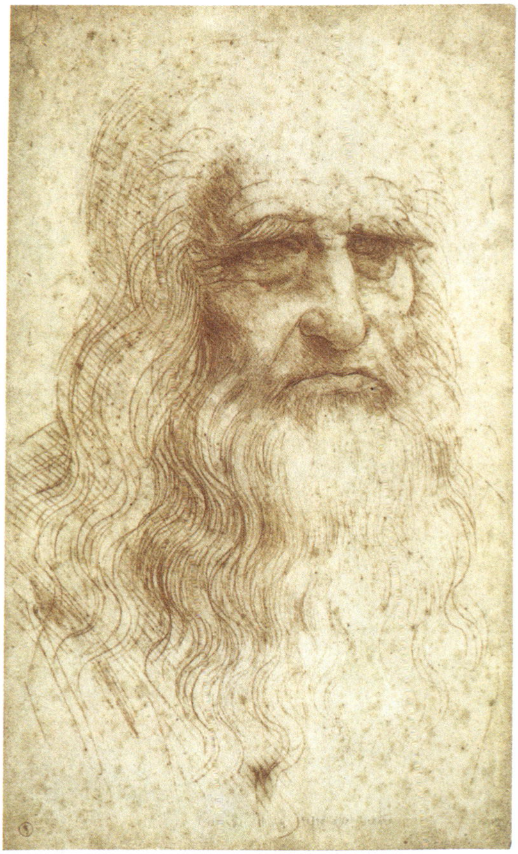

TIKAL

Referencias fotográficas

Archivo Giunti
Archivo Alinari, Florencia
Réunion des Musées Nationaux, París

Advertencia

El presente volumen recoge textos de diferentes autores publicados ya anteriormente, tal como se detalla a continuación:

Leonardo. Anatomía, de Marco Cianchi

Las iniciales RL hacen referencia al inventario numerado por la Royal Library de Windsor, utilizada por Kenneth Clark y Carlo Pedretti en su catálogo *The Drawings of Leonardo da Vinci Collection of Her Majesty the Queen at Windsor Castle* (Londres, 1968-1969, 3 v.). Las iniciales K/P hacen referencia a la numeración usada en el catálogo por Kenneth Leele y Carlo Pedretti, *Corpus degli studi anatomici nella collezione du sua maestá la Regina Elisabetta II nel castello di Windsor* (Giunti, Florencia, 1984, 3 v.).

Leonardo. El vuelo, de Domenico Laurenza

Significado de las abreviaturas que se utilizan esta sección de la obra:

A Manuscrito A (*c.* 1490-1492), París, Institut de France
B Manuscrito B (*c.* 1487-1490), París, Institut de France
CA Códice Atlántico (hojas de varios periodos), Milán, Biblioteca Ambrosiana
CF III Códice Forster III (*c.* 1493-1496), Londres,Victoria and Albert Museum
CT Códice de Trivulzio (1487-1490), Milán, Castello Sforzesco, Biblioteca Trivulziana
CV Códice sobre el vuelo de los pájaros (*c.* 1505), Turín, Biblioteca Reale
D Manuscrito D (1508-1509), París, Institut de France
E Manuscrito E (1513-1514), París, Institut de France
G Manuscrito G (1510-1515), París, Institut de France
K1 Manuscrito K1 (1503-1507), París, Institut de France
L Manuscrito L (1497-1504), París, Institut de France
M Manuscrito M (1495-1500), París, Institut de France
Md I Manuscrito Madrid I (1490-1508), Madrid, Biblioteca Nacional, Manuscrito nº 8937
RL Royal Library
W Windsor Castle, Royal Library (hojas y manuscritos de varios periodos)

Leonardo. Las máquinas, de Carlo Pedretti

Los manuscritos y dibujos de Leonardo, todos disponibles en la Edición Nacional Vinciana (Giunti), se conservan en los siguientes lugares:

Códice Arundel 263, en la British Library de Londres (antigua biblioteca del British Museum)
Códice Atlántico (hojas de varios periodos), Milán, Biblioteca Ambrosiana
Códice Forster III (*c.* 1493-1496), Londres,Victoria and Albert Museum
Códice Hammer (antiguo Códice Leicester) es propiedad de Bill Gates, Seattle, Washington (EE UU);
Códice sobre el vuelo de los pájaros (*c.* 1505), Turín, Biblioteca Reale
Códice Trivulzio (1487-1490), Milán, Castello Sforzesco, Biblioteca Trivulziana
Manuscritos A-M, en la biblioteca del Institut de France de París
Manuscritos de Anatomía y otros dibujos, en la Royal Library del Castillo de Windsor
Manuscritos de Madrid I y II, en la Biblioteca Nacional de Madrid

La cronología de las anotaciones y dibujos de Leonardo varía a menudo, incluso cuando se trata de un único manuscrito, por lo que, en cada imagen reproducida, se señala la fecha real o aproximada. Salvo que se indique lo contrario, las obras reproducidas en este volumen son de Leonardo da Vinci. En los casos en los que no aparezca indicada su ubicación, se sobreentiende que se trata de obras de colecciones privadas.

Todos los textos originales de Leonardo da Vinci están traducidos del italiano antiguo.

SUMARIO

Anatomía

El vuelo y las máquinas

Dirección editorial
Isabel Ortiz

Coordinación
Myriam Sayalero

Traducción
Cristina García Ríos (Las máquinas)
Magdalena Olmeda (Anatomía y El vuelo)

Textos
De *Anatomía:* Marco Cianchi
De *El vuelo:* Domenico Laurenza
De *Las máquinas:* Carlo Pedretti

Diseño y realización
Adosaguas
www. adosaguas.es

NOTA EDITORIAL
Este libro ha tenido varias reimpresiones y ediciones en diferentes lenguas y, durante este proceso, ha pasado por cuidadosas revisiones y mejoras para actualizarlo en cada nueva impresión. En su formato original, en las primeras ediciones italiana e inglesa de 1999 y 2000, estaba formado por dos partes bien diferenciadas: *Leonardo. Arte e Scienza (Leonardo. Arte y ciencia) y Leonardo. Le machine (Leonardo. Las máquinas).* Solo la última fue escrita y diseñada enteramente por Carlo Pedretti, cuyas publicaciones durante medio siglo han contribuido a la fundación de la escuela moderna de Leonardo.

En la página siguiente: Autorretrato (posterior a 1515). Turín, Biblioteca Reale.

Tikal Ediciones S.A.
C/ Campezo, 13 - 28022 Madrid
Tel.: 913 009 100 - Fax: 913 009 118
www.susaeta.com

ANATOMÍA

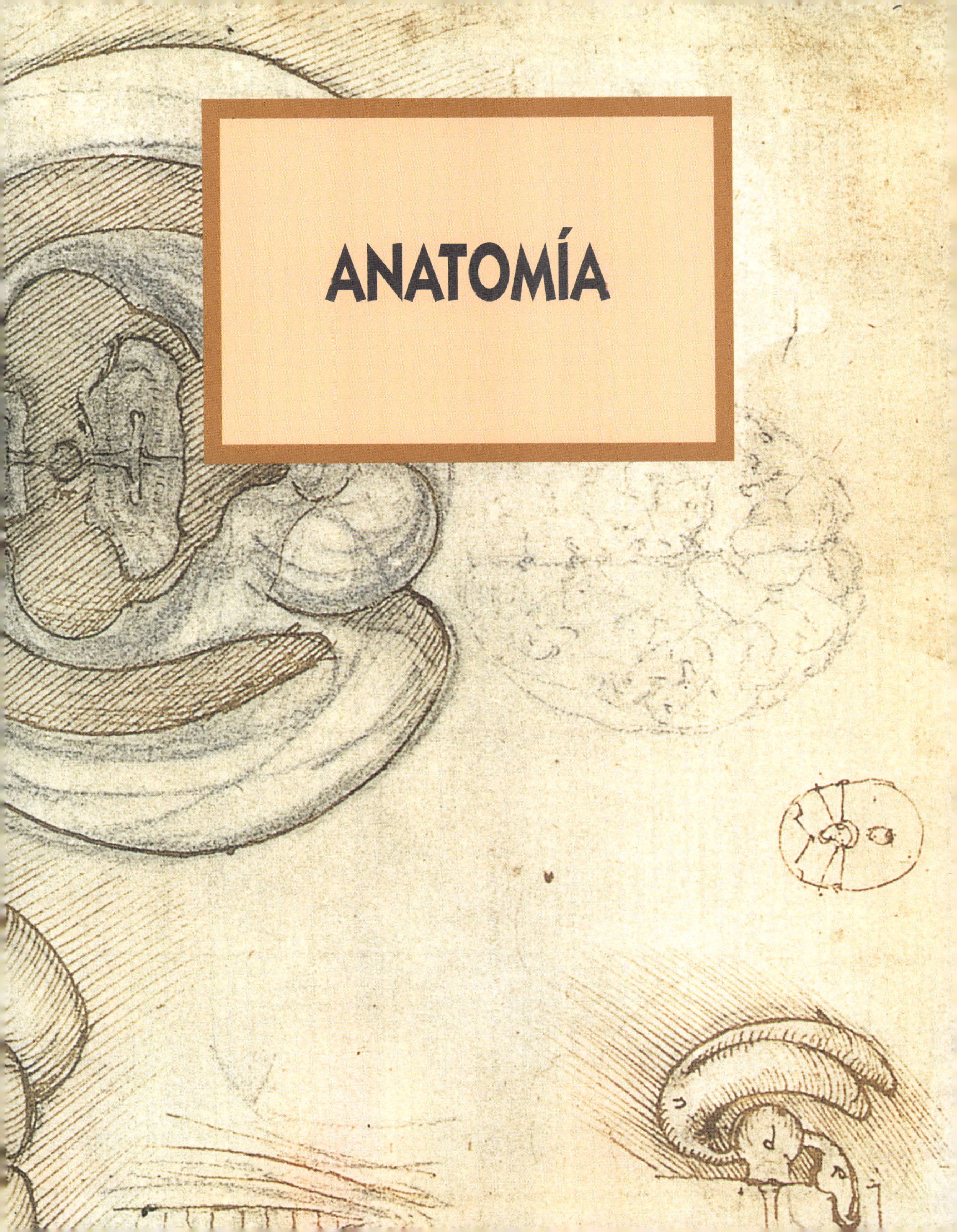

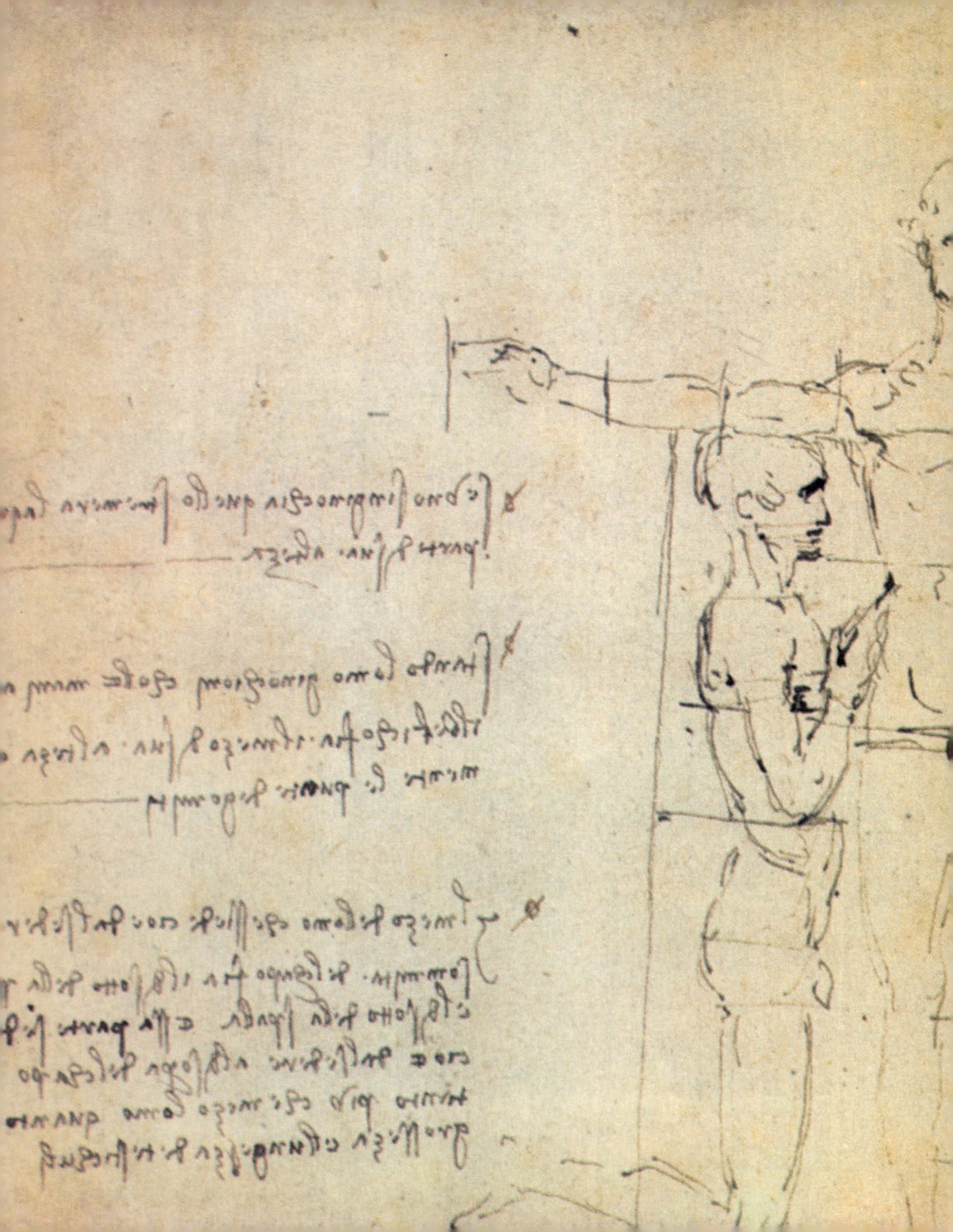

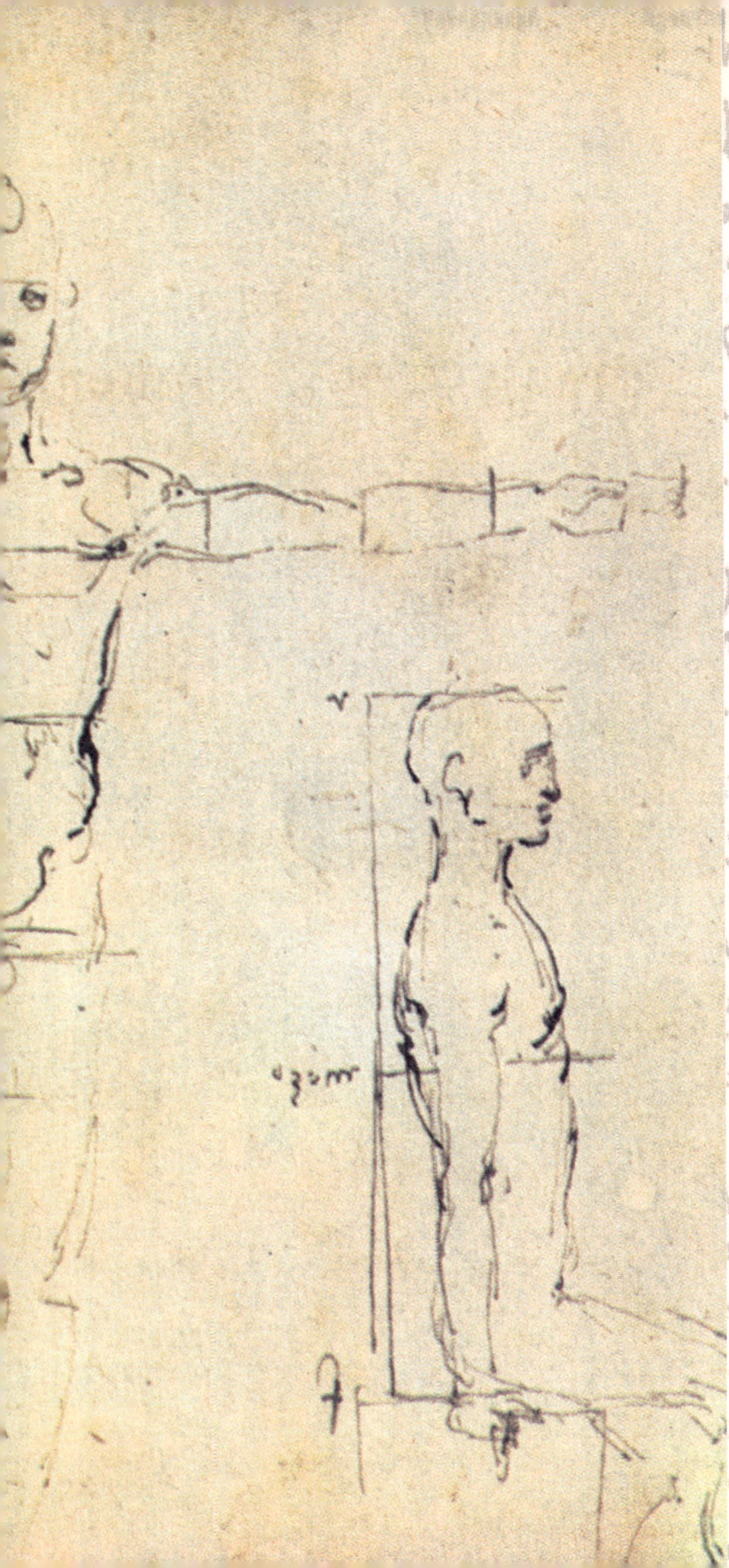

ANATOMÍA E ILUSTRACIÓN

Sabido es que en el Renacimiento el hombre era el centro del universo. Una primera prueba, muy conocida por el público, podría ser el dibujo del *Hombre vitrubiano*, realizado por Leonardo en la década de 1490, donde el círculo y el cuadrado que lo circunscriben significan las medidas del universo, en cuyo centro está el hombre. O bien el símil entre el hombre y la Tierra que Leonardo anota en una hoja de la misma época, titulada «comienzo del libro sobre las aguas».

Págs. 8 - 9. La forma del cerebro, ilustrado con la técnica ideada por Leonardo (inyección de cera fundida en los ventrículos cerebrales) para descubrir la forma interior del cerebro de un buey. c. 1508-1509 (RL 19127 r; K/P 104 r).

Págs. 10 - 11. Estudio de proporciones. Leonardo desarrolla y elabora el estudio de las proporciones humanas considerando la figura erguida, arrodillada y sentada. c. 1490, (RL 19132 r; K/P 27 r).

1. Los bocetos sobre «el cuerpo de la tierra» de la hoja 56 r del Manuscrito A. París, Biblioteca Nacional.

2. El Hombre vitrubiano. *c. 1490. Venecia, Galleria dell'Accademia.*

1

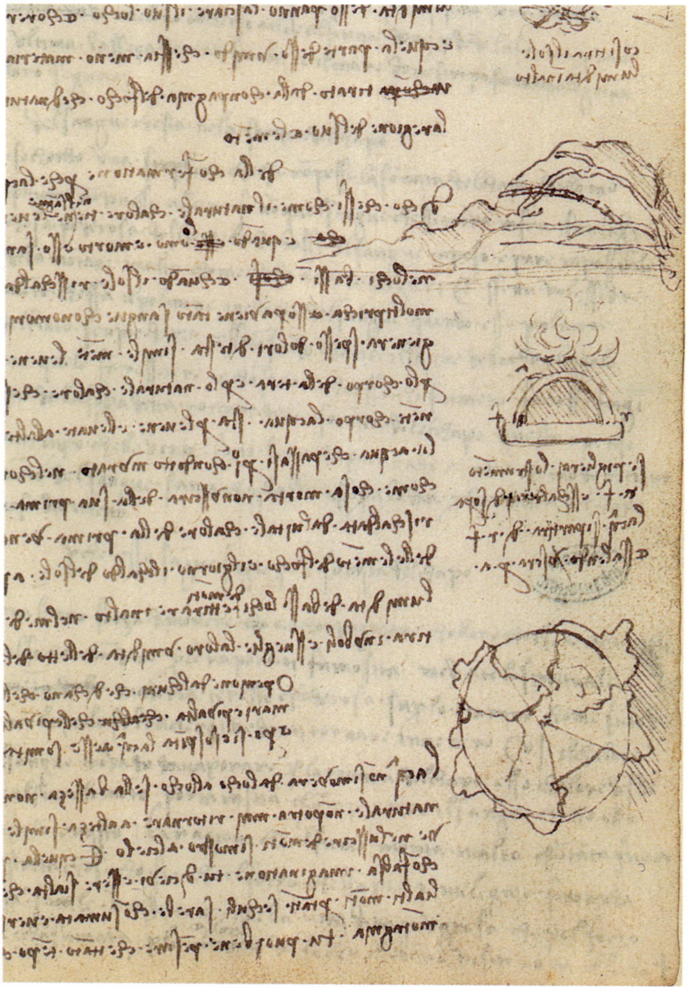

«El hombre es llamado por los antiguos mundo menor, y ciertamente la dicción de su nombre está bien calculada, porque como el hombre está compuesto de tierra, agua, aire y fuego, este cuerpo de la Tierra es semejante a él. Si el hombre tiene en sí huesos sostenedores y armadura de la carne, el mundo tiene las piedras sostenedoras de la Tierra; si el hombre tiene en sí el lago de la sangre, donde crece y decrece el pulmón al respirar, el cuerpo de la Tierra tiene su océano mar, el cual también crece y decrece cada seis horas por el respirar del mundo; si del denominado lago de sangre derivan venas que se van ramificando por el cuerpo humano, del mismo modo el mar océano llena el cuerpo de la Tierra de infinitas venas de agua» (Ms. A, 55 v). Sea cual fuere la manera de afrontar el tema, el resultado no cambia: para Leonardo el hombre es modelo, centro, microcosmos que se refleja en el macrocosmos. De ahí había que partir y allí se estaba destinado a llegar si se quería realmente descubrir la ley general que mantiene unido el universo mundo.

Por tanto, no es de extrañar que para Leonardo el cuerpo humano constituyera el punto de convergencia de todos los intereses, y que él se entregara a su observación con una dedicación tan extraordinaria que suscitó la admiración de sus contemporáneos, como se deduce de las palabras de Antonio De Beatis, que en 1517, en compañía del cardenal de Aragón, visitó el estudio del ya anciano Leonardo en Francia: «Este gentilhombre ha tratado muy detalladamente de la anatomía, con la demostración la pintura, tanto de miembros como de múscu-

2

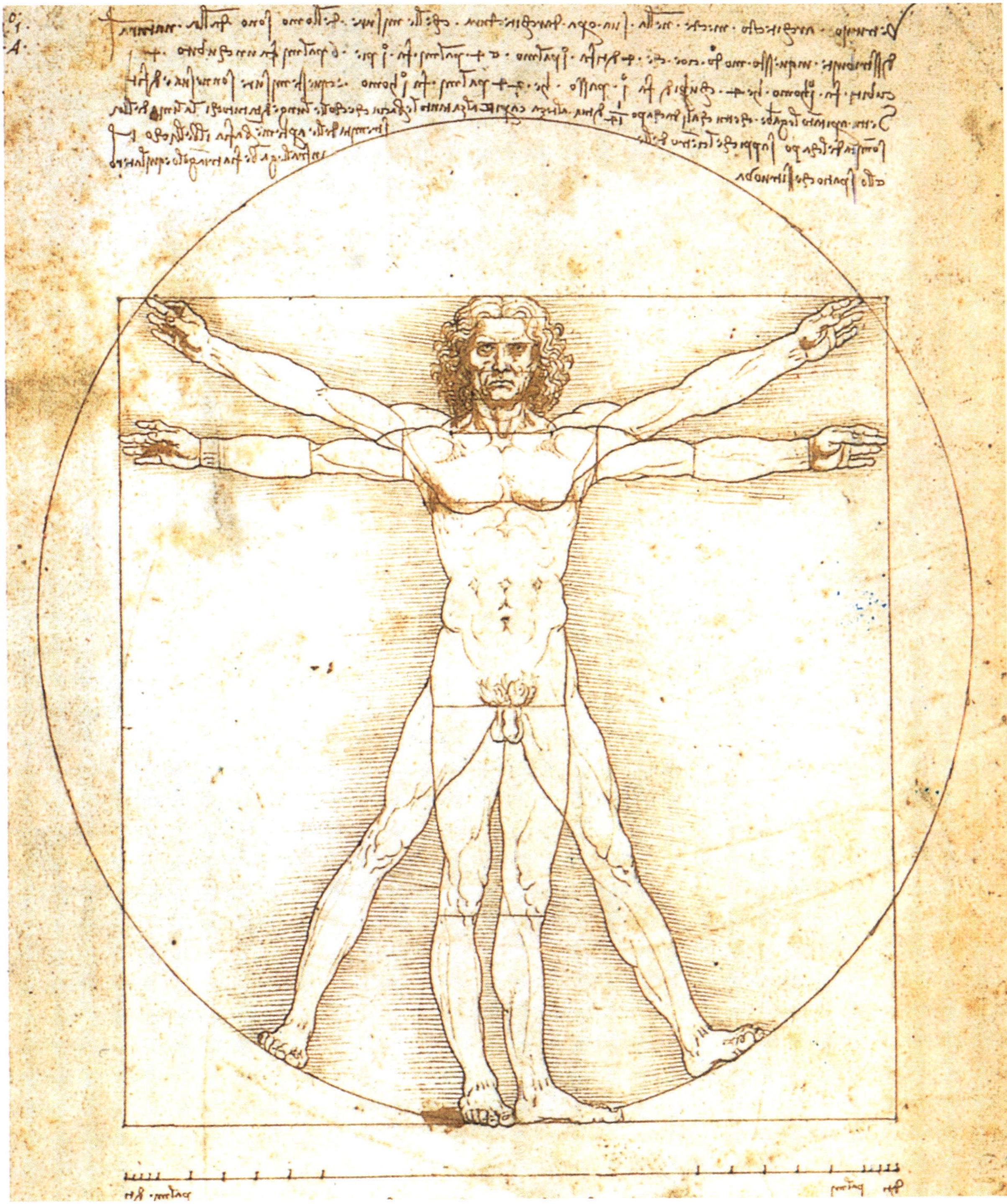

3 - 4. La Adoración de los Magos *(1482, Florencia, Uffizi) y el* San Jerónimo *de la Pinacoteca Vaticana (c. 1482) son un ejemplo de la investigación anatómica aplicada por Leonardo a la pintura en los años de su primera estancia en Florencia.*

3

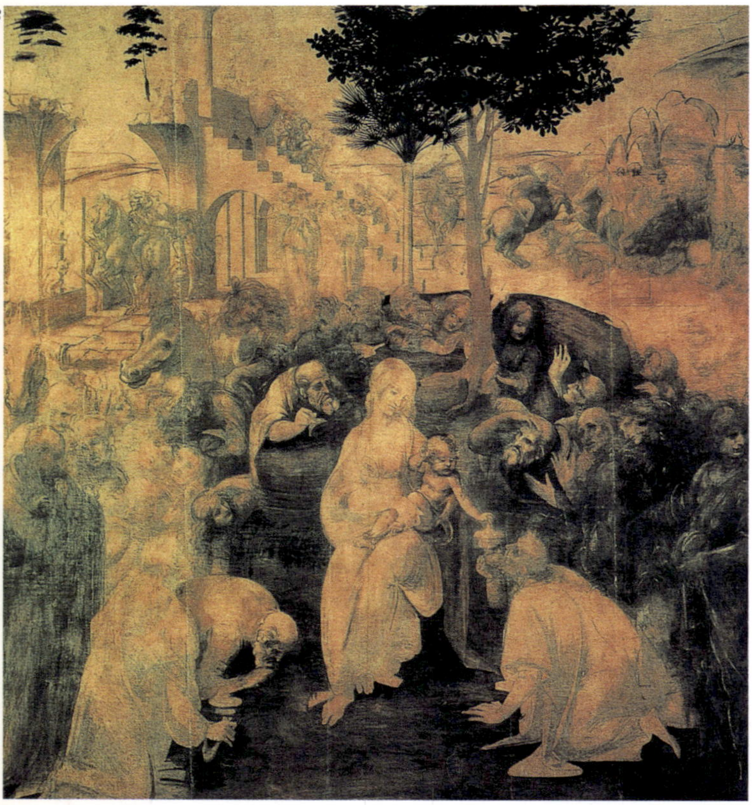

los, nervios, venas, articulaciones, intestinos, tanto de cuerpos de hombres como de mujeres, de un modo nunca hecho antes por otra persona. Lo cual hemos visto atentamente y él dijo haber hecho anatomía de más de treinta cuerpos entre varones y hembras de toda edad».

Durante el periodo de formación en Florencia, el ejemplo de Verrocchio y de Pollaiolo, y más en general la influencia de la cultura platónica, llevaron a Leonardo a considerar la necesidad de representar del cuerpo humano no solo la belleza de las proporciones, sino también el *animus*, es decir, el flujo de energía interior que se manifiesta en la figura en movimiento. Así, el conocimiento profundo de la anatomía se convierte para el artista en una necesidad primaria, que encuentra confirmación en la elaborada gestación de la *Adoración de los Magos*, y aún más en el *San Jerónimo* de la Pinacoteca Vaticana, obras conclusivas del primer periodo florentino de Leonardo.

Por otra parte, la preocupación de doblegar la anatomía (vista más desde el exterior que desde el interior) a las exigencias de la pintura (que para Leonardo es conocimiento) da lugar al primer proyecto de tratado sobre el cuerpo humano, delineado posteriormente durante su estancia en Milán: «Esta obra debe principiarse en la concepción del hombre y describir el modo de la matriz, y cómo el amorcillo la habita [...]. Después describe al hombre crecido y a la mujer, y sus medidas, y naturalezas de complexión, color y fisonomías [...]. Después describe cómo está compuesto de venas, nervios, músculos y huesos [...]. Después representa en cuatro historias, cua-

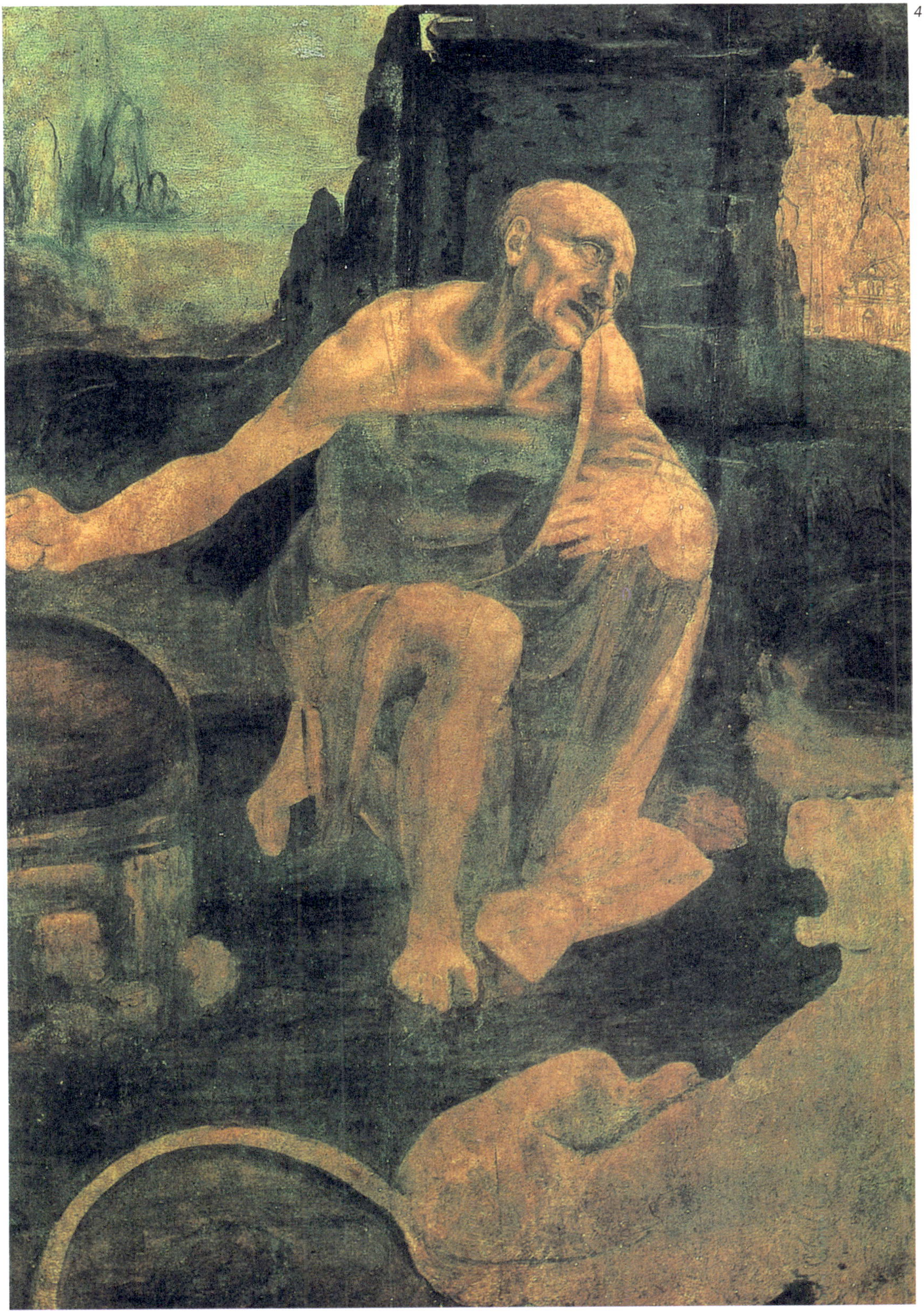

4

5. Dos bustos masculinos. c. 1495. Florencia, Uffizi.

6. Estudio de viejo c. 1490. Roma, Gabinetto Nazionale delle Stampe e dei Disegni.

7. Caricaturas. 1487-1490. Códice Trivulzio, Milán, Castello Sforzesco.

8. Detalle de San Jerónimo *(ver págs. 14-15).*

5

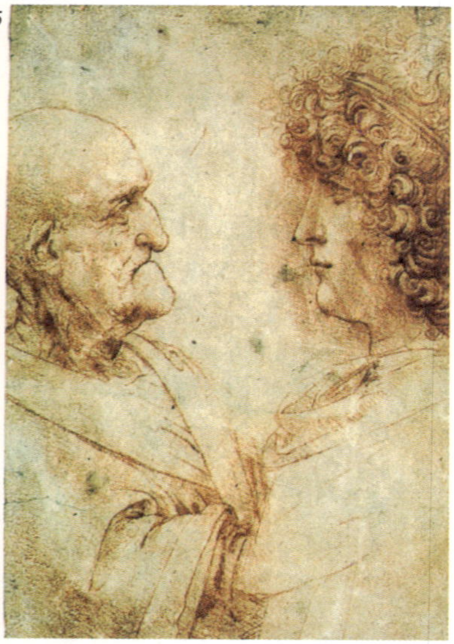

6

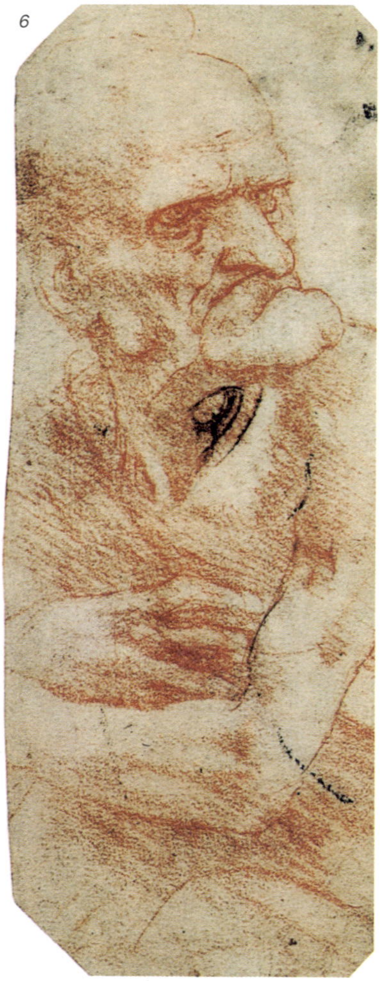

7

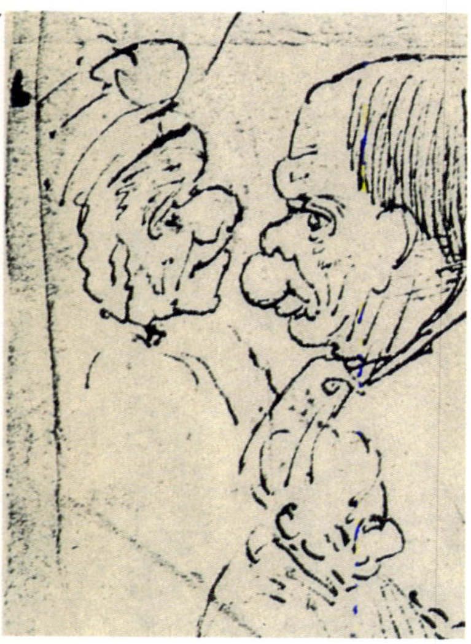

tro casos universales de los hombres: es decir, alegría, con varios actos de reír, y representa la causa de la risa; llanto, de varios modos, con su causa; contención, con varios movimientos de matanzas, fugas, temores, ferocidades, osadías, homicidios [...]» (RL 19037 v; K/P 81 v).

De hecho, todavía en esos años (en torno a 1490), la disección propiamente aplicada al cuerpo humano se limitaba a un cráneo que Leonardo exploraba con la intención declarada de identificar el lugar de convergencia de todos los sentidos; proporcionando, a modo de información visual, una serie de dibujos muy nítidos y cuidados en la perspectiva, que revelan la preocupación, alta y filosófica, propia del pintor/científico, de captar el nudo esencial de la percepción que se da a través del ojo y de la vista. Después de estos primeros experimentos anatómicos, Leonardo abandona la disección durante un periodo de casi veinte años, a lo largo de los cuales son la ciencia mecánica, la hidrología, las matemáticas y la geometría los campos que centran su atención y en los que realiza una exploración más amplia que contribuiría a renovar también su investigación sobre el hombre, considerado ahora como «máquina». En efecto, la analogía que él descubre entre el funcionamiento de los instrumentos mecánicos y los mecanismos del cuerpo humano le lleva a declarar: «Haz que el libro de los elementos maquinales con su práctica preceda a la demostración del movimiento y de la fuerza del hombre y otros animales, y mediante aquéllos tú podrás probar todas tus proposiciones» (RL 19009 v; K/P 143 v).

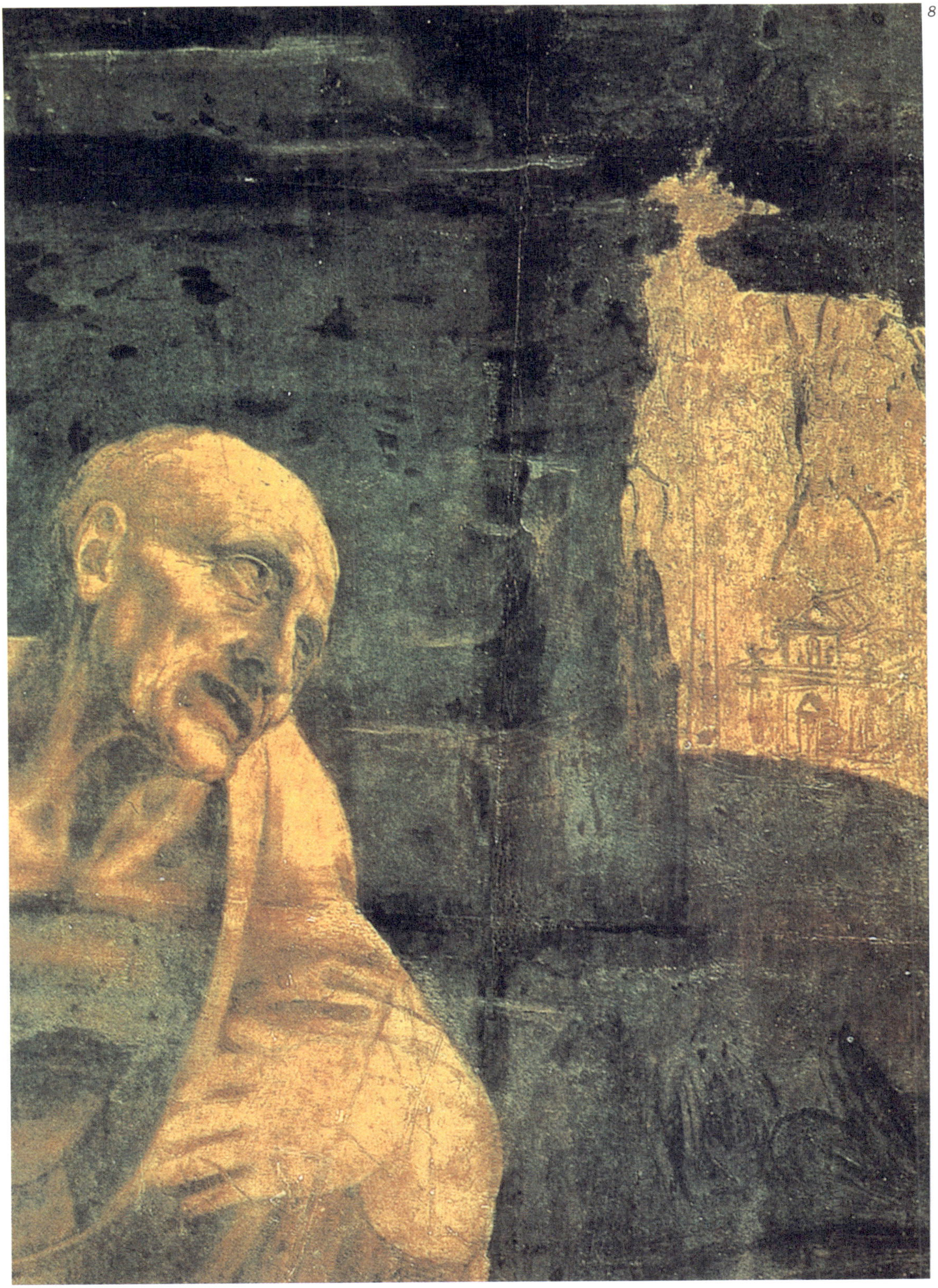

8

9. En el detalle de la hoja (RL 19070 r; K/P 113 v), Leonardo dibuja una serie de instrumentos para la disección.

10. Sección transversal de una pierna (RL 12627 r; K/P 4 v).

11. Bóveda craneal separada, (RL 12624 r; K/P 112 v).
Las tres imágenes son ejemplos de la práctica anatómica de Leonardo.

12. Anciano de cuerpo cenceño (probablemente el centenario anatomizado por Leonardo en 1507, en el hospital de Santa Maria Nuova de Florencia). Leonardo presta especial atención a la representación de los músculos del cuello y del hombro. (RL 19007 r; K/P 139 r).

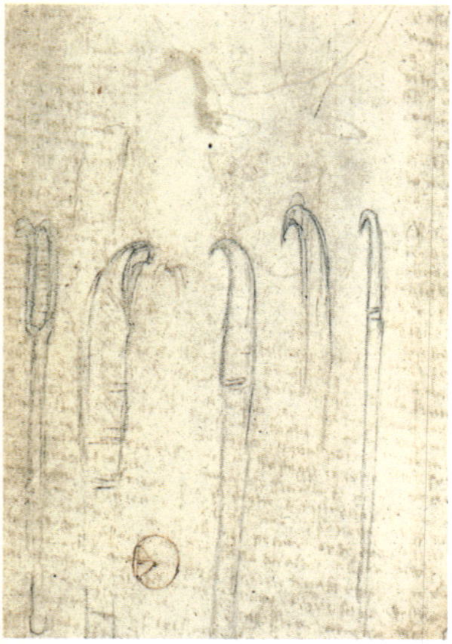

9

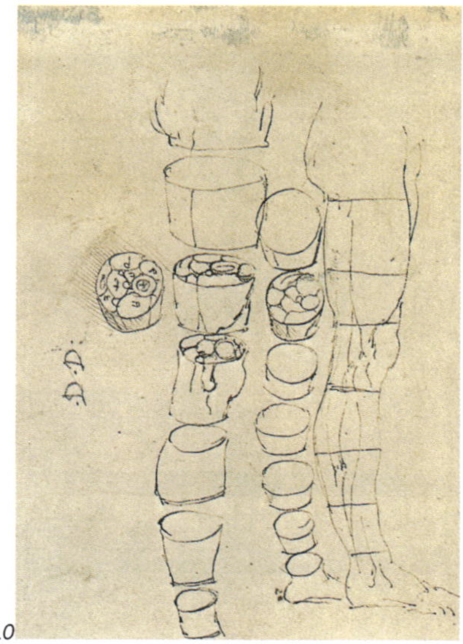

10

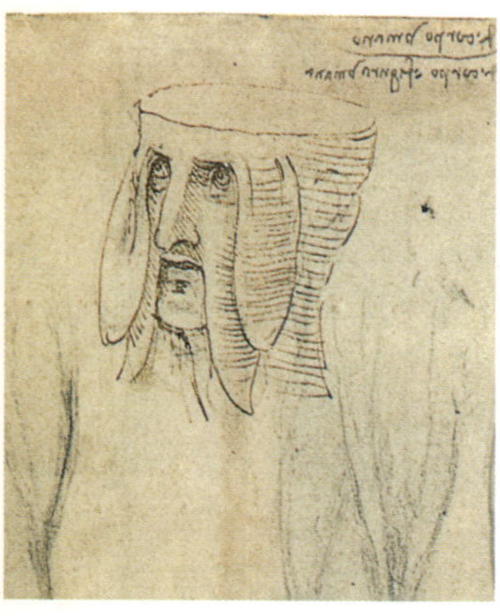

11

El vuelco se produce en el invierno de 1507-1508, en el hospital de Santa Maria Nuova de Florencia, donde Leonardo había depositado, entre otras cosas, dinero y libros. Aquí se le ofrece la posibilidad de aumentar sus conocimientos de anatomía directamente sobre el cadáver de un viejo, como él recuerda en una famosa anotación: «Este viejo, pocas horas antes de su muerte, me dijo que pasaba de los cien años, y que no sentía más defecto en su persona que la debilidad, y estando así sentado en una cama en el Hospital de Santa Maria Nuova de Florencia sin otro movimiento o signo de ataque alguno pasó de esta vida; y yo hice su anatomía para ver la causa de tan dulce muerte [...] la cual anatomía describí muy diligentemente y con gran facilidad por carecer el viejo de grasa y de humor, lo que impide mucho la cognición de las partes» (K/P 69 v; RL 19027 v).

A esta experiencia, tan fundamental en la renovada investigación anatómica de Leonardo porque se basaba en la observación directa del cadáver, y no en conocimientos de medicina adquiridos, le sigue la posterior práctica durante los años de su última estancia en Milán (1510-1511), cuando frecuenta a Marcantonio della Torre, joven médico-anatomista con gran prestigio en la ciudad de Pavía. Entre ambos se establece una interesante relación de intercambio. Por último, se tiene conocimiento de estudios de anatomía llevados a cabo en Roma, entre 1514 y 1515, en el hospital de Santo Spirito, interrumpidos por las acusaciones de necromancia a las que Leonardo se vio sometido a causa de las delaciones de un ayudante suyo alemán.

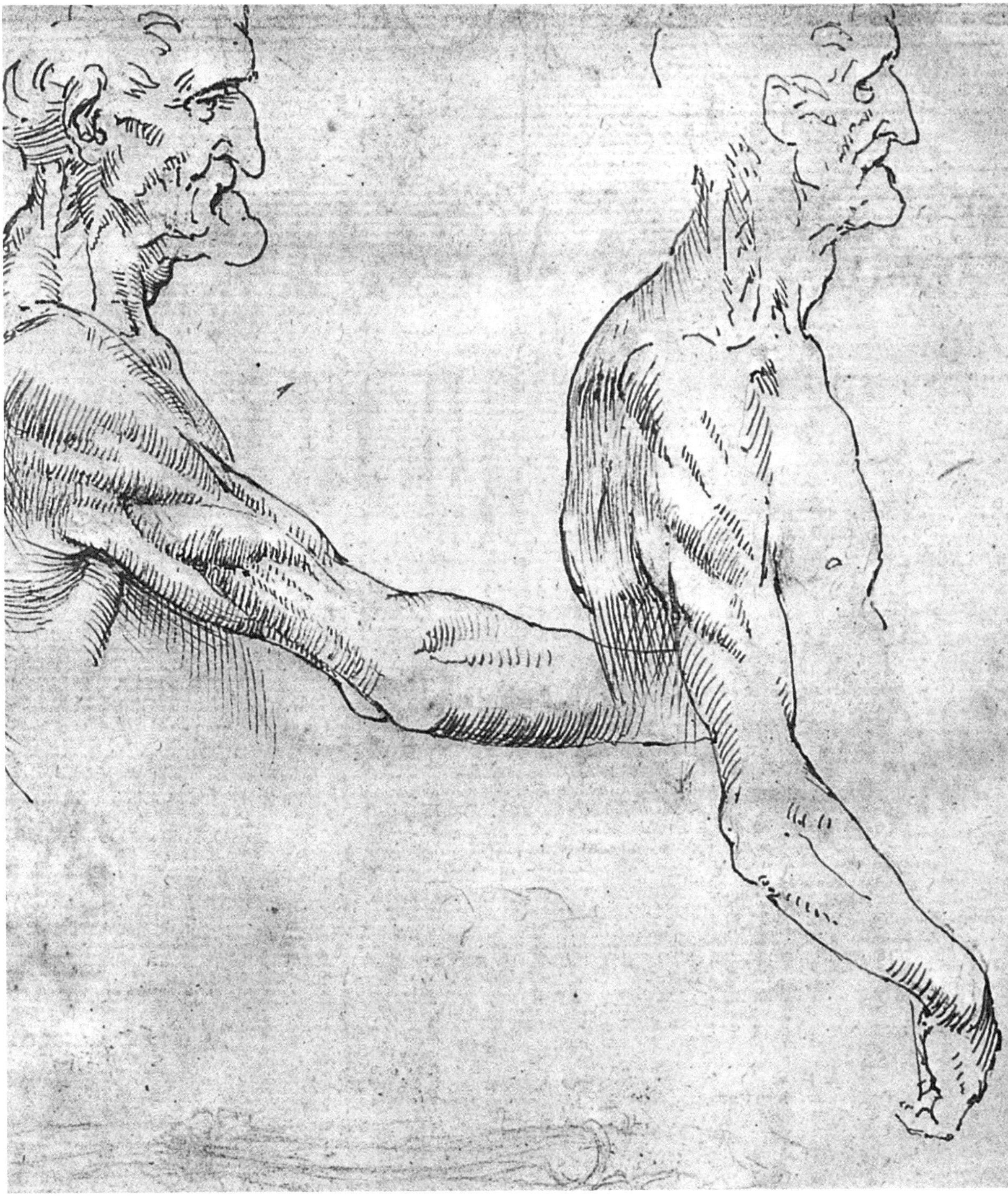

12

13. Boceto para una maqueta de vidrio. En esta hoja (RL 19082 r; K/P 171 r) se encuentra una serie de dibujos sobre el flujo de la sangre a través de la aorta. Los estudios, que datan de alrededor de 1513, hacen referencia al proyecto de construcción de una maqueta de vidrio para observar el flujo y el reflujo de los líquidos y el mecanismo de cierre y apertura de las válvulas aórticas.

14. En este dibujo (RL 12326 r; c. 1504-1506), realizado por Leonardo en el periodo de preparación de la Batalla de Anghiari *para el Palazzo Vecchio de Florencia, los músculos faciales del caballo se comparan con los de un león y con los de un hombre enfurecido.*

13

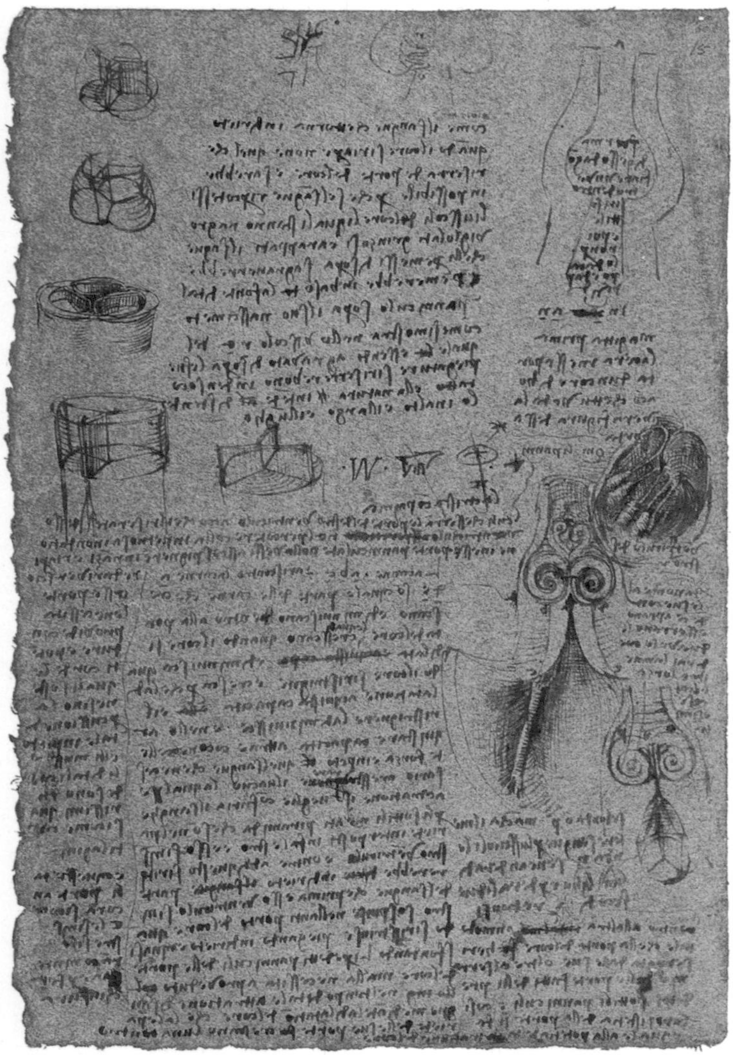

En definitiva, empezando por la disección del viejo centenario en Florencia, y hasta los años inmediatamente anteriores a su traslado a Francia, durante casi una década, Leonardo profundiza en el estudio del hombre, introduciéndose en la maravillosa máquina humana (y perfeccionando métodos de investigación totalmente novedosos) con la intención de descubrir los mecanismos que regulan sus funciones y movimientos. El resultado de este esfuerzo (aunque no decisivo para el progreso de la ciencia médica) fue extraordinario en el campo de la ilustración anatómica, donde sus capacidades artísticas contribuyeron de manera relevante a mejorar la representación aún rudimentaria e inexacta del cuerpo humano.

El dibujo, a menudo acompañado de anotaciones, era considerado por Leonardo muy superior a la palabra («Oh, escritor, ¿con qué letras escribirás tú con tal perfección la entera representación como hace aquí el dibujo? [...] no te inmiscuyas en cosas pertenecientes a los ojos haciéndolas pasar a ser para los oídos»). Así se propuso escribir, a semejanza de la *Cosmografía* de Ptolomeo, un «atlas anatómico» compuesto por diversas tablas que recogieran su experiencia sobre varios cadáveres, con el fin de proporcionar un instrumento útil y claro, aún más que la práctica anatómica directa. Como se puede deducir de la orgullosa reivindicación siguiente, ejemplo de prosa científica de alto nivel, así como testimonio de las dificultades, a menudo repugnantes, a las que Leonardo tuvo que hacer frente por amor al conocimiento: «Y tú que dices que es

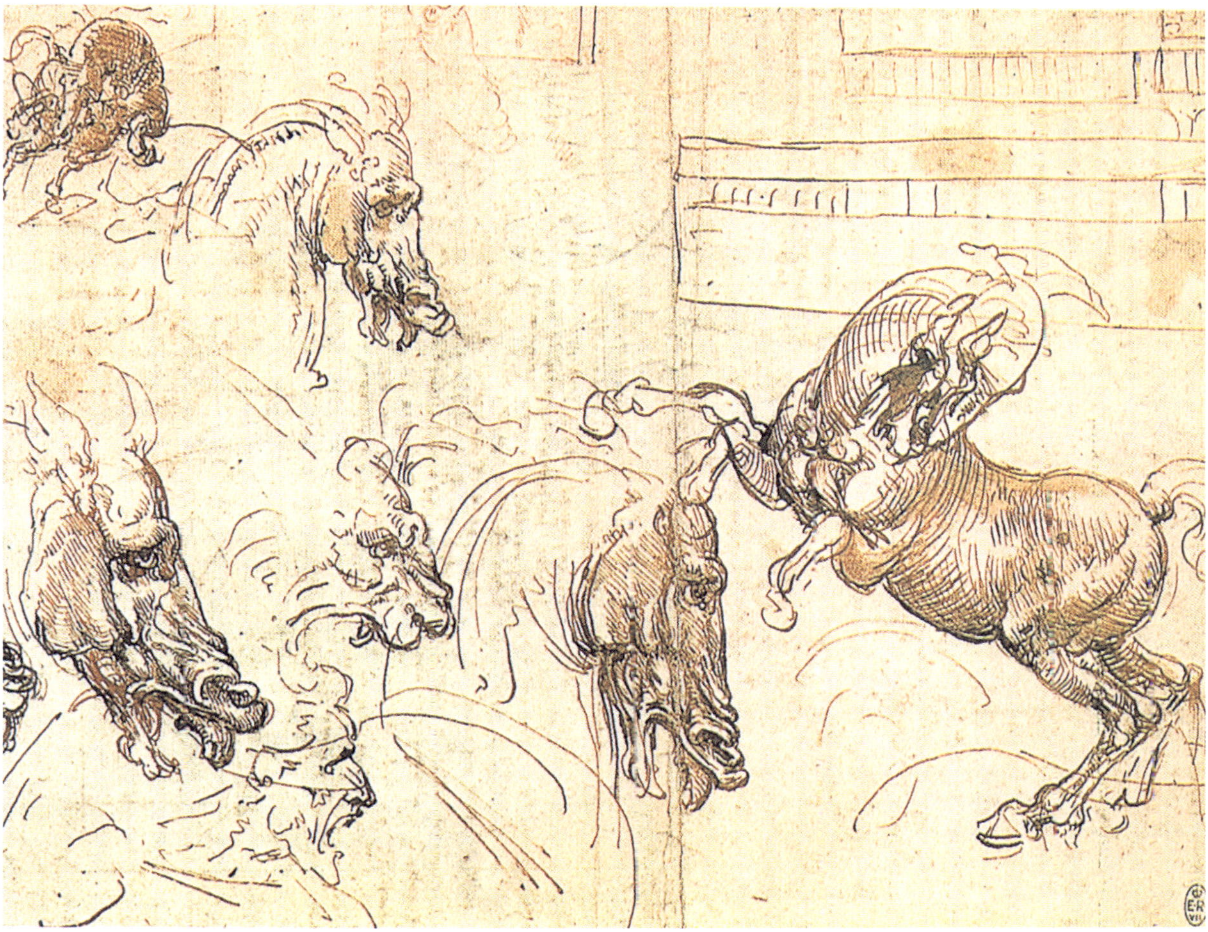
14

15 - 16. Uno de los primeros estudios. Anverso y reverso de la hoja RL 19044; K/P 47, con estudios de la musculatura dorsal y sobre la acción de los músculos intercostales en la respiración.

17. Una de las primeras hojas de anatomía de Leonardo (RL 12613; K/P 1 r, 1487-1489) con estudios del cuerpo humano junto con dibujos de la médula espinal de una rana (arriba a la izquierda). La parte derecha de la hoja era conocida por Durero, que la copió en uno de sus cuadernos.

15

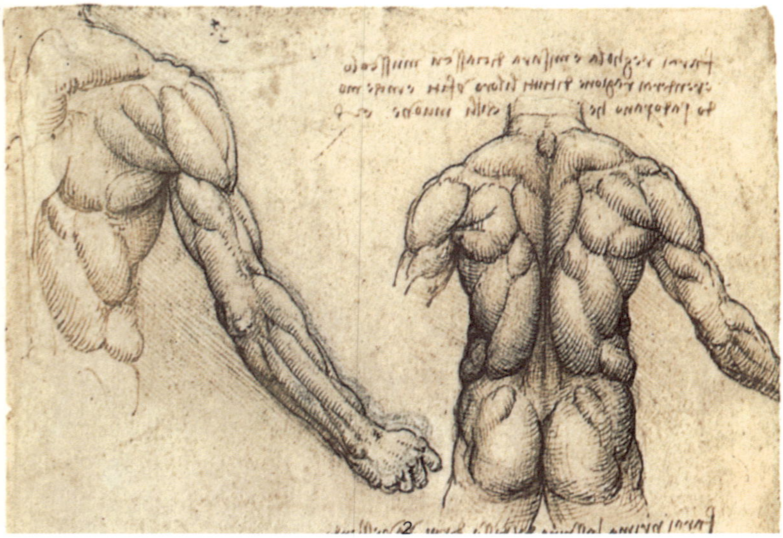

16

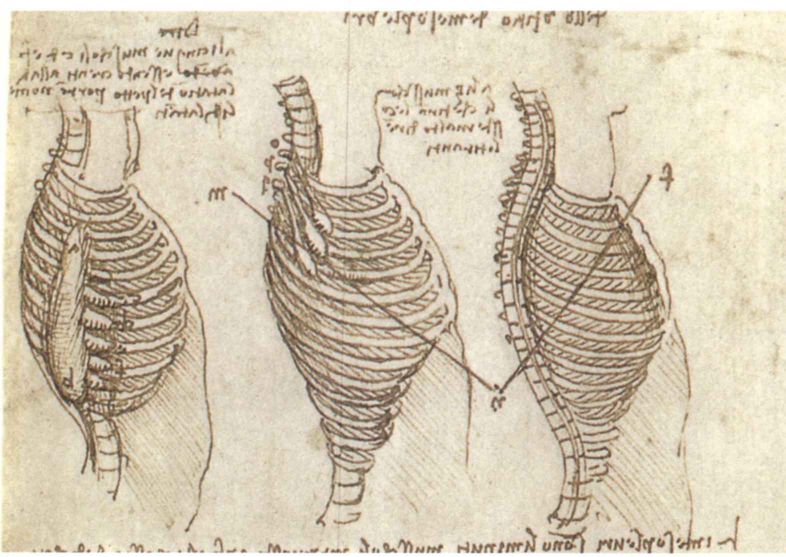

mejor practicar la anatomía que ver tales dibujos, dirías bien si fuese posible ver en una sola figura todas las cosas que en los dibujos se muestran; pero con todo tu ingenio en ésta no verás y no conocerás más que unas pocas venas [...]. Y un solo cuerpo no basta; es necesaria la observación de muchos cuerpos para tener una completa cognición, cosa que hice dos veces para ver las diferencias [...]. Y aunque tú tengas amor por tal cosa, quizá sientas que te lo impide tu estómago, y si éste no te lo impide quizá te lo impida el miedo a vivir durante la noche en compañía de tales muertos descuartizados y desollados y espantosos de ver; y si esto no te lo impide quizá te faltará el buen dibujo, que corresponde a tal figuración; o, si tienes el dibujo, no estará acompañado por la perspectiva; y, si lo está, te faltará el orden de la demostración geométrica, o el cálculo de las fuerzas y de la potencia de los músculos; o quizá te faltará la paciencia; de modo que tú no serás diligente. De si todas estas cosas han estado en mí o no, darán sentencia los ciento veinte libros [capítulos] compuestos por mí, en los cuales no he estado trabado ni por avaricia ni por negligencia, sino solo por el tiempo. Adiós» (RL 19070 v; K/P 113 r).

La recopilación de los dibujos de anatomía de Leonardo, compuesta por unas doscientas hojas que se conservan en la Biblioteca Real de Windsor (a la que se ha recurrido para la ilustración de este libro), es la demostración más clara de que la «sentencia» mencionada por Leonardo puede expresarse hoy con un veredicto claramente favorable para él.

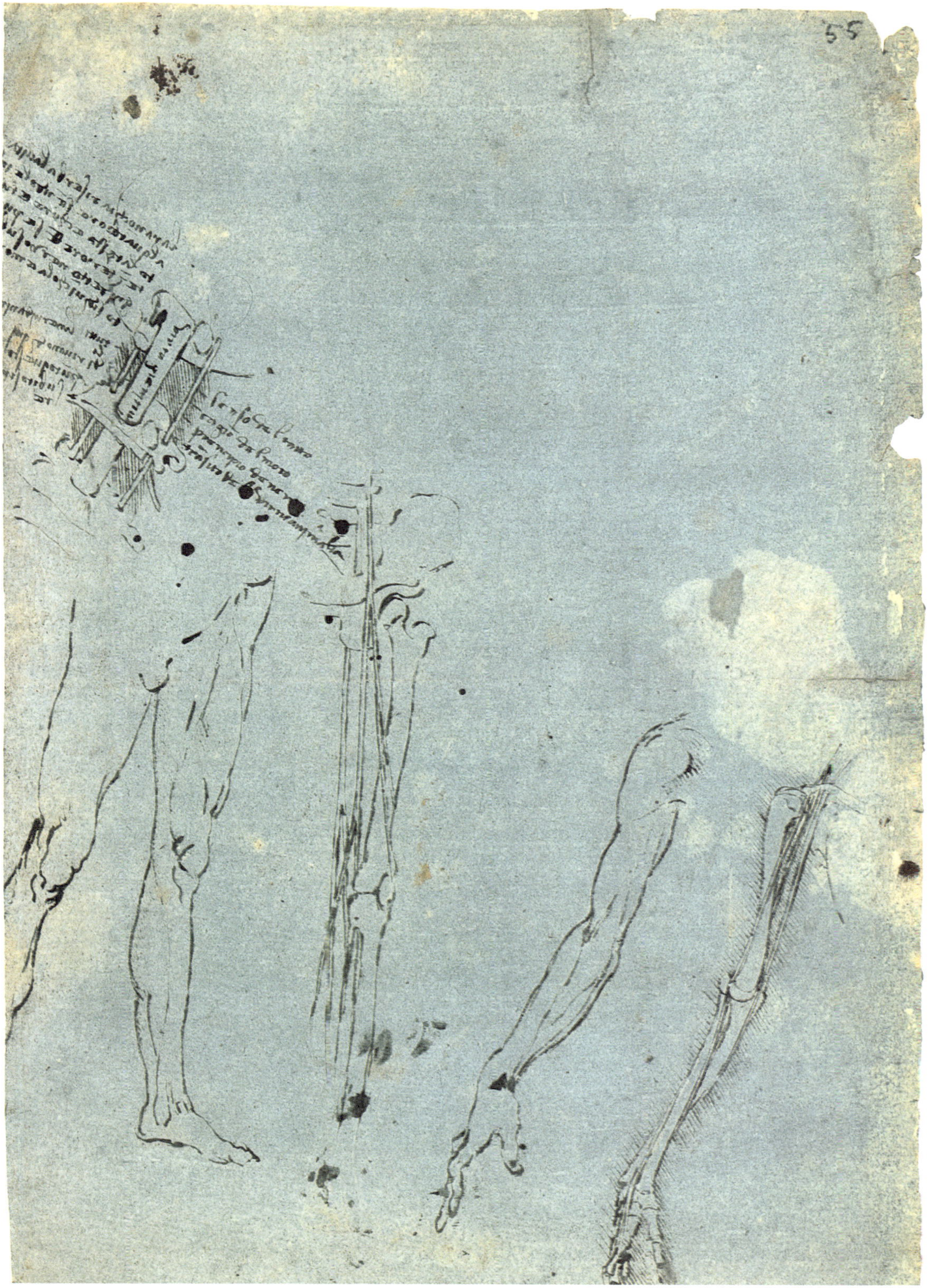

23

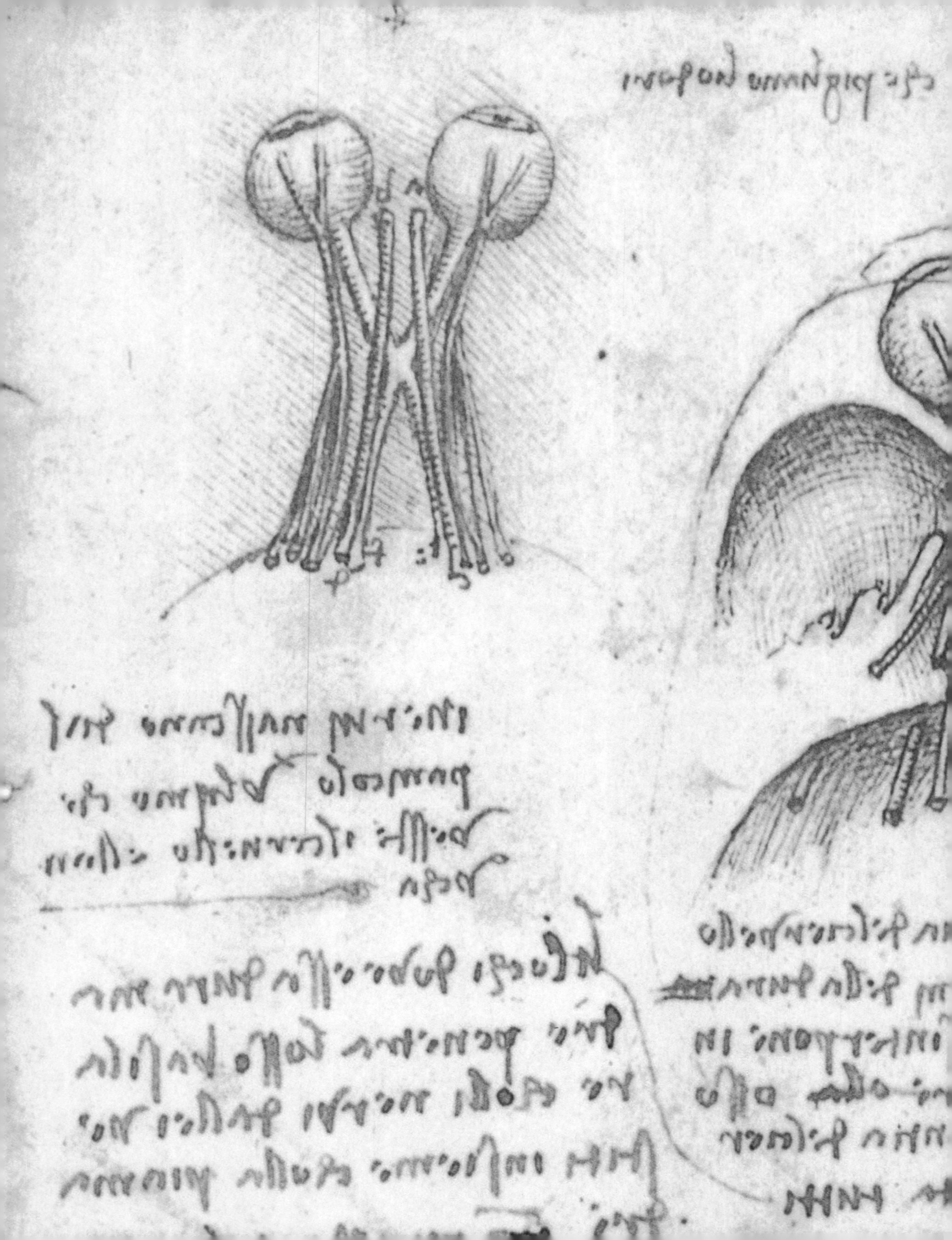

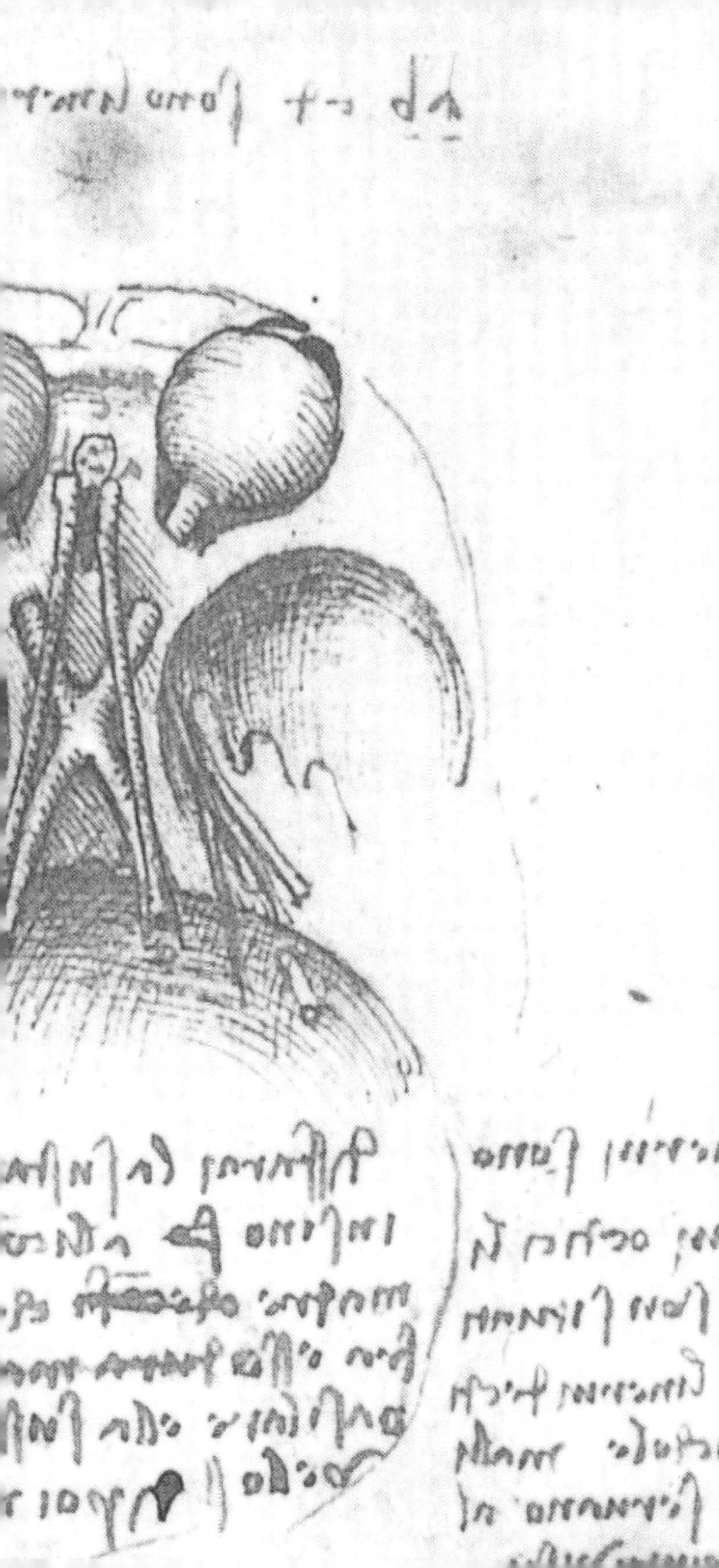

EL OJO Y EL CEREBRO

Los primeros estudios de anatomía de Leonardo datan de los años 1487-1493, periodo milanes. Se trata de exploraciones del cráneo (plasmado en varios de sus dibujos con extraordinaria fidelidad, incluso perspectiva) con las que Leonardo se proponía descubrir el lugar de confluencia de todos los sentidos, o «sentido común», considerado, entre otras cosas, la residencia del alma.

Página anterior. En la hoja, Leonardo dibuja los bulbos oculares, los nervios ópticos y, probablemente por primera vez, el quiasma óptico (es decir, el punto de cruce de los nervios ópticos). (RL 19052 r; K/P 55 r).

1 - 2. Maqueta del ojo. Los dibujos representan a un observador que mira dentro de una maqueta de ojo humano de vidrio. 1508-1509. (Manuscrito D, 3 v, detalle).

El Manuscrito D está dedicado al estudio del ojo y a la ciencia de la visión. Entre las anotaciones, algunas hacen referencia a experimentos realizados por él.

3. En esta hoja (RL 12603 ; K/P 32 r, c. 1493-1494), Leonardo ofrece una extraordinaria sección de la cabeza humana en sus distintas capas como se haría cortando en dos una cebolla (ilustrada, de hecho, en la parte izquierda de la hoja). Abajo está representada la sección horizontal de la parte superior del cráneo.

1

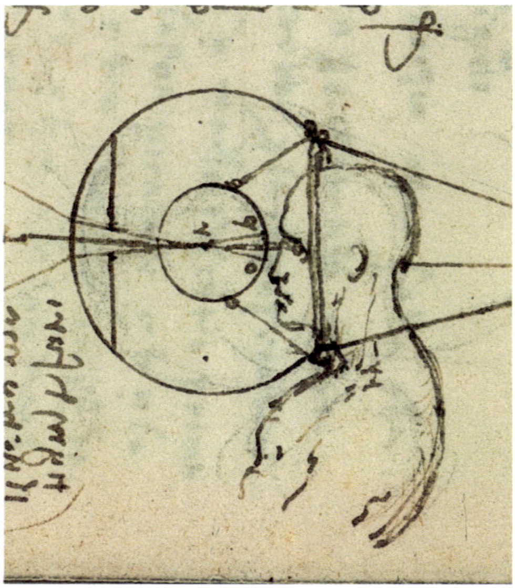

2

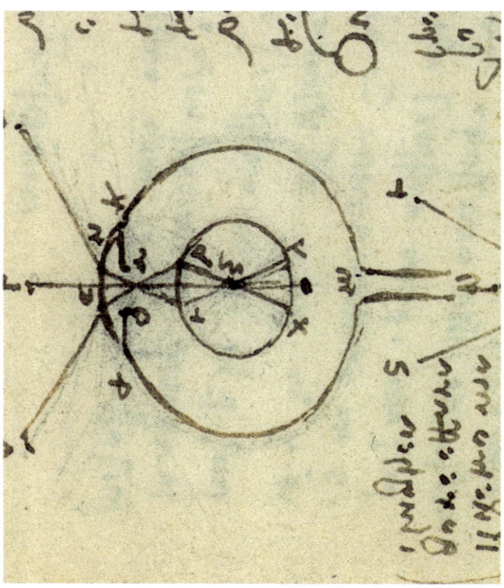

Entre los sentidos, el de la vista tenía un significado particular para Leonardo y para la cultura de su época. La actividad de pintor y la investigación de la naturaleza, basadas en la observación de los fenómenos, debieron de despertar en él el interés por el funcionamiento del ojo como instrumento de la vista. Se encuentran indicios de todo ello en trabajos de carácter no propiamente científico, como el *Tratado de la pintura*, o en investigaciones específicas más tardías, como el Manuscrito D (1508), dedicado por completo al estudio del ojo.

Ya a principios de la década de 1490 Leonardo dibuja, siguiendo las indicaciones de los autores antiguos, los bulbos oculares, de los que parten los nervios ópticos para llegar al cerebro. También se dedica, pero con más independencia, al estudio de la conexión ojo-cerebro a principios del siglo XVI, siendo el primero en dibujar el quiasma, o punto de cruce de los nervios ópticos.

La investigación sobre los ventrículos del cerebro (no humano, sino bovino) es perfeccionada posteriormente por Leonardo da Vinci a través de la innovadora aplicación de una ingeniosa técnica escultórica consistente en la inyección de cera fundida, que, una vez solidificada y extraída del recipiente que la contiene, habría adoptado la forma de la parte anatómica: «llena los tres ventrículos del cerebro; y después, cuando la cera se haya endurecido, deshaz el cerebro y verás la figura de los tres ventrículos» (Windsor, 19127 r; K/P 104 r).

3

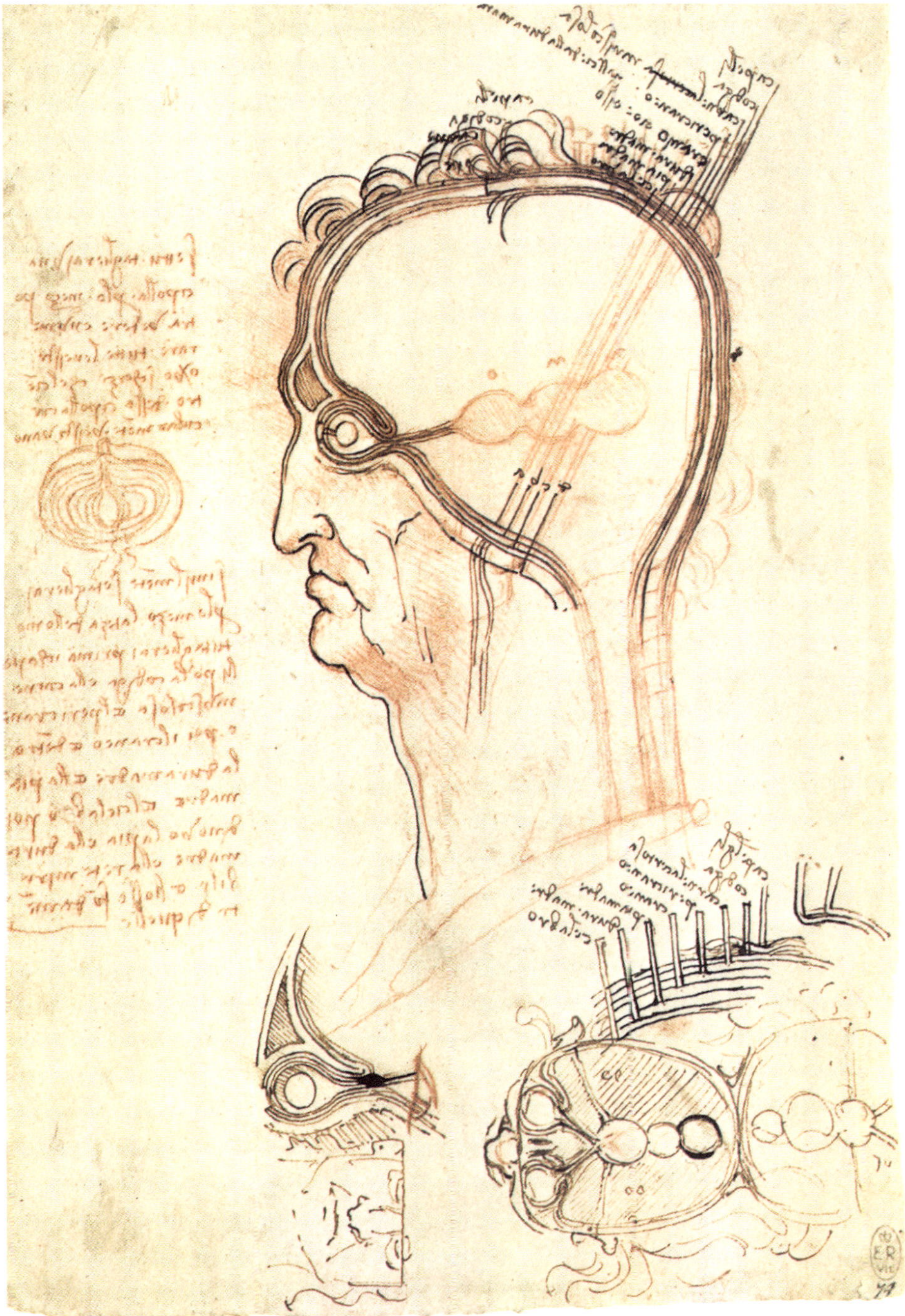

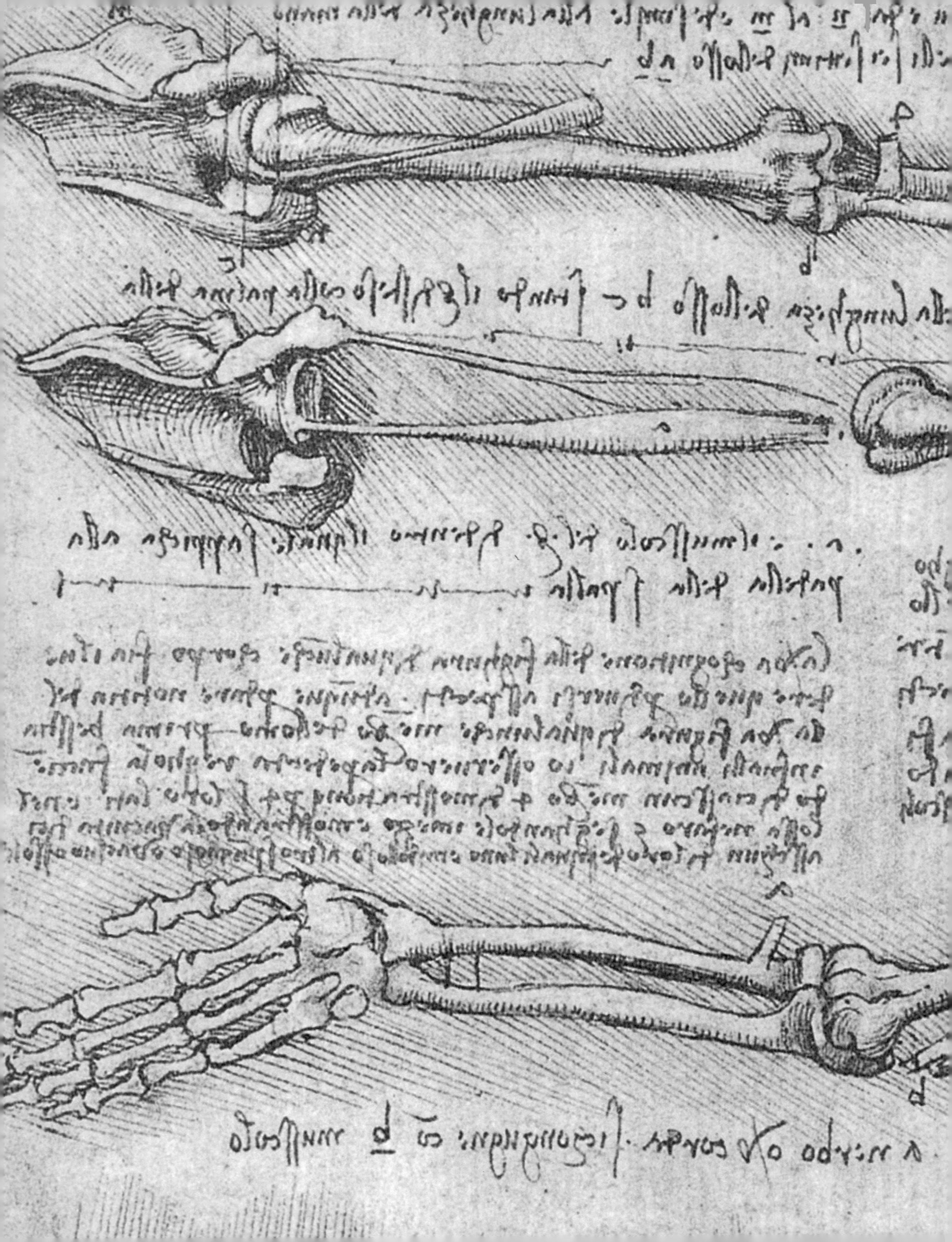

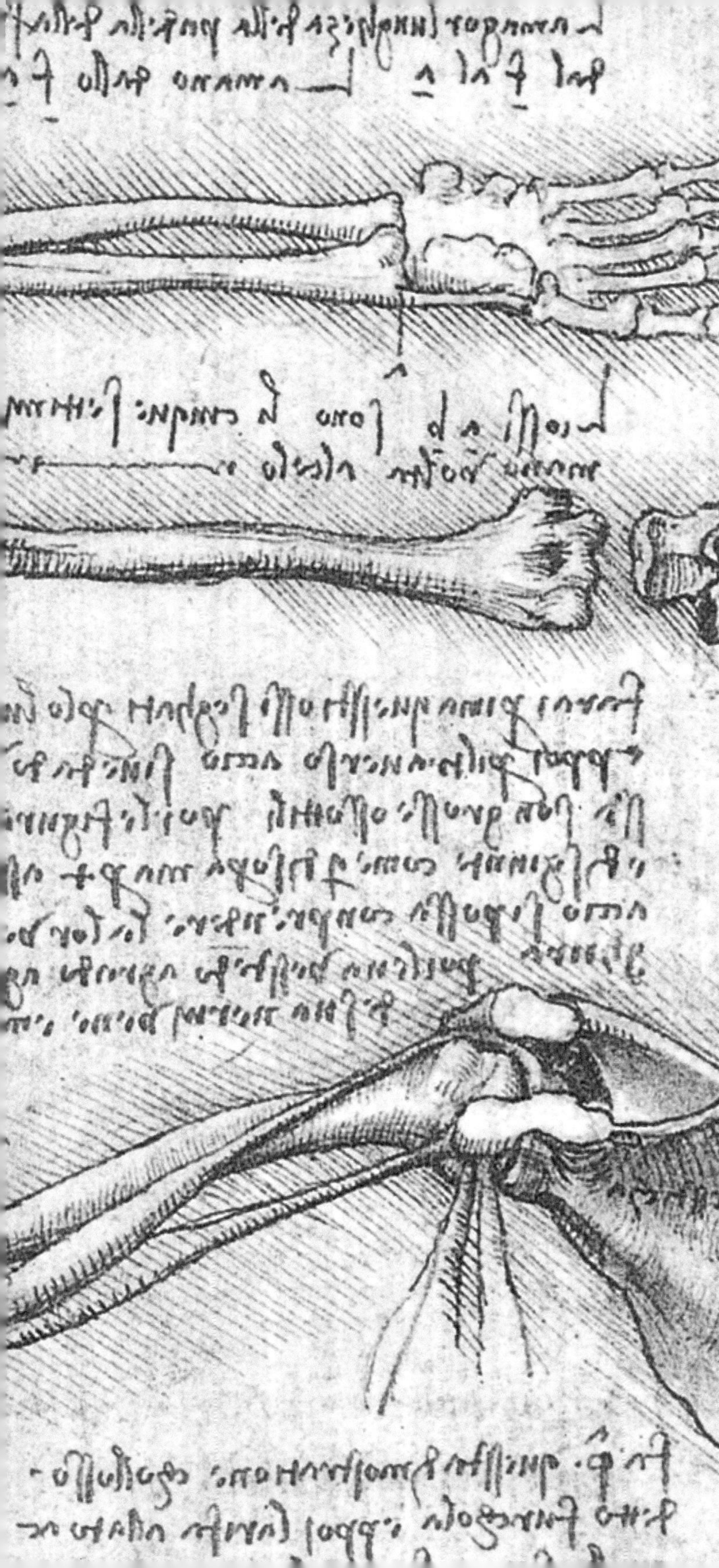

EL ESQUELETO Y LOS HUESOS

El interés de Leonardo por la osteología (o estudio de los huesos), en el periodo maduro de su actividad, se sitúa en torno a 1508-1510, y es paralelo a los otros estudios realizados directamente sobre el cuerpo humano (por ejemplo, sobre los músculos), con la intención de ilustrar su funcionamiento.

En una anotación previa, apunte o *cominciamento* –comienzo– (uno de los muchos) para un tratado de anatomía, Leonardo empieza con una referencia al esqueleto y a los huesos como elementos portantes de la máquina humana.

Página anterior. El estudio de los movimientos de los huesos del brazo, determinados por la acción de los músculos, en particular del bíceps (RL 19000 v; K/P 135 v, c. 1508-1510), está relacionado con el interés de Leonardo por las ciencias mecánicas. El hombre, ahora entendido como máquina, es descompuesto e investigado para poner al desnudo sus mecanismos.

1. Sección superior de la médula espinal, en la misma hoja: «La nuca es fuente de los nervios que dan movimiento voluntario a los miembros». (RL 19040; K/P 63 r).

2. Proyectos de comparación. En la hoja RL 19009 v; K/P 143 v (c. 1508-1510), Leonardo dibuja de forma magistral los huesos de la mano y, arriba a la derecha, los tendones de un dedo. En las anotaciones, expresa su intención de proporcionar diversas ilustraciones comparadas de manos de viejo, de joven y de niño.

3. Dibujo de la columna vertebral (RL 19007 v; K/P 139 v, c. 1508-1509) con la curvatura exacta y el correcto número de vértebras que la componen.

1

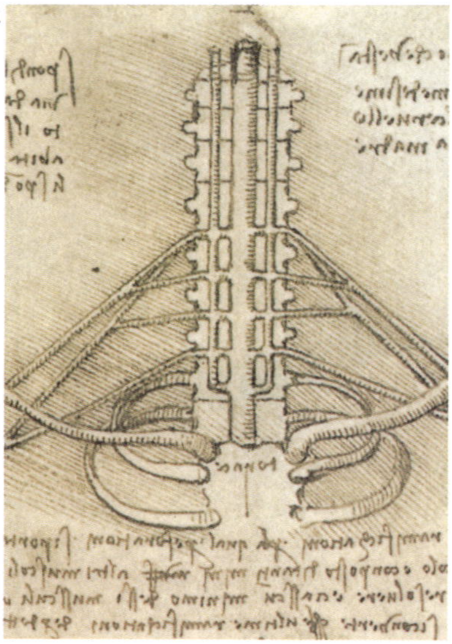

2

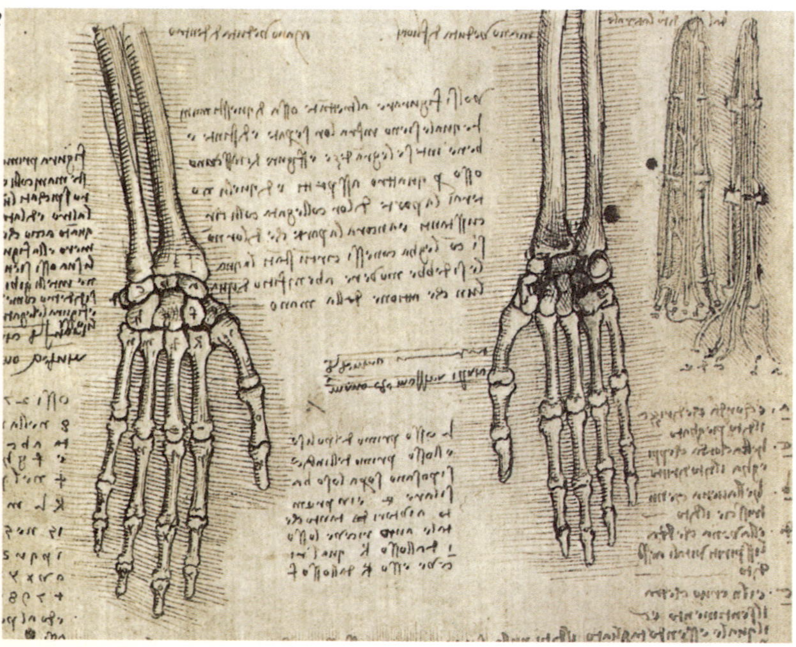

«Demostraremos la idea del hombre como máquina en [24] figuras, de las cuales las tres primeras serán la ramificación de los huesos, es decir, una por delante que demuestre la latitud de los sitios y figuras de los huesos; la segunda será vista de perfil y mostrará la profundidad del conjunto y de las partes y su sitio; la tercera figura mostrará los huesos de la parte de atrás. Después se harán otras tres figuras en similares aspectos, con los huesos seccionados, en las cuales se verá su grosor y vacuidad» (K/P 81 v).

Este paso sirve también para comprender la técnica de ilustración que pretendía adoptar Leonardo, consistente en la representación del esqueleto, y también de los huesos en solitario, desde diversos ángulos o a diferentes capas de profundidad. Así se deduce al observar los dibujos relativos a esta sección, justamente considerados de los mejores de Leonardo tanto por la veracidad anatómica como por la pulcritud del trazo. Con el fin de realizar una mejor ilustración, Leonardo recurre a menudo (por ejemplo, en los huesos del pie y de la mano, así como en el bello dibujo de la columna vertebral) a una representación por separado de los distintos elementos, lo que permite explicar la complejidad de las articulaciones. Otras veces se sirve de vistas desde arriba y desde abajo de la misma parte anatómica, o demuestra tener, como en el caso de los huesos largos del brazo y de la pierna, un preciso interés mecánico por la función de palanca que cumplen durante los movimientos de elevación, descenso, rotación y flexión.

3

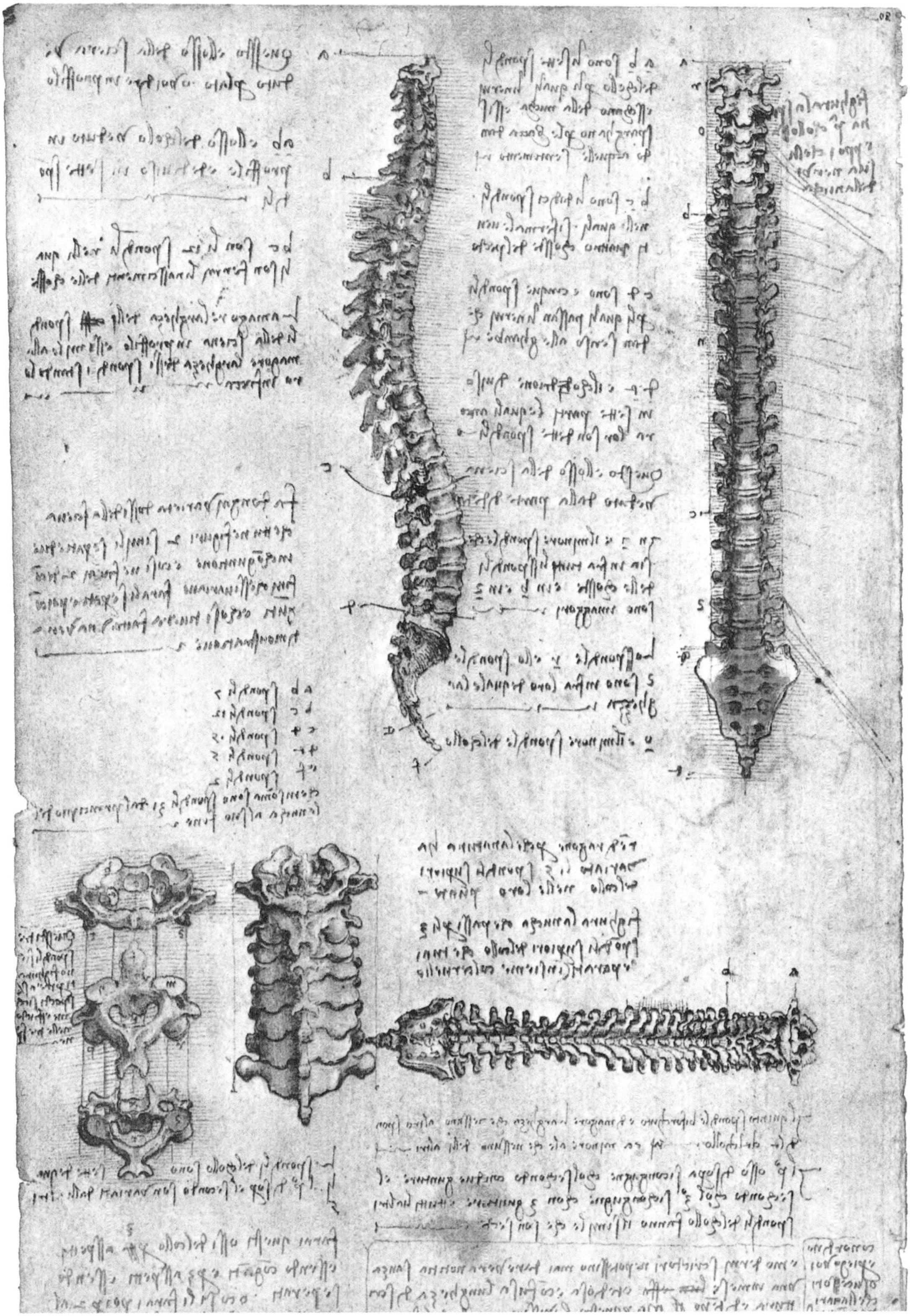

4. Estructura con hilos. En esta hoja (RL 19008 r; K/P 140 r, c. 1508-1510), Leonardo dibuja los huesos de la pierna desde tres ángulos distintos: anterior, posterior y lateral. En la parte inferior de la misma ilustra la flexión de la rodilla. Es especialmente interesante la «estructura con hilos» adoptada para explicar la acción de los músculos.

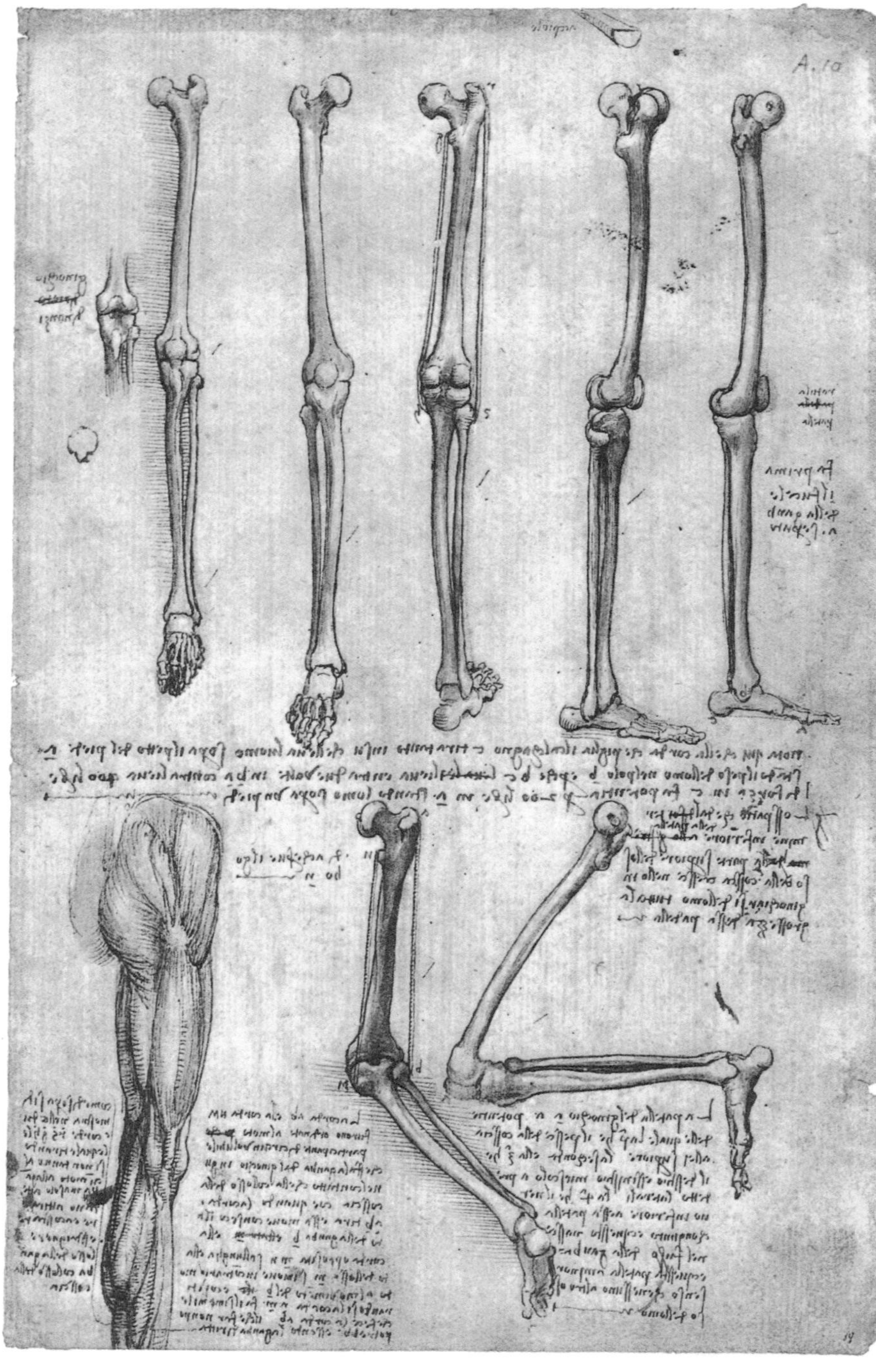

4

5

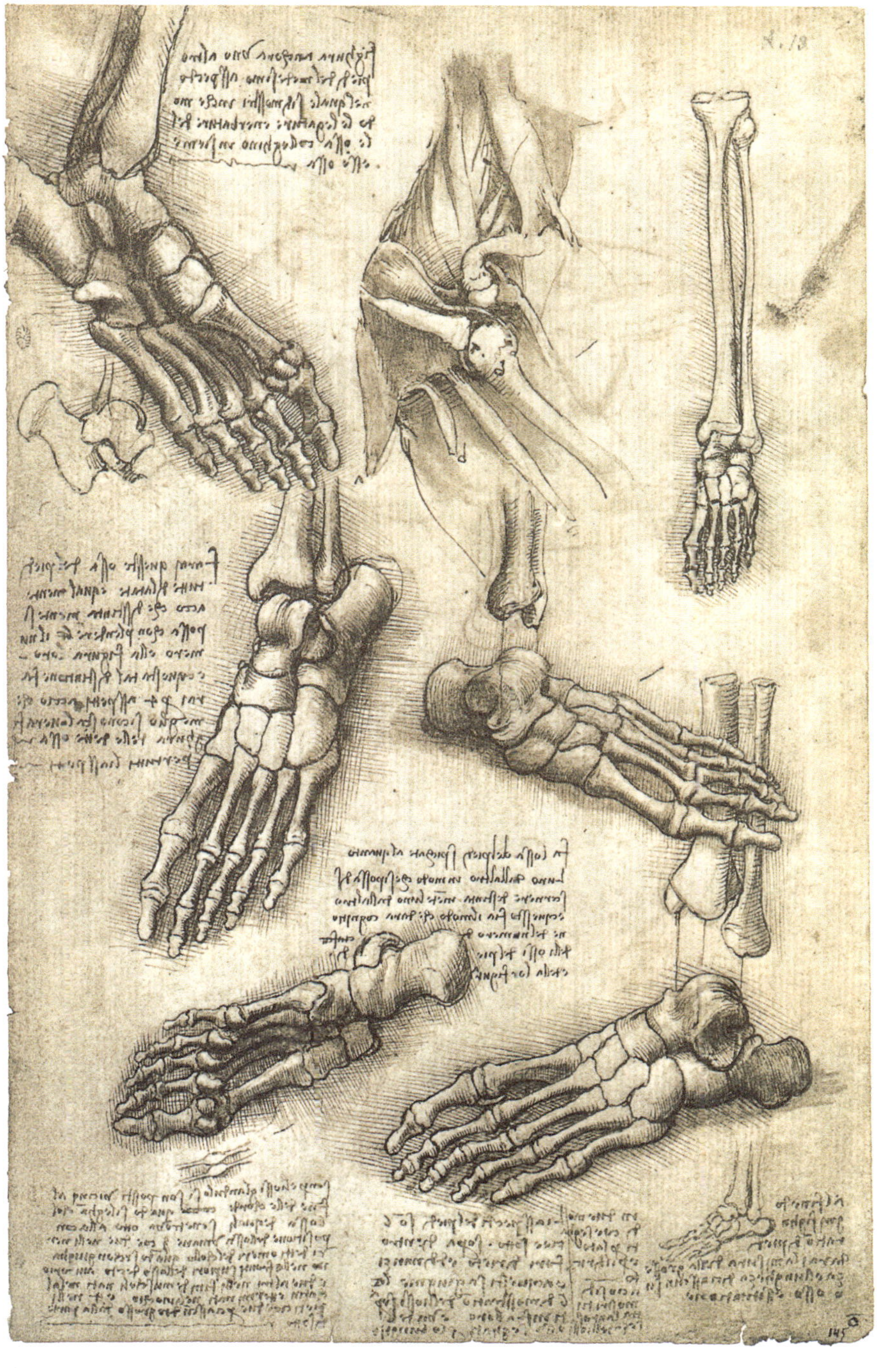

5. Pie y hombro. Los huesos del pie y del hombro son los protagonistas de la hoja RL 19011 r; K/P 145 r. Se trata de una serie de dibujos, que datan de 1508-1510, que demuestran que en aquellos años Leonardo había perfeccionado sus conocimientos de anatomía y madurado como ilustrador.

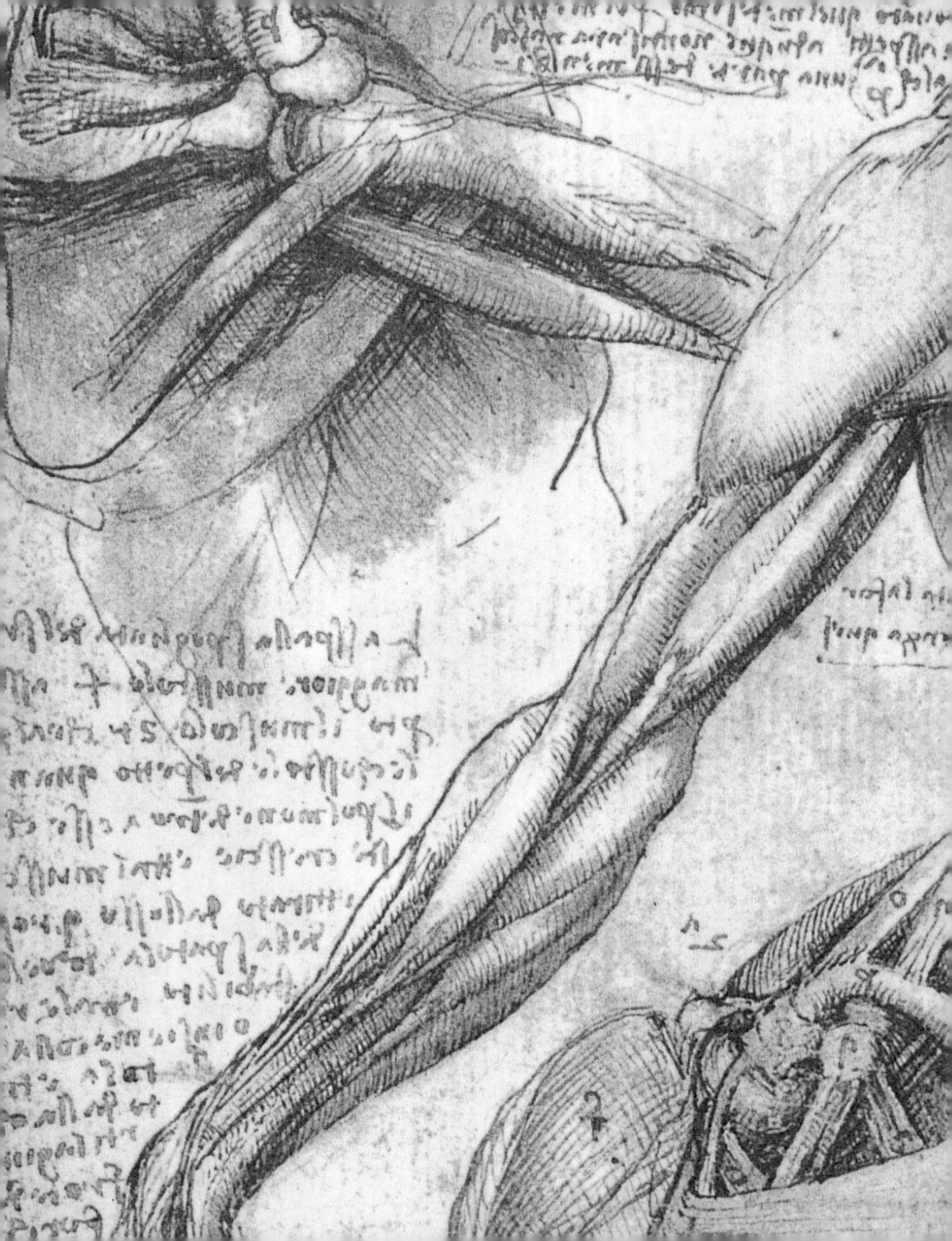

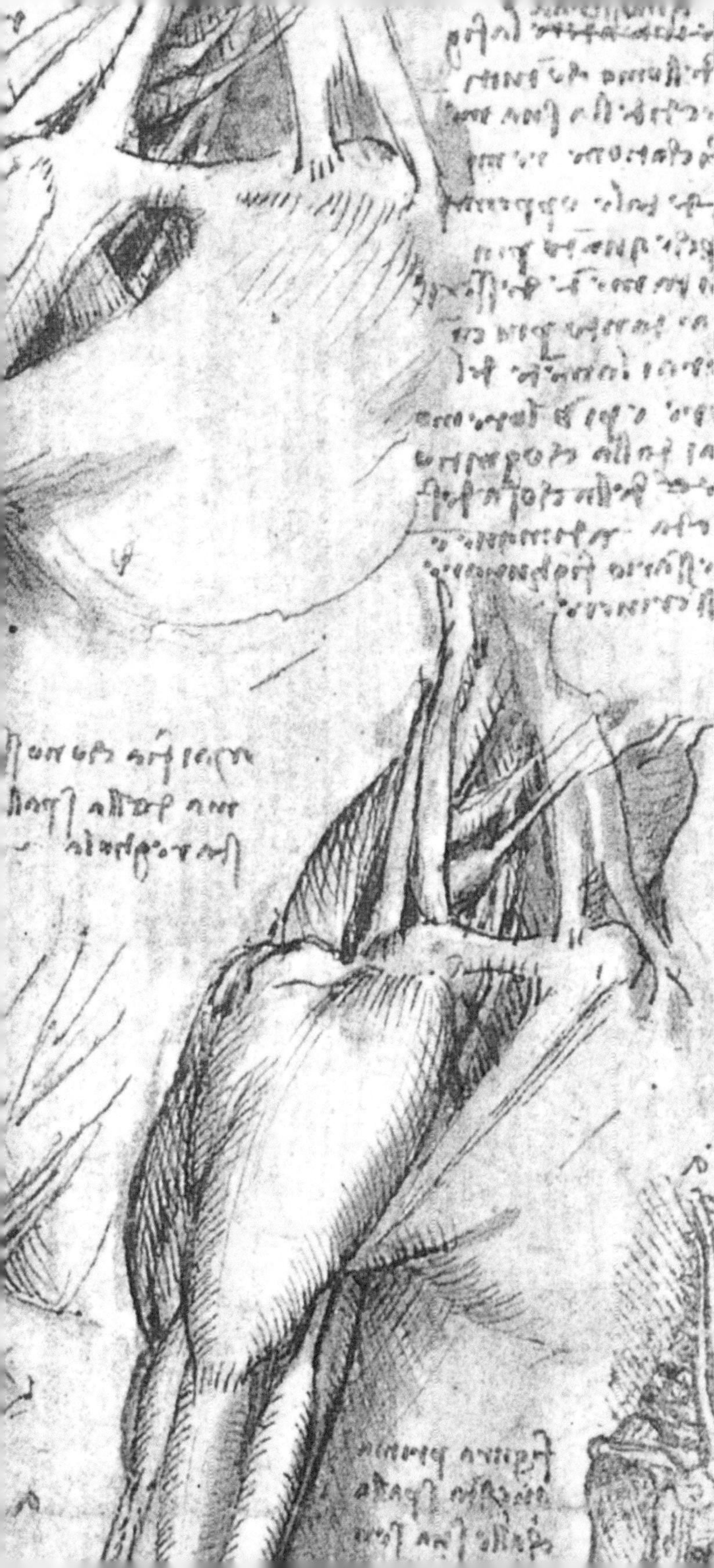

LOS MÚSCULOS Y LOS NERVIOS

El estudio del aparato muscular (o miología), que Leonardo desarrolló principalmente entre 1505 y 1510, encuentra expresión en una serie de dibujos considerados entre los mejores y más fascinantes de toda la recopilación anatómica. La investigación sobre los músculos discurre en paralelo con la de los huesos y el esqueleto, aunque con resultados científicos no siempre del mismo nivel, tanto por la mayor dificultad de investigación como por el carácter pionero de los estudios miológicos, muy escasos en la época de Leonardo.

Página anterior. Extraordinaria representación de los músculos del hombro, vistos en tres diferentes momentos de disección. (RL 19013 v; K/P 144 v, c. 1508-1510).

1-2. Estudios de piernas masculinas con especial atención a los músculos de los muslos, que Leonardo compara en sus anotaciones con los de las ranas o las liebres. (RL 12631 r y 12633 r; K/P 89 r y v, c. 1508).

3. En la imagen contigua de la hoja RL 19001 v; K/P 136 v (c. 1508-1510), Leonardo realiza una serie de estudios de los músculos del hombro, del cuello y del tórax recurriendo a la rotación de la figura para captar mejor los diferentes puntos de vista.

4. La acción de los músculos de la pierna y del pie es representada recurriendo al esquema simplificador de la estructura con hilos (o cuerdas). c. 1508-1510. (RL 19017 r; K/P 151 r).

1

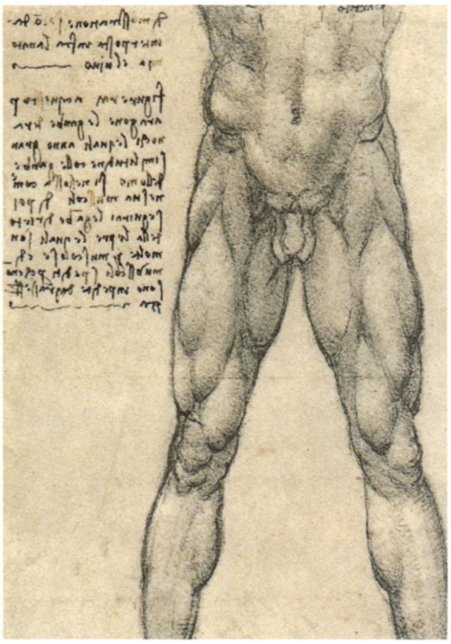

2

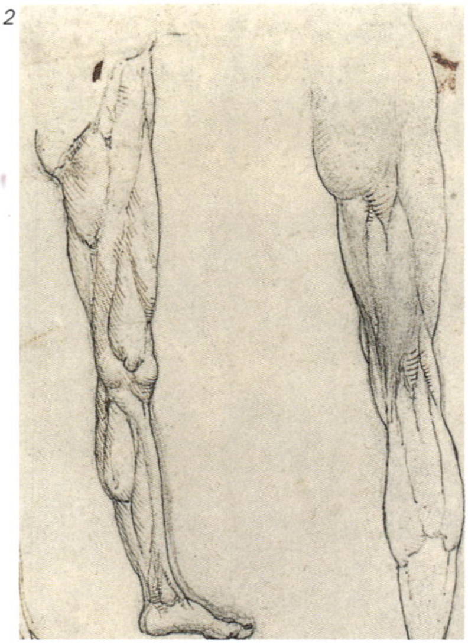

3

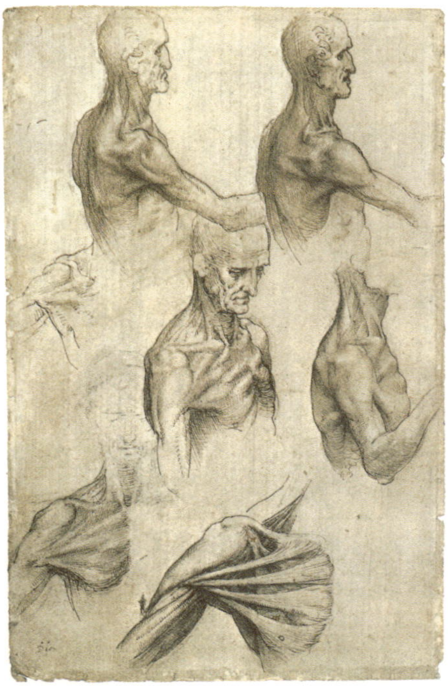

Según un esquema que se repite en su actividad de anatomista, Leonardo da Vinci pasa de un inicial interés por los aspectos superficiales (donde el estudio de los músculos revela preocupaciones propias de artista) a un progresivo estudio en profundidad de la fisiología y la mecánica musculares. Para explicar mejor esto último, propone sustituir, en la ilustración de las distintas partes anatómicas, tendones y músculos por cuerdas e hilos: «Cuando 0hayas representado los huesos de la mano y quieras representar sobre ella los músculos que con estos huesos se unen, haz hilos y no músculos. Digo hilos y no líneas, para que se vea qué músculo está por debajo o por encima de otro, lo cual no se podría hacer con simples líneas; y hecho esto, haz después otra mano al lado en la que se vea la verdadera figura de los músculos [...]».

Leonardo recurre al mismo sistema para ilustrar (a menudo ofreciendo diversos ángulos visuales) los músculos de las piernas, del tronco, de los brazos, del cuello y del hombro, así como del rostro: en este último caso, con la manifiesta intención de explicitar la función de los músculos responsables de la mímica facial. Con el estudio de los músculos está relacionado el estudio de los nervios («que dan movimiento voluntario a los miembros»). Tras los experimentos de juventud sobre ranas y monos, Leonardo realiza notables progresos en la representación del sistema nervioso central humano, dibujando el denominado «árbol de los nervios», que se extiende desde el cerebro y la nuca, a través de la espina dorsal, para ramificarse a lo largo de los brazos y las piernas.

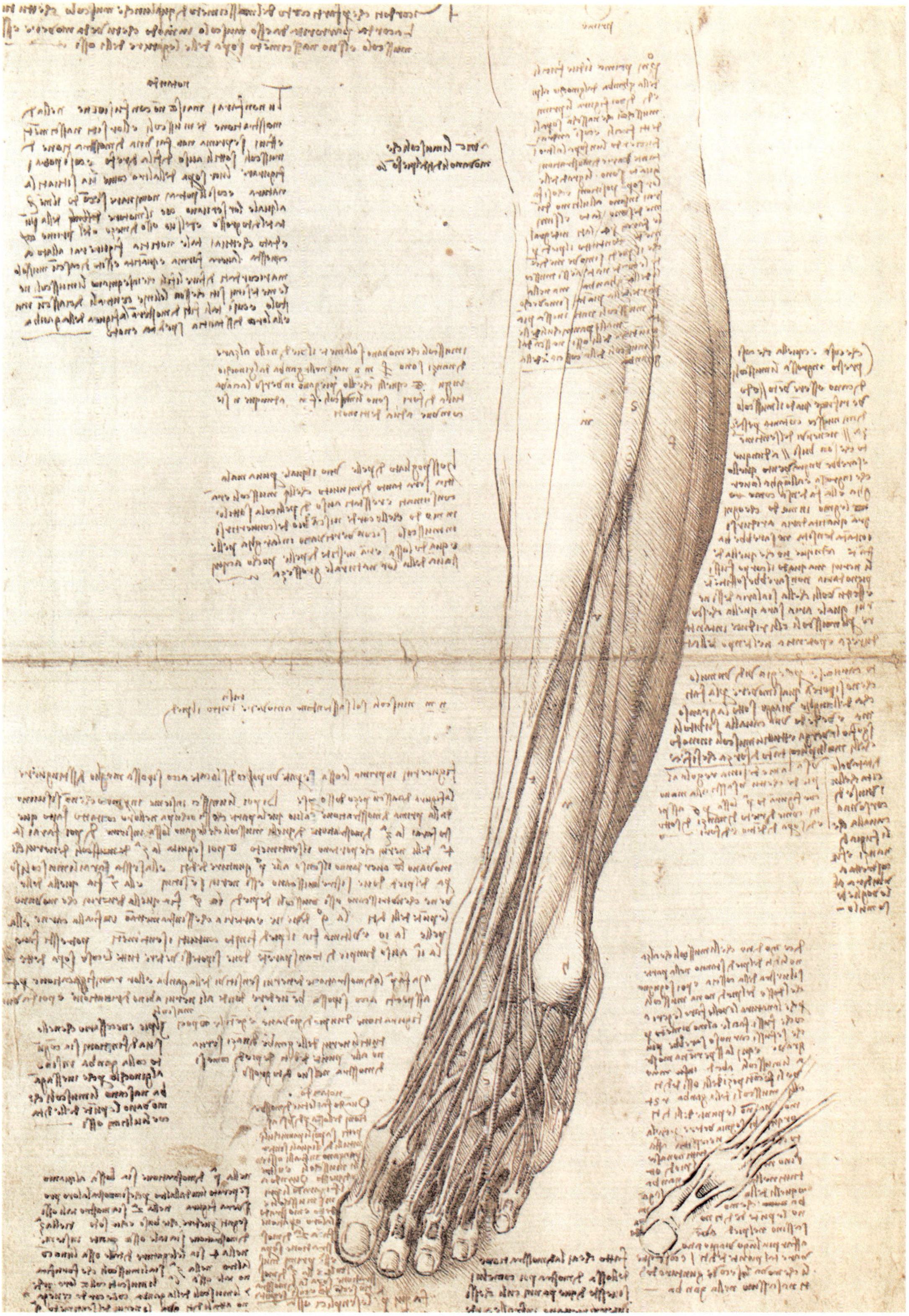

5. Técnica cinematográfica. Este estudio de los músculos del brazo, en particular del deltoides (RL 19005 v; K/P 141 v, c. 1508-1510), constituye un ejemplo de las innovaciones aportadas por Leonardo a la ilustración anatómica. La figura, hecha rotar sobre sí misma, es captada en cuatro secuencias distintas, desde la dorsal hasta la lateral, con una técnica que hoy nos parece casi cinematográfica. En la parte superior derecha de la hoja, un dibujo de la lengua, la garganta y la úvula.

5

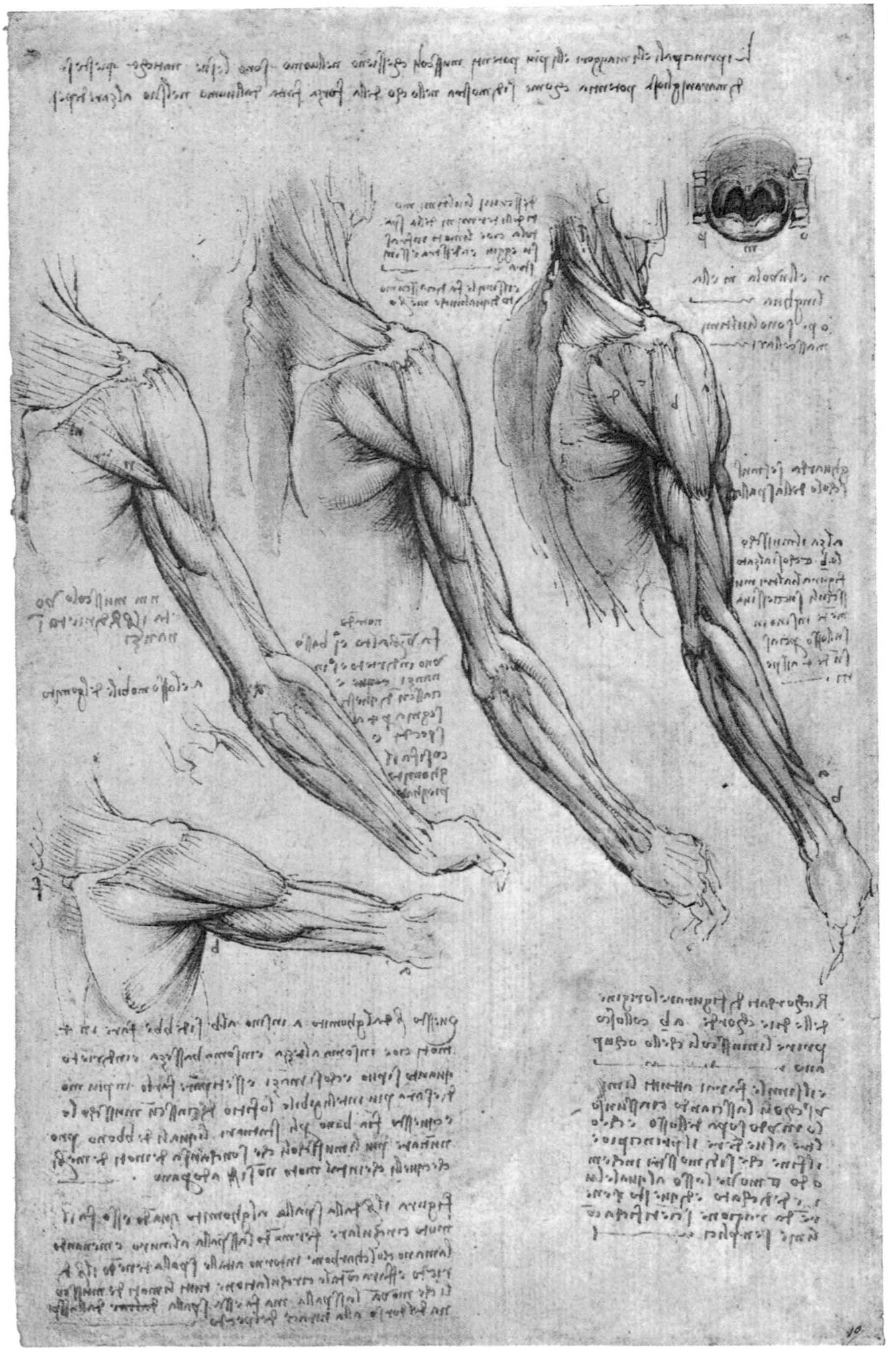

6

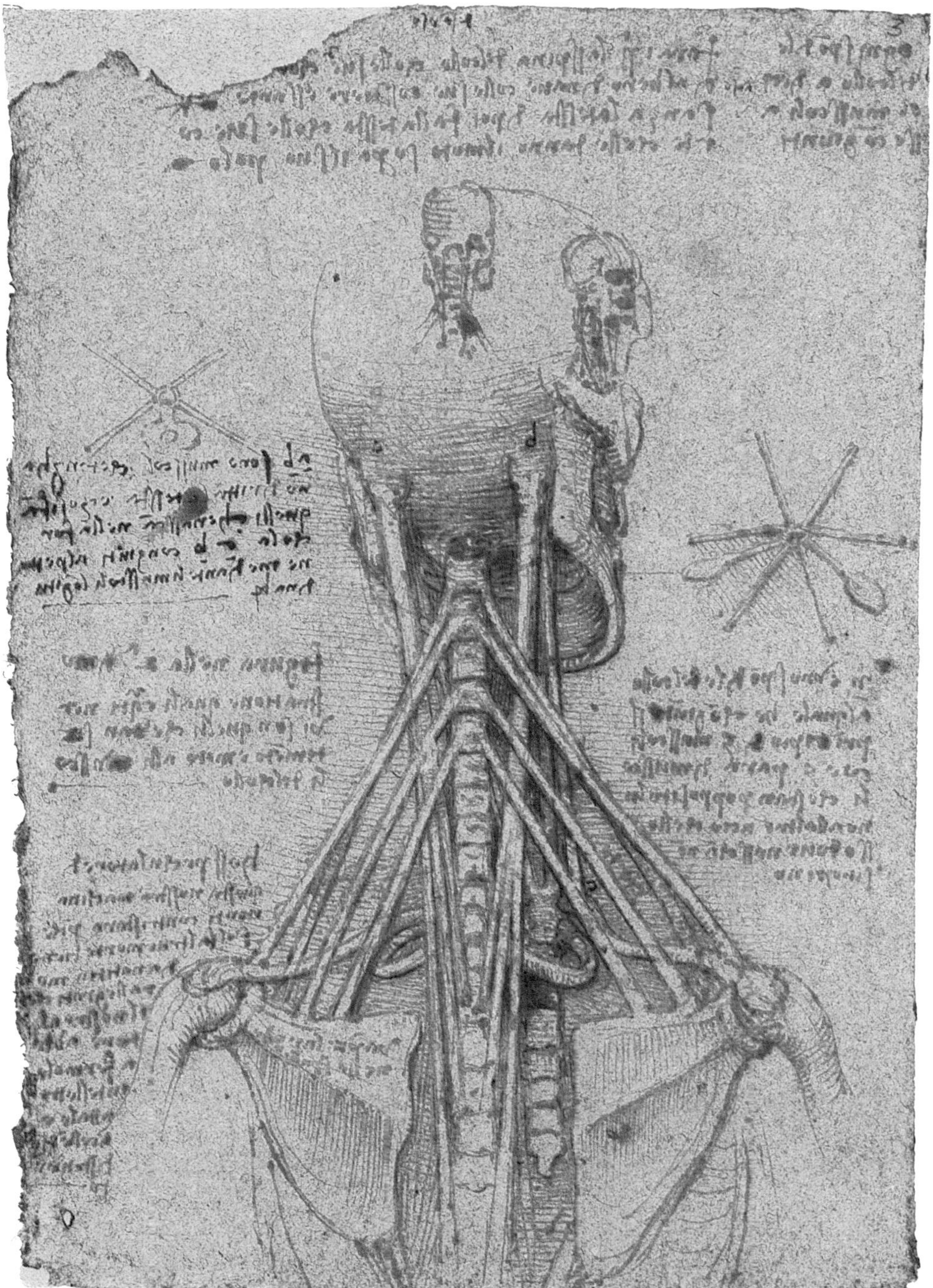

6. El intelecto creador. En este dibujo (RL 19075 v; K/P 179 v), que data de c. 1513, Leonardo demuestra la función de los músculos del cuello para sostener la cabeza. Entre las anotaciones al margen se lee la invocación: «Oh, investigador de esta máquina [humana], que no te entristezca el hecho de darla a conocer por la muerte ajena, y alégrate de que nuestro Creador tenga el intelecto centrado en la excelencia de tal instrumento».

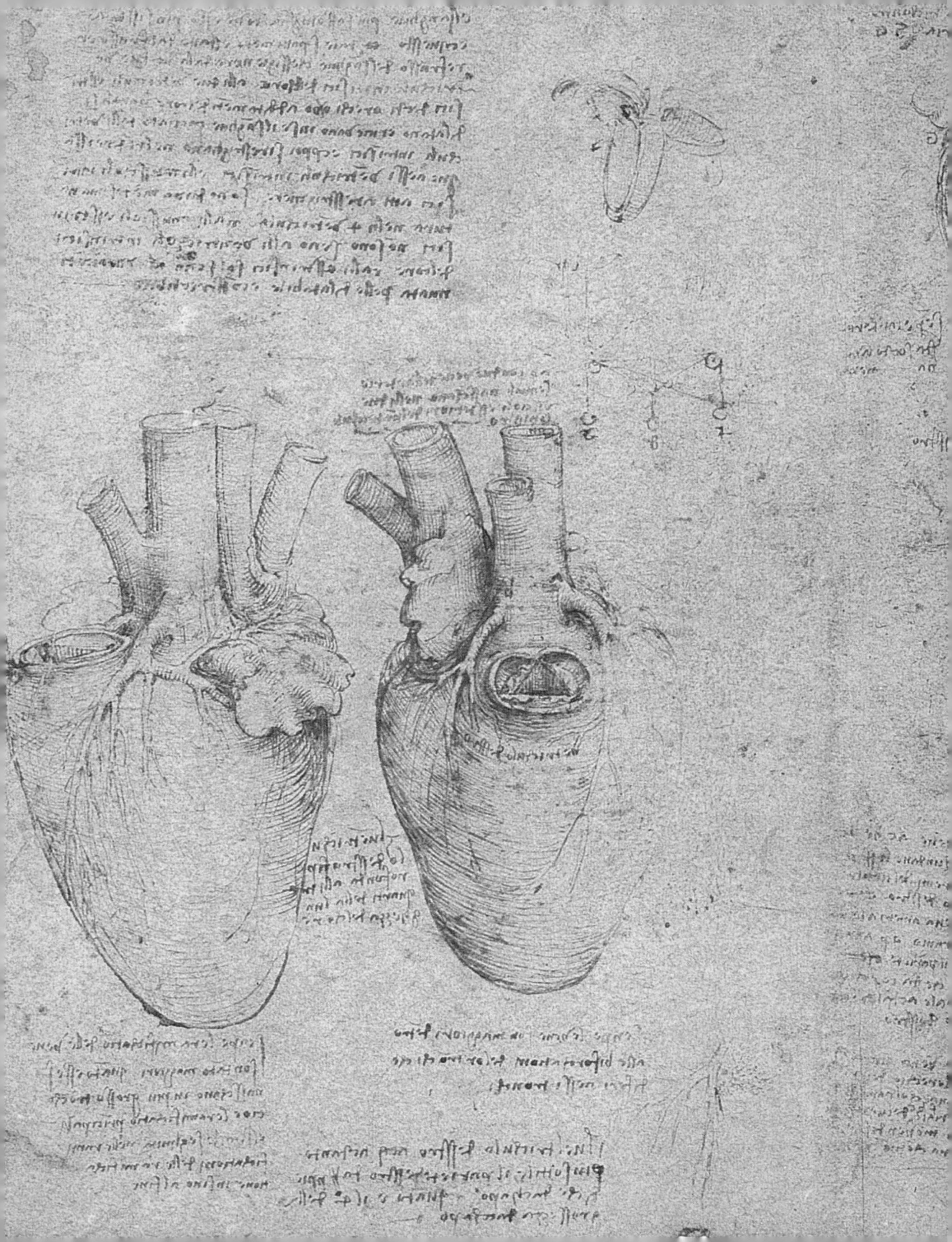

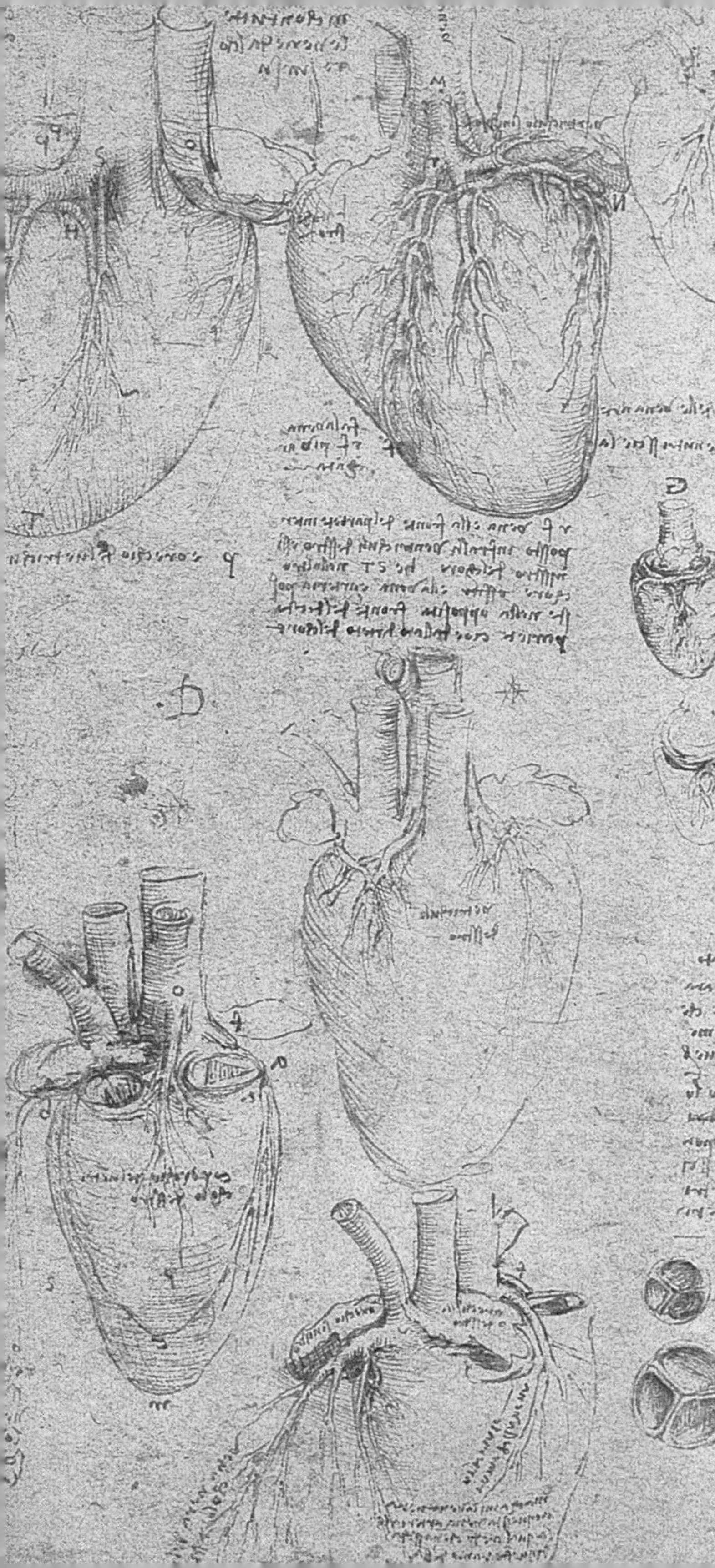

EL CORAZÓN Y LAS VENAS

El estudio del sistema cardiovascular tiene lugar en dos momentos de la vida de Leonardo, cronológicamente distintos. De la última década del siglo XV data un dibujo que representa «el árbol de las venas», con una clara influencia de las teorías más acreditadas entonces, las clásicas de Galeno o las medievales de Mondino. Se trata en todo caso de teorías aprendidas de los libros, más que de la experiencia, basadas en la opinión de que el origen del árbol vascular está en el hígado, aunque Leonardo se decantaría posteriormente por la idea de la primacía del corazón.

Página anterior. En la parte izquierda de esta hoja (RL 19073-74 v; K/P 166 v) se ve el corazón de un buey, con la raíz de la arteria pulmonar cortada. En la parte derecha hay otros dibujos del corazón, desde diferentes ángulos, con la representación de las arterias y las venas superficiales.

1. Originalmente doblada en dos, aparece una serie de dibujos relativos a los ventrículos del corazón. c. 1513. (RL 19118-19 v; K/P 116 v).

2. En una época tardía de su vida (c. 1513), Leonardo estudió atentamente el corazón, aunque el bovino, y no el humano.

En este dibujo (RL 19071 r; K/P 162 r), el corazón y el pulmón se estudian junto a la tráquea y las arterias bronquiales y pulmonares.

En la larga anotación de la parte izquierda de la hoja, Leonardo ratifica la superioridad de la ilustración visual respecto a la palabra escrita para comprender la anatomía humana.

1

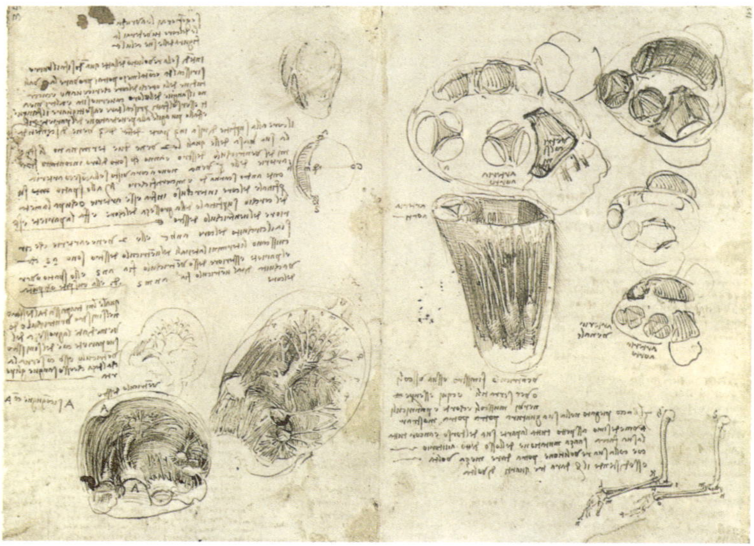

2

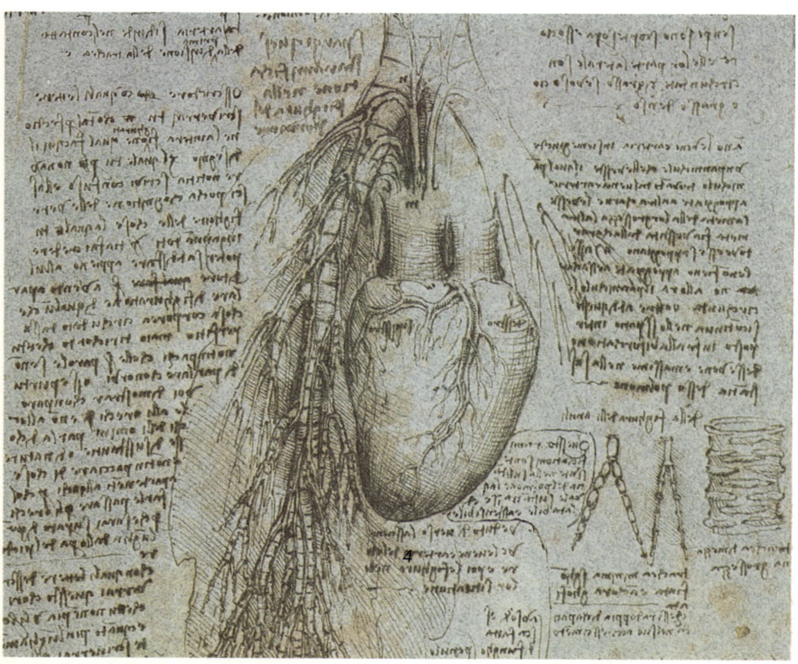

Solo en años posteriores, en torno a 1513, Leonardo empieza a estudiar el corazón de manera meticulosa, recurriendo a la experiencia de la disección realizada exclusivamente sobre animales (principalmente el buey), y no sobre material humano.

La investigación le llevaría a revisar en parte las teorías vigentes y a corregir evidentes errores de sus predecesores; pero es cierto que Leonardo nunca fue realmente capaz de aportar una nueva opinión global y orgánica sobre el sistema circulatorio, permaneciendo sustancialmente ligado a los esquemas de la escuela de Galeno.

Fue notable el esfuerzo de Leonardo por comprender el mecanismo de cierre y apertura de las válvulas (en particular la aórtica) y el flujo de la sangre en el corazón. Con este fin reutilizó aplicaciones y experimentos que había realizado en la época de su actividad de ingeniero hidráulico, cuando la práctica de la construcción de canales le había llevado a considerar con atención los fenómenos relativos al flujo de las aguas. Así llegó incluso a construir una maqueta de vidrio de la aorta, realizada mediante un vaciado en cera de la arteria de un buey, por donde hizo fluir el líquido necesario para llevar a cabo los experimentos relativos al flujo sanguíneo.

Por último, resultan extremadamente meticulosos sus estudios sobre las venas superficiales del brazo, del abdomen y del tórax, que constituyen un claro ejemplo de su largo recorrido hacia un conocimiento más específico, y más científico, del cuerpo humano.

3

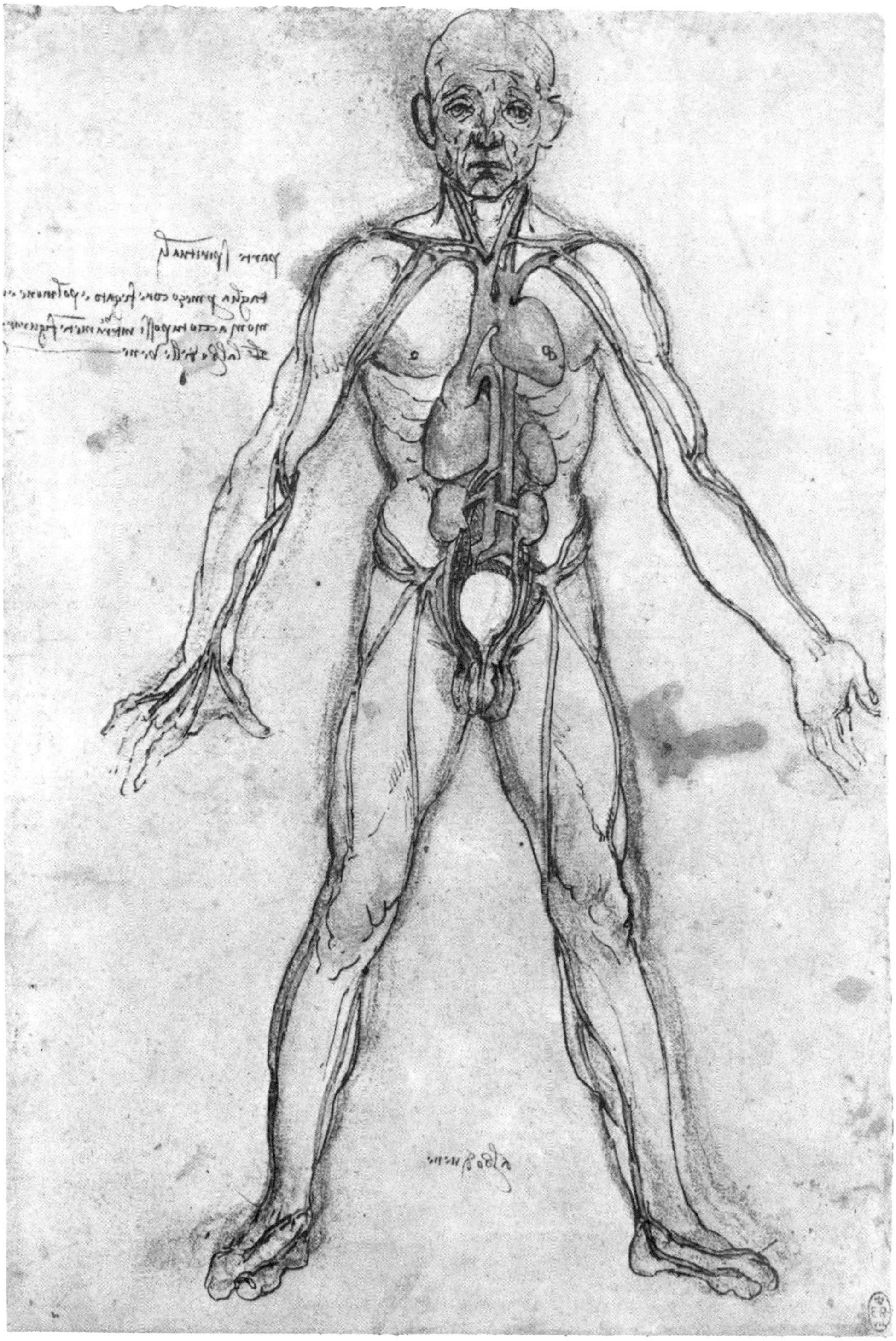

3. El corazón, los pulmones y las arterias principales están representados en el interior de la figura humana. Se trata de una de las primeras tablas de anatomía de Leonardo (c. 1490), y muestra la influencia de los textos clásicos de medicina de Galeno, Mondino y Avicena. (RL 12597 r; K/P 36 r).

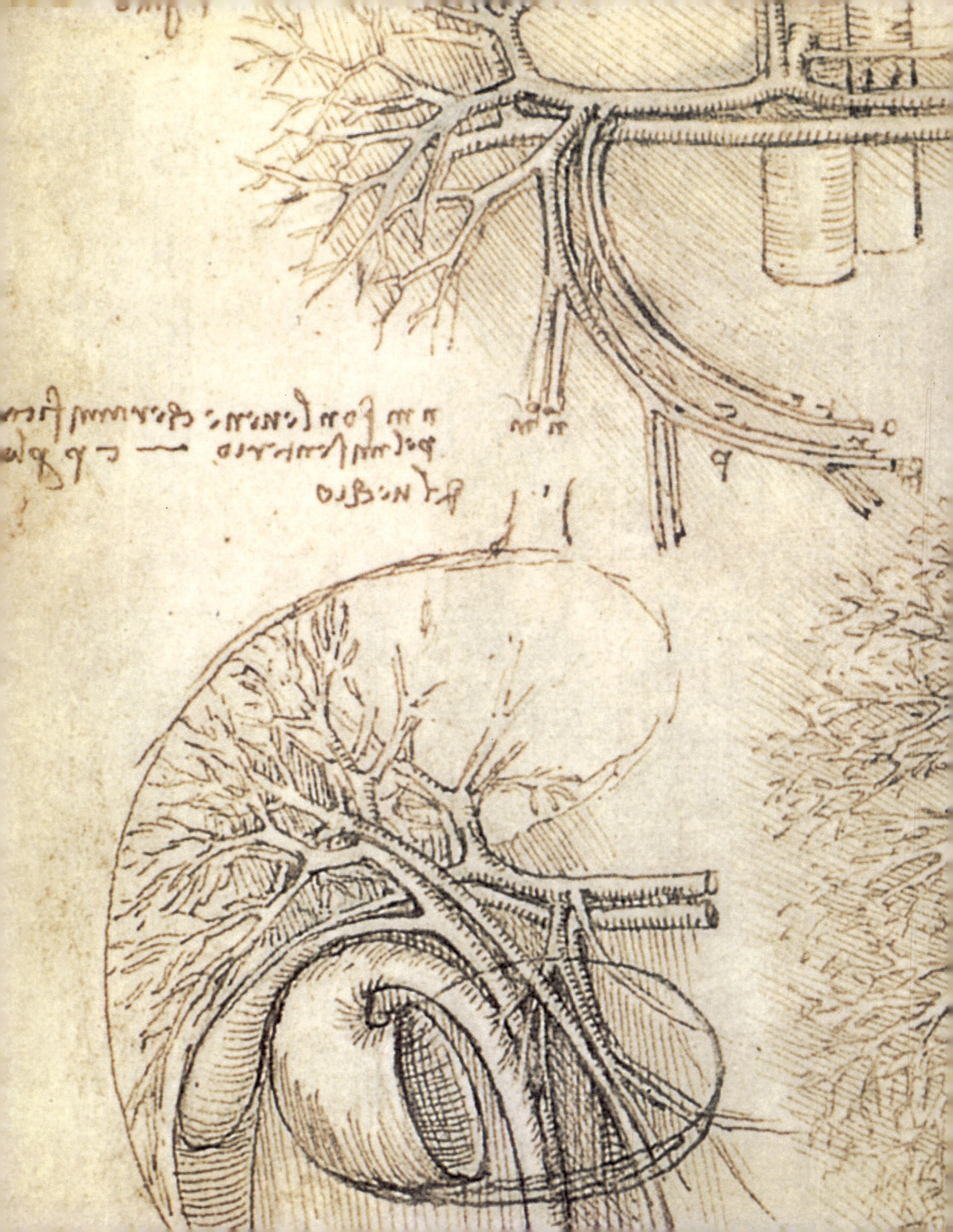

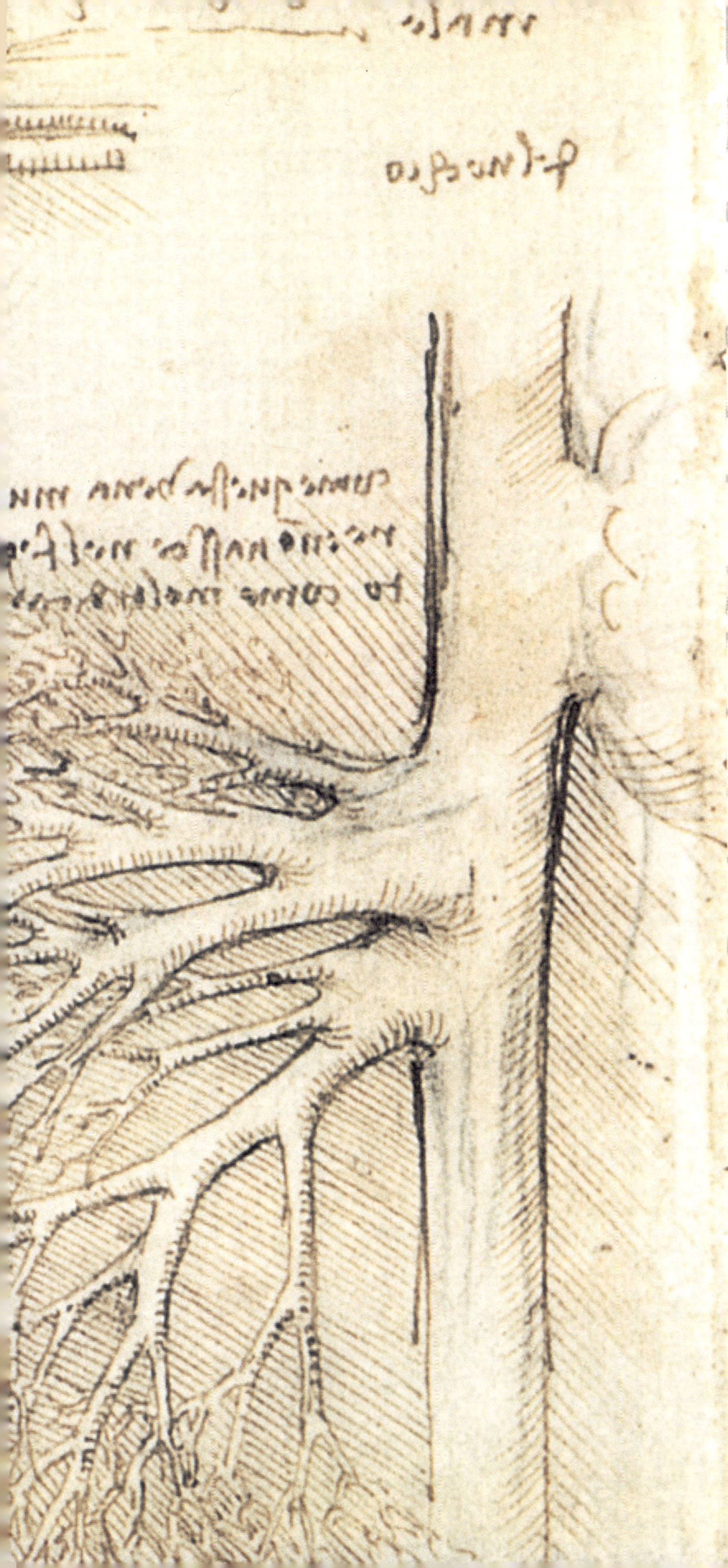

Los aparatos respiratorio, nutritivo y digestivo

Las observaciones de Leonardo sobre el aparato respiratorio se concentran en el periodo maduro de su vida, entre 1506 y 1510, y se realizan principalmente sobre animales.

Página anterior. El hígado y las ramificaciones de las venas hepáticas. (RL 19051 v; K/P 60 v)

1 - 3. Estudios sobre animales. (RL 19039 v y r; K/P 61 v y r, 1506-1508). En la misma hoja Leonardo dibuja los órganos abdominales tras haber realizado la disección según las reglas dictadas por el texto medieval de anatomía de Mondino. Indica la posición del bazo, del estómago y del hígado en un breve texto (fig. 3).

4. Están ilustrados los órganos torácicos y abdominales, con especial atención al corazón, al sistema vascular y a los pulmones. (RL 19104 v; K/P 107 r, 1506-1508). En este caso los estudios están basados mayoritariamente en disecciones de animales, sobre todo bovinos.

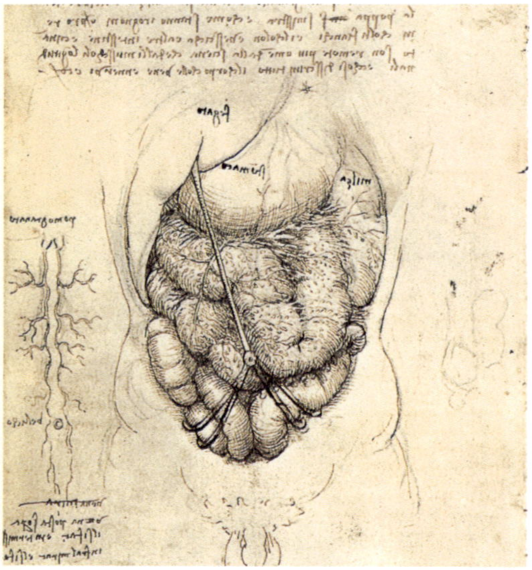

1

2

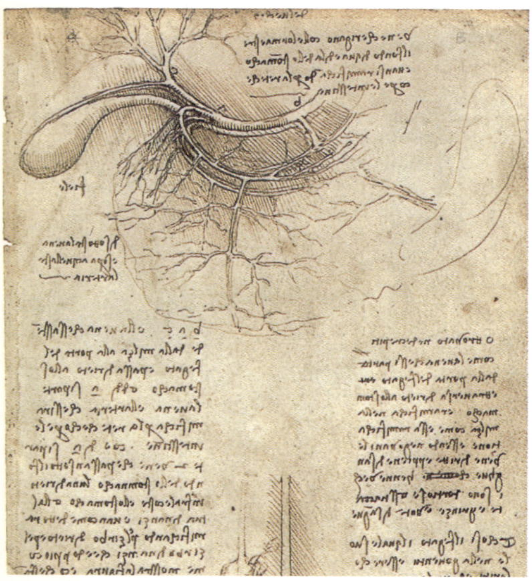

3

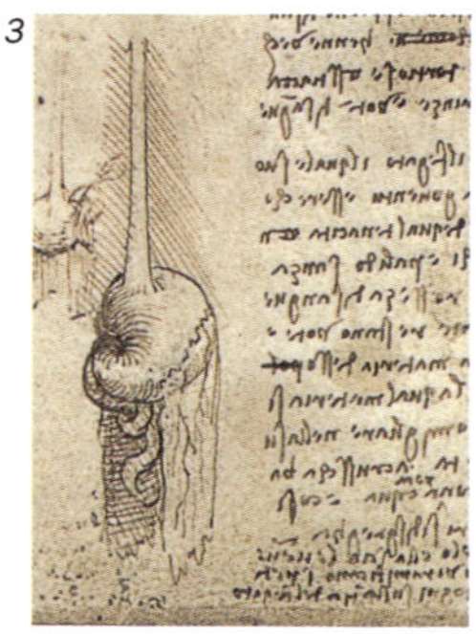

La laringe y la tráquea son estudiadas atentamente también en relación con el interés que muestra Leonardo por comprender el fenómeno de la emisión de sonidos. A este respecto, escribe en una anotación: «Trata de ver cómo se genera el sonido en la frente de la tráquea. Lo cual se entenderá separando la tráquea junto con el pulmón del hombre; y llenado el pulmón de aire y después cortado con presteza, en seguida se puede ver de qué modo la fístula de la tráquea genera la voz. Y esto se verá y oirá bien con un cuello de cisne o de ganso, que muchas veces se hace graznar después de estar muerto».

Los pulmones (no humanos, sino de cerdo) aparecen en diversas ocasiones en los dibujos de Leonardo da Vinci, representados junto a la tráquea con las ramificaciones de los bronquios y las arterias tanto bronquiales como pulmonares.

Sin embargo, aunque Leonardo da Vinci aporte nuevas observaciones realmente dignas de elogio, es evidente el hecho de que su idea del aparato respiratorio no difiere mucho de la idea de la medicina clásica, reconsiderada en la Edad Media, que identificaba en los pulmones la presencia de aire sobre cuyo flujo y reflujo se preguntó Leonardo durante mucho tiempo, sin encontrar respuesta.

Por lo que se refiere al sistema digestivo, después de los dibujos bastante esquemáticos de su juventud, Leonardo pasa a representar los órganos encargados de estas funciones con una considerable precisión adquirida a tra-

4

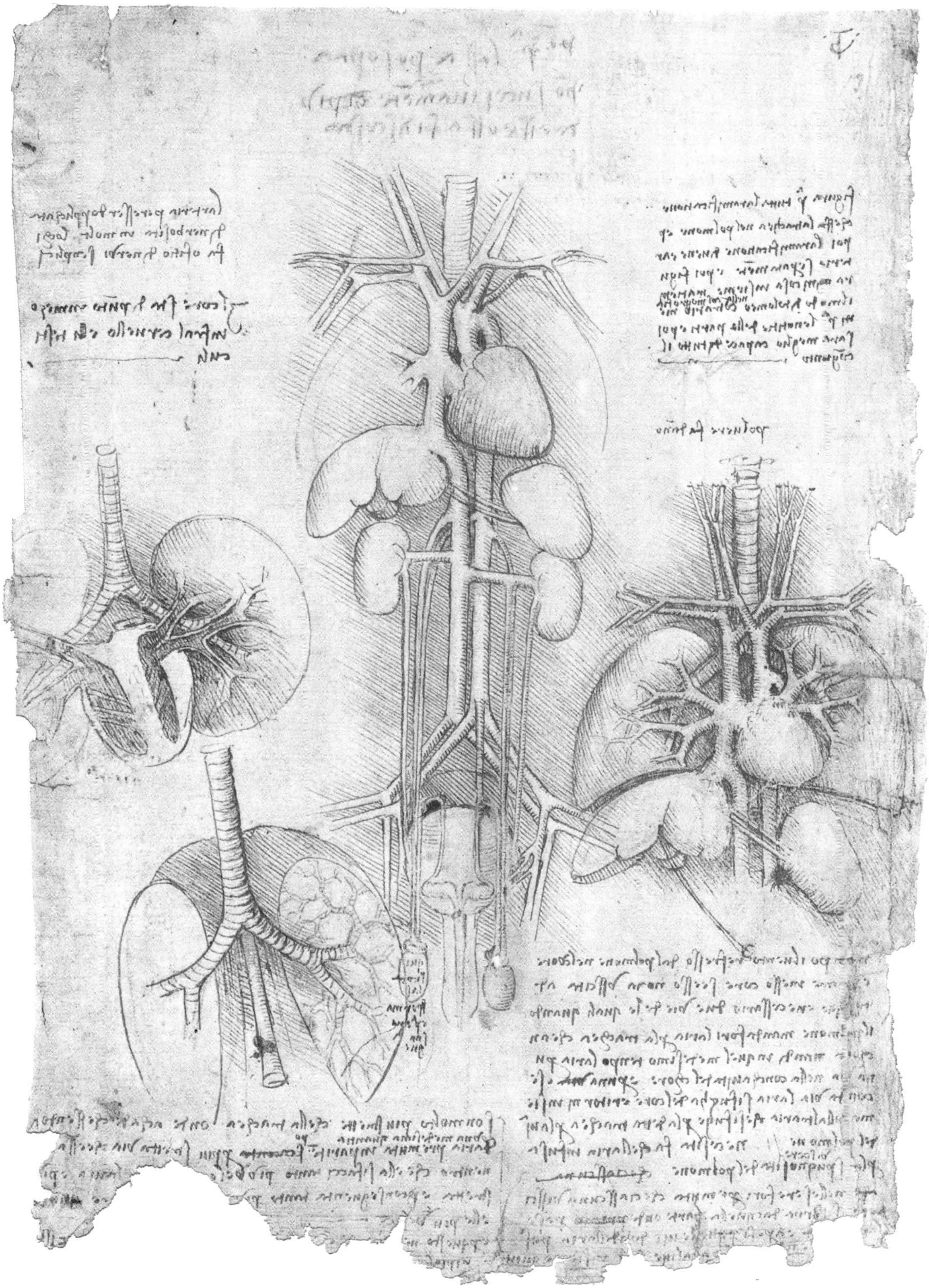

5. «Pulmón, hígado, bazo, estómago, diafragma, espina» son los términos escritos por Leonardo sobre la figura para indicar los órganos del tórax y del abdomen de un cerdo. 1508-1509. (RL 19054 v; K/P 53 v).

6 y 7. El anverso y el reverso de la hoja RL 19031; K/P 73 v, de 1506-1508, con la representación del estómago y de los intestinos.

8. Detalle de la hoja RL 19097 v; K/P 35 r. Un dibujo esquemático y muy distorsionado del aparato digestivo humano, realizado en torno a 1492-1494.

9. El mesenterio del intestino. (RL 19020; K/P 57 r).

5

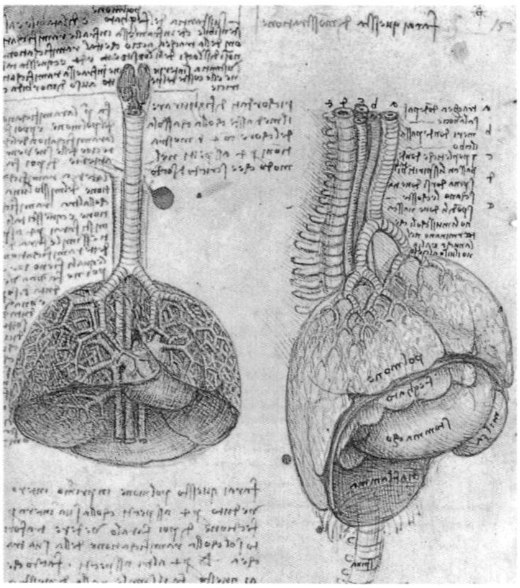

6

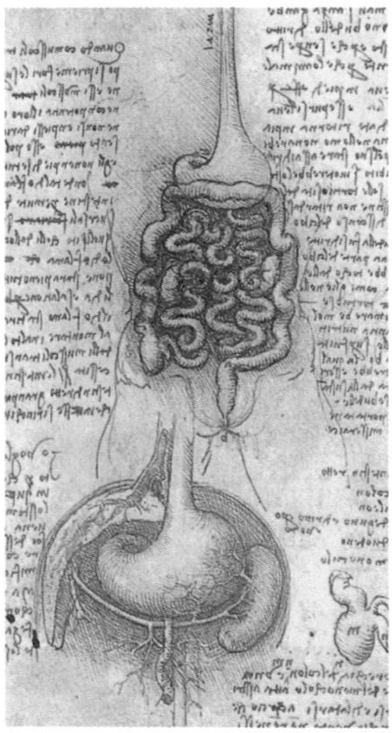

vés de las observaciones realizadas sobre el cadáver del viejo diseccionado en Florencia en el invierno de 1507-1508 (como hemos visto en la página 18). El esófago y el estómago están representados junto a la compleja maraña de los intestinos, y también se identifican con precisión el bazo y el hígado. Al no tener conocimiento del mecanismo de la contracción rítmica (peristaltismo), que favorece el avance de la comida a lo largo del intestino, Leonardo atribuye erróneamente esta función al diafragma y a las paredes abdominales en el momento de la respiración.

7

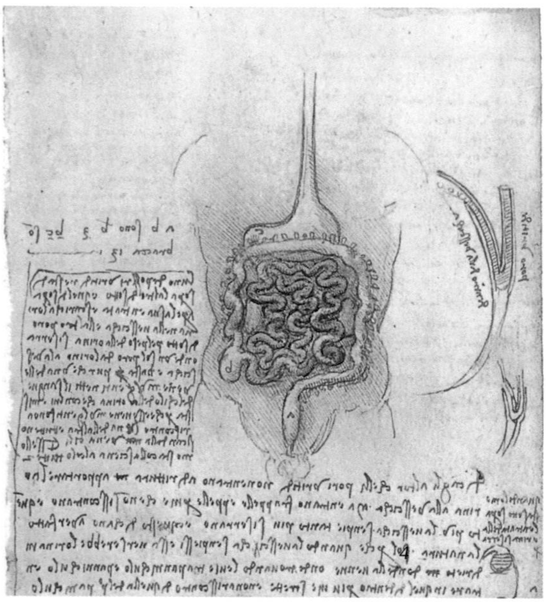

8

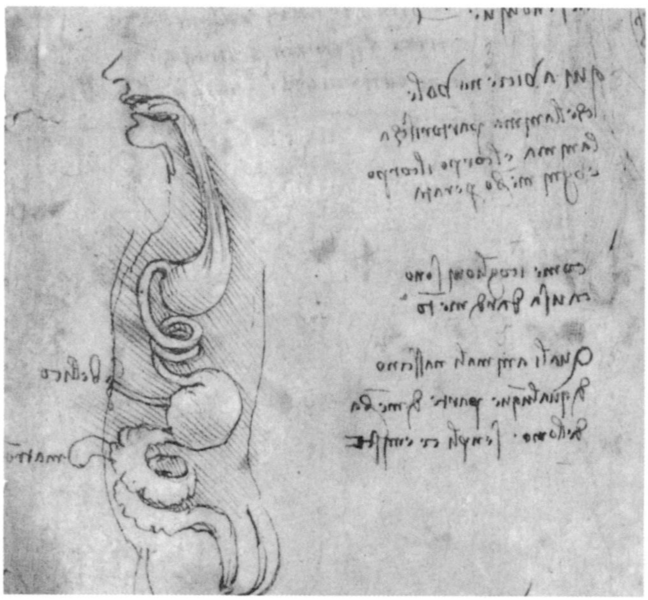

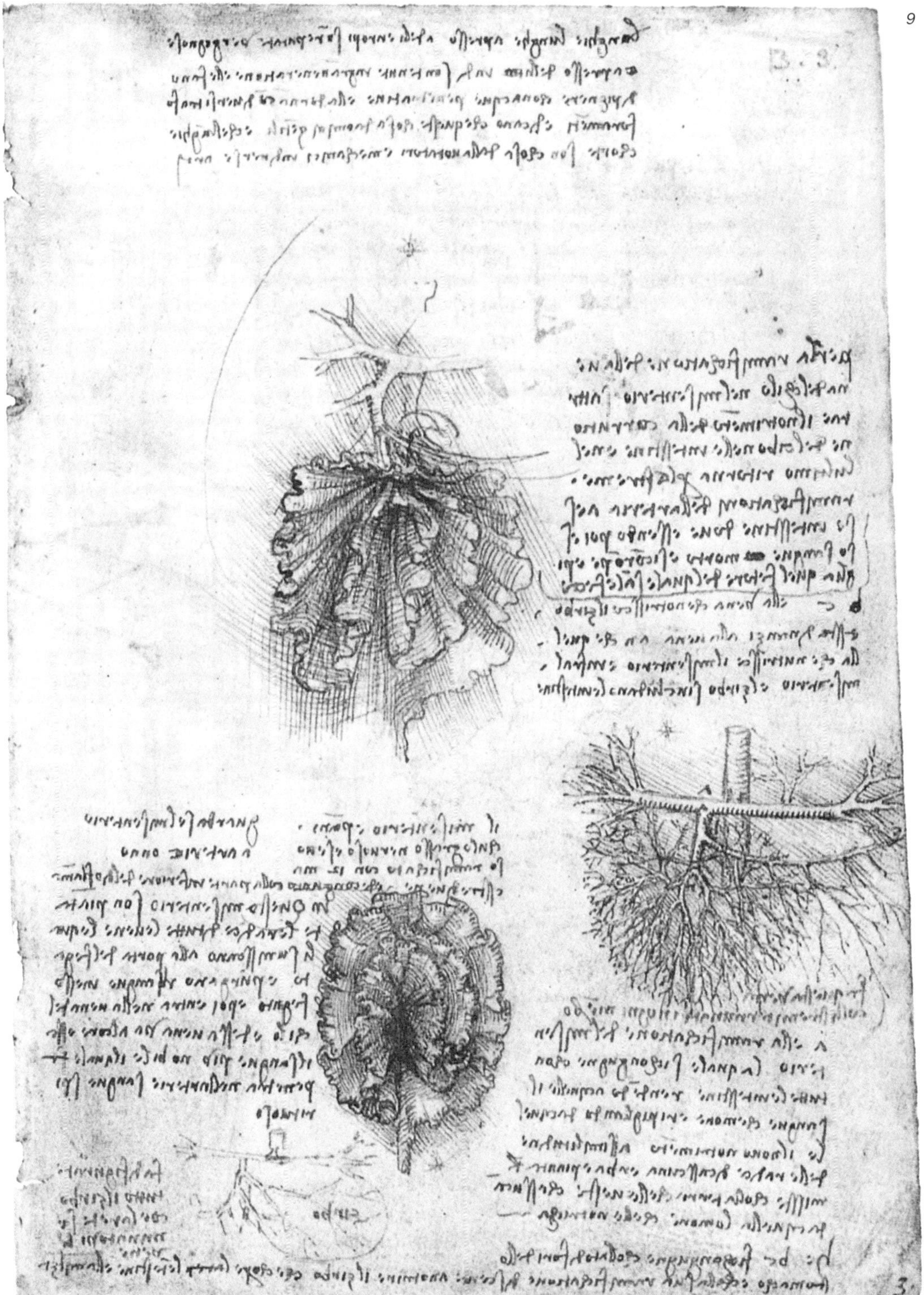

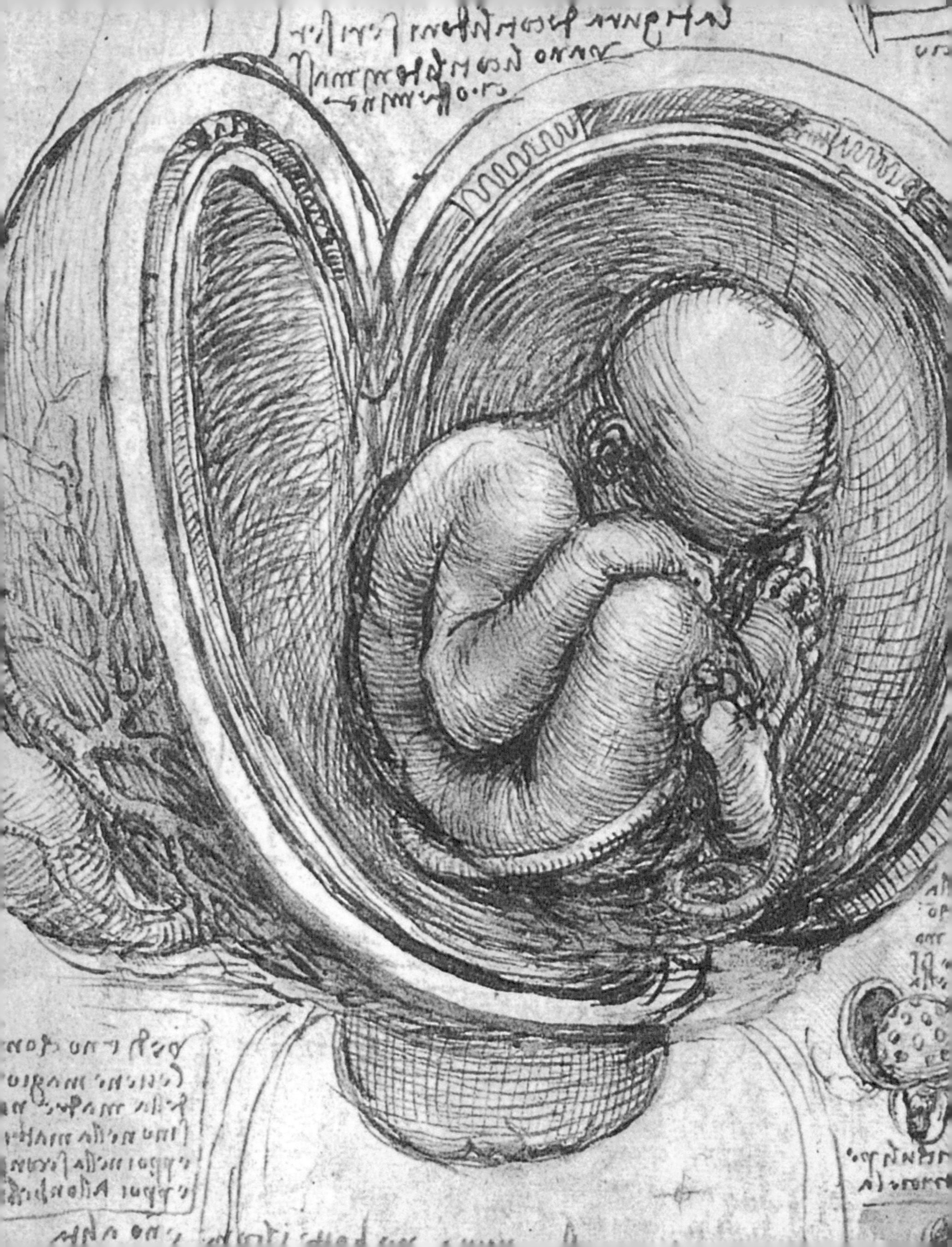

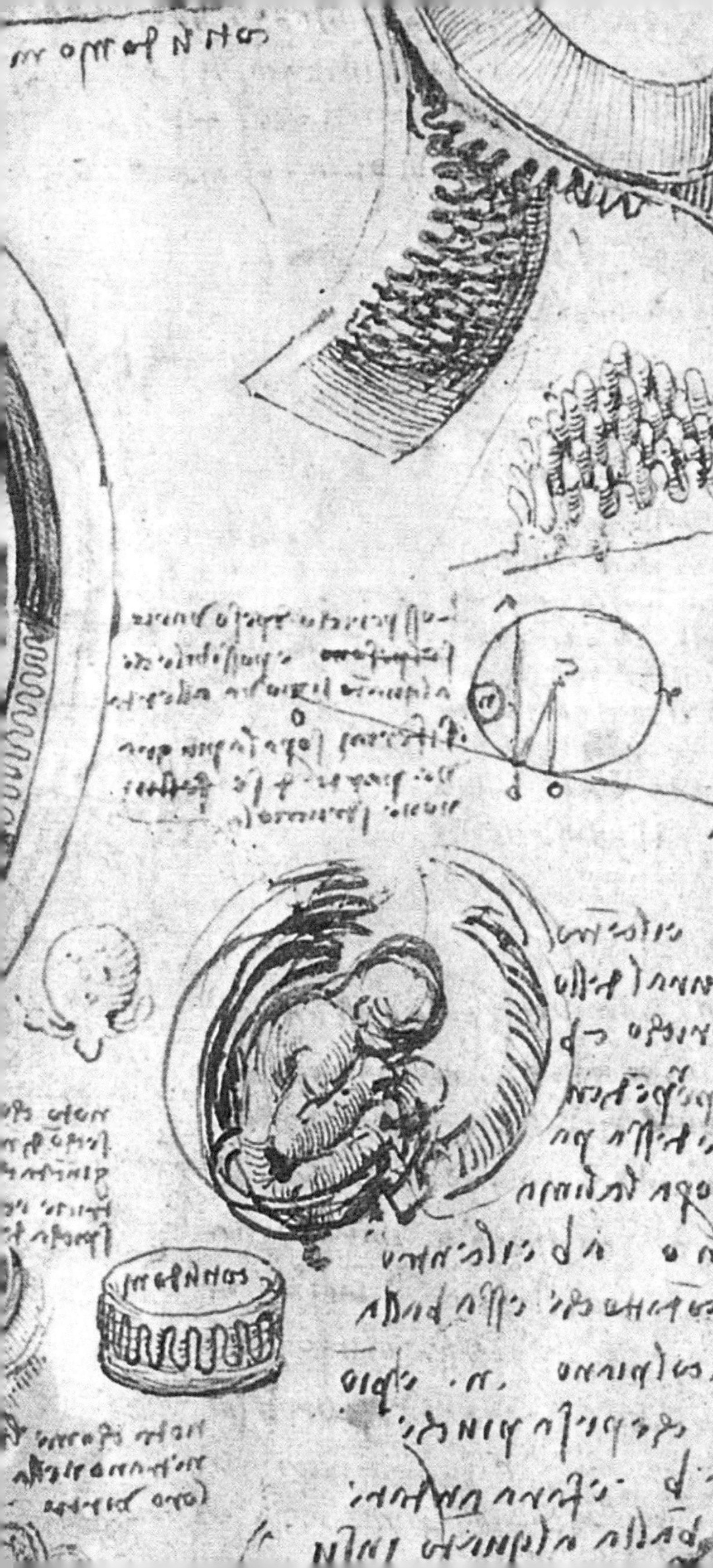

Los órganos genitales y la reproducción

También en el caso de los órganos genitales encargados de la reproducción de la vida, Leonardo pasa de una primera representación (en torno a 1492-1494) bastante tradicional, aunque viva y expresiva, a las imágenes extraordinariamente cuidadas de los años 1510-1512, famosas por una serie de dibujos que se incluyen justamente entre los más admirados de toda la recopilación anatómica.

Página anterior. En la hoja (RL 19102 r; K/P 198 r, 1510-1512), Leonardo dibuja una sección del útero humano con el feto y el cordón umbilical en su interior.

1. A menudo Leonardo utiliza animales para aumentar sus conocimientos de anatomía, como en este caso (RL 19055 r; K/P 52 r, 1506-1508), donde dibuja el útero de un bovino visto por fuera (arriba) y por dentro (abajo). Para la vista del interior del útero adoptó una técnica de ilustración especial que, en transparencia, muestra el feto invertido y los cotiledones (similares a flores) a través de los cuales fluye la sangre materna.

2. De 1510-1512 datan los magníficos estudios de Leonardo sobre el origen de la vida. En el detalle de la hoja (RL 19101 v; K/P 197 r) aparece la representación de un feto junto a tres dibujos del cordón umbilical en sección y a estudios de los huesos del codo y del antebrazo.

1

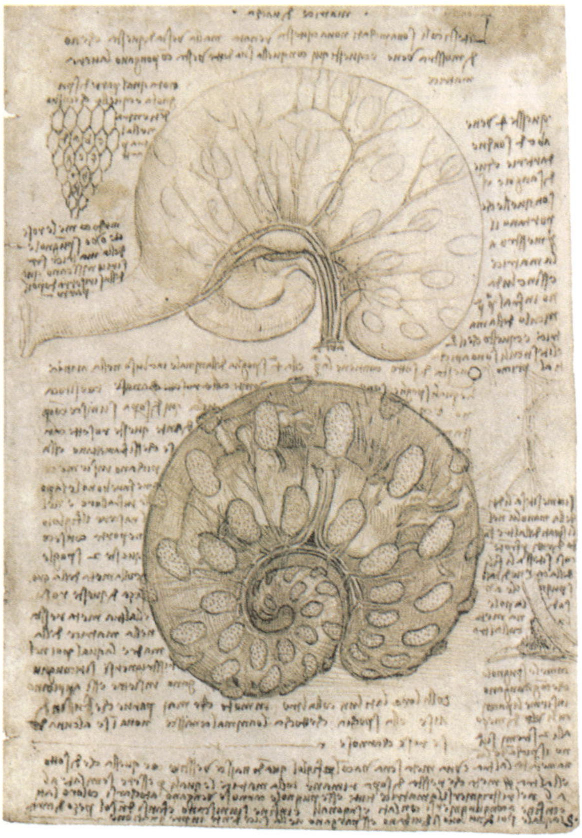

2

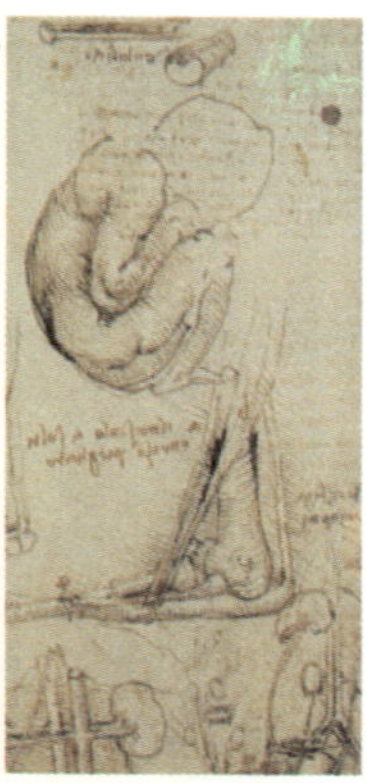

Del hombre estudia y representa las vías de acceso de la orina a la vejiga, y el conducto eyaculador a lo largo del cual avanza el esperma, llegando a comprender la formación de la hernia en el saco de los testículos. De la mujer (más difícil de conseguir para la disección) dibuja los órganos genitales externos e internos, confrontándolos a veces en la misma hoja con los masculinos. Estudia los ovarios y el útero, representado en el momento del embarazo, acompañando a menudo los dibujos con anotaciones como la siguiente: «El hijo está en la matriz rodeado de agua porque las cosas graves pesan menos en el agua que en el aire, y tanto menos cuanto más viscosa y espesa es el agua. Y además tal agua comparte el peso suyo con el peso de la criatura a lo largo de todo el fondo y los lados de la matriz». En el campo de la embriología (el estudio del embrión), alcanza resultados brillantes, aunque en ocasiones incurre en el error de transponer a la circunstancia humana experimentos realizados sobre bovinos. Sin embargo, sabemos que Leonardo había tenido acceso, para su disección, a un feto humano de aproximadamente siete meses. Los dibujos correspondientes nos lo muestran, desde diferentes puntos de vista, acurrucado en el interior del útero con el cordón umbilical, y Leonardo dice que es «de la longitud del niño en todas sus edades». Aparte de la longitud y la colocación del cordón umbilical, trata de comprender, con considerables resultados, el milagroso fenómeno que gobierna el crecimiento y el desarrollo del feto en el vientre materno hasta el nacimiento de la nueva vida.

3

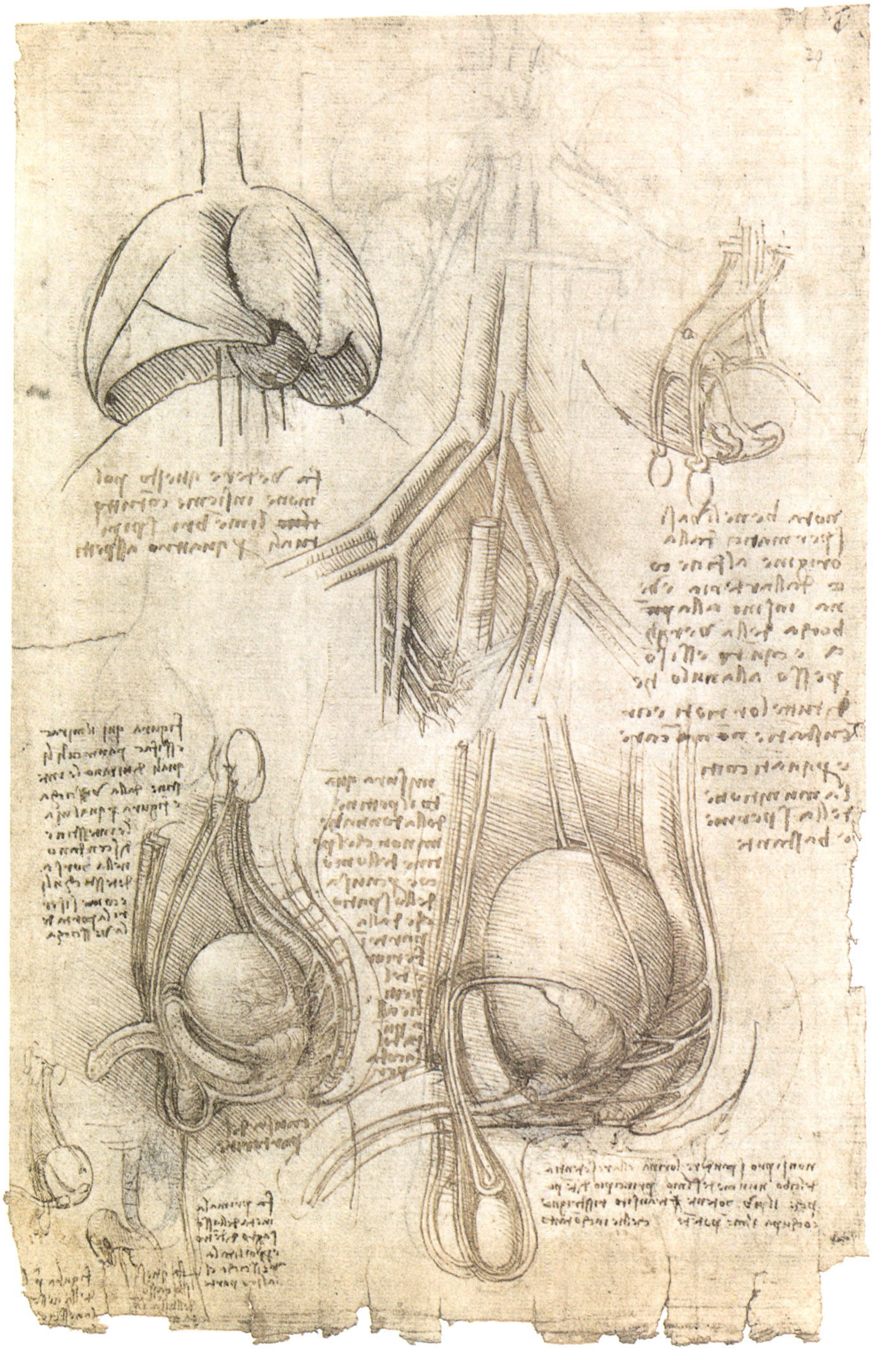

3. Los óganos genitales. En el centro de la hoja (RL 19098 v; K/P 106 v, 1508-1509) están dibujados los órganos genitales masculinos junto a la vejiga y a los conductos urinario y seminal. En la parte superior, a la izquierda, un dibujo de pulmón porcino.

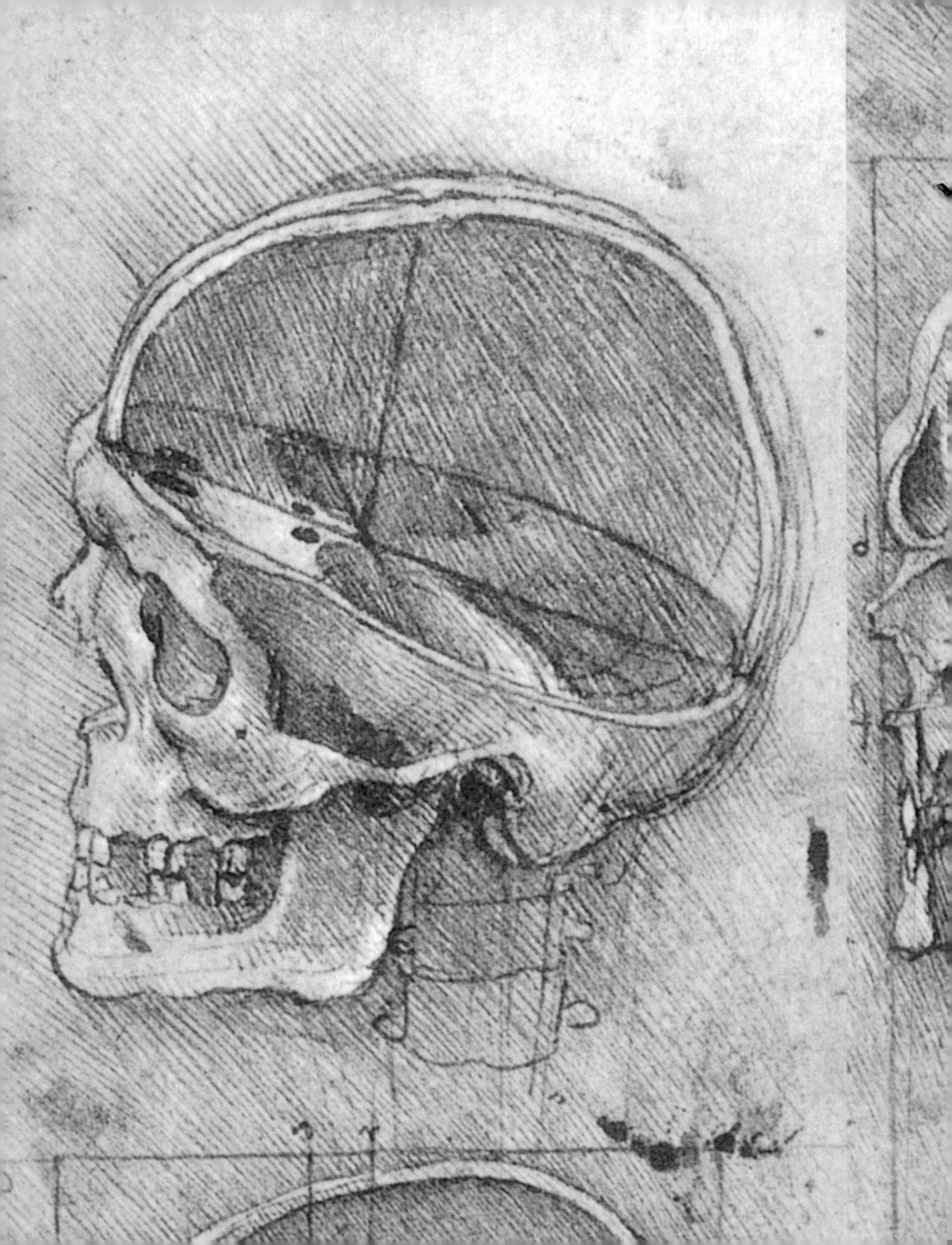

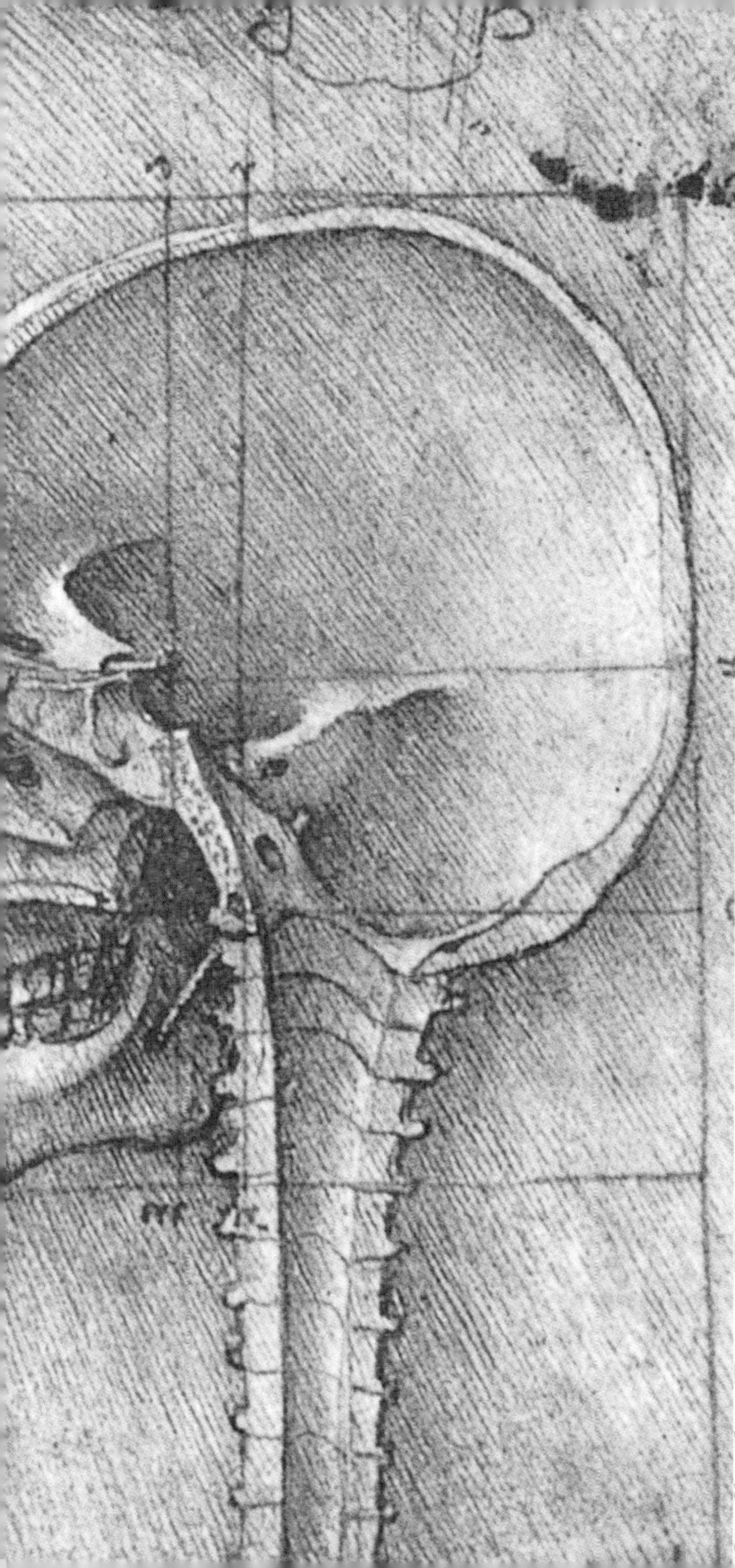

ESTUDIOS DEL CRÁNEO Y DEL CEREBRO

El reverso de esta hoja suelta, que actualmente forma parte del Manuscrito B de anatomía guardado en la Royal Library de Windsor, presenta los estudios más avanzados de Leonardo sobre el cerebro.

Página anterior. Entre los primeros estudios de anatomía de Leonardo (c. 1489) figura esta hoja (RL 19057 r; K/P 43 r) con dos nítidas vistas laterales del cráneo. En aquellos años, se consideraba que «el alma, o sea el sentido común» tenía «residencia en medio de la cabeza». Leonardo trataba de definir su localización.

1 y 2. Útero y ovarios. 1508. Hoja de Weimar; Schloss Musem. Detalle del anverso de la Hoja de Weimar con el útero engrosado y los ovarios situados a los lados.

3. Dentro del cerebro. Los ventrículos, los bulbos oculares con los nervios ópticos y los nervios craneales que parten del cerebro están ilustrados en el reverso de la Hoja de Weimar. En el anverso de la misma hoja (fig. 1), Leonardo dibuja la anatomía de los órganos urogenitales: arriba a la derecha los masculinos, mientras que el dibujo de mayor tamaño ofrece un esquema frontal del aparato genital femenino, con el útero en el centro.

1

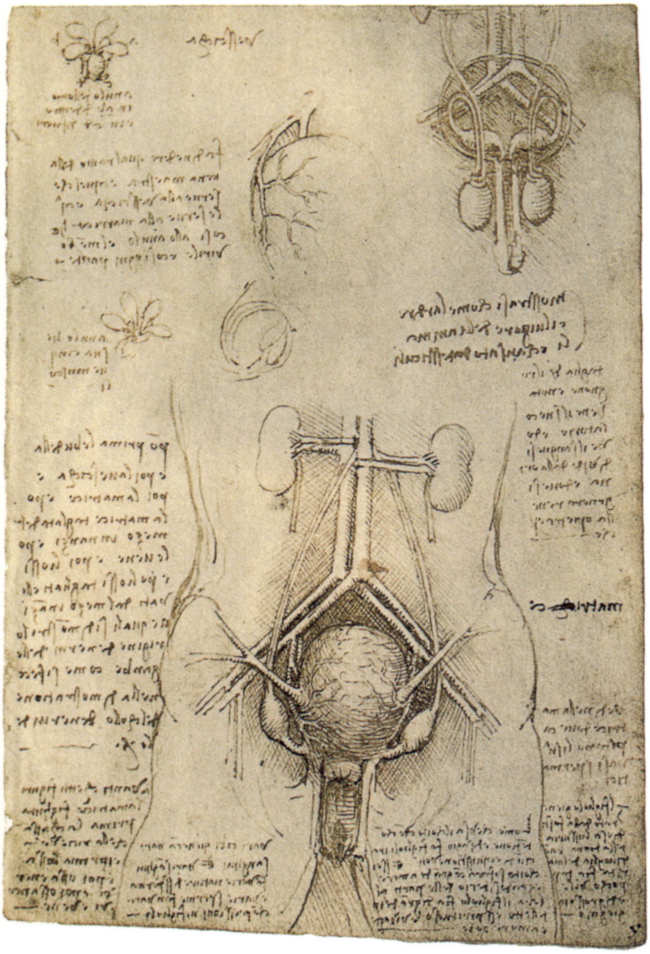

En la página siguiente, arriba, en el interior de una cabeza vista de perfil, está dibujado el diagrama de los ventrículos cerebrales según las conclusiones a las que había llegado Leonardo recurriendo a inyecciones de cera fundida. Se ve cómo de la base del cerebro parten los nervios craneales. El dibujo subyacente, más espectacular aún, ofrece una visión pormenorizada de la misma parte anatómica plasmada en una imagen tridimensional. La bóveda craneal, la masa del cerebro, con los nervios marcados con letras del abecedario, y la base del cráneo seccionada a la altura de la frente están dibujadas de tal manera que ilustran el ensamblaje de las piezas en un conjunto integrado. En el anverso de la misma hoja (en esta página), estudios del sistema genito-urinario con vista desde arriba del canal circulatorio.

2

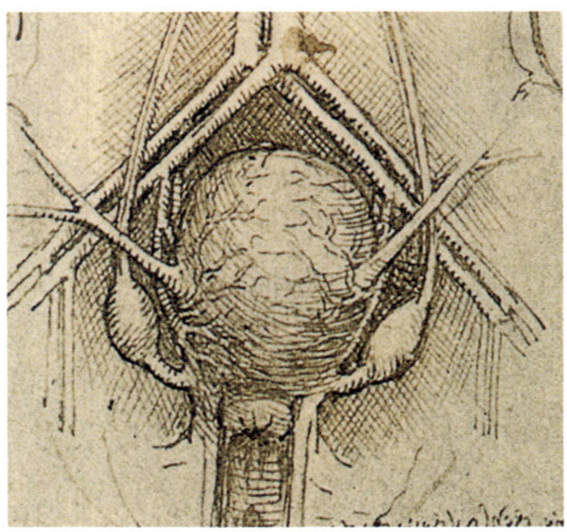

3

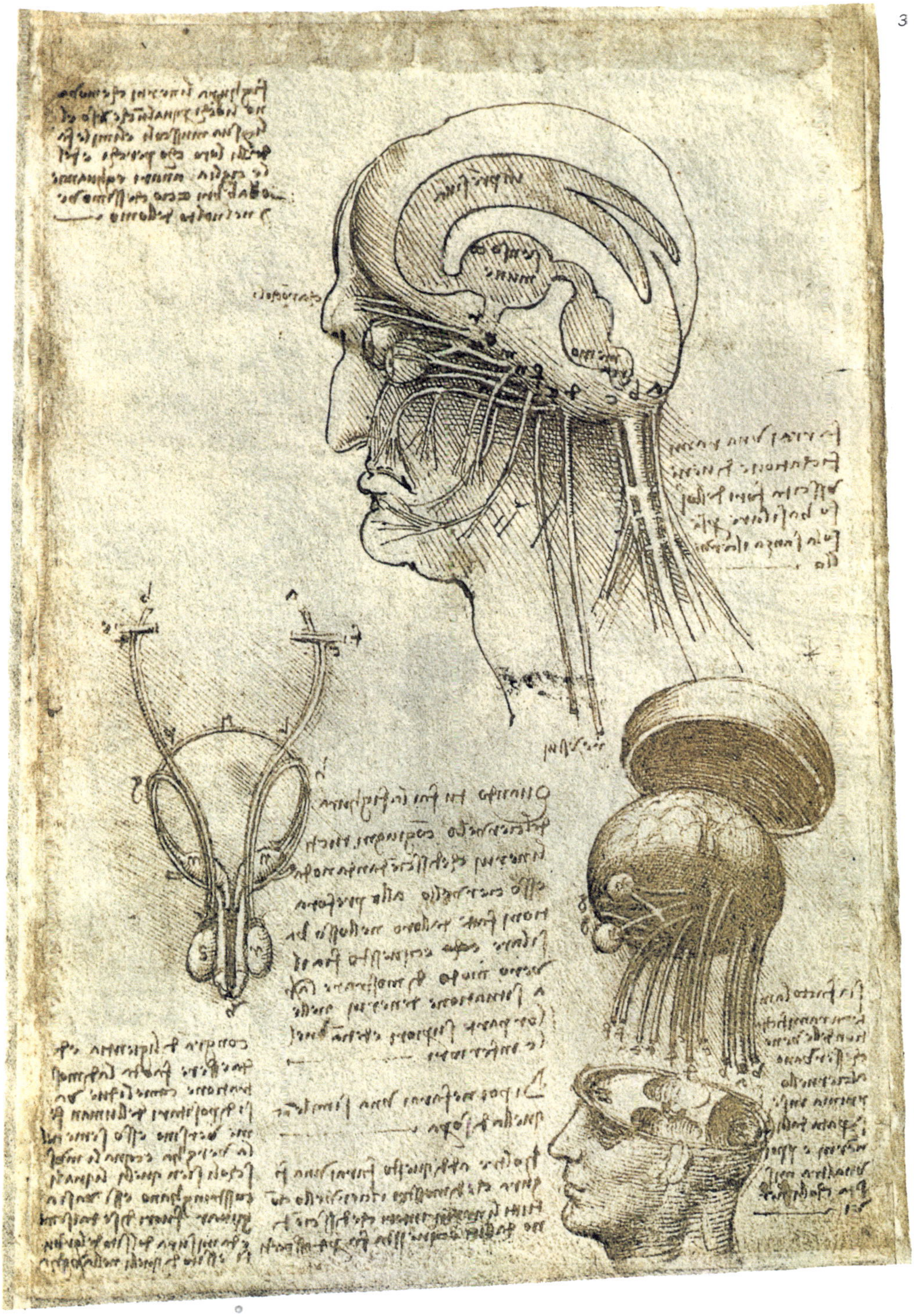

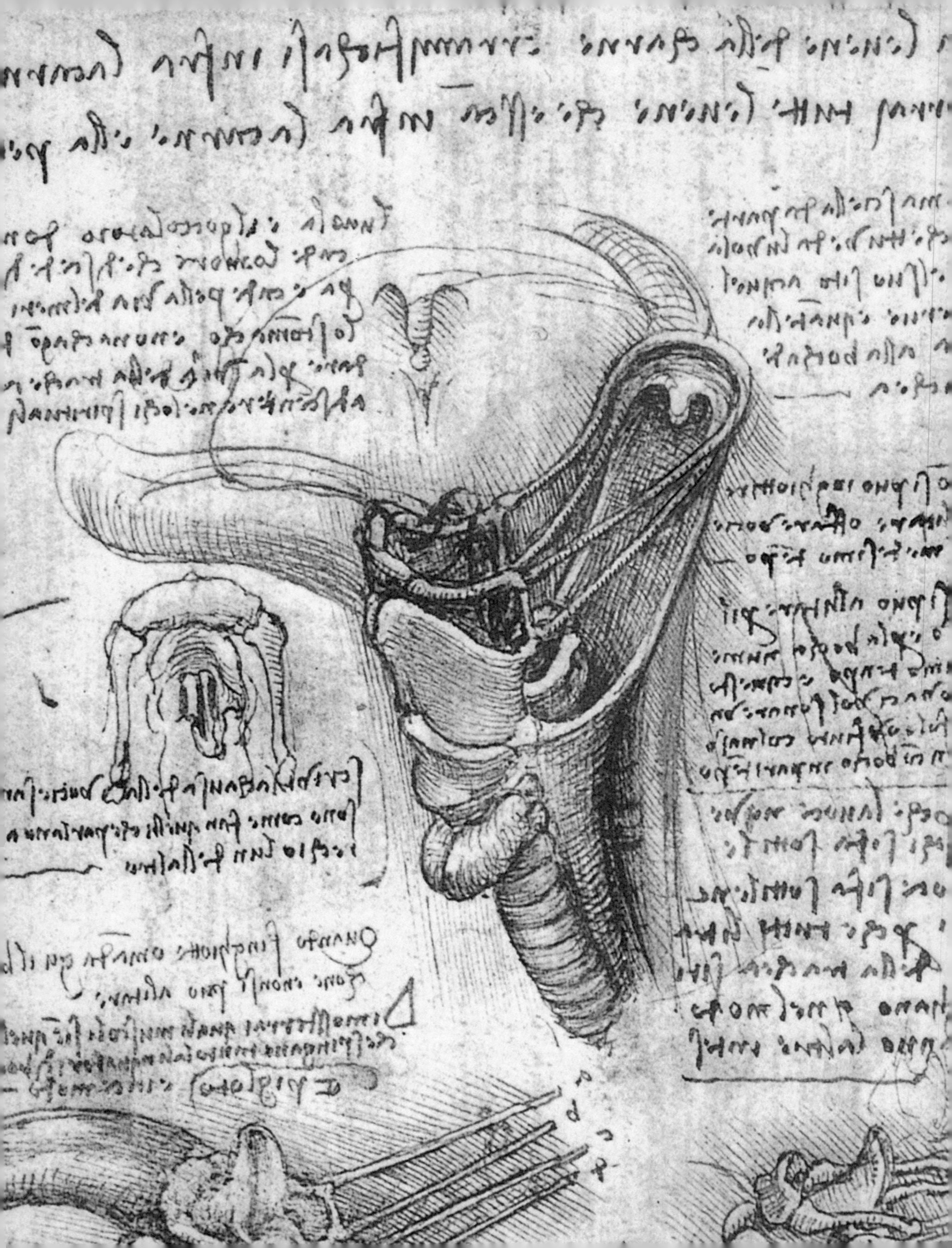

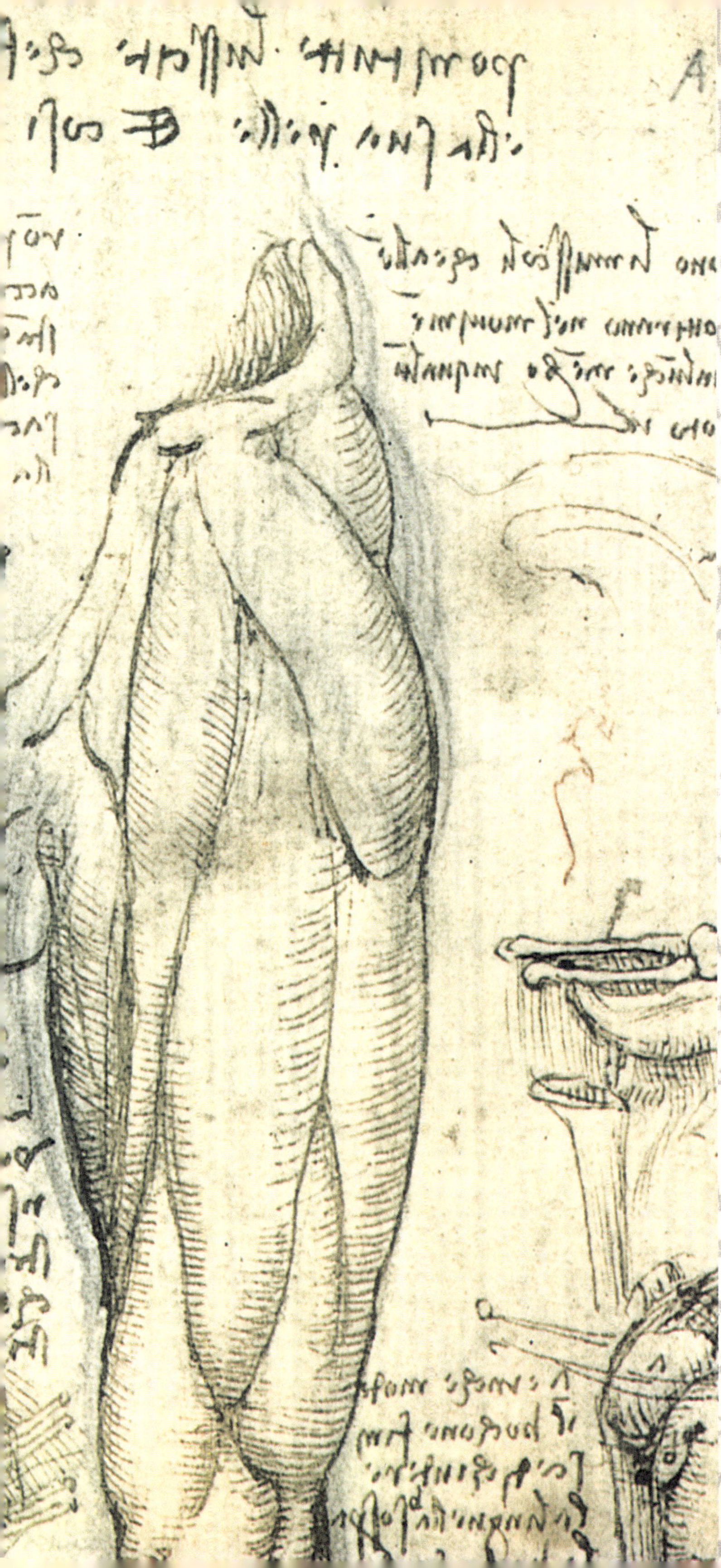

ESTUDIOS DE LA GARGANTA Y DE LAS PIERNAS

ESQUELETO DEL TRONCO Y DE LAS PIERNAS

Según Leonardo da Vinci, los sonidos que produce la voz humana (fonación) están causados por remolinos de aire formados durante la expiración, cuando el aire atraviesa las cuerdas vocales para alcanzar la amplia cavidad de la garganta.

Página anterior.
Detalle de la imagen que aparece en esta página. El dibujo de la pierna que ocupa la parte derecha de la hoja debió de ser realizado el primero; le siguieron, tiempo después, los dibujos referidos a los órganos de la garganta. Atestada y variada en cuanto a riqueza de detalles y de vistas de conjunto se refiere, la hoja está magistralmente aprovechada y guarda un excepcional orden de imágenes y textos escritos. Diversos estudios sobre la fonación; se reconocen la lengua, la laringe y las cuerdas vocales vistas desde arriba.

Estudios de la garganta y de la pierna. 1509-1510. (RL 19002 r; K/P 134 r).

2. Esqueleto del tronco y de las piernas. Con estos dibujos de 509-1510, Leonardo proporciona la serie más completa de ilustraciones del esqueleto humano entre sus hojas de anatomía. Las anotaciones que acompañan a los dibujos se refieren principalmente a las costillas, el omóplato y la articulación del hombro. Se muestra también una vista frontal de las extremidades inferiores, con los huesos de la pelvis y la columna vertebral. (RL 19012 r; K/P 142 r).

1

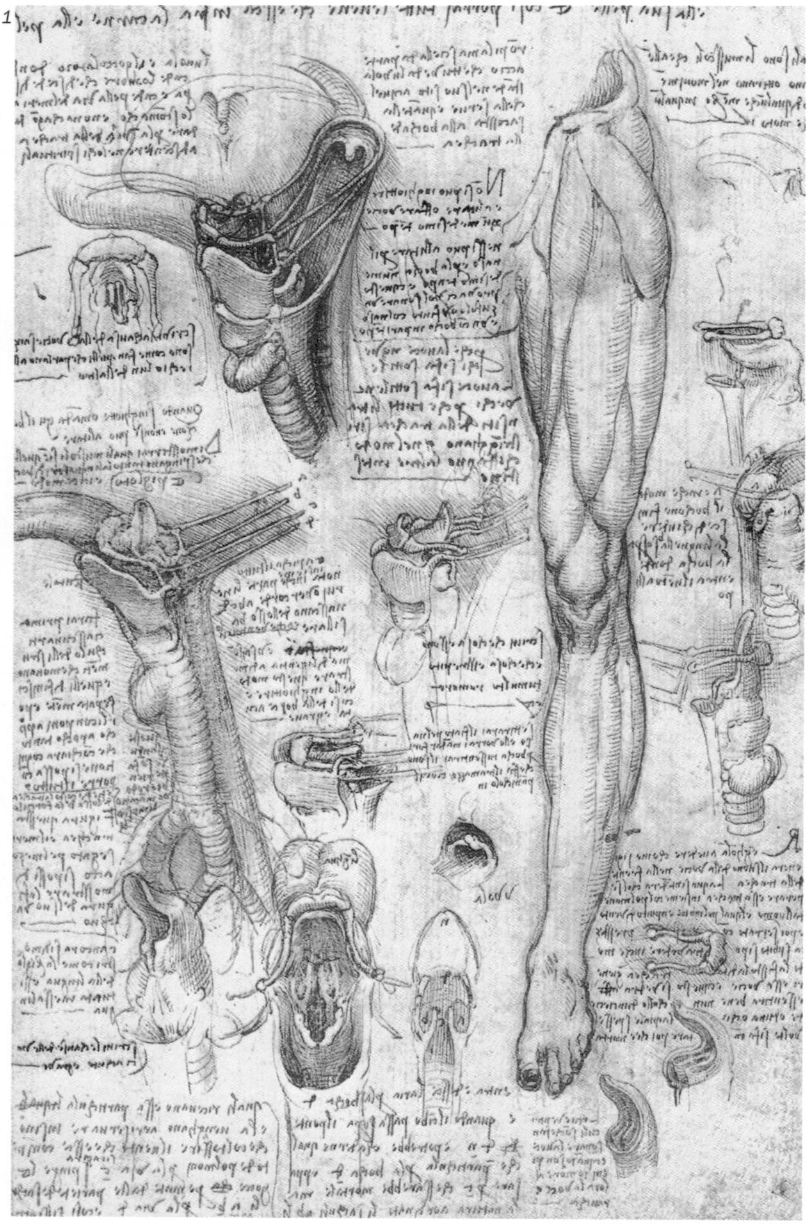

En la parte izquierda de la hoja (fig. 1) se ven la lengua, la úvula, la faringe, la laringe, la tráquea y el esófago. Los dibujos que aparecen a la derecha de la pierna representan la epiglotis y el mecanismo de paso de la comida dentro del esófago.

En el centro de la hoja, abajo, están dibujadas las cuerdas vocales vistas tanto frontalmente como desde arriba.

Esqueleto del tronco y de las piernas

La hoja (fig. 2), una de las más apreciadas de Leonardo sobre el esqueleto humano, presenta un grupo de dibujos que muestran desde varios ángulos el esternón y los huesos de las extremidades.

Arriba a la derecha y abajo a la izquierda está representada la caja torácica, que, sin embargo, no está exenta de errores (relativos a los segmentos del esternón, indicados como si fueran siete), una visión errónea heredada de la ciencia médica medieval, en particular de Mondino. También el omóplato, bien visible en el dibujo de arriba a la izquierda, es excesivamente largo.

La articulación del hombro parece ser una de las principales preocupaciones de Leonardo en el dibujo inferior izquierdo, donde la indicación de los distintos huesos con letras del abecedario tiene correspondencia en las anotaciones manuscritas en el margen.

La representación de las extremidades inferiores, en posición erguida, revela una correcta colocación respecto a la columna vertebral y a la pelvis; también la rótula está eficazmente dibujada en el punto de articulación de la rodilla.

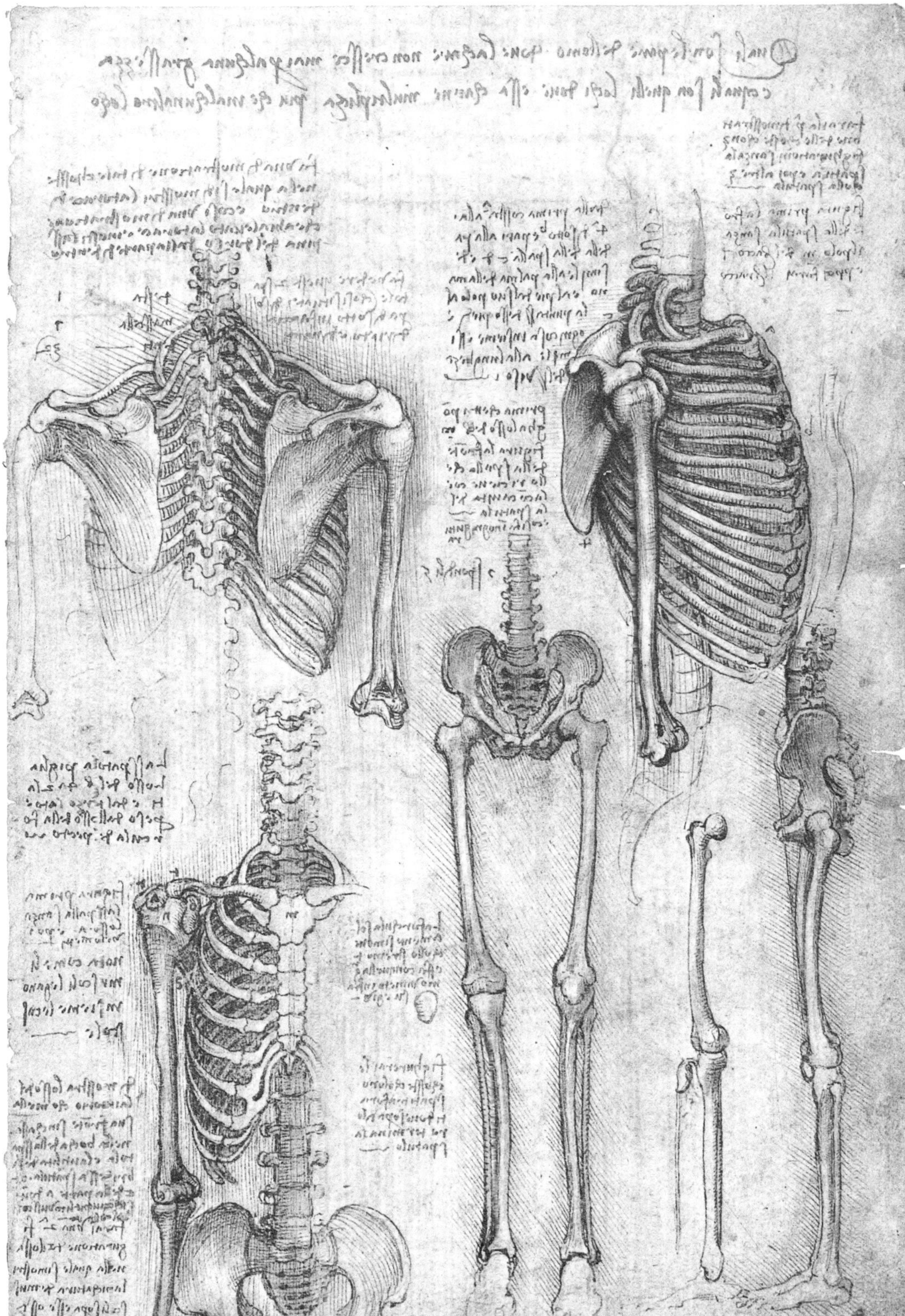

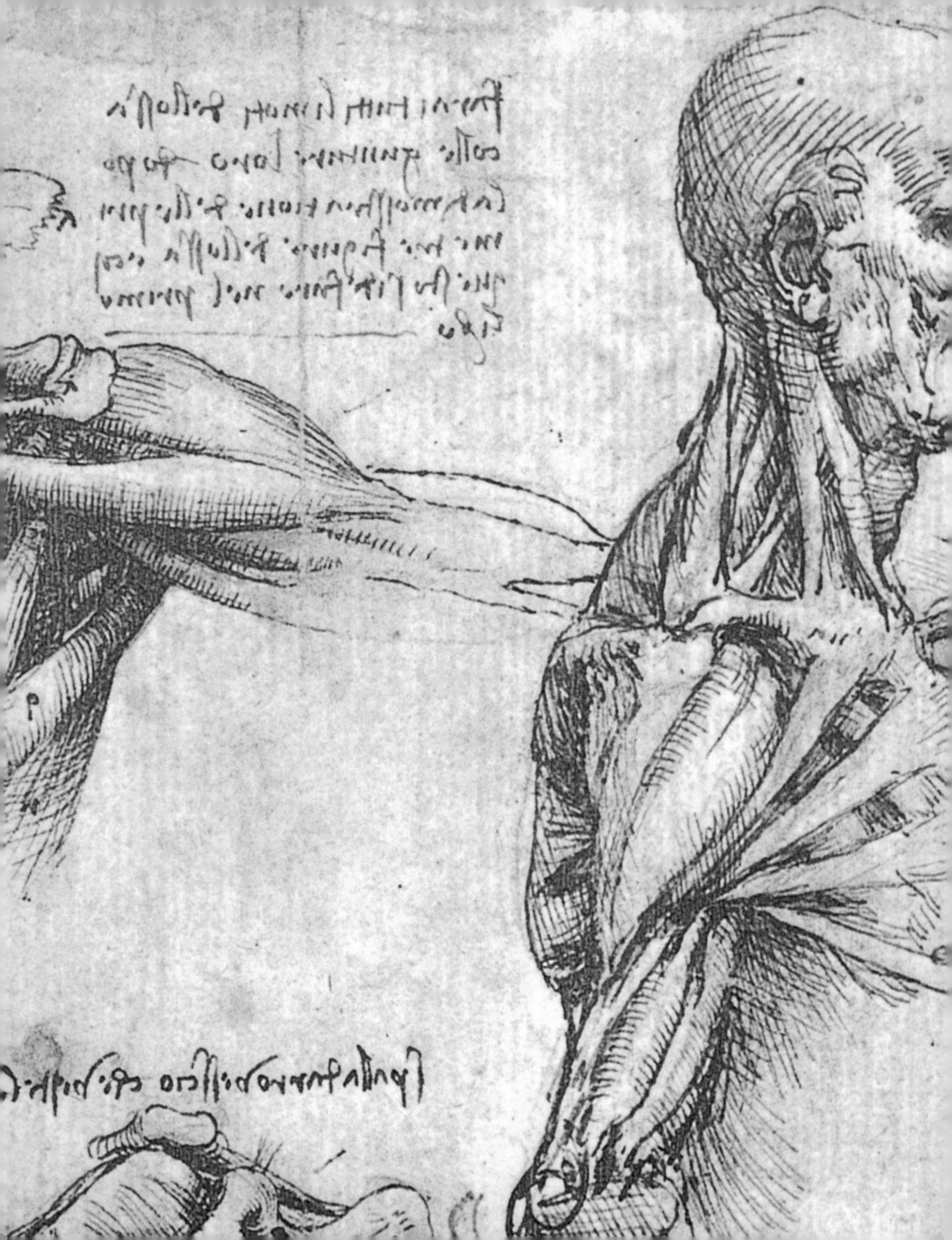

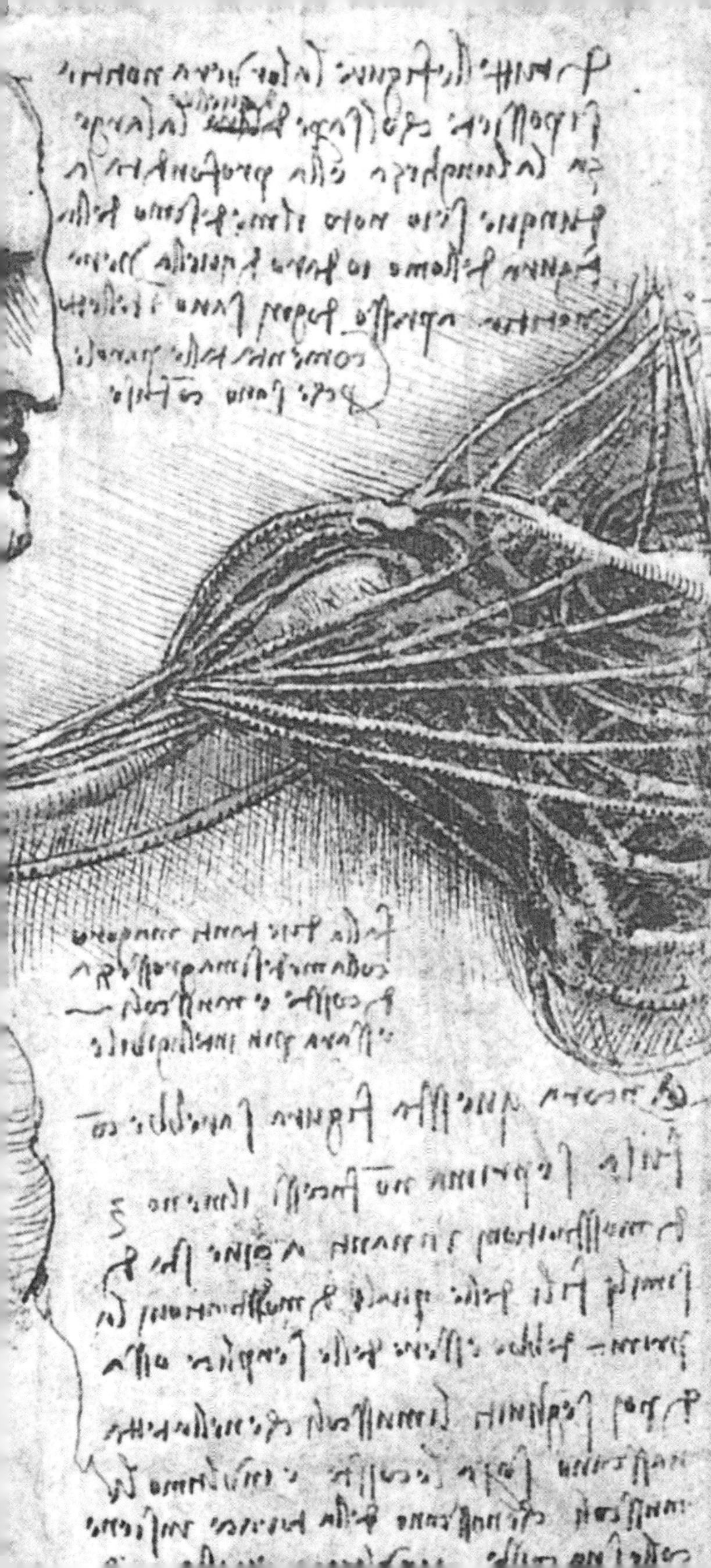

LOS MÚSCULOS DE LA ESPALDA, DEL HOMBRO, DEL BRAZO, DE LA MANO Y DEL ROSTRO

Leonardo escribe: «Haz hilos antes de formar los músculos, y que dichos hilos valgan para demostrar la posición de los músculos y vayan a unirse con sus extremos al centro de fijación de los músculos a los huesos. Esto proporcionará un conocimiento más claro cuando quieras representar todos los músculos, uno sobre otro; de lo contrario el dibujo resultará confuso para el ojo ajeno».

Página anterior. Detalle de la imagen bajo estas líneas. El dibujo superior derecho, con el diagrama formado por cuerdas de los músculos implicados en el movimiento del hombro, podría haber originado el análisis que Leonardo desarrolló posteriormente en toda la página. Todos los dibujos realizados por Leonardo en esta hoja son grandes ejemplos de ilustración anatómica, tanto es así que, algunas veces, el comentario escrito parece incluso superfluo. En el centro, el gran músculo pectoral.

2. Detalle de las venas superficiales del brazo (RL 19027 r; K/ P 69 r). Según la anotación de Leonardo, el brazo que le sirvió de modelo fue el de un tal «Francesco miniaturista».

1

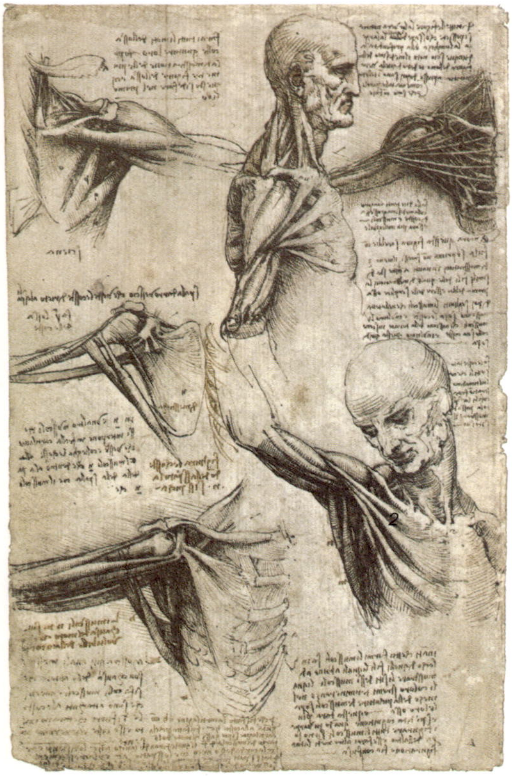

2

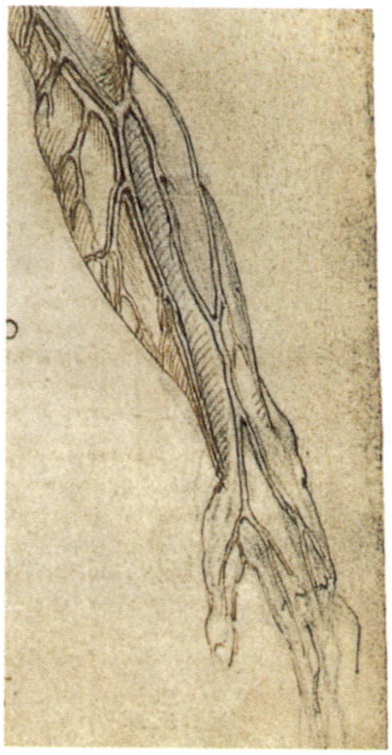

Los músculos del hombro

La hoja (fig. 1) ilustra la acción de los músculos que gobiernan la articulación del hombro y del cuello. Arriba a la derecha se ve el diagrama de los músculos del hombro sustituidos por cuerdas, o líneas de fuerza, para que se entienda la mecánica de los movimientos.

La figura, vista desde dos ángulos distintos, muestra los músculos pectorales y la acción de los dorsales al levantar el brazo; ulteriores detalles se encuentran en los dibujos del lado izquierdo. En conjunto, la hoja es un extraordinario ejemplo de ilustración anatómica.

Los músculos del brazo, de la mano y del rostro

En esta hoja (figura 3) están agrupados varios estudios sobre los músculos superficiales del brazo, los músculos mímicos del rostro y los de la mano.

En la anotación superior aparece una tentativa de clasificación de los músculos según su forma y su conexión a los huesos mediante los tendones; en los dos dibujos en los márgenes izquierdo y derecho aparecen estudios sobre los músculos superficiales del brazo, con especial atención al deltoides.

En el centro, un rostro presentado dos veces de perfil examina los músculos que controlan la expresión facial, marcados con letras del alfabeto: «*h* es el músculo de la ira, *p* es el músculo del dolor, *g* es el músculo de la mordedura, *gnm* es el mismo músculo, o sea el músculo de la ira».

En una mano abierta se estudian la arteria cubital y los tendones; en otra, los nervios de la mano y de los dedos.

3

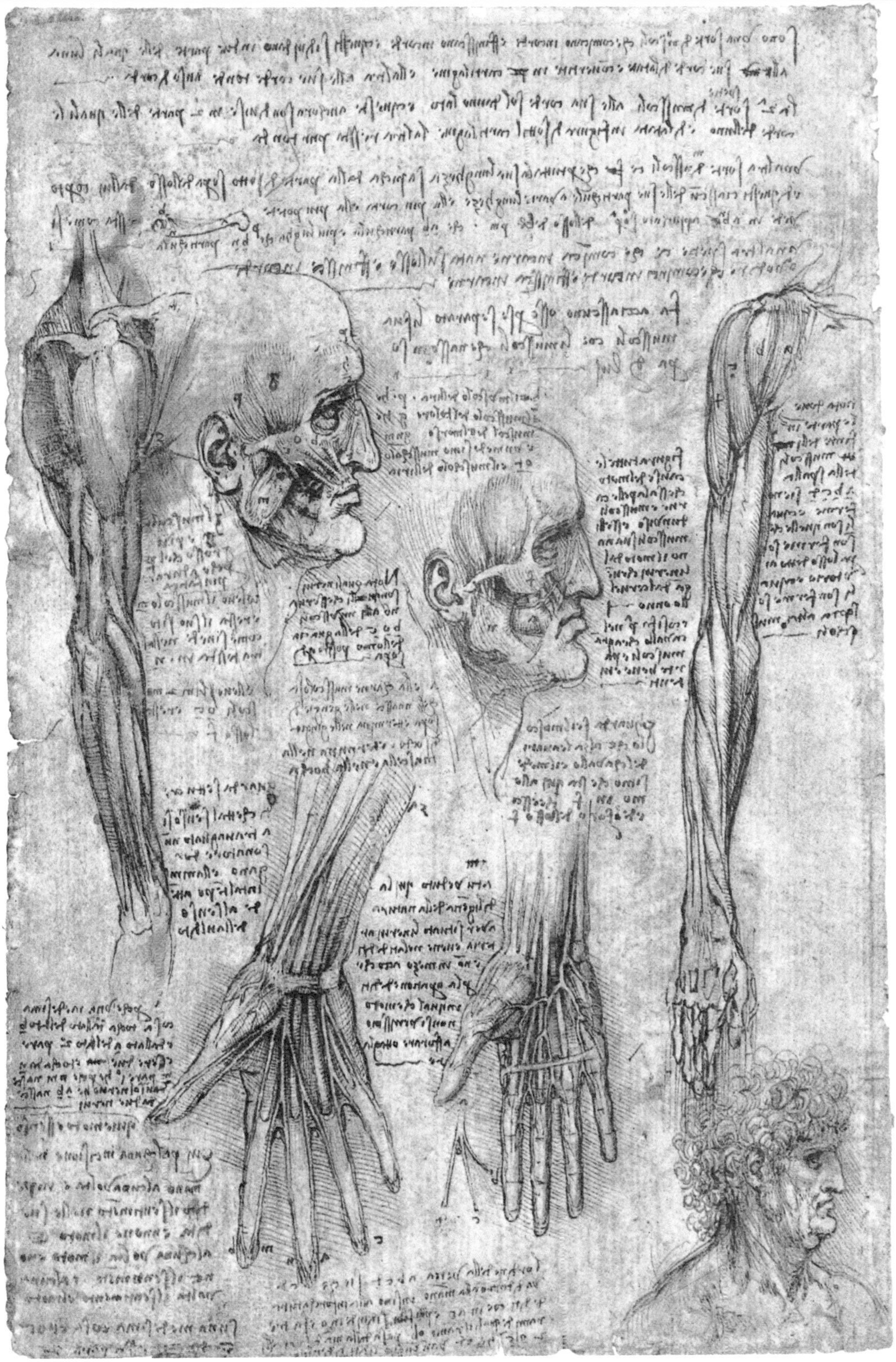

3. *Referencias a la pintura. La relación de estos estudios con la actividad artística de Leonardo resulta evidente, sobre todo en ciertas expresiones de terror, desprecio o rabia que a menudo aparecen en los rostros dibujados o pintados por él. (RL 19012 v; K/P 142 v, 1509-1510).*

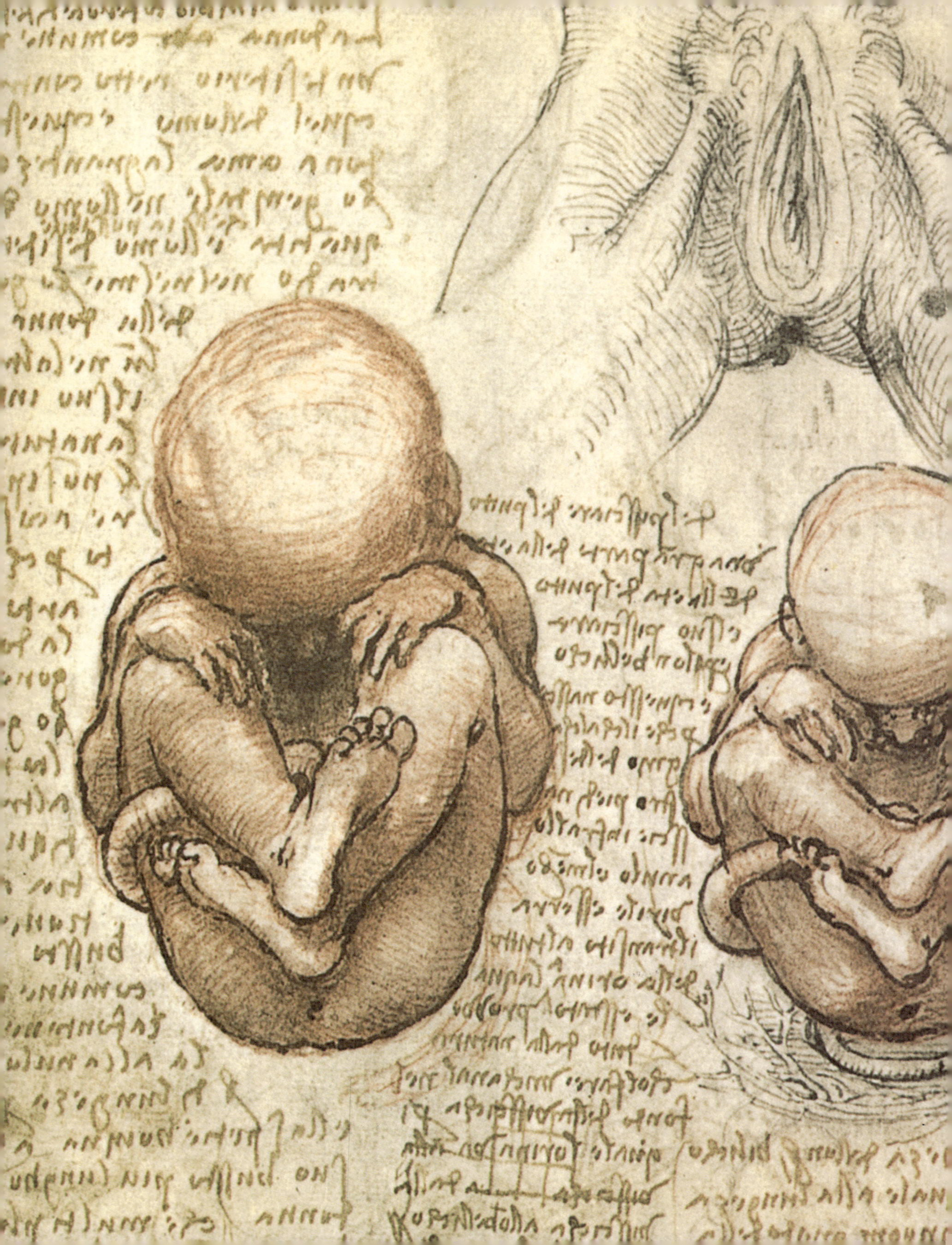

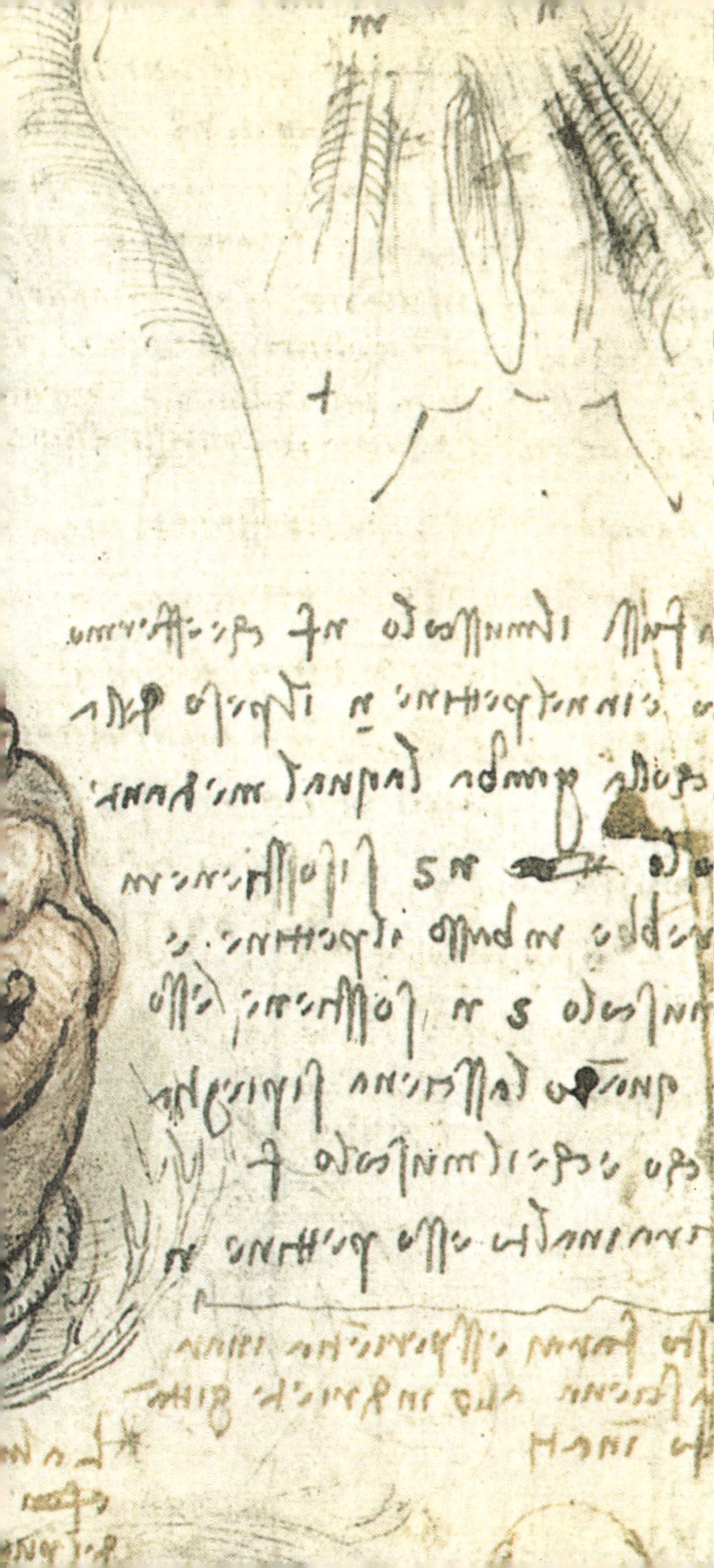

LA COPULACIÓN, LOS ÓRGANOS EN LA MUJER, LOS GENITALES FEMENINOS Y EL FETO EN EL ÚTERO

Es impresionante la pormenorizada descripción de la posición del feto en el útero, que Leonardo examina desde distintos puntos de vista. Entre las anotaciones que acompañan a los dibujos es especialmente interesante aquella en la que compara las dimensiones del útero en la mujer, en la vaca y en la yegua; con una reflexión curiosa y... «obscena» sobre el hecho de que «la mujer ama el tamaño del miembro genital del hombre lo más grande posible; y el hombre desea lo contrario en el miembro genital de la mujer».

Página anterior. Los genitales femeninos y el feto en el útero. En la misma hoja, a propósito de la forma de los óvulos, Leonardo anota que «si tienen forma redonda hacen varón», mientras que «los largos hacen hembra». En la parte superior, vista exterior del órgano genital femenino junto a dos imágenes de un feto acurrucado. Leonardo anota aquí, erróneamente, que la naturaleza ha previsto la colocación del calcáneo del feto de tal manera que impida la salida de orina. 1510-1512. (RL 19101 r; K/P 197 v).

1. Estudios sobre la copulación. El dibujo de la pareja en posición de coito es, desde el punto de vista anatómico, bastante decepcionante, porque no se basa en la experiencia, sino en la autoridad atribuida a los textos de medicina clásicos. En la anotación superior, en el centro de la hoja, está escrito: «Yo descubro a los hombres el origen de su primera, o quizá segunda, causa de su ser». c. 1493. (RL 19097 v: K/P 35 r).

1

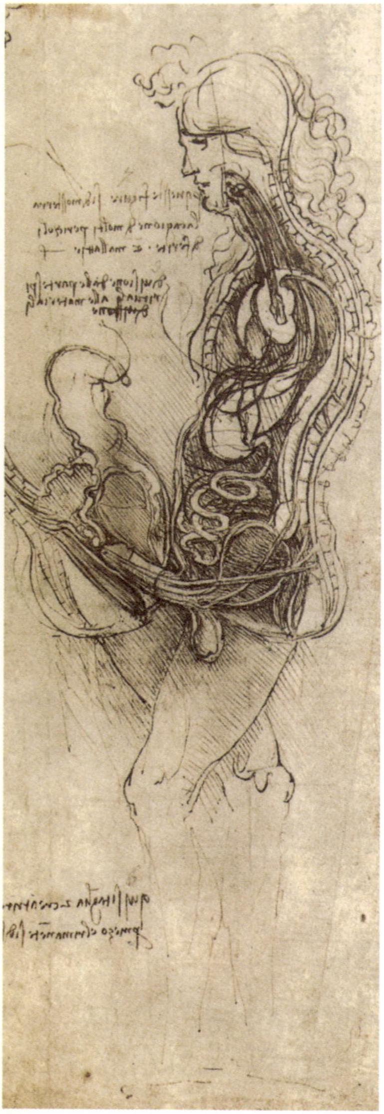

2

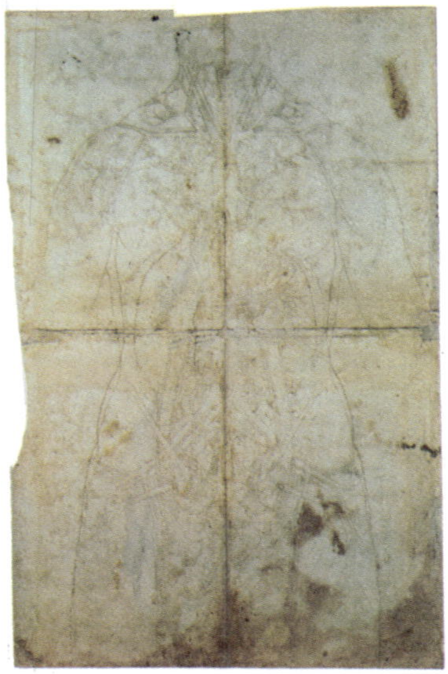

Estudios sobre la copulación

Los dibujos de esta hoja (fig. 1), sobre el aparato genital y reproductor humano, muestran la influencia de los autores clásicos y medievales a cuya autoridad se atuvo Leonardo en los primeros estudios de anatomía llevados a cabo en Milán en torno a 1490.

Estaba muy extendida la opinión (ya expresada por Platón) de que el esperma, contenido en la médula ósea, pasaba a través de la espina dorsal para llegar a los órganos genitales. Efectivamente, Leonardo, al dibujar la sección de la pareja en posición de coito, se detiene en la descripción de la columna vertebral (correctamente curvada) y de los canales conductores del semen.

Sin embargo, es necesario advertir que Leonardo, en la misma hoja, ya hace críticas y rectificaciones a estas teorías, que superaría en años posteriores a través de la experimentación anatómica directa. En la parte inferior de la hoja, el pene está dibujado en sección para demostrar la presencia de los dos conductos (de la orina y del semen), según la descripción ya realizada por Mondino.

La posición de los órganos en la mujer

Entre los proyectos de Leonardo estaba el de realizar, a semejanza de la *Cosmografía* de Ptolomeo, un atlas de anatomía que mostrase a modo de mapas los órganos del cuerpo humano. Los tres últimos, de los veinticuatro proyectados, debían proporcionar una visión de conjunto de los órganos in-

2 - 3. La posición de los órganos en la mujer. Entre todos los dibujos de anatomía de Leonardo, el de esta página es quizá el más famoso. En el interior de la silueta humana están representados los órganos del abdomen y del tórax de una mujer, vistos frontalmente. En una de las anotaciones, sin embargo, Leonardo se propone mejorar la ilustración. «Haz de esta demostración también vista de lado, para permitir que se vea que una parte está detrás de la otra, y después haz una vista desde atrás, a fin de que se vean las venas ocupadas por la espina dorsal y por el corazón y las venas mayores». 1508-1509. (RL 12281 r; K/P 122 r)

ternos de la mujer, como confirma este dibujo (fig. 3) sobre cartulina doblada y perforada (cuyo reverso aparece en la imagen de la figura 2), creado para realizar copias o versiones perfeccionadas del mismo.

Leonardo anota también el propósito de realizar ulteriores dibujos de los mismos órganos vistos por detrás y de costado. Este dibujo, realizado después de 1508 como síntesis de las nuevas exploraciones de los órganos en el tórax y el abdomen, se sitúa en el cenit de la ilustración anatómica de Leonardo. Se percibe un notable avance en el conocimiento de los órganos reproductores respecto a los dibujos de los años anteriores. Junto a la representación del sistema arterial aparecen la tráquea, el corazón, los pulmones, los bronquios, el hígado, el bazo, los riñones y un útero en estado de gravidez: partes de la anatomía a las que Leonardo ya había dedicado, o dedicaría en breve, estudios pormenorizados.

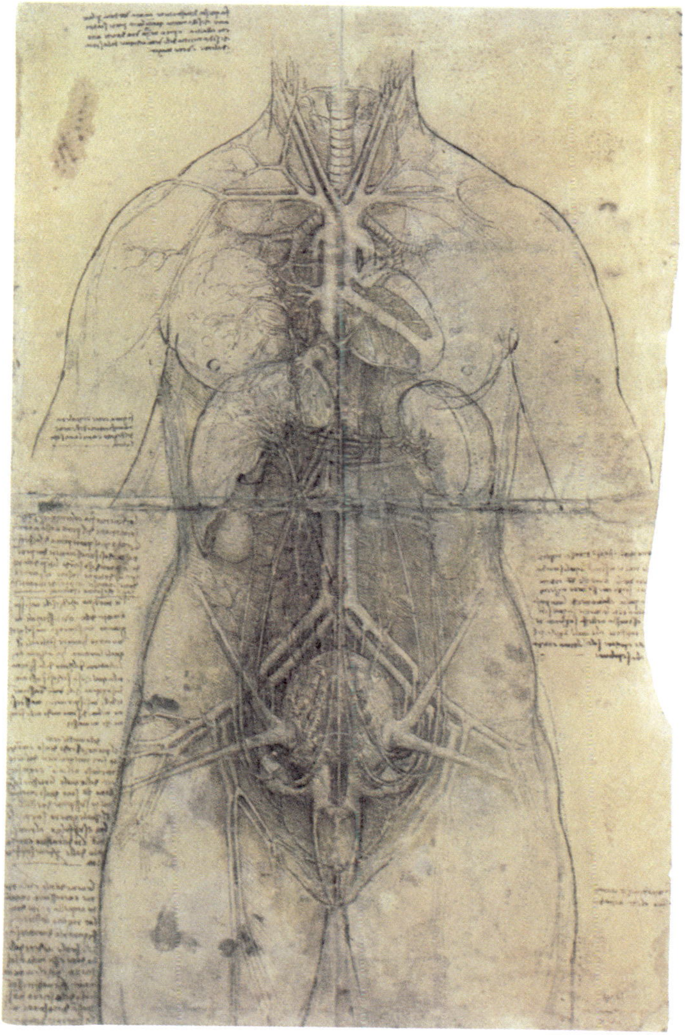

3

Los genitales femeninos y el feto en el útero

Esta hoja (páginas 66-67), que forma parte de los últimos estudios de embriología de Leonardo, está dedicada a la estructura de los órganos genitales femeninos en relación a la pared abdominal y a la vida del feto en el útero. Leonardo proporciona (arriba a la derecha) un diagrama de los músculos oblicuos que se cruzan en la pared abdominal de la mujer, y luego pasa a representar los órganos genitales externos (arriba en el centro), mostrando con maestría la vulva y los labios menores.

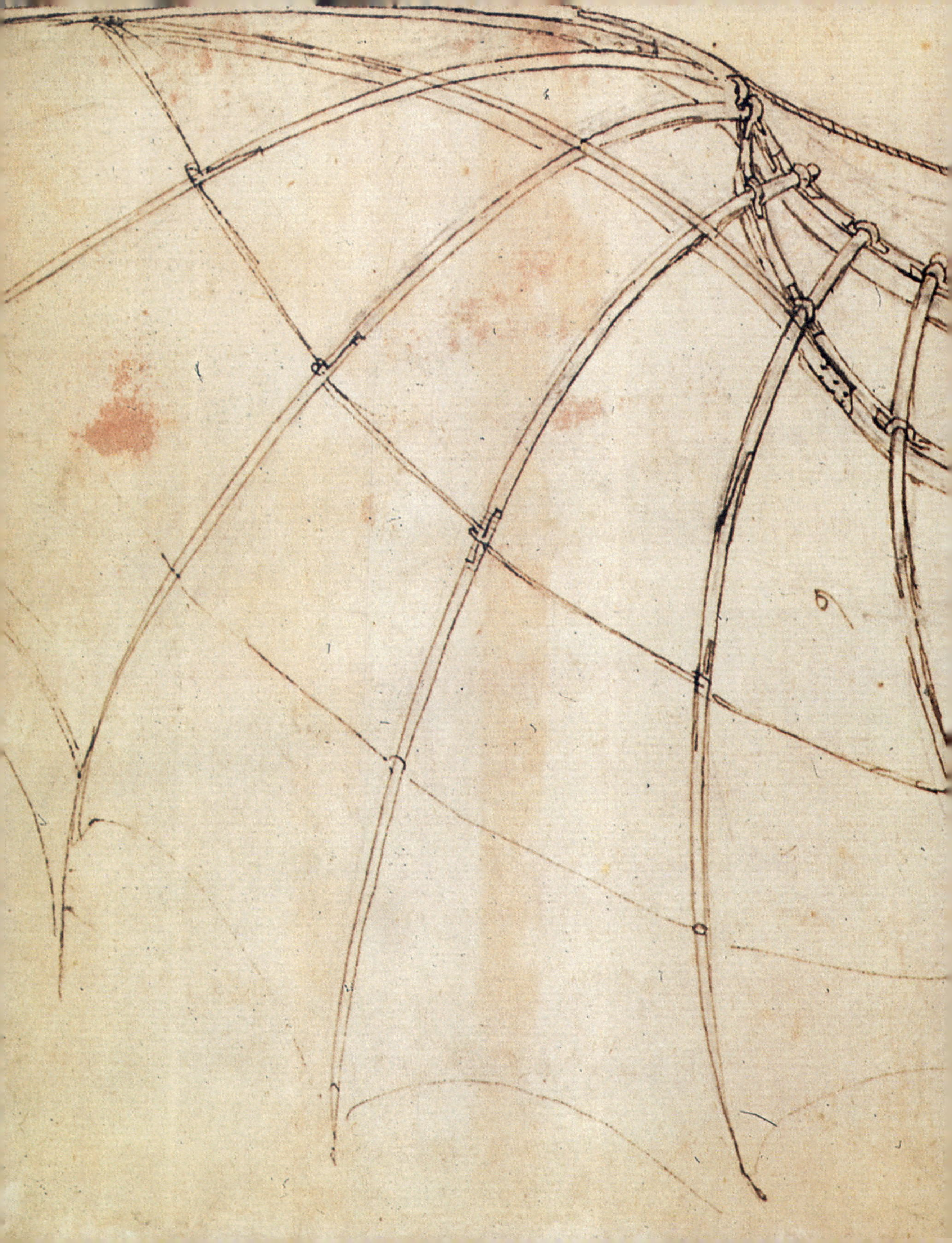

EL VUELO Y LAS MÁQUINAS

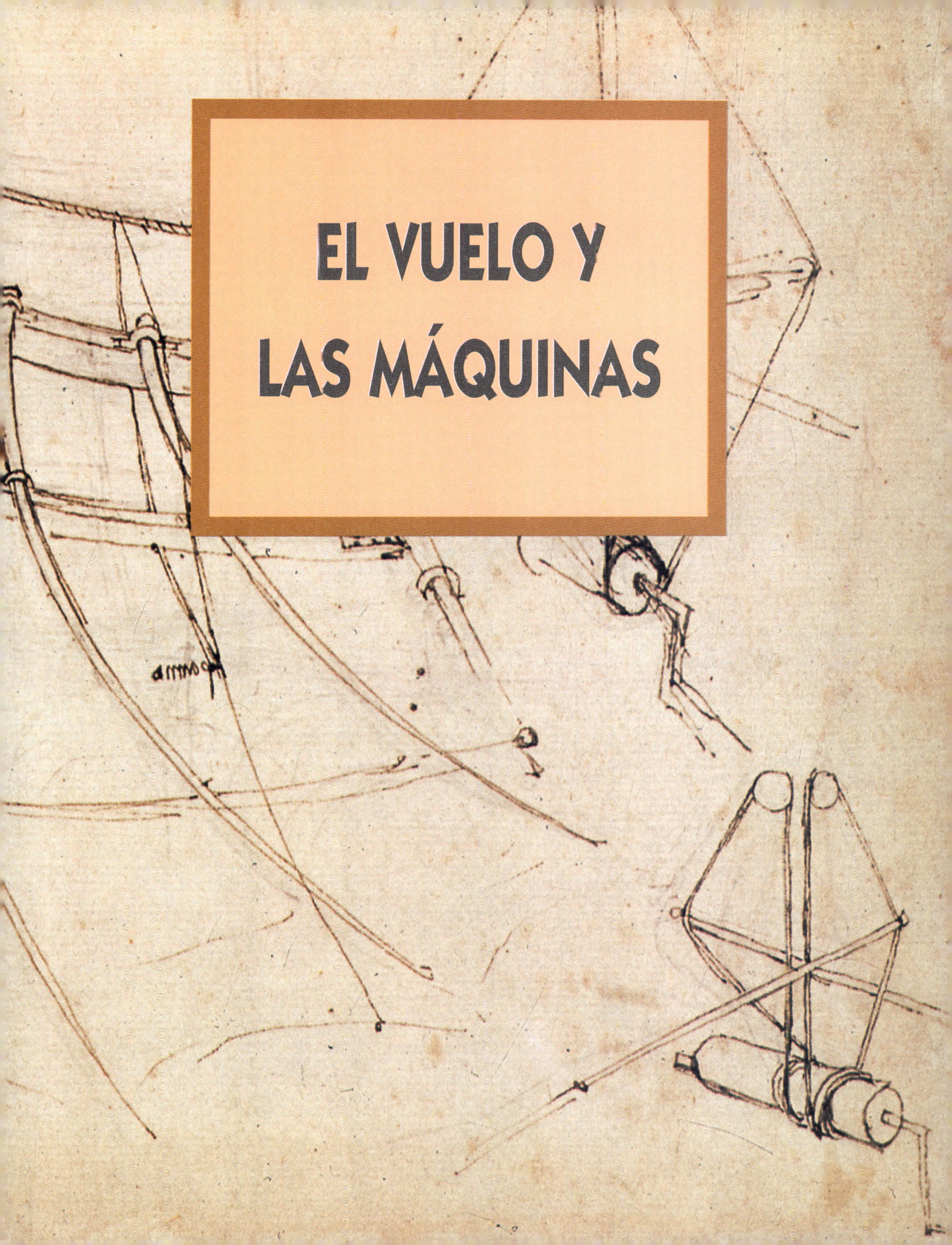

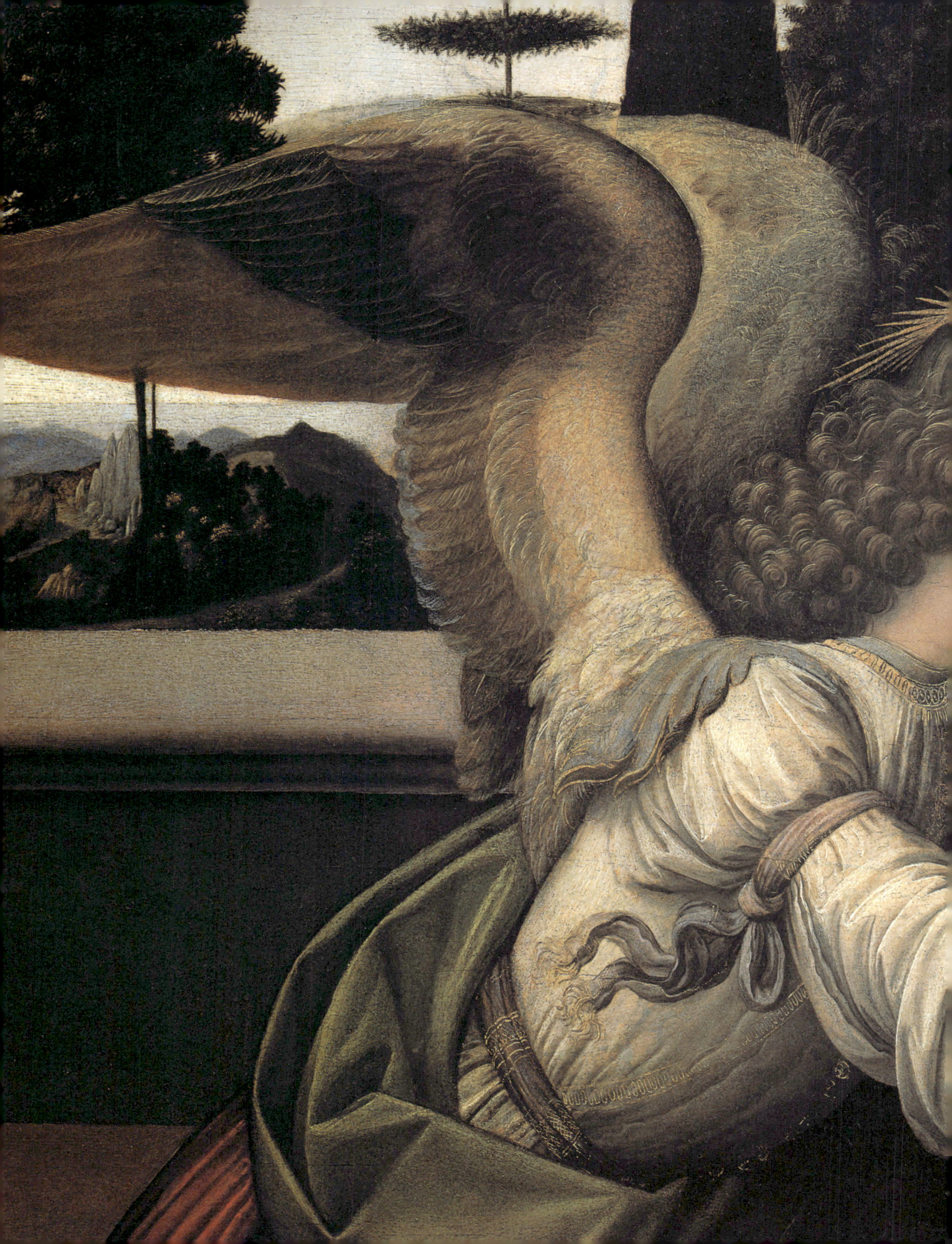

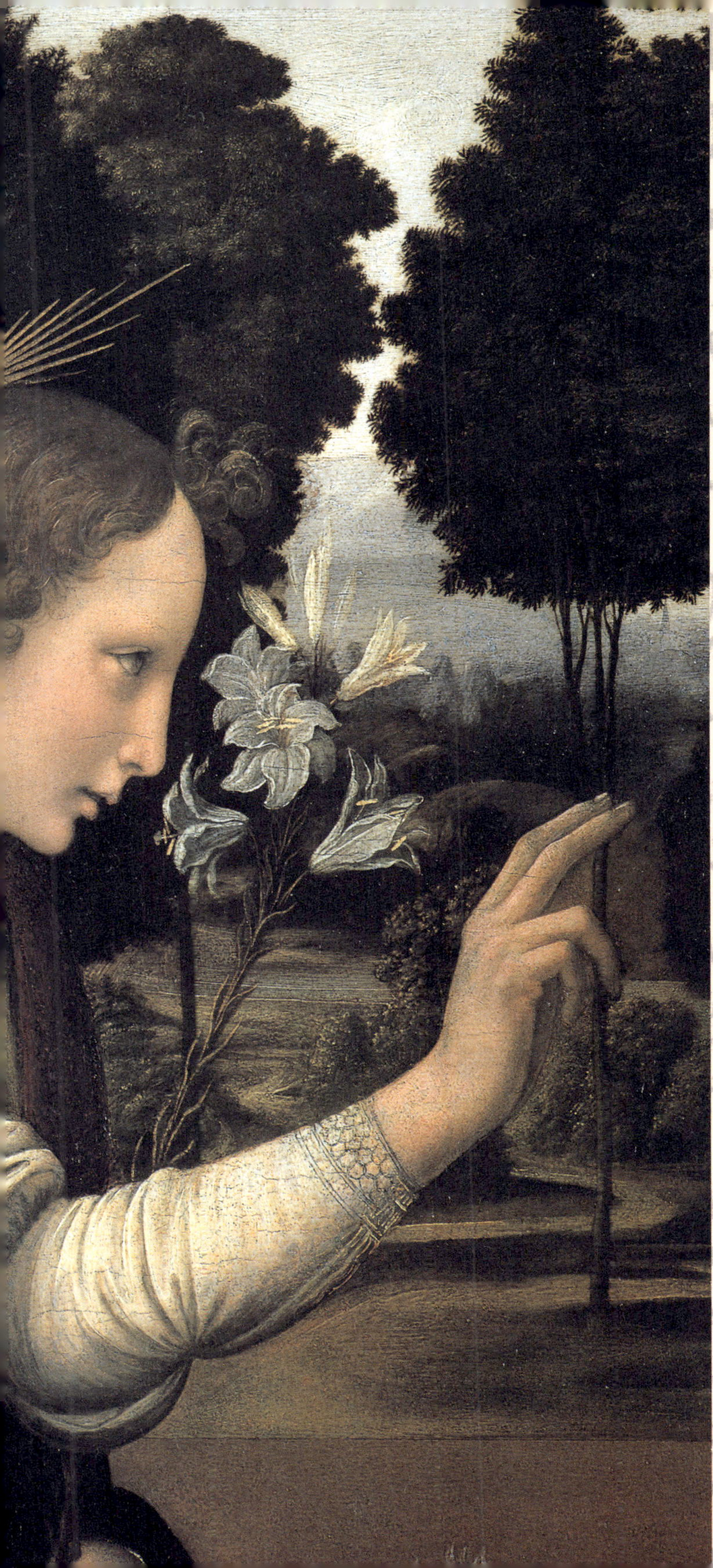

EL ORIGEN DE UNA IDEA

Florencia

c. 1469-1482

La idea de crear una máquina voladora con la que hacer realidad uno de los más sugestivos sueños del hombre parece tomar cuerpo en las investigaciones de Leonardo a partir de una serie de estímulos recibidos en sus años de juventud en Florencia. El primero, la experiencia formativa en el mundo de los talleres de artistas y artesanos, donde el genio adolescente entra en contacto con la tradición florentina de las máquinas escénicas destinadas a despertar el estupor de los espectadores con «efectos especiales» que incluían aparatos voladores de diferentes tipos. Después, la pasión por el mundo animal y, en particular, el estudio del vuelo de los pájaros; posteriormente, los estímulos del arte florentino, en el que eran frecuentes imágenes tales como dragones alados y otros animales fantásticos. Por último, los estudios anticipadores de los ingenieros toscanos del siglo XV, con sus proyectos de máquinas innovadoras con las que lanzar un primer desafío a los límites humanos.

En las páginas anteriores. Detalle del ángel de la Anunciación. c. 1472-1474. Florencia, Uffizi.

1 y 4. Dos Anunciaciones (Florencia, Uffizi, c. 1472-1474, y abajo, París, Louvre, c. 1478-1482, esta última debida solo en parte a Leonardo).

2. Estudio para una Natividad coronada por ángeles volando (c. 1480, Venecia, Academia n.° 256).

3 y 5. Santa Maria del Fiore con la cúpula de Brunelleschi, y maqueta de una de las grúas utilizadas en la construcción de la misma. La maqueta está basada en un dibujo de Leonardo, que, como otros ingenieros, estudiaba las máquinas de Brunelleschi (Florencia, Istituto e Museo di Storia della Scienza).

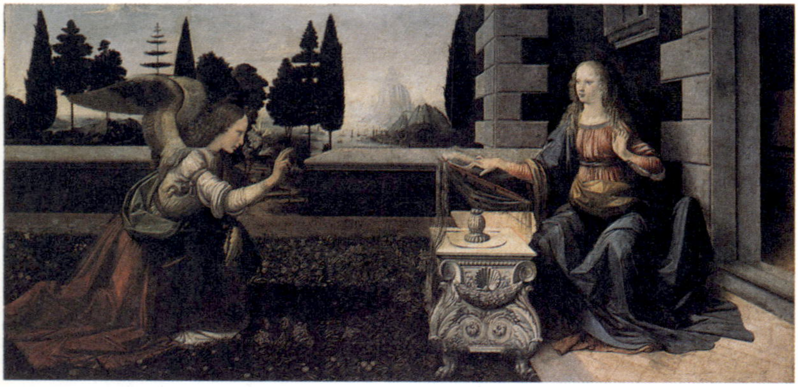
1

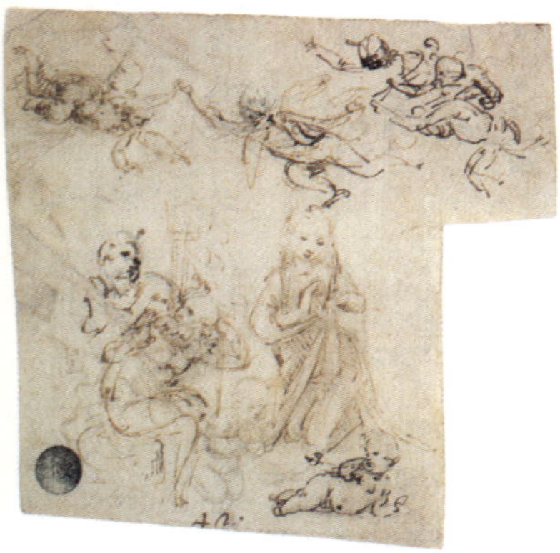
2

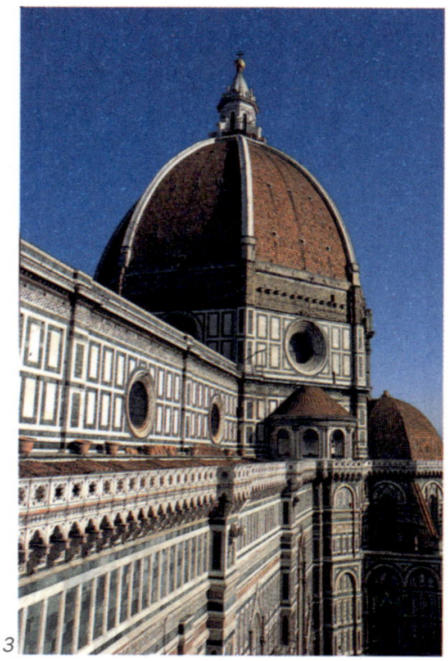
3

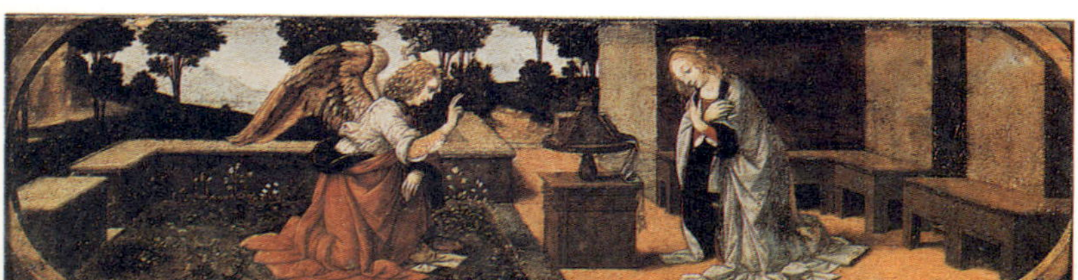
4

Máquinas para espectáculos

En torno a 1469, Leonardo se traslada de su Vinci natal a Florencia, donde frecuenta durante algunos años el taller de Andrea del Verrocchio. Allí, como en otros famosos talleres florentinos de la época, no solo se pintaba y esculpía (figs. 4, 16, 26), también se fabricaban los objetos más dispares (como armas y campanas) y se preparaban aparatos para fiestas y espectáculos teatrales profanos o religiosos.

En esas representaciones, además de la interpretación, destacaba la movilidad de los aparatos escénicos, basada en complicadas maquinarias llamadas «ingenios». Los espectadores se encontraban frente a cuadros vivientes, dominados por el movimiento de las estructuras escénicas, incluidos los actores. Los talleres florentinos se habían hecho famosos por estos montajes.

En 1439, Abraham, obispo de Suzdal (Rusia), que se encontraba de paso en Florencia, realizó detalladas descripciones de los espectáculos a los que asistió. En ellas expresaba su asombro al ver, por ejemplo, que en la representación de la *Ascensión*, en un momento determinado, «el cielo se abre y se ve al padre celestial suspendido en el aire de un modo milagroso», mientras «la persona que representa a Jesús parece realmente ascender por sí misma; y sin tambalearse llega a una gran altura». También a propósito de la *Anunciación*, a cuyo montaje escénico asistió en la iglesia de la SS. Annunziata, observó que «el ángel, al ascender, lanza voces de júbilo, agita las manos y mueve las alas como si volase realmente».

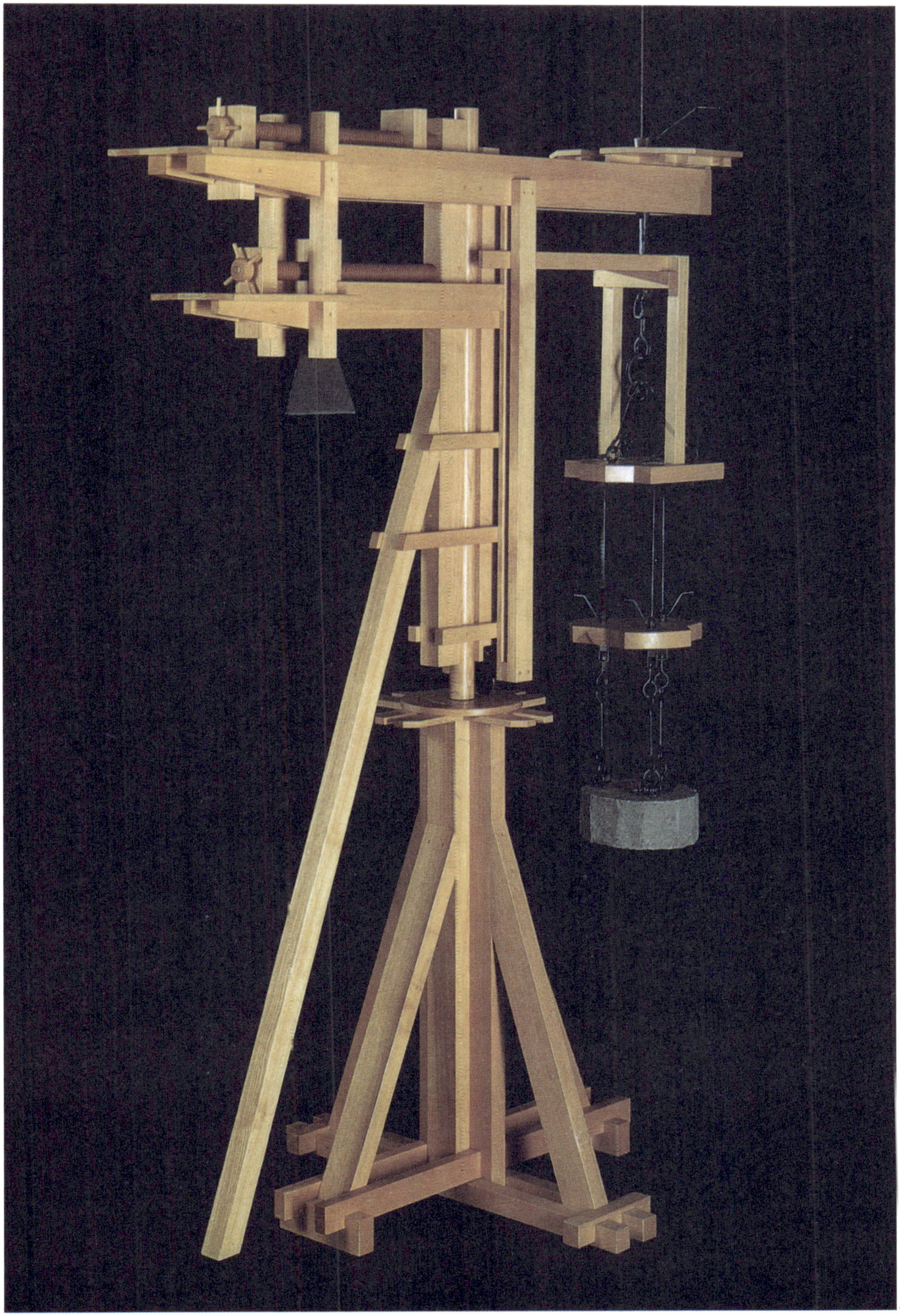

6, 7, 9 y 10. Bocetos de máquinas aladas mecánicas para espectáculos teatrales (c. 1480; Florencia, Uffizi, n.° 447Ev, conjunto y detalle).

8. Giovanni Fontana (1393-1455), autómata con alas membranosas para espectáculos teatrales, Bellicorum Instrumentorum Liber *(Munich, Bayerische Staatsbibliothek, Cod. Icon. 242, f. 63v).*

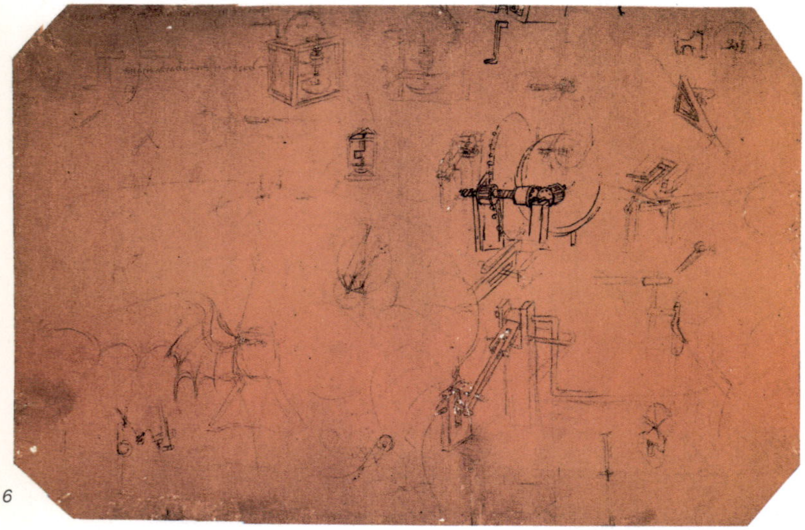

6

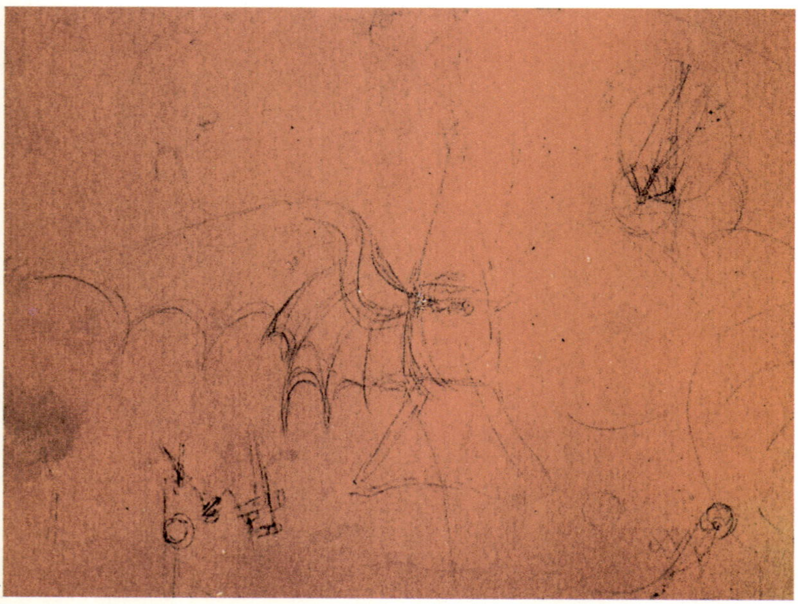

7

En marzo de 1471, Florencia recibió la visita de Galeazzo Maria Sforza. En esta ocasión, Verrocchio había participado en la preparación de las fiestas en honor al duque de Milán, que no podían ser excesivas al ser época de Cuaresma. Sin embargo, se acompañaron de representaciones sacras. La *Anunciación* se representó en la iglesia de San Felice in Piazza (en Oltrarno, Florencia), la *Ascensión* se preparó en el Carmine, y *Pentecostés* se representó en la iglesia de Santo Spirito.

En estas tres representaciones, el acento debía recaer en la simulación de movimientos de ascenso vertical y de vuelo. Ángeles que, suspendidos sobre una nube, descendían para volver a elevarse en compañía de Cristo, en la *Ascensión;* o una mandorla con el arcángel san Gabriel bajando del cielo y donde otros ángeles estaban suspendidos, en la *Anunciación* en San Felice.

Todos estos aparatos y figuras eran dirigidos y movidos por cuerdas y máquinas motrices. Los artistas-ingenieros más destacados de la época se habían dedicado a su invención. Es muy probable que el espectáculo de la *Anunciación* al que asistió el duque Sforza en 1471 estuviese basado en gran parte en los «ingenios» realizados en la primera mitad del siglo por el principal arquitecto florentino del Renacimiento, Filippo Brunelleschi (figs. 3 y 5).

Éste fue el mundo que el joven Leonardo frecuentó: los talleres florentinos, que creaban no solo obras maestras artísticas, sino también máquinas portentosas. Y es en este ambiente donde, muy probablemente, surge en Leonardo la primera idea de realizar una máquina voladora capaz de imitar a los pájaros.

Es verosímil, por tanto, que esta idea naciera precisamente en Florencia, en aquellos años de juventud, y no después del traslado de Leonardo a Milán (en 1482-1483), como en ocasiones han afirmado los investigadores. En una hoja de estudios guardada en la galería Uffizi (nº 447Ev; fig. 6), que data de los años de juventud de Leonardo, en la parte inferior izquierda (fig. 7) se ve claramente una figura con alas de murciélago (solo una de las dos alas está completamente delineada); justo a la derecha se ve el mecanismo motor de una gran ala (fig. 9), mientras que el boceto de otra ala, con la raíz unida a una barra, aparece en la parte superior derecha (fig. 10). Estos bocetos hacen referencia a una máquina con alas batientes: por tanto, una maquina voladora, pero con una finalidad muy particular.

En la figura con alas de murciélago (fig. 7), aparte del cuerpo en el que se reconoce una cabeza, un pecho y, abajo, lo que podría ser una cola (o también la túnica de un ángel), se ven dos estructuras triangulares que se dirigen hacia arriba y hacia abajo y que parecen cables o aparatos suspensorios. Es más, el apéndice triangular superior continúa con un cable bien visible, enrollado arriba en una polea. Por esto se puede suponer que no estamos ante un estudio genérico para la máquina voladora, como los realizados por Leonardo en años posteriores, sino ante el proyecto para un «ingenio», un ángel o un ser animal infernal destinado a «volar», suspendido por cables en una representa-

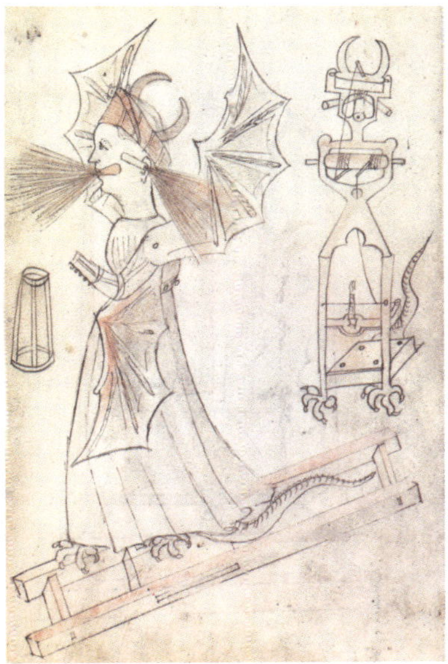
8

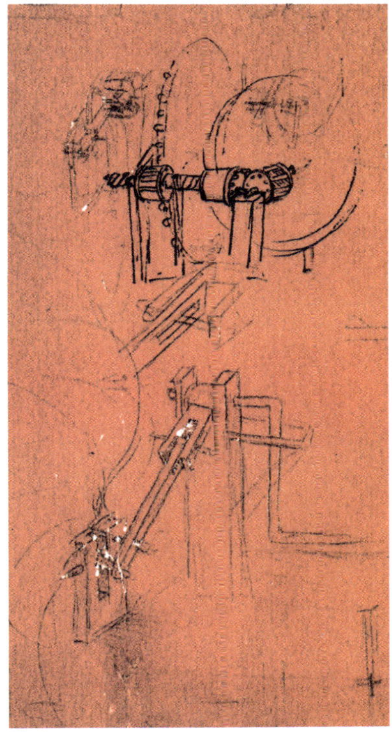
9

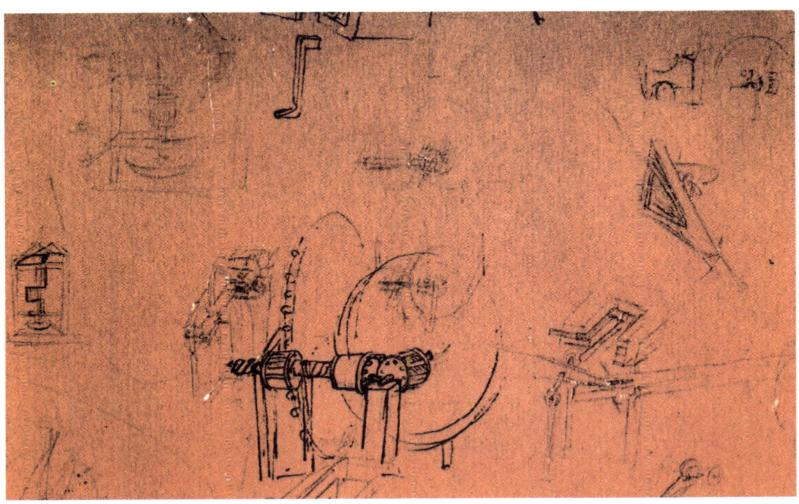
10

11-15. Dispositivos para máquinas con alas mecánicas, quizá para espectáculos. En dos casos, fig. 12 en el centro y fig. 14, la máquina tiene forma de barca. c. 1480. (CA 991r, 156r, 144r, 860r, 858r).

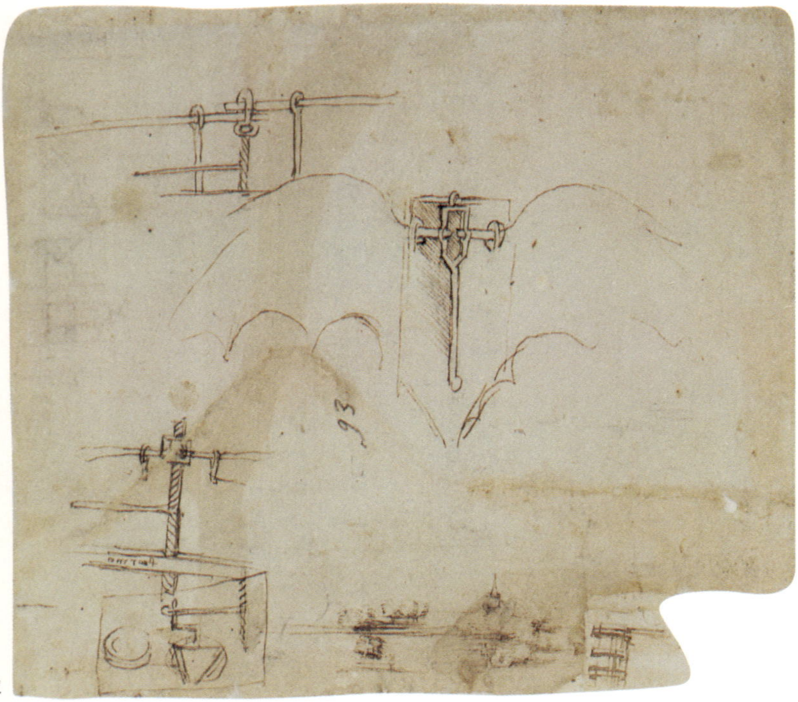

11

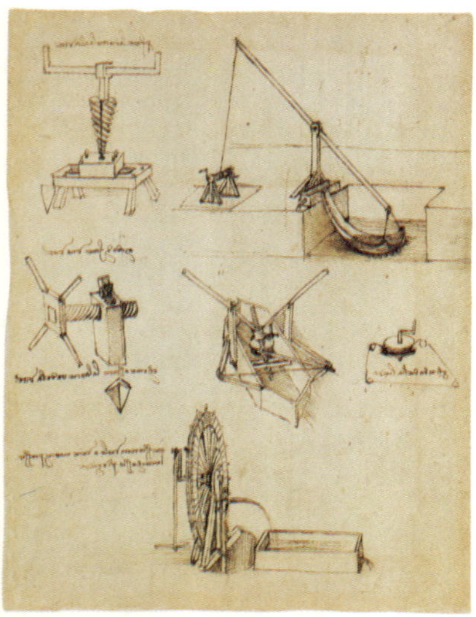

12

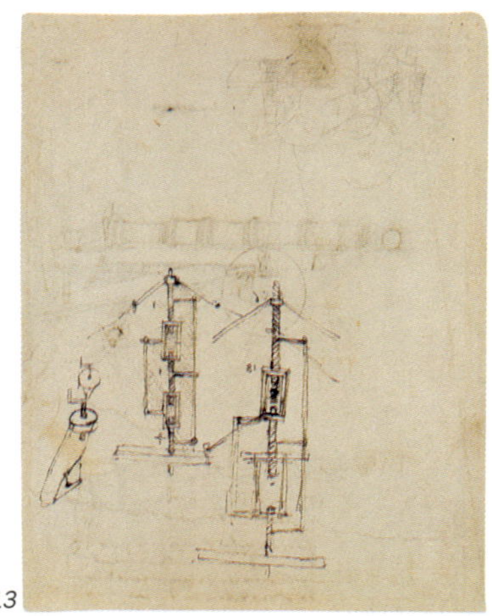

13

ción escénica. Existen testimonios de representaciones teatrales con protagonistas similares en Florencia. Por ejemplo, con ocasión de la fiesta de San Juan, en 1454, desfiló por las calles de la capital toscana un carro con el arcángel san Miguel derrotando a Lucifer, el carro se detenía en un momento determinado para dar lugar a la representación de una batalla que concluía con la expulsión del cielo de Lucifer (o el Lucero de la Aurora). También tenían alas membranosas los autómatas diseñados para fiestas y espectáculos por otro destacado ingeniero del siglo XV, Giovanni Fontana (1393-1455), en el *Bellicorum Instrumentorum Liber* (fig. 8).

La hipótesis de un destino escénico explica también, en el proyecto de Leonardo, la peculiaridad del mecanismo motor en uno de los dibujos citados (fig. 9). La raíz del ala está conectada a una manivela que se mueve a mano, cuya oscilación está limitada por una horquilla; en efecto, la resultante muy alternada no habría podido imprimir al ala un movimiento capaz de asegurar la elevación y el vuelo. En cambio, es probable que Leonardo no intentase que la máquina levantara el vuelo, sino sencillamente un movimiento de las alas con fines de animación escénica. Un aparato similar a éste (plataforma cuadrada que sostiene los montantes a los que están conectadas las alas) está esbozado también en una hoja conservada en Oxford (fig. 19), pero en este caso hay dos alas a cada lado.

Es posible que esta misma línea de investigación, donde la reproducción del movimiento de las alas parece desti-

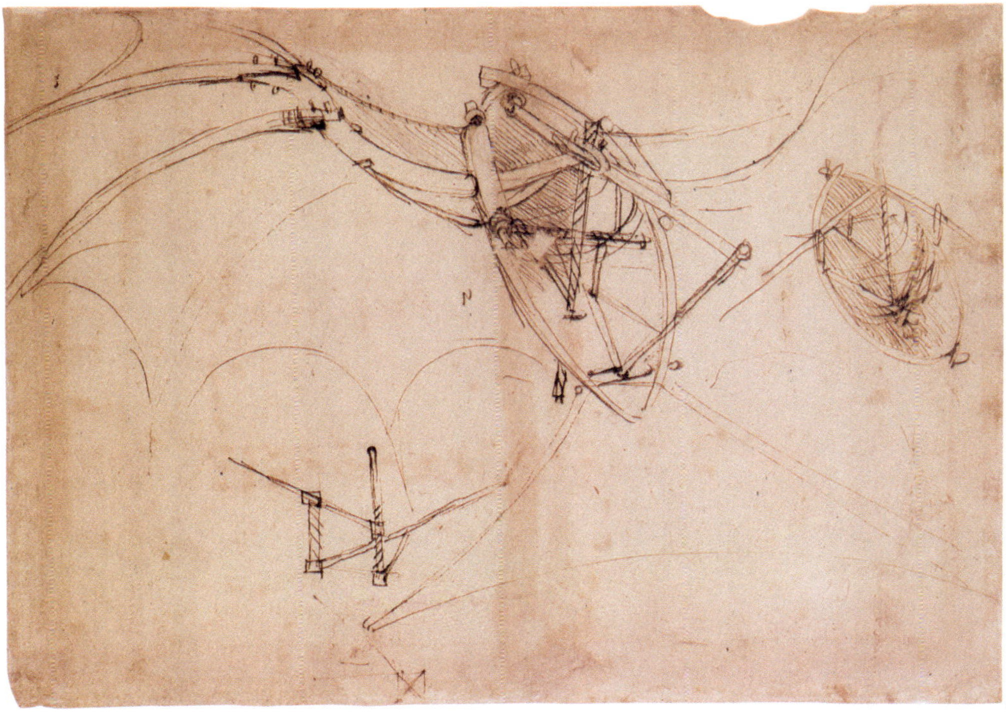
14

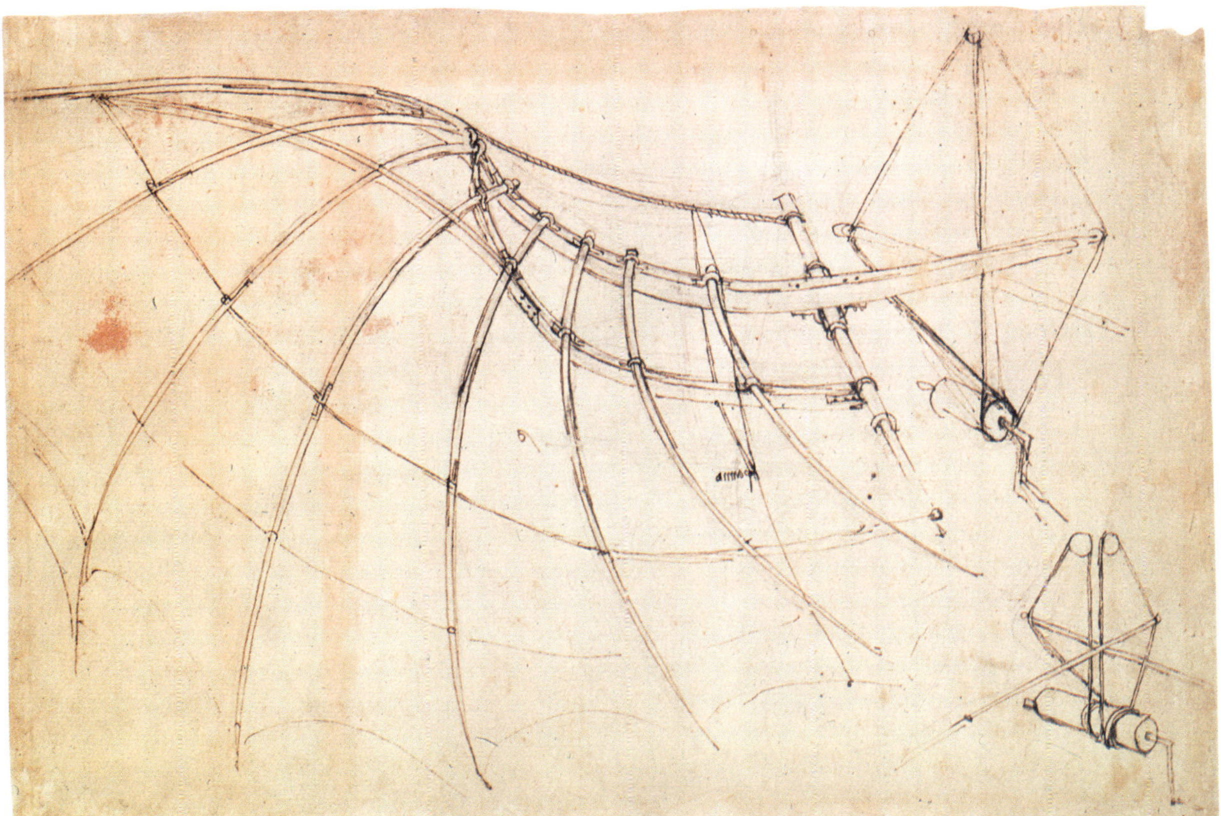
15

16. Leonardo y taller de Verrocchio, estudio para un estandarte de carrusel (c. 1475; Florencia, Uffizi, dibujo nº 212E).

17. Dispositivos para espectáculos: amplificador acústico (arriba a la derecha) y (justo debajo) dispositivo para levantar a un autómata (c. 1478-1489; CA 75r).

18 y 20. Estudios de linternas (arriba a la izquierda en fig. 18; c. 1480; CA 34r y 576av, detalle).

19. Máquina voladora, quizá para espectáculos teatrales (c. 1480; Oxford, Ashmolean Museum, detalle).

21. Línea que representa la trayectoria del vuelo de los pájaros inserta en la otra cara de la hoja (fig. 6), que contiene estudios para una máquina voladora destinada al teatro (c. 1480; Florencia, Uffizi, nº 447Er, detalle).

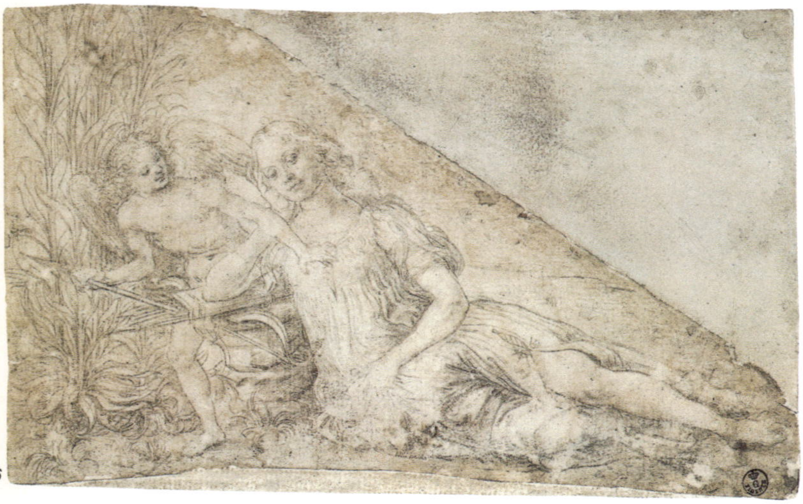
16

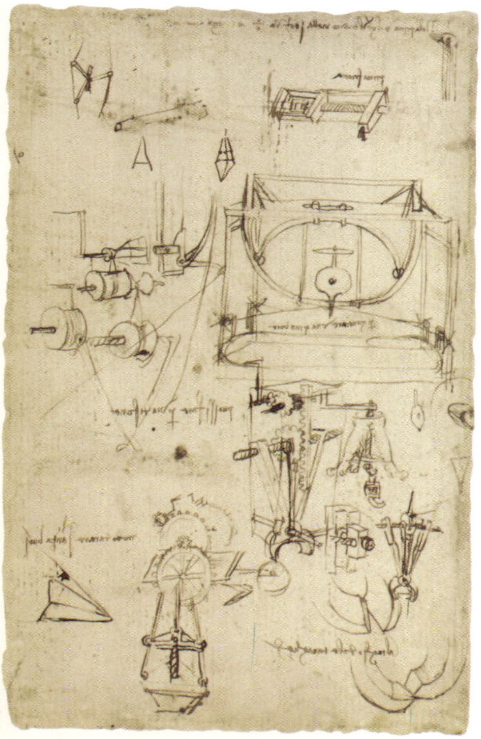
17

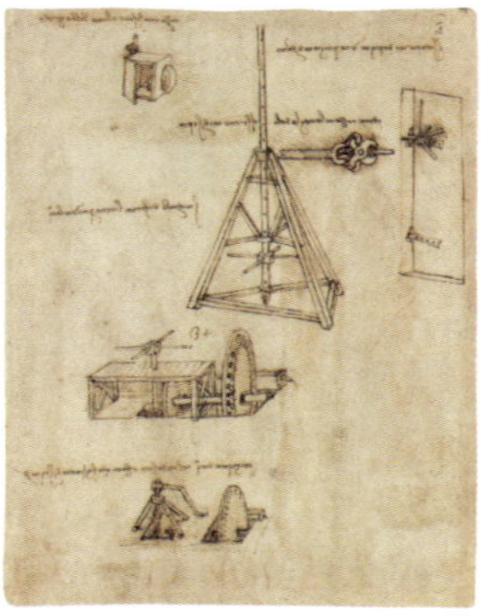
18

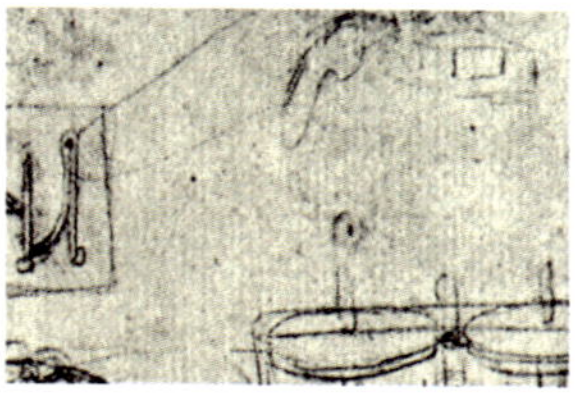
19

nada no al vuelo propiamente dicho, sino a suscitar el asombro de los espectadores de una representación teatral, sea seguida por otros estudios fechados en los mismos años de juventud, en torno a 1480 (figs. 11-15 y 34). En todos ellos, el batir de las alas se obtiene, según el principio del torno, moviendo a mano, alternativamente a derecha e izquierda, una manivela conectada a un tornillo central y vertical que, al recibir su movimiento de sube y baja, pone en movimiento las alas unidas a él. Como en el caso de la manivela de la hoja de los Uffizi, el batir de alas que se obtiene de este modo es limitado e inutilizable para volar. En efecto, no volvería a aparecer en estudios posteriores destinados a la máquina voladora propiamente dicha. El hecho de que el tornillo central de estos dispositivos atraviese la máquina, prolongándose tanto por debajo como por encima de ella, sugiere también una función de suspensión de la misma; mientras que en dos casos (figs. 12 y 14) la forma de barca del casco central, acompañada en uno de los proyectos (fig. 14) de enormes alas membranosas y de una gigantesca cola, sugiere, también en este caso, una finalidad de tipo teatral.

En general, el interés de Leonardo por el teatro en sus distintos aspectos (entre ellos, las máquinas escénicas) se conoce sobre todo a partir de su primera estancia en Milán. Sin embargo, aparte de los ya vistos, existen otros indicios de su empeño en ese sentido ya en los primeros años del artista en Florencia. En primer lugar, cuando trabajaba con Verrocchio, el joven Leonardo participó

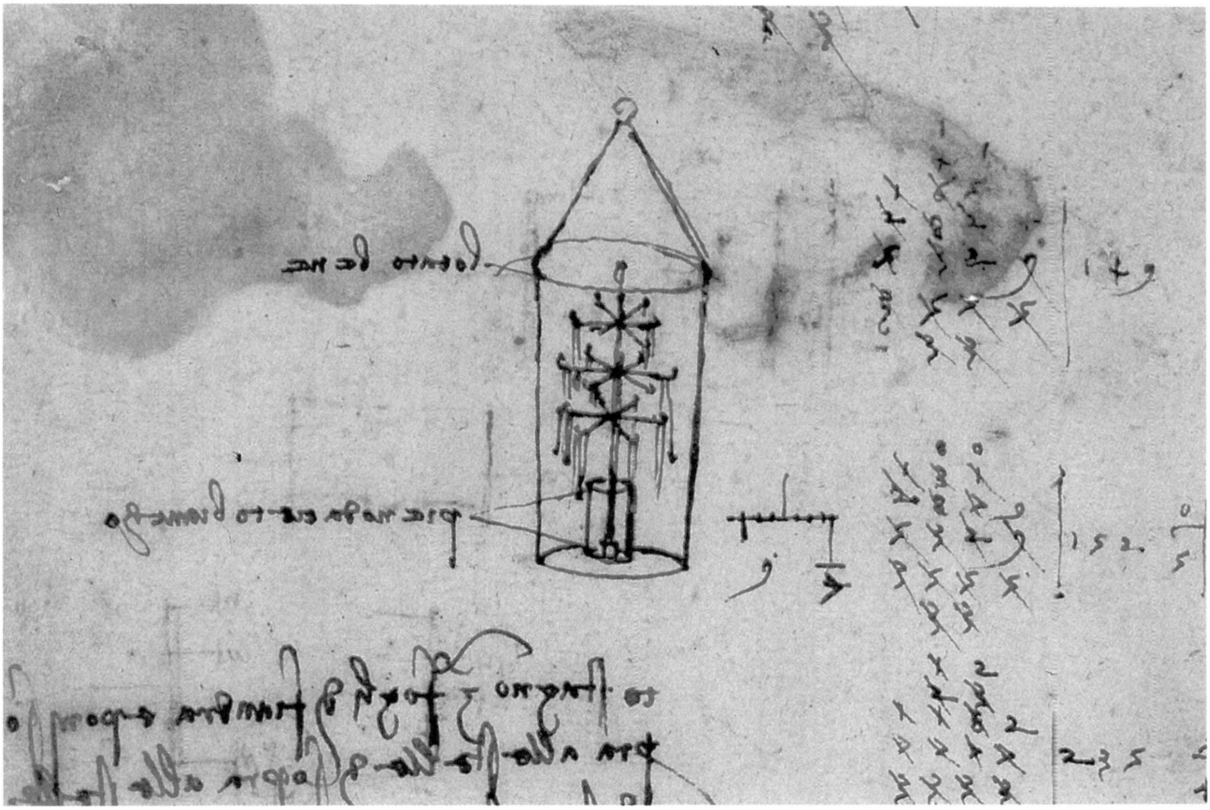

20

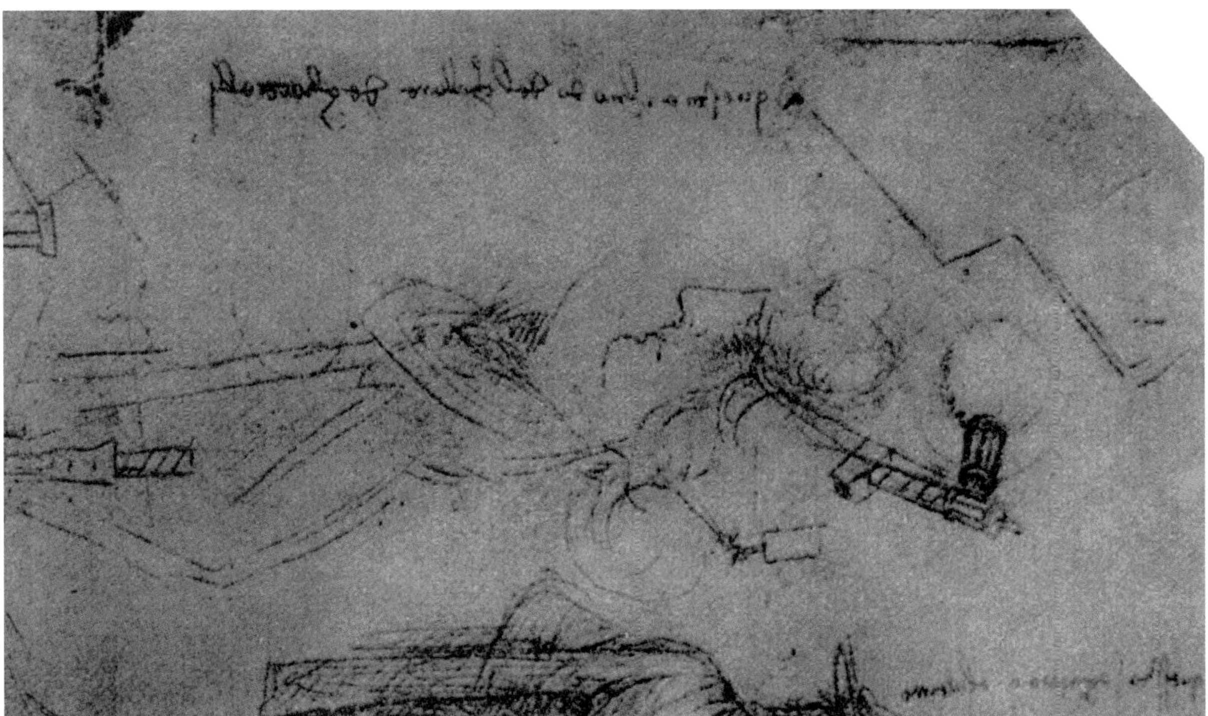

21

22, 24, 25 y 26. Dos San Jorge y el dragón de Paolo Uccello (1465, París, Musée Jacquemart-André, y c. 1470, Londres, National Gallery), un dibujo de Leonardo (c. 1480; W 12370r), lavatorio de mármol atribuido a Verrocchio (Florencia, sacristía de San Lorenzo): ejemplos de la frecuente presencia de criaturas aladas en el arte florentino del siglo XV.

23. En la otra cara de la hoja que contiene estudios para una máquina voladora (fig. 6), Leonardo estudia la trayectoria de vuelo en descenso de los pájaros (arriba a la izquierda): del mundo de las máquinas teatrales su mente pasa al estudio de la naturaleza (c. 1480; Florencia, Uffizi, nº 447Er).

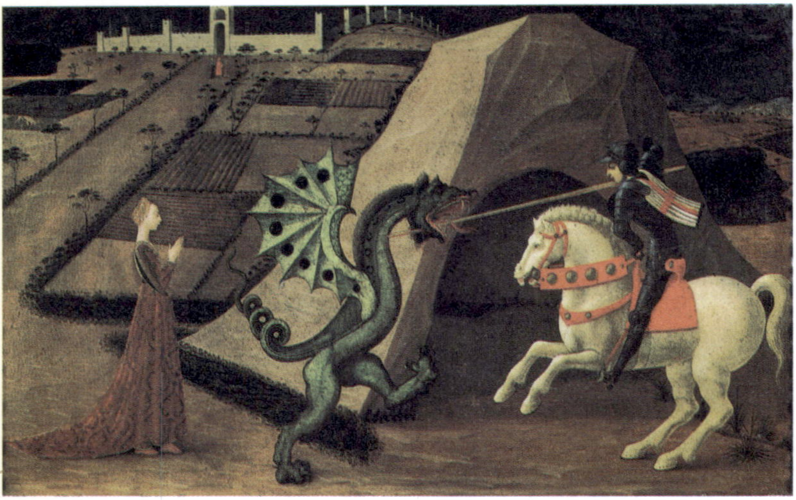

22

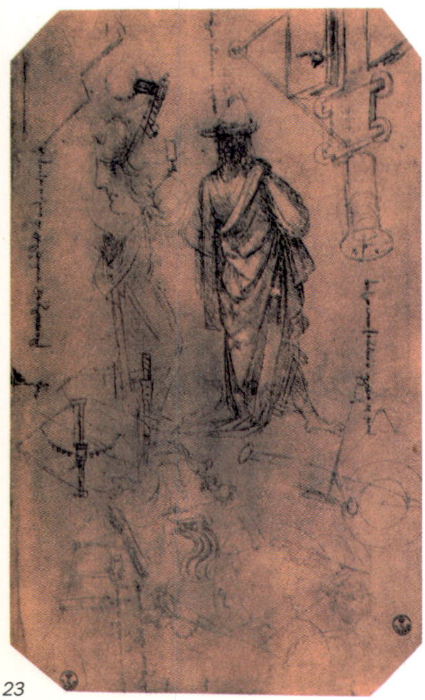

23

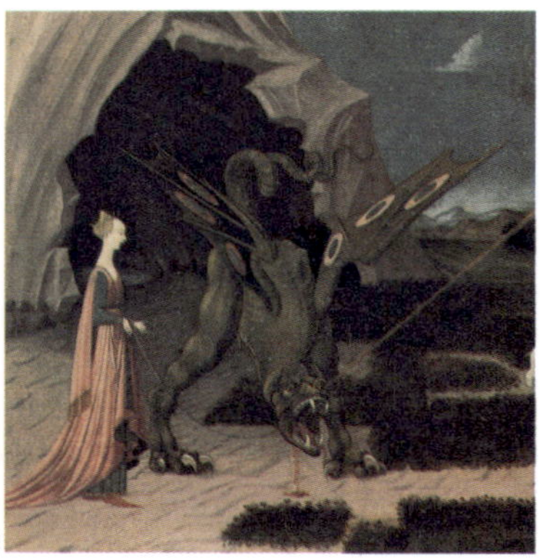

24

probablemente en la realización de un estandarte para un carrusel, como demostraría un dibujo que se conserva en los Uffizi (nº 212E; fig. 16). En una hoja del Códice Atlántico (75r; fig. 17) encontramos también un mecanismo (es el dibujo principal en la parte superior derecha) que sirve –escribe Leonardo– «para generar una gran voz», algo muy útil en una representación escénica. Y justo debajo vemos el boceto de un tornillo (que termina con un gancho y se acciona con una manivela) que traspasa la parte inferior de un cuerpo humano con piernas en dos largas perneras: evidentemente, un «ingenio» teatral. En el reverso de la hoja, la anotación incompleta *«Per fare un lume grande fa fare»* (Para hacer una luz grande ha de hacer) parece afrontar un problema de «luces» propio del teatro, problema que reaparece en otros apuntes y dibujos de la misma época (CA 34r y 576av; figs. 18 y 20) que representan linternas, en una de las cuales (576av) la anotación *«poni sopra alle stelle»* (por encima de las estrellas) confirma que se trata de un dibujo escénico.

El estudio del mundo animal

Hasta aquí, todo o casi todo forma parte del ámbito del conocimiento y de las actividades de los artistas-ingenieros florentinos del siglo XV. Pero Leonardo va mucho más allá de este horizonte. Ante todo porque el artista asocia su proyecto de una máquina voladora con el estudio apasionado del mundo animal. En el anverso de la hoja de los Uffizi, Leonardo anota: *«Questo è il modo del chalare degli uccelli»* (éste es el modo de descender de los pájaros), y al lado hace alusión a la trayectoria que siguen (figs. 21 y 23). Un apunte aislado, un esbozo fugaz; y, sin embargo, trazas importantes de cómo Leonardo va más allá de la invención de una máquina escénica. De hecho, compagina el proyecto de una máquina capaz de reproducir el movimiento de las alas (aunque solo fuera con fines escénicos) con la observación de los pájaros en vuelo. Es el primer indicio de la característica fundamental de sus estudios sobre el vuelo: «rehacer» la naturaleza, recrear el vuelo natural, después de captar sus mecanismos secretos.

En la biografía que le dedica en *Vidas*, Giorgio Vasari cita una obra de juventud de Leonardo que se ha perdido, una cabeza de Medusa realizada por él para un campesino de su padre, el poderoso notario ser Piero. Leonardo aún está inmerso en la espléndida campiña de Vinci, y Vasari narra que para realizar la obra él «llevó [...] a una estancia suya, en la que no entraban más que solo, lagartijas, lagartos, grillos, mariposas, langostas, murciélagos y otras extrañas especies de animales semejantes, de la multitud de los cuales, variadamente adaptada junta, sacó un animalucho muy horrible y espantoso».

El relato es poco más que una leyenda, pero atestigua que el interés de Leonardo por la zoología (y, con ella, por la posibilidad del vuelo humano) nace también en relación con la iconografía de animales fantásticos, como dragones alados y otras criaturas similares, recurrentes en el arte florentino de la época (figs. 22, 24 y 26).

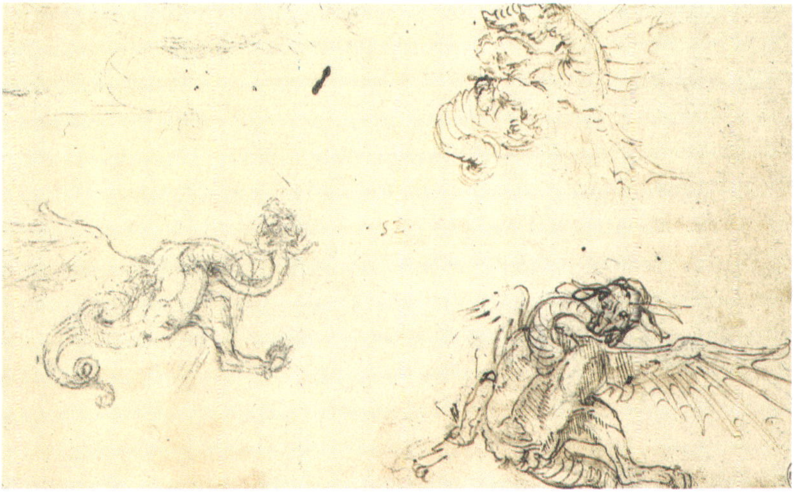

25

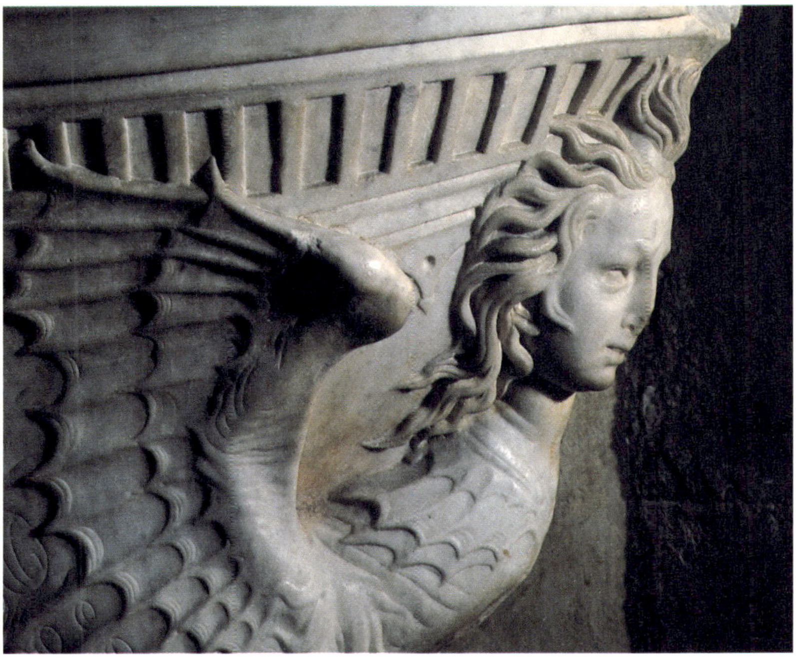

26

27-29. Estudios para una máquina voladora y estudios zoológicos de una libélula y otro insecto volador (c. 1480-1485; CA 1051v, conjunto y detalle).

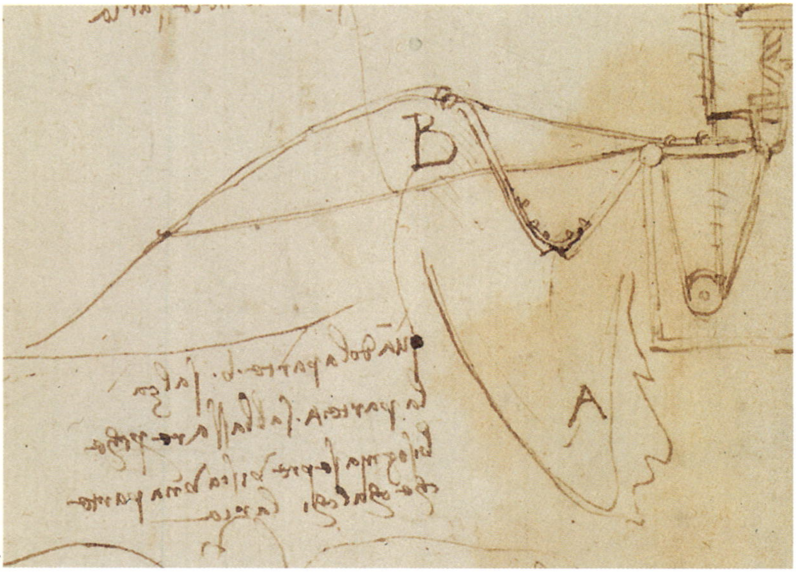

27

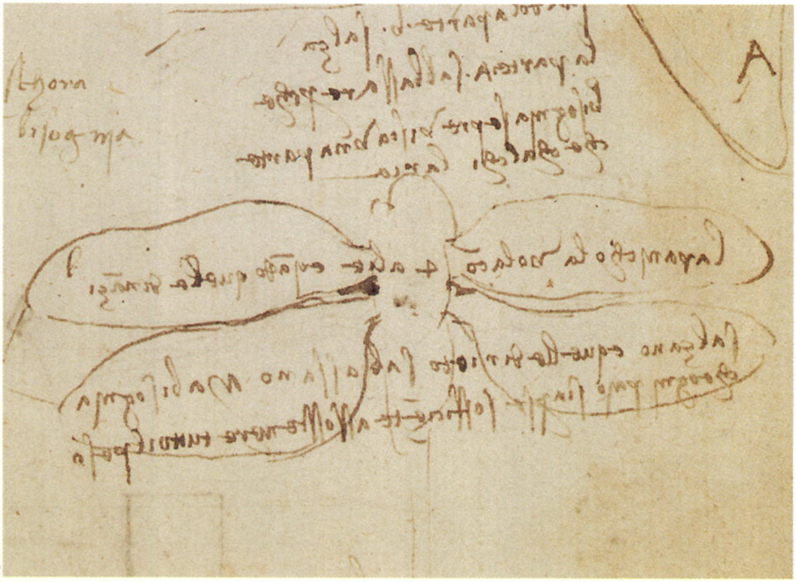

28

De hecho, precisamente en el anverso de la hoja de los Uffizi se ve claramente el boceto de un dragón alado (fig. 23), con las alas apenas esbozadas. Éstas se vuelven membranosas, como las de la máquina alada dibujada en el anverso de la hoja, en otro dibujo de la misma época, relativo a una escena de lucha con el dragón en la que Leonardo trabaja en ese periodo (W 12370r; fig. 25).

Se encuentran otros indicios de esta relación inicial entre zoología y estudios para una máquina voladora en una hoja del Códice Atlántico (1051v; figs. 27-29). Se trata de una hoja que Leonardo realizó quizá en aquellos años, poco antes de dejar Florencia, o en la primera época de su estancia en Milán. En ella aparecen, entre otros, los dibujos de dos animales similares a los que, ateniéndonos al relato de Vasari, llamaban la atención del joven Leonardo en los campos de Vinci: una libélula y un insecto volador de cuatro alas. Una anotación en el margen es una invitación o un apunte dirigido a sí mismo: «Para ver el volar con 4 alas, ve a los arroyos y verás las libélulas negras». Probablemente, también el débil esbozo que se ve en el centro de la hoja de los Uffizi (justo encima del ala grande; fig. 6) representa un díptero u otro animal similar; por otra parte, en el esbozo de máquina voladora de la hoja de Oxford (fig. 19) se ven, como hemos dicho, dos alas a cada lado, como las de la libélula.

En la hoja del Códice Atlántico, la conexión entre investigación zoológica y proyecto para la máquina voladora resulta más evidente. Desde un punto de vista zoológico, la libélula atrae a Leo-

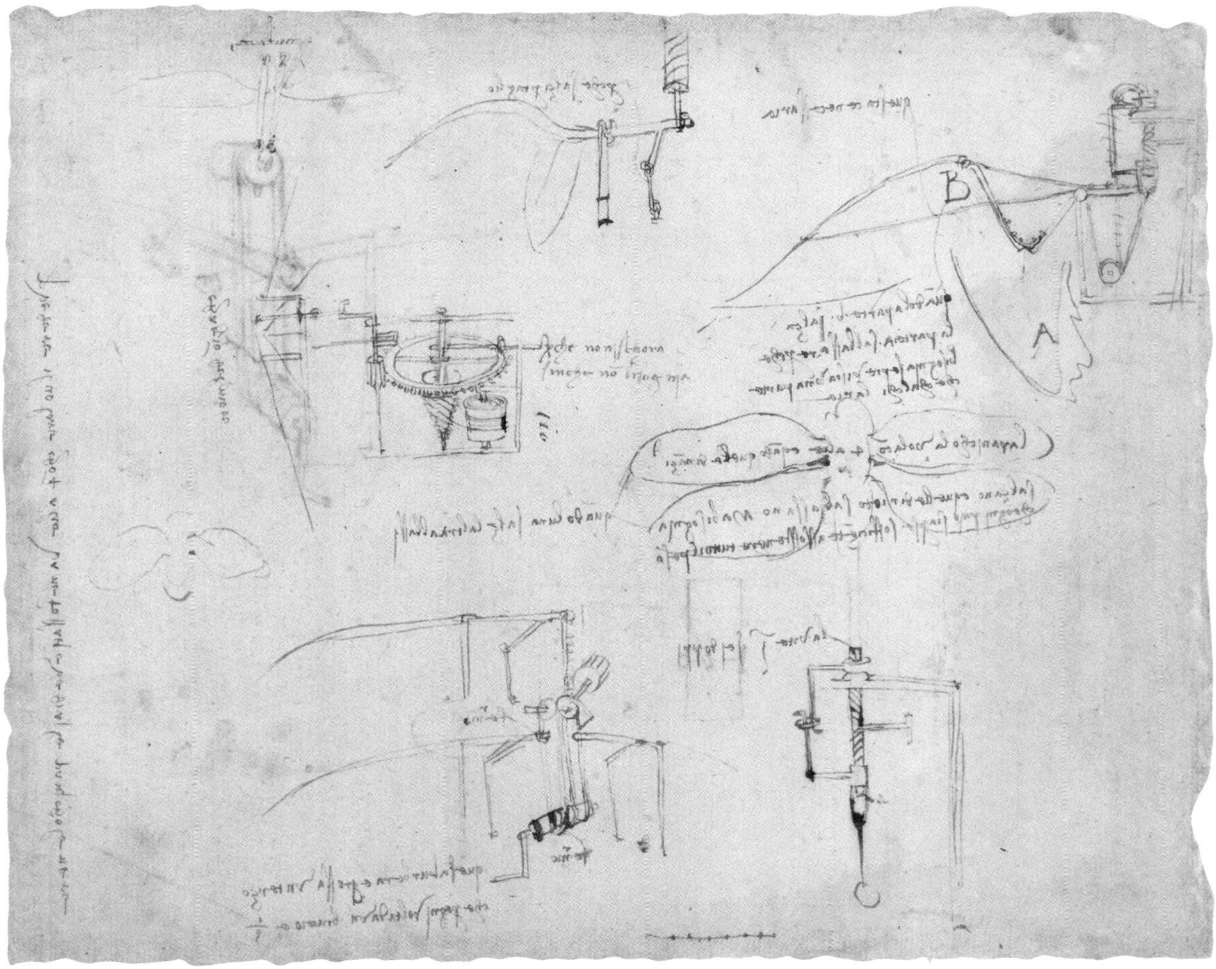

29

30-33. Dispositivos de máquinas centrados en el agua: subida del agua (arriba a la izquierda, en las figs. 30 y 33), evaluación del peso de una cascada (fig. 31), transformación del agua en vapor (fig. 32) (c. 1480; CA 19r, conjunto y detalle; 1112v, detalle; 26v).

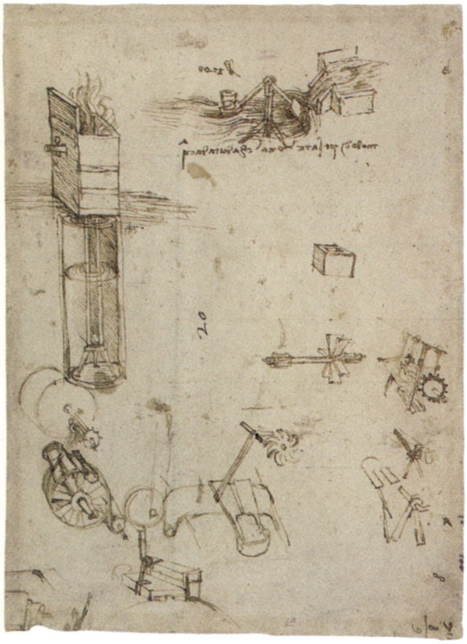

30

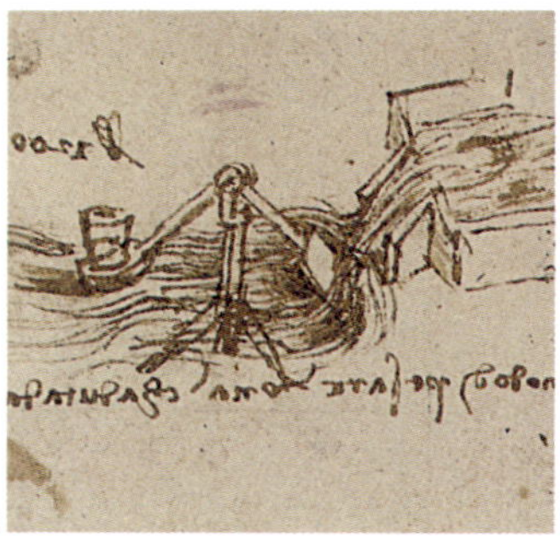

31

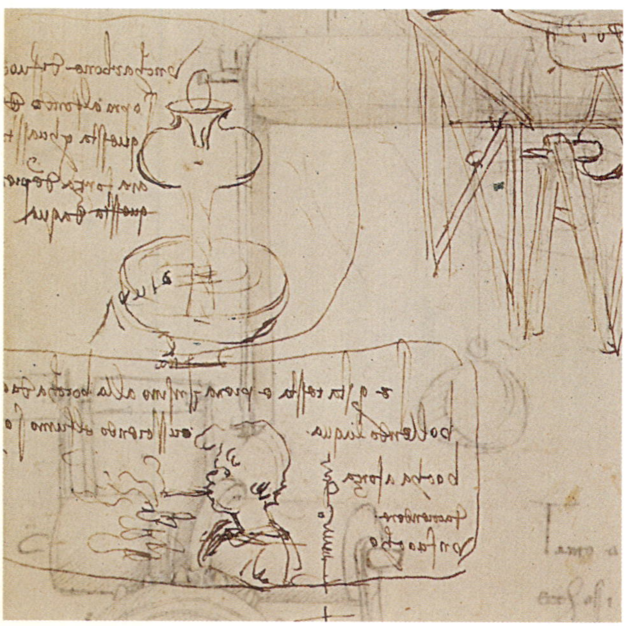

32

nardo porque –cree él– ese insecto mueve las cuatro alas de un modo alterno: cuando las anteriores suben, las posteriores bajan. Sobre el dibujo de libélula, Leonardo escribe: «La libélula vuela con 4 alas y cuando las delanteras se elevan, las traseras descienden. Pero es necesario que cada par de alas sea por sí suficiente para sostener todo el peso»; y al lado, unida con dos líneas a las alas: «cuando una sube, la otra baja». De este modo, mientras un par de alas se eleva, para descender después, las otras, en posición bajada, garantizan una superficie de apoyo en el aire que mantiene al animal en vuelo.

El interés por este aspecto del vuelo natural, en el que profundizaría más adelante, implica con más claridad para Leonardo la idea del vuelo artificial de una máquina que realmente debería mantenerse y desplazarse en vuelo. En efecto, en la misma hoja, en la parte superior derecha (figs. 27 y 29), encontramos un estudio de ala mecánica. Ésta, aunque es una sola, se compone de dos secciones –A y B– que tratan de imitar la alternancia de función de los dos pares de alas de la libélula: cuando la parte delantera B vuelve a estar arriba, la parte trasera A desciende comprimiendo el aire («Cuando la parte B se eleva, la parte A se ha de bajar, porque es necesario que siempre haya una parte que comprima el aire»).

«Mirabilia» técnicas

La compaginación del proyecto de una máquina capaz de simular los movimientos del vuelo natural con el estudio del mundo animal es solo una de las ma-

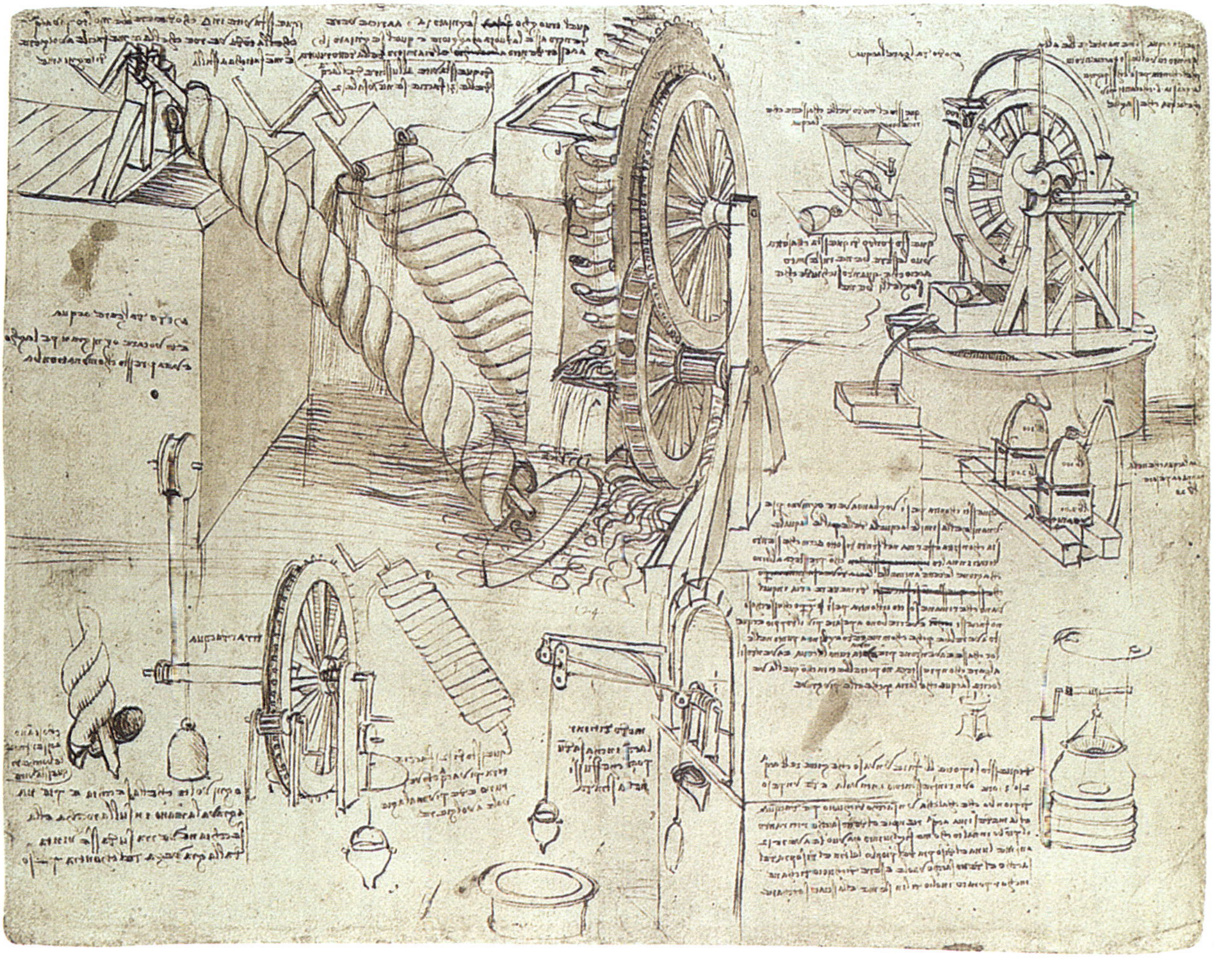

33

34. Estudios para la máquina voladora (c. 1480; CA 1059v).

35-36. Higrómetros utilizados como instrumentos de estudio del aire (c. 1478-1489; CA 30v detalle, y Louvre 2022, dibujo en el centro, arriba).

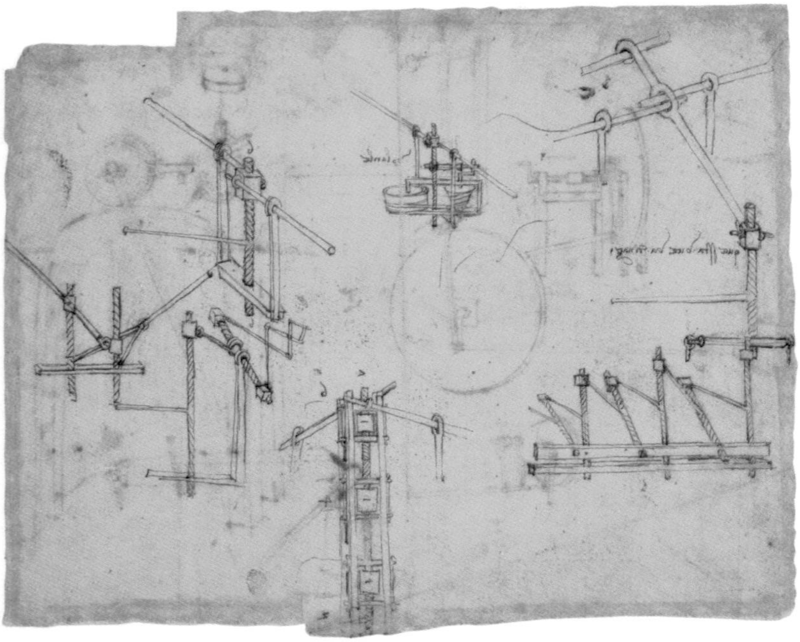

34

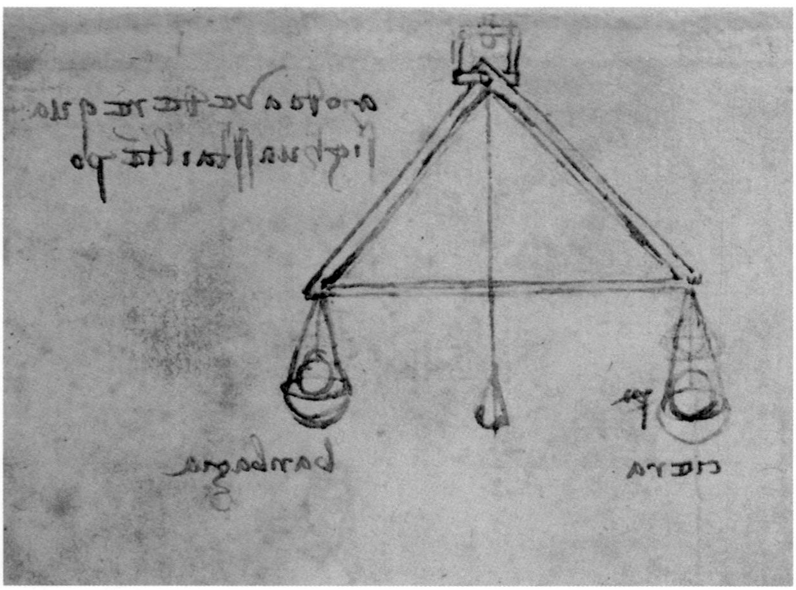

35

neras con que Leonardo da un salto de calidad respecto al ámbito del taller y de los «ingenios» teatrales. De hecho, una parte de los proyectos de ingeniería realizados por Leonardo durante su estancia en Florencia tiene que ver con los elementos naturales. Es decir, implica el estudio físico del agua, de la tierra, del aire y del fuego. En cuanto al primer elemento, Leonardo estudia, por ejemplo, unos dispositivos para transportar el agua a lugares elevados (CA 19r, 26v; figs. 30 y 33), para transformarla en vapor (por ejemplo, CA 1112v; fig. 32) y para establecer el «peso» de una cascada (CA 19r, «modo de pesar un salto de agua»; figs. 30 y 31).

El aire es tratado de forma análoga. Leonardo dibuja dos higrómetros (CA 30v y Louvre 2022; figs. 35 y 36). Uno de ellos (c. 1478), acompañado de la anotación «Modo de pesar el aire y de saber cuándo se va a romper», está formado por un listón, en uno de cuyos extremos hay una esponja capaz de absorber la humedad, mientras que en el otro extremo hay cera, material impermeable. Así, la humedad absorbida por la esponja, al hacer que el listón se incline hacia su lado, señalará el «peso» del aire, la presencia en él de «humedad», que según Leonardo era parte integrante del aire. Estos dos higrómetros, a diferencia de los de épocas posteriores (por ejemplo, el del Códice Atlántico, 675r), no aparecen en relación directa con los estudios sobre el vuelo.

La carta con que se presenta al duque Ludovico el Moro, que data de poco antes o poco después del traslado de Florencia a Milán (1482-1483), constituye

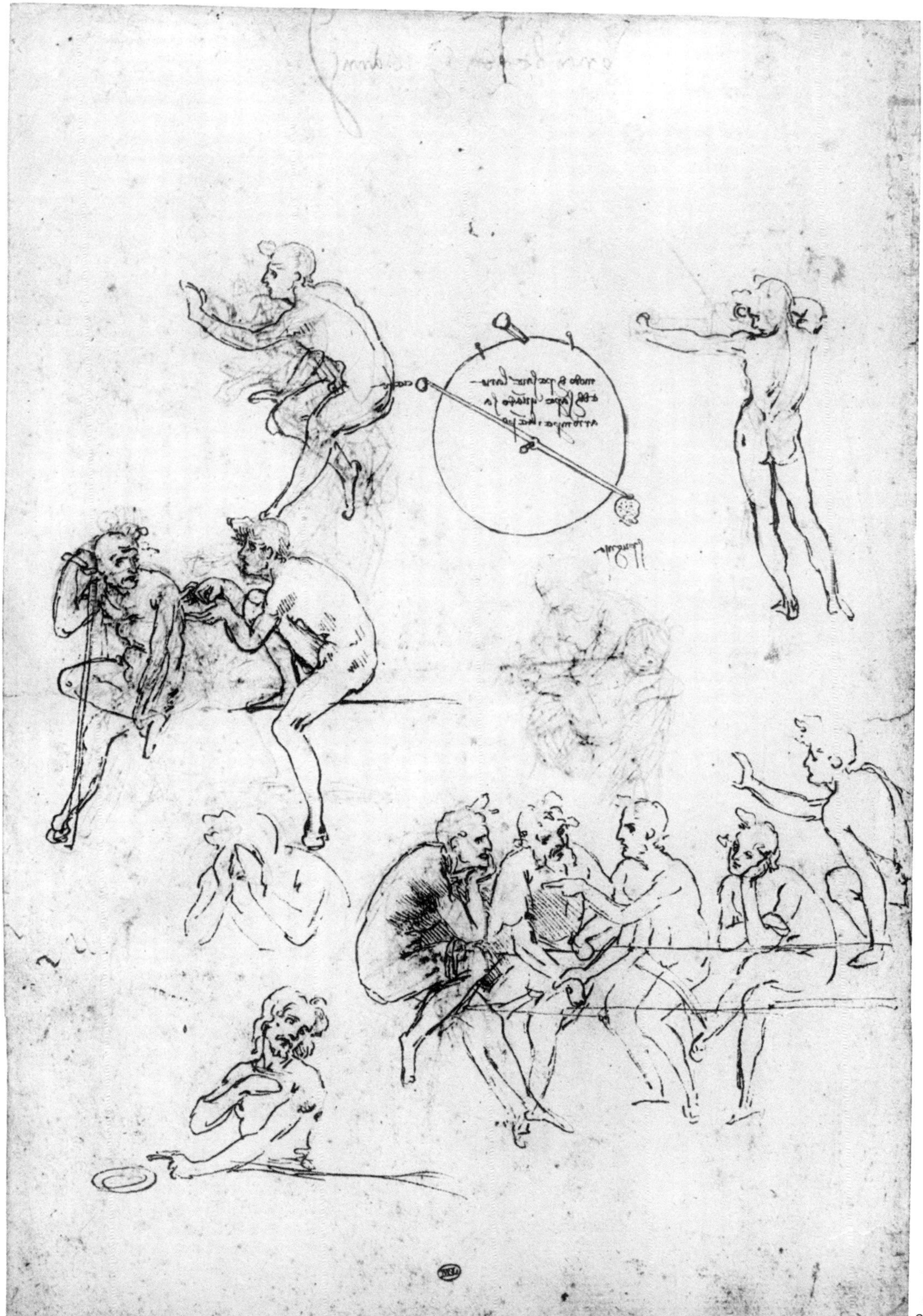

36

37. Goniómetro de péndulo, instrumento para medir los ángulos (siglo XVII; Florencia, Istituto e Museo di Storia della Scienza).

38. Mariano di Iacopo, llamado Taccola (1382-1458?), dispositivo para excavar galerías, otro ejemplo de proyecto ambicioso de los ingenieros toscanos del siglo XV (Florencia, Biblioteca Nazionale, Manuscrito Palatino 766, f. 33r).

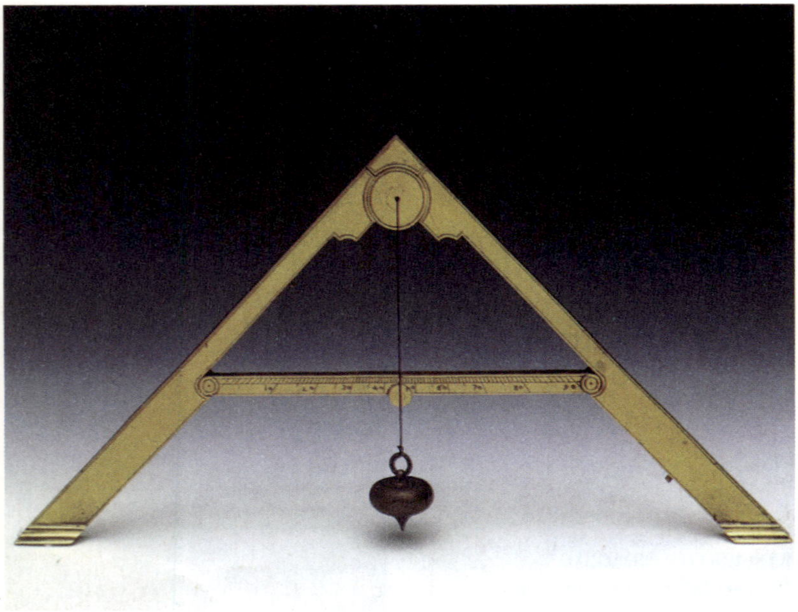

37

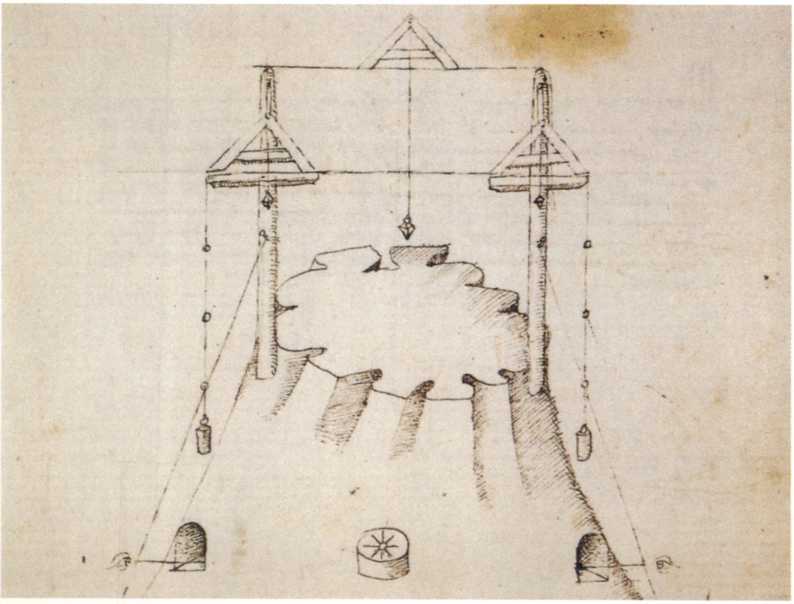

38

un importante documento relativo a la actividad precoz de Leonardo como ingeniero e inventor de máquinas. La carta no es autógrafa, pero es casi indudablemente obra de un literato que plasmó de forma latinizante el pensamiento de Leonardo da Vinci.

Este último presenta con énfasis sus empresas técnicas como cosas inauditas, que a algunos –afirma– podrían parecerles imposibles. Al principio de la carta, Leonardo presenta tales empresas como «los secretos míos». Esto remite a la cultura de los secretos y de las «mirabilia» técnicas, con una larga tradición a sus espaldas, que se remontaba a la Edad Media. En pleno siglo XIII, por ejemplo, Roger Bacon, famoso filósofo natural (en su época no existía la figura del científico tal como la conocemos hoy, sino la del filósofo natural: la ciencia y la medicina eran ramas de la filosofía), en su *Epistola de Secretis Operibus Artis et Naturae* cita una serie de portentosas invenciones: barcos capaces de surcar mares y ríos sin necesidad de remos; carros capaces de moverse sin fuerza animal; dispositivos para caminar sobre el agua y moverse bajo ella, e instrumentos capaces de hacer volar al hombre, con una persona situada en el centro de un dispositivo provisto de alas artificiales.

Esta lista y el tono ambicioso están presentes precisamente en la carta de Leonardo a Ludovico el Moro. Sin embargo, Leonardo no menciona en ella la máquina voladora. Esto se debe, probablemente, a que una máquina para volar no tenía ninguna utilidad práctica evidente.

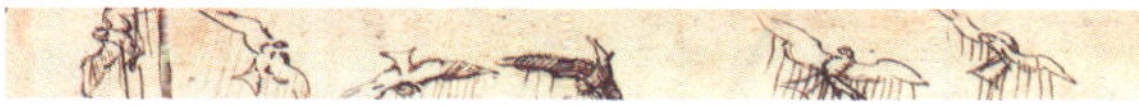

CARTA CON LA QUE LEONARDO SE PRESENTA A LUDOVICO EL MORO

«Habiendo, Señor mío Ilustrísimo, visto y considerado ya suficientemente las pruebas de todos los que se consideran maestros y compositores de instrumentos bélicos, y que la invención y la operación de dichos instrumentos no son nada ajenos al uso común, me esforzaré, no derogando a ningún otro, en hacerme entender por Su Excelencia, abriendo a ella los secretos míos [...]. Tengo modelos de puentes ligerísimos y fuertes, y aptos para conducir facilísimamente [...]. Y cuando ocurriese estar en el mar, tengo modelos de muchísimos instrumentos aptísimos para ofender y defender, y naves [...].
También, tengo modelos para cuevas y pasadizos secretos y perversos, hechos sin estrépito alguno, para llegar [uno seguro] y diseñado [in situ], cuando fuera necesario pasar por debajo de fosos o algún río. También haré carros descubiertos, seguros e inofensivos [...]. En tiempo de paz, creo que satisfaré perfectamente en comparación con cualquier otro en arquitectura [...]. También, realizaré en escultura [...] además de en pintura, lo que se pueda hacer en comparación con cualquier otro [...]. También se podrá dar obra al caballo de bronce, que será gloria inmortal y eterno horror de la feliz memoria del Señor vuestro padre [...]. Y si alguna de las artedichas cosas a alguien le pareciese imposible y no factible, me ofreceré solícito a experimentarla en el parque vuestro».
(CA 1082, 391ar).

Abajo, a la izquierda, la hoja del Códice Atlántico (1482-1483) que contiene la carta con la que Leonardo se presenta a Ludovico el Moro (a la derecha, el príncipe en un detalle de la Pala Sforzesca, *de autor desconocido de finales del siglo XV; Milán, Brera). La carta, por encargo de Leonardo, fue escrita por un literato y contiene alusiones sobre todo a obras bélicas.*

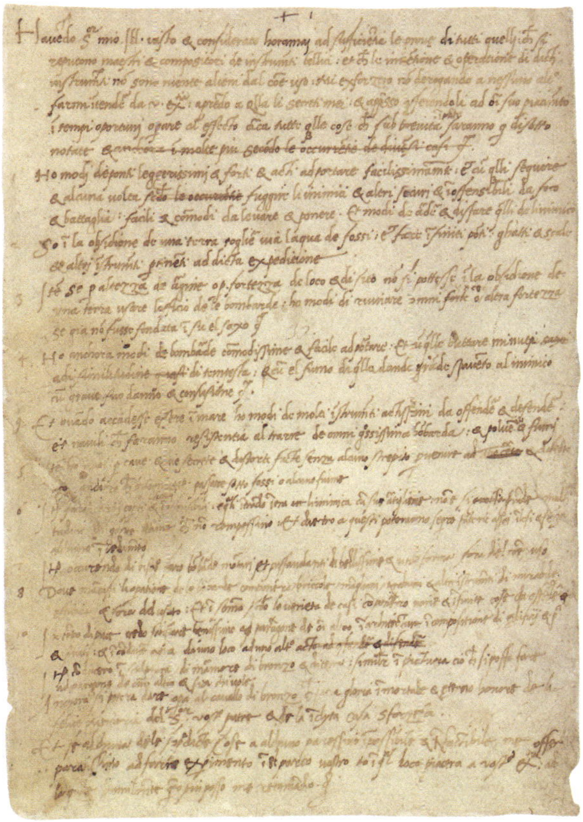

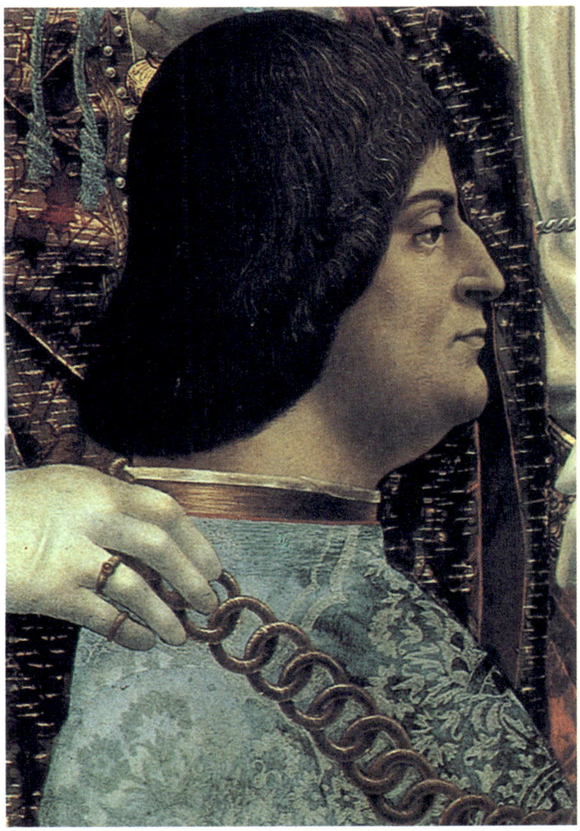

39-40. Ingeniero sienés anónimo del siglo XV, dos estudios de paracaídas (Londres, British Library, Manuscrito Add. 34113, ff. 189v y 200v).

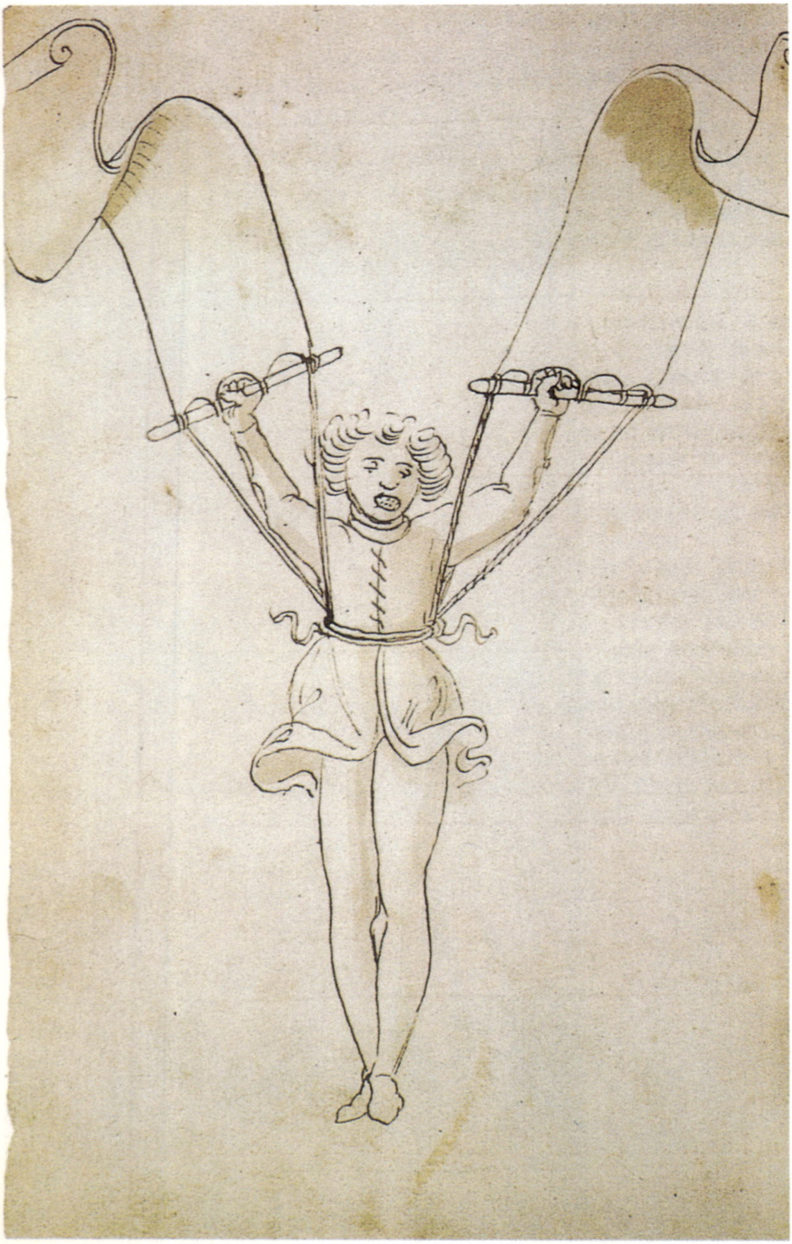

39

En su presentación a Ludovico el Moro con la esperanza de ser contratado como ingeniero y artista, Leonardo insiste mucho, en cambio, en los aspectos prácticos de sus capacidades: sus inventos son portentosos, casi milagrosos, sí, y todos podrían ser de utilidad para el duque de Milán. Por ejemplo, podrían ser aplicables en el terreno bélico y de ingeniería civil, en relación con dos necesidades concretas del ducado milanés: máquinas de guerra y máquinas hidráulicas. También las capacidades artísticas, que Leonardo menciona al final de su misiva, se relacionan con la realización de un monumento a Francesco Sforza, padre de Ludovico el Moro.

Entre los ingenieros y los inventores de máquinas en la época de Leonardo, los sueños tecnológicos descritos en plena Edad Media por Roger Bacon estaban más que nunca a la orden del día.

En cualquier caso, también entre los ingenieros sieneses del siglo XV, a cuya tradición Leonardo debía indudablemente mucho, se ocuparon ampliamente de la ideación de máquinas para mejorar la capacidad del hombre de navegar sobre el agua y bajo su superficie, de moverse velozmente sobre la tierra y de excavar galerías subterráneas (fig. 38); y se conocen al menos dos casos en los que se ocuparon del movimiento del hombre en el aire gracias a un paracaídas y a dos improbables alas (British Library, Manuscrito Add. 34113, ff. 189v y 200v; figs. 39 y 40). El propio Leonardo, en su carta a Ludovico el Moro, hace referencia tanto a la navegación como al desplazamiento

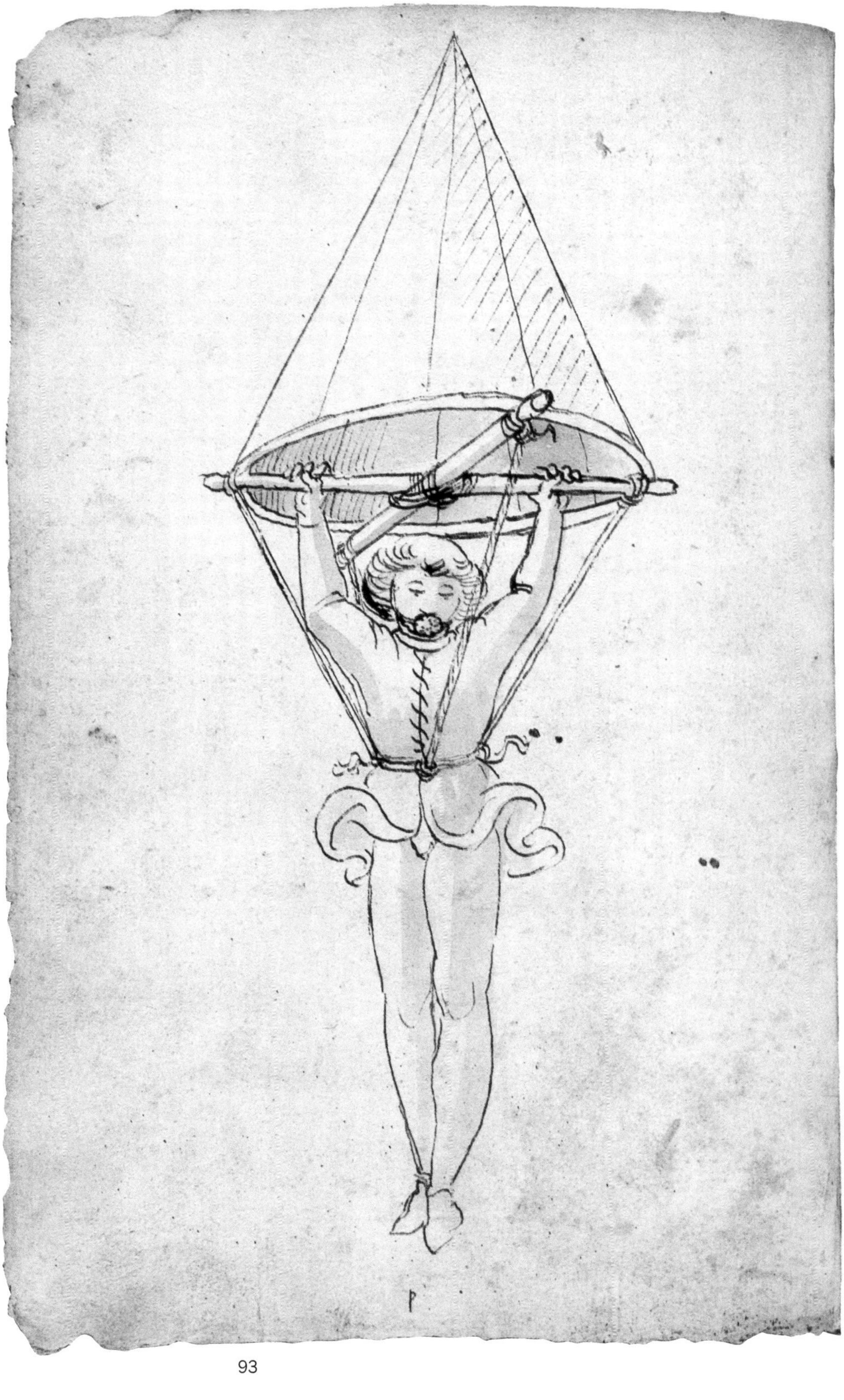

40

41-43 y 45. Andrea Pisano (1290-1348), piedras talladas en la base del Campanile de Giotto que representan las artes mecánicas y liberales, así como el mito de Dédalo como posible alusión al sueño de volar del hombre. Dédalo es considerado asimismo precursor de las artes y las ciencias. (fig. 45).

44. Cosimo Rosselli, Vocación de san Felipe Benizzi (Florencia, Santissima Annunziata), detalle con la representación de la cúpula de Santa Maria del Fiore con la esfera de cobre: el fresco fue realizado antes de 1475, es decir, poco después de la realización de la esfera en el taller de Verrocchio, a la que asistió Leonardo.

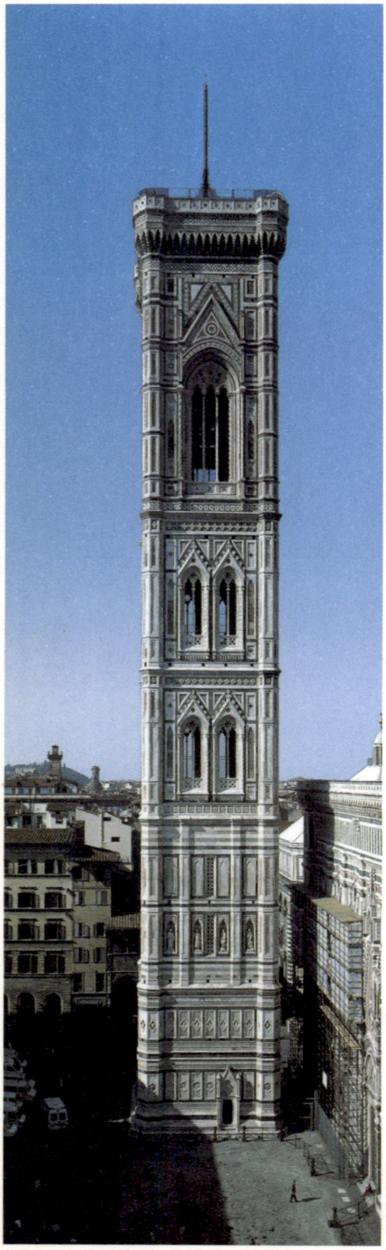

41

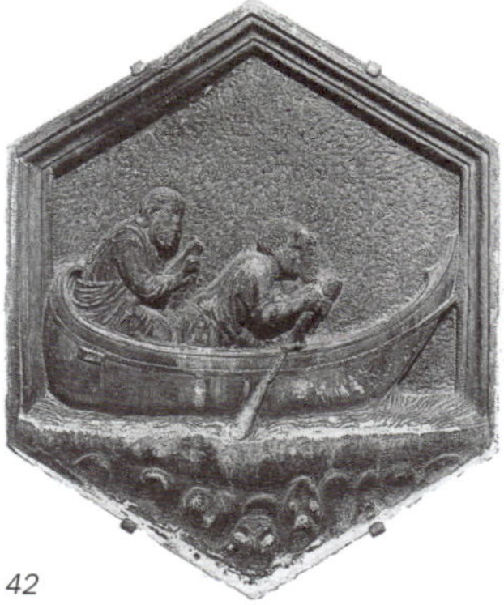

42

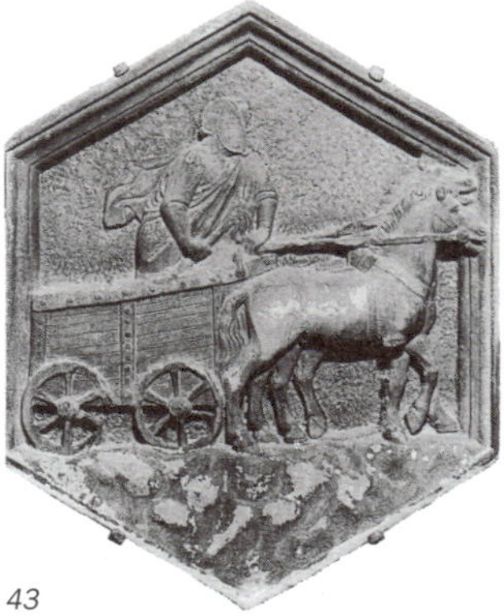

43

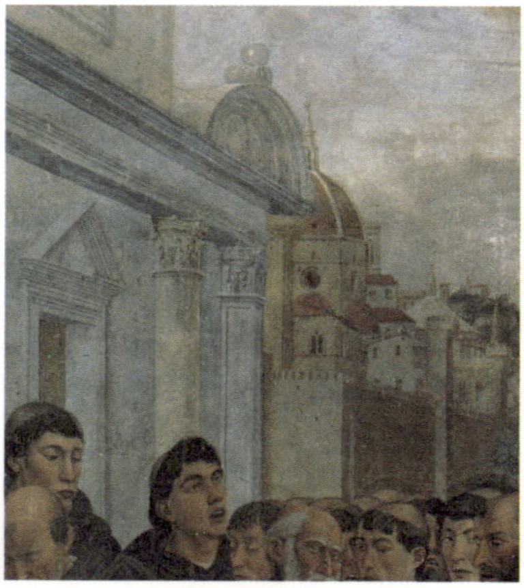

44

bajo tierra, mientras que en estudios de juventud proyecta una máquina voladora con forma de barco (CA 156r y 860r; figs. 12 y 14).

El vuelo es el desafío último, es el arte nuevo e inaudito, que sin embargo es necesario al menos imaginar en función de un pensamiento científico dominado por la analogía: si el hombre, como los peces, es capaz de nadar en el agua, podrá también, como los pájaros, surcar el aire.

En Florencia, a mediados del siglo XIV, la base del campanile de Giotto (fig. 41) –al lado de la catedral de Santa Maria del Fiore– ostenta una decoración con una serie de piedras esculpidas. Las imágenes hacen referencia a la creación del hombre y a las artes mecánicas y liberales (figs. 42, 43 y 45). En ellas vemos representados, entre otros, la navegación (fig. 42) y también el mito de Dédalo, una alusión al deseo del hombre de volar y al precursor de todos los técnicos (fig. 45).

El ciclo esculpido, sobre el que se perfilaría en el siglo siguiente la que sería la mayor obra florentina del Quattrocento, la cúpula de Brunelleschi en Santa Maria del Fiore, es como un manifiesto del vital clima cultural toscano entre los siglos XIV y XV, cada vez más dominado por la figura del artista-ingeniero.

En este ambiente tan creativo, el desafío del vuelo humano –como demuestran la baldosa de Andrea Pisano que representa a Dédalo y las tentativas de los ingenieros sieneses– está en el aire. Leonardo lo recoge y lo conduce a sus resultados extremos.

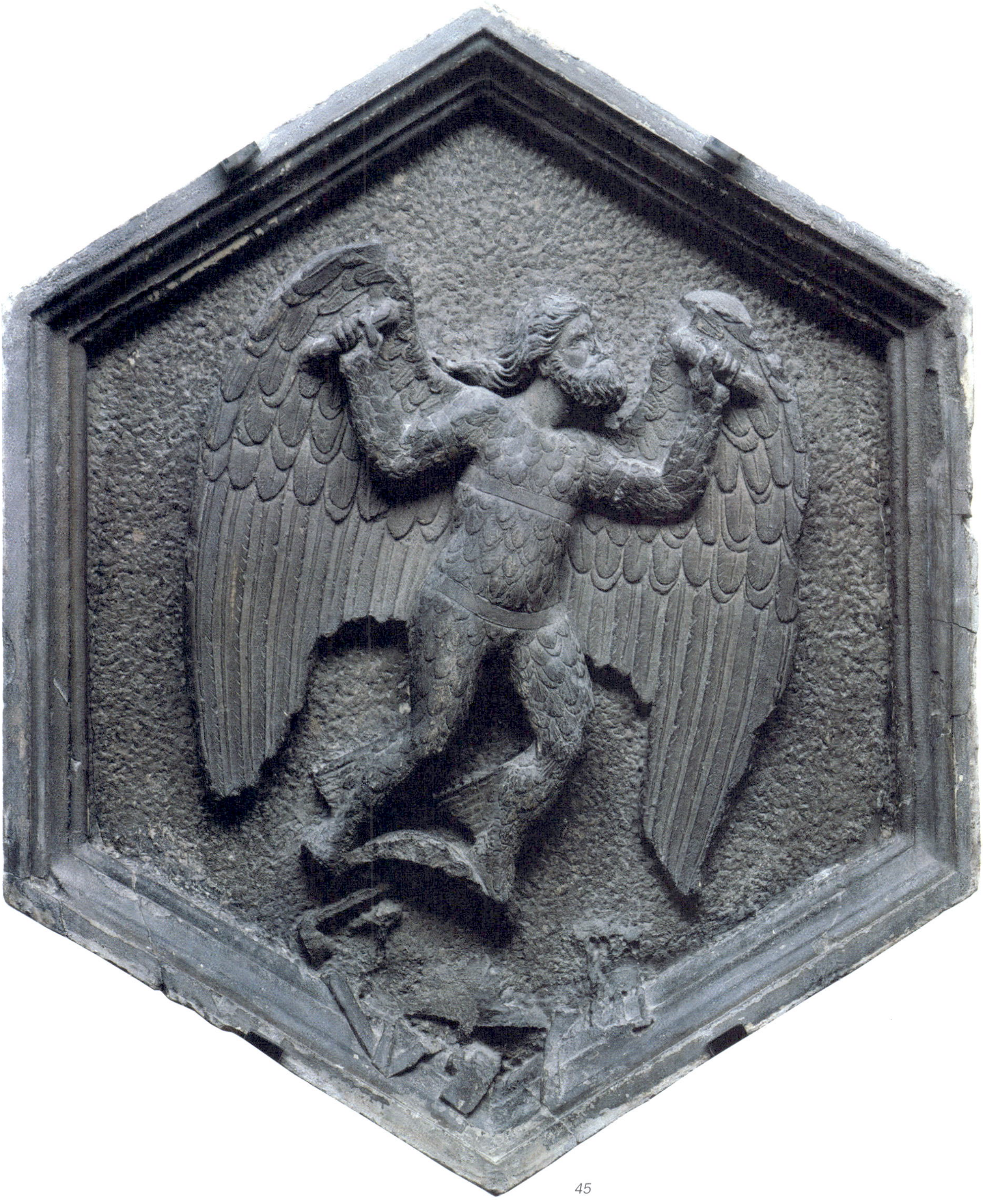

45

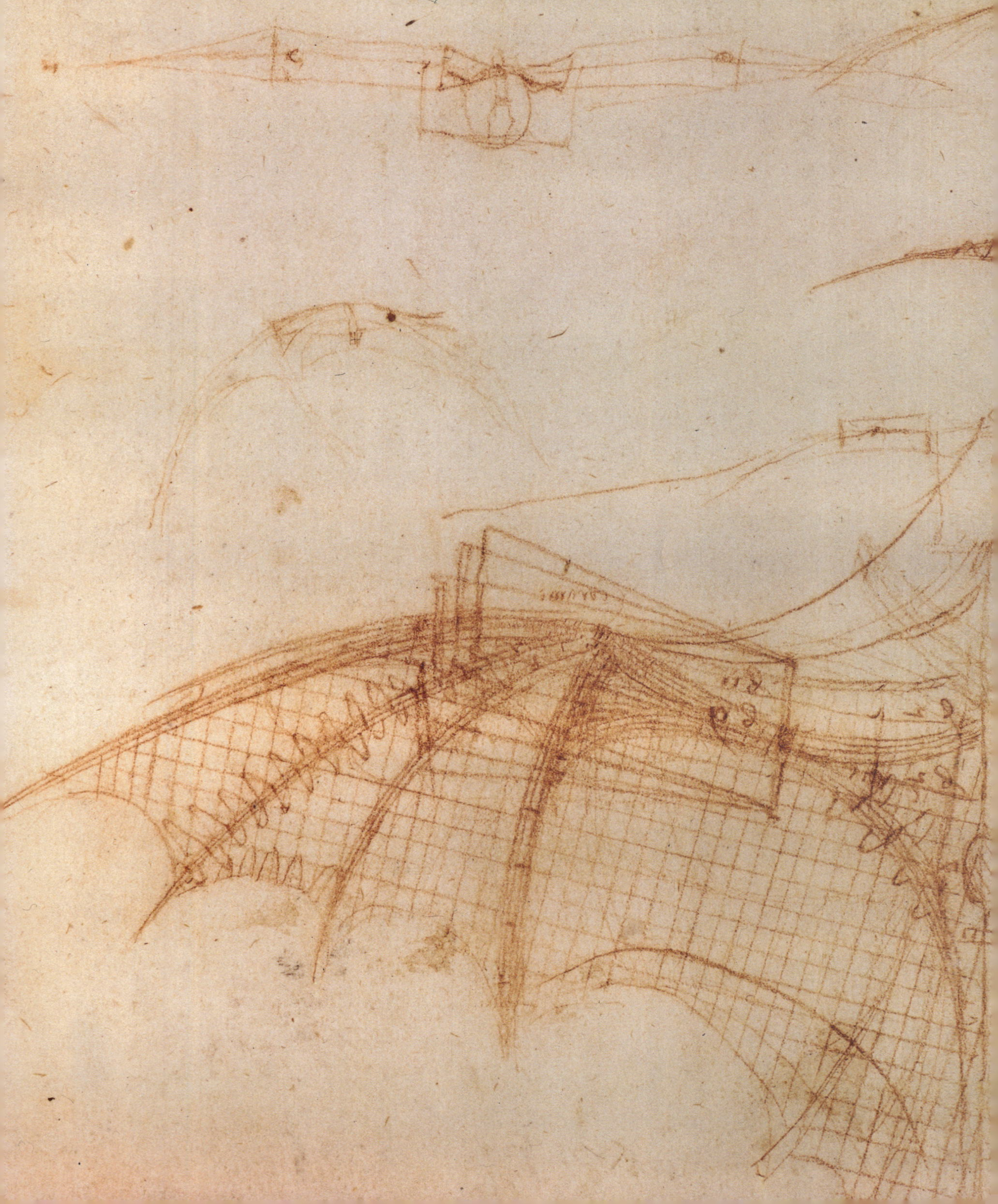

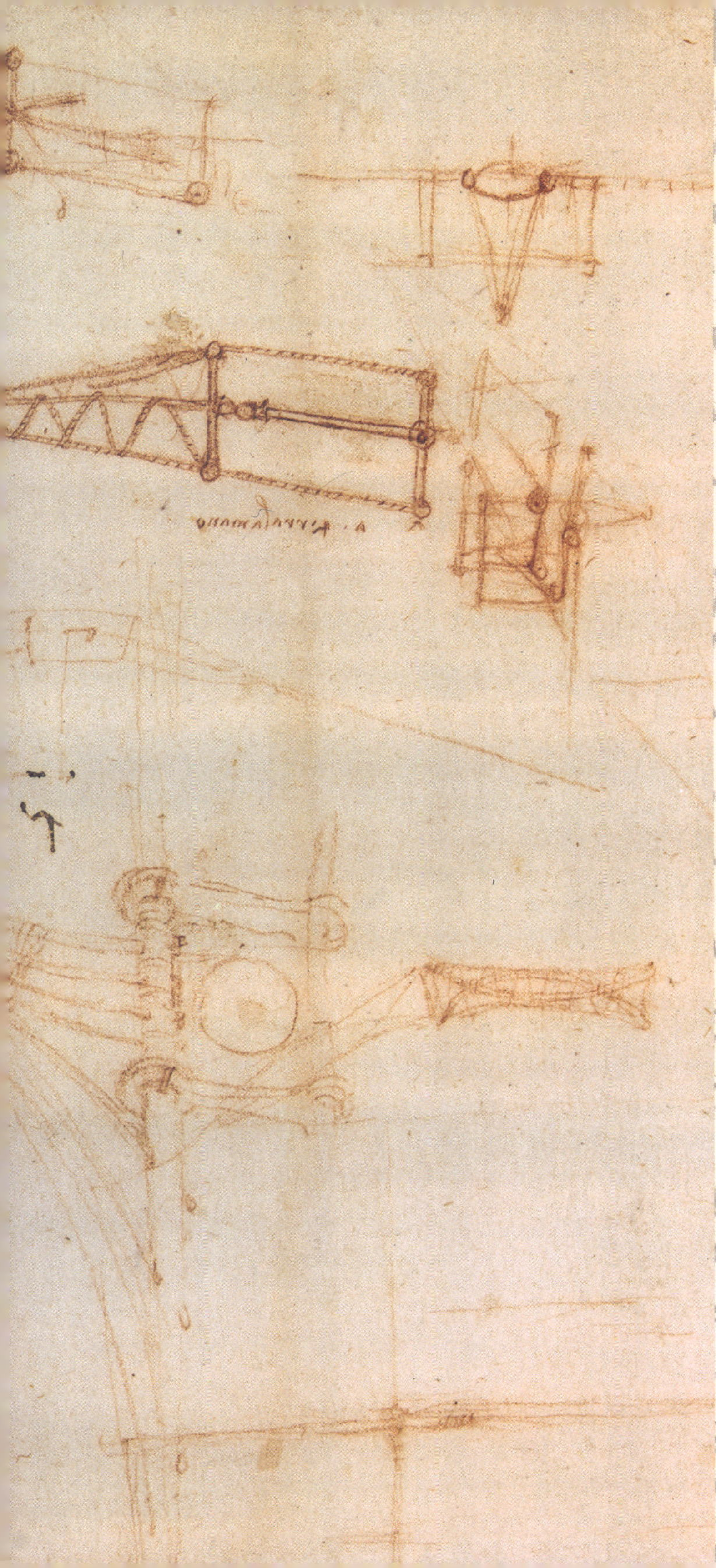

Diagramas de fuerza

Milán

c. 1483-1499

Diez años antes de su traslado a Milán, adonde llega en torno a 1483, Leonardo centra sus investigaciones en la máquina voladora, punto fuerte de los estudios teóricos emprendidos mientras está al servicio de Ludovico el Moro. En esta fase, sobre todo el estudio de la anatomía humana y de la mecánica están en función de la investigación de Leonardo sobre el vuelo, con el desarrollo de modelos de máquina voladora cuyo funcionamiento depende esencialmente de la posibilidad de aprovechar al máximo la capacidad dinámica del cuerpo humano. Así nace el proyecto del denominado «barco volador», que marca la momentánea superación de la observación zoológica, fundamental al principio de la investigación leonardiana. También en esta fase se producen ulteriores y fundamentales estudios sobre el vuelo a vela.

En las dos páginas anteriores. Estudios para la máquina voladora (c. 1493-1495; CA 70br).

1-4. En una hoja del Códice Atlántico (c. 1493-1495; CA 1006v, conjunto y detalle), Leonardo introduce una anotación y un dibujo de la máquina voladora colgada del techo de su taller milanés, que se encontraba cerca del Duomo, en la zona reproducida en la fig. 4. En ese lugar se estaba preparando también el colosal monumento ecuestre de Francesco Sforza (c. 1490; W 12358r; fig. 3).

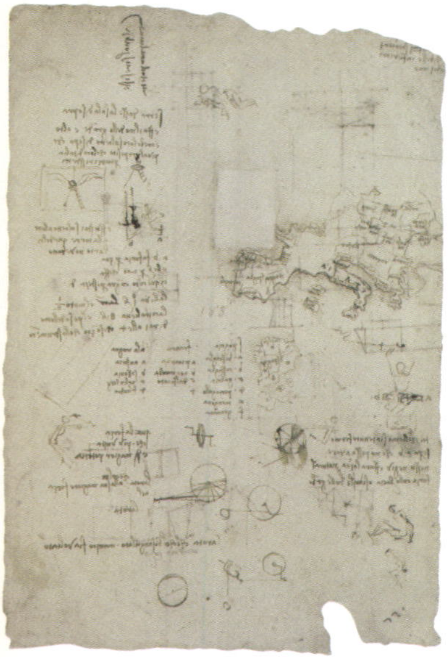

1

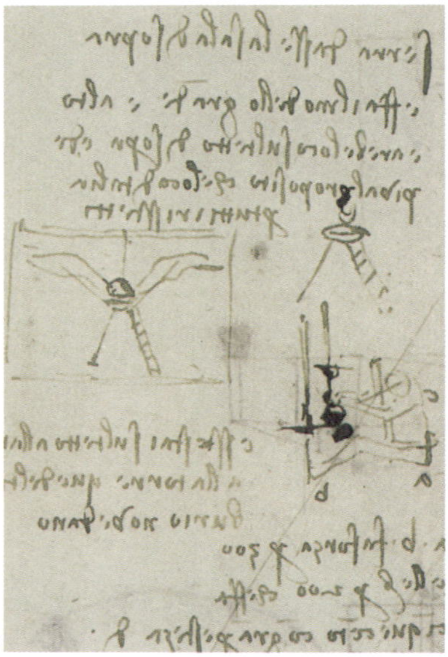

2

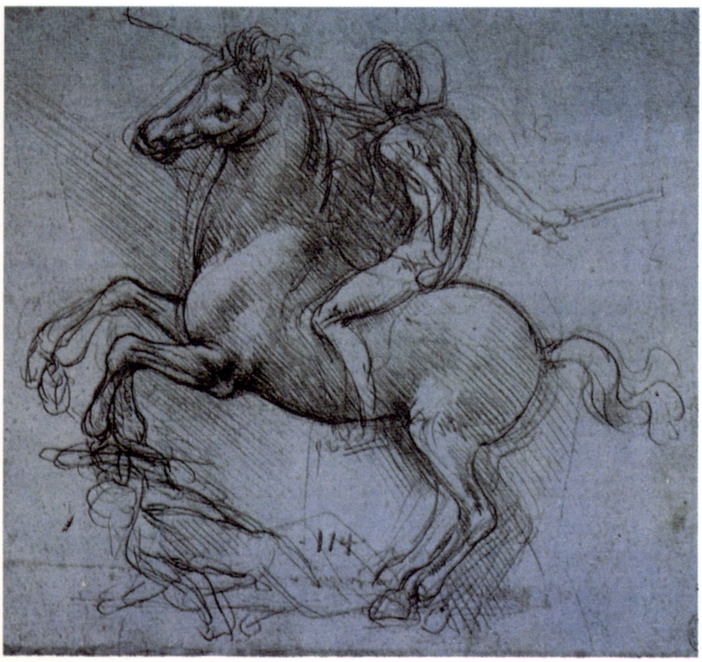

3

Un experimento a mantener en secreto

«Rodea de tablas por arriba y haz el modelo grande y alto y tendría lugar en el techo de arriba, y es más alto a propósito que [cualquier otro] lugar de Italia por todas las zonas. Y si estás sobre el tejado al lado de la torre el del cimborrio no vean» (CA 1006v).

Situada junto a dos bocetos de la máquina voladora en una hoja del Códice Atlántico (figs. 1 y 2), esta anotación alude, de manera bastante misteriosa, a un intento de experimentar la máquina.

Estamos a comienzos de la década de 1490, y Leonardo reside en Milán desde hace unos diez años. Ludovico el Moro le ha cedido unas habitaciones en la Corte Vecchia, la antigua residencia ducal antes del traslado al castillo Sforzesco, en 1467. La Corte Vecchia estaba ubicada al lado del Duomo, en la zona del actual Palazzo Reale (fig. 4). Leonardo instaló allí su vivienda y el taller. Allí, en los años en que pretendía experimentar la máquina voladora, se trabajaba intensamente en la construcción del monumento ecuestre de Francesco Sforza que le había encargado Ludovico, un «coloso» (así se refieren a él los poetas de la corte de los Sforza). Solo el caballo mediría más de siete metros de altura (el Marco Aurelio capitolino o el monumento de Colleoni realizado por Verrocchio miden unos cuatro metros) (fig. 3). Leonardo ha preparado el modelo en arcilla y estuco, que después deberá ser fundido en bronce (fig, 5). La obra despierta gran admiración en Milán, al igual que *La última cena* que Leonardo, en esos años, está pintando en el

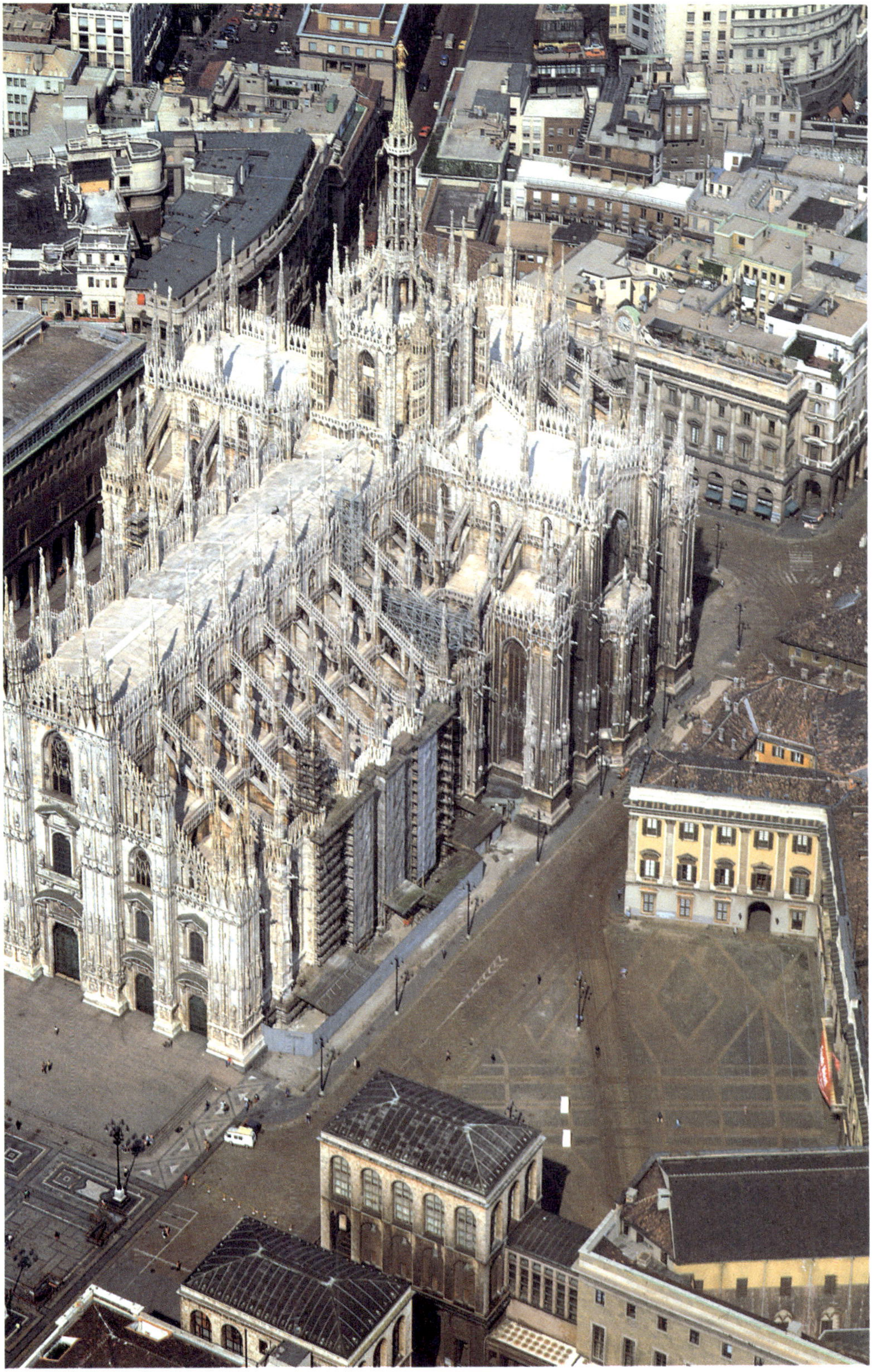

4

5. Estudios para la fundición del monumento ecuestre de Francesco Sforza (c. 1490-1492; W12349r).

6. Estudios de las proporciones del cuerpo humano en varias posturas (c. 1488-1490; W12132r).

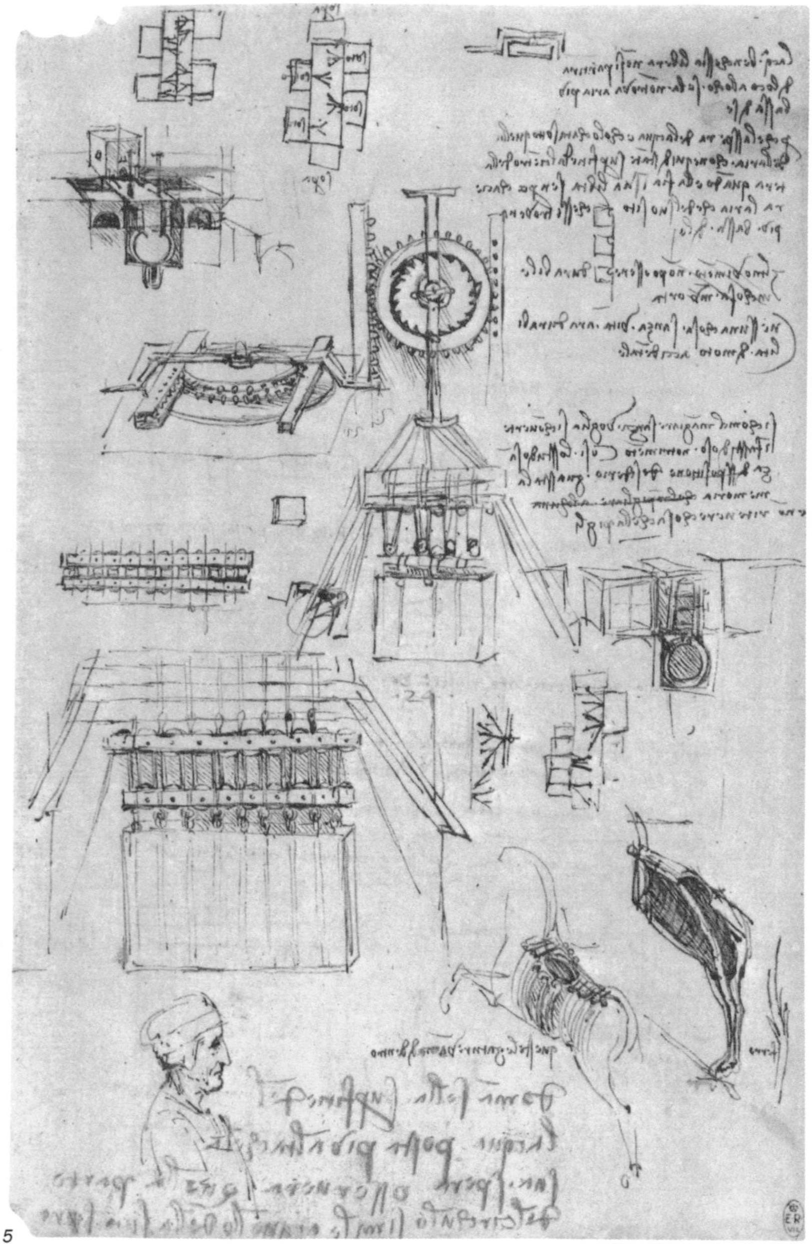

5

refectorio del convento de Santa Maria delle Grazie (figs. 42-44).

Indudablemente, la máquina voladora habría despertado también asombro y admiración. Sin embargo, Leonardo pretende, al menos por el momento, ocultar su proyecto a miradas indiscretas. Así pues, como se deduce del apunte citado al principio, planifica cerrar con tablas una sala del palacio en el que se encuentra y construir allí la maqueta de la máquina. El pequeño boceto representa probablemente la máquina en esta fase, colgada del techo de la sala mediante un alambre; en él se ven las alas y un dispositivo de aterrizaje en forma de trípode. Posteriormente, la obra sería llevada sobre el tejado y, para evitar que alguien la viese desde el cercano Duomo, donde se estaba construyendo el cimborrio, debería colocarse al lado de la torre contigua, oculta por ella.

Detrás de este experimento hay un intenso trabajo teórico. La reflexión sobre el mundo animal continúa siendo importante, pero, entre 1480 y 1490, es suplantada por una fortísima atención hacia el cuerpo humano y su potencialidad dinámica. Es necesario partir de este nuevo horizonte de estudio «antropocéntrico» para seguir el desarrollo de la idea leonardiana de vuelo humano.

La potencialidad dinámica del cuerpo humano

En torno a 1483, cuando llega a Milán, Leonardo, aparte de las admirables capacidades técnicas expuestas en la carta con que se presenta a Ludovico el Moro, no posee aún una sólida cultura teórica. No entiende latín, lengua en la que

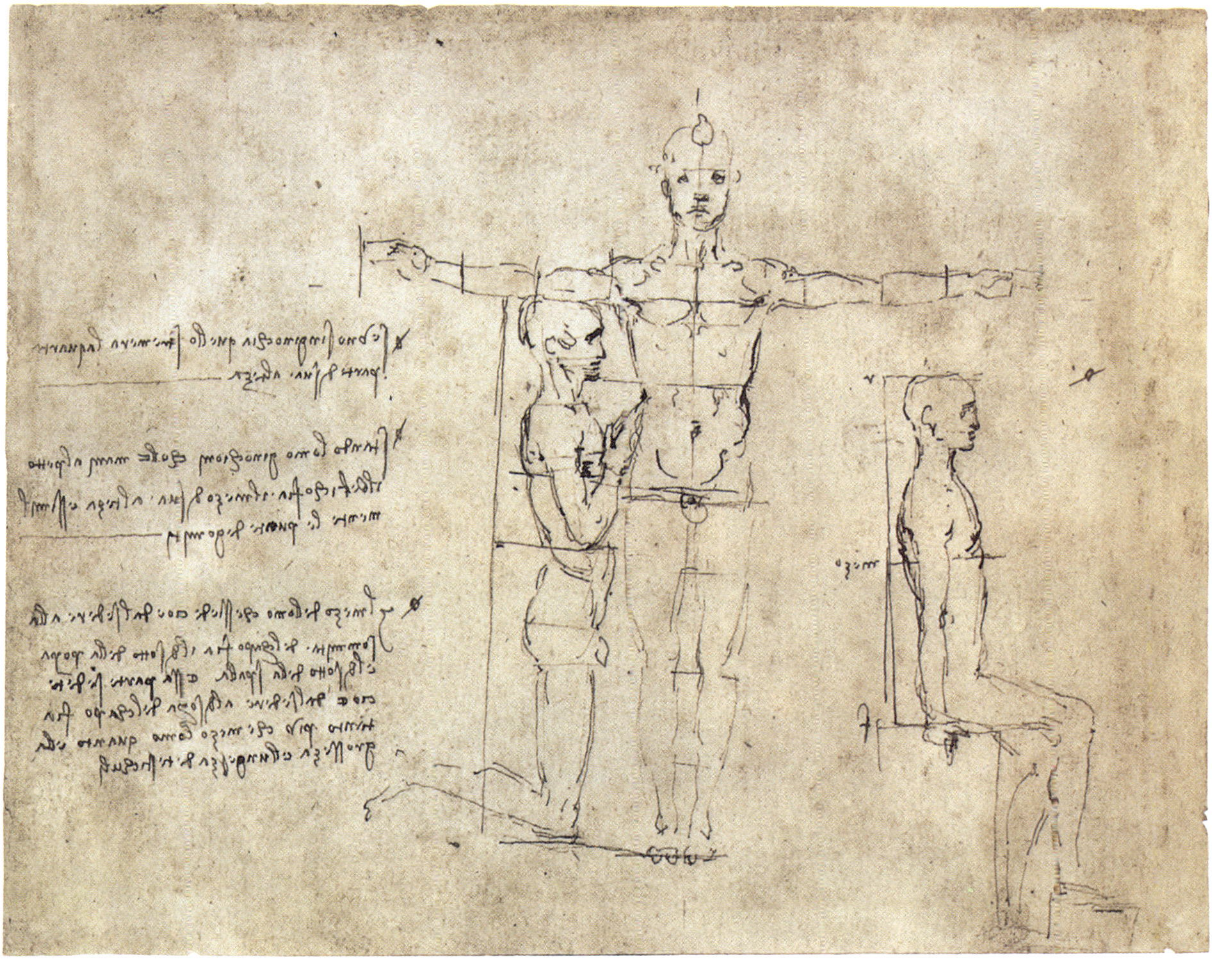

6

7. Estudios sobre las potencialidades dinámicas del cuerpo humano en las distintas posturas (A 30v).

8. Estudios de las proporciones del cuerpo humano en varias posturas (c. 1488-1490; W 12136v, detalle).

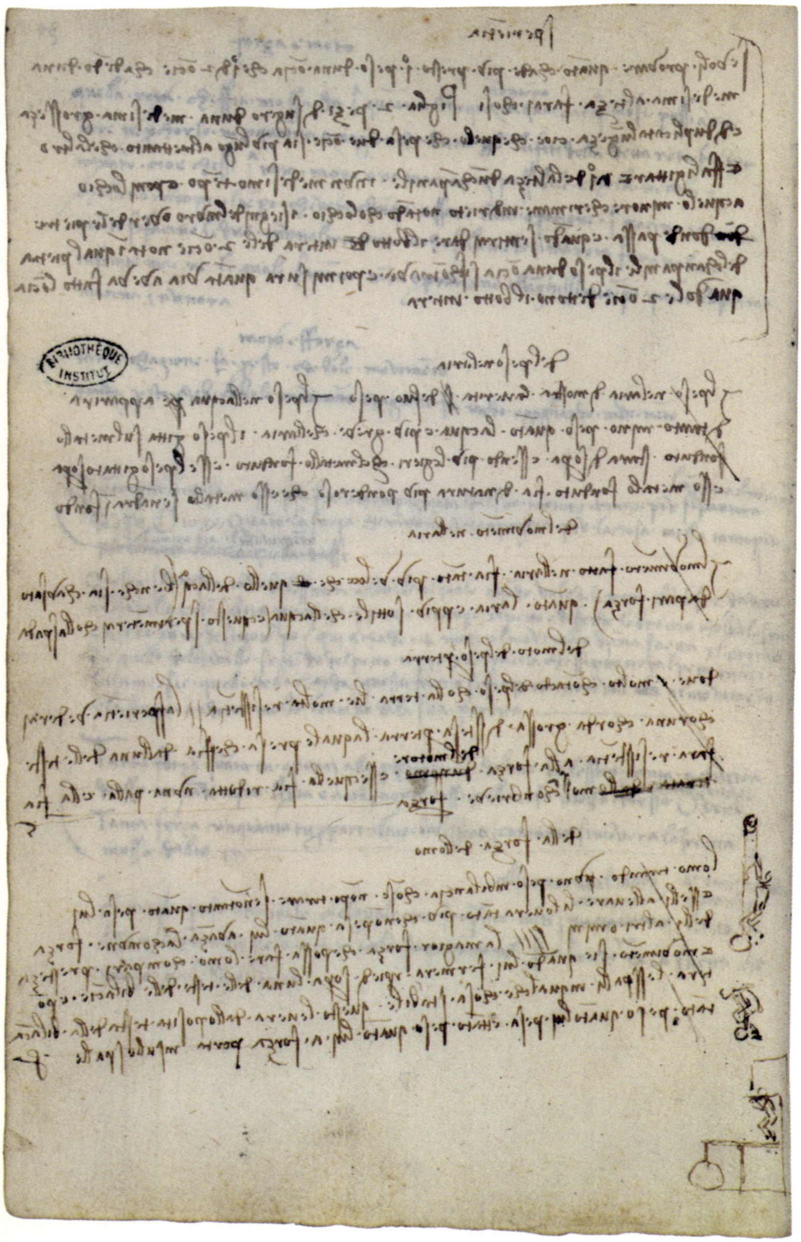

7

están escritos prácticamente todos los textos de la cultura oficial, por lo que intenta aprenderlo. Se relaciona con personas cultas, en el intento de conseguir un libro para estudiar o, más verosímilmente, para que alguien le enseñe.

Uno de los primeros campos de estudio en que trata de instruirse es la mecánica. En una anotación de esa época escribe: «Hechos mostrar al fraile de Brera *de ponderibus*» (c. 1489; CA 611ar). No sabemos con exactitud quién es el fraile de Brera; en cambio, *«de ponderibus»* es la ciencia de los pesos, es decir, la mecánica, que abarcaba el estudio tanto de los pesos (estática) como del movimiento desde el punto de vista de la causa o fuerza que lo ha generado (dinámica) y desde el de sus características intrínsecas (cinemática). Otro campo teórico en el que empieza pronto a instruirse es la anatomía.

Los estudios sobre el vuelo humano realizados en Milán entre las décadas de 1480 y 1490 nacen sobre todo de la convergencia entre anatomía del cuerpo humano y mecánica. Son la aplicación de la estática y la dinámica al estudio del cuerpo humano y de sus movimientos.

En torno a 1489-1490, Leonardo lleva a cabo un estudio sistemático de las medidas y proporciones del cuerpo humano (figs. 6, 8 y 9). Uno de los aspectos más originales de estos estudios es que el cuerpo humano es medido no solamente en una determinada postura, sino también en las variaciones consiguientes al cambio de posición; es decir, no solo en la postura erguida, la principal, sino también de rodillas y sentada (W 19132r).

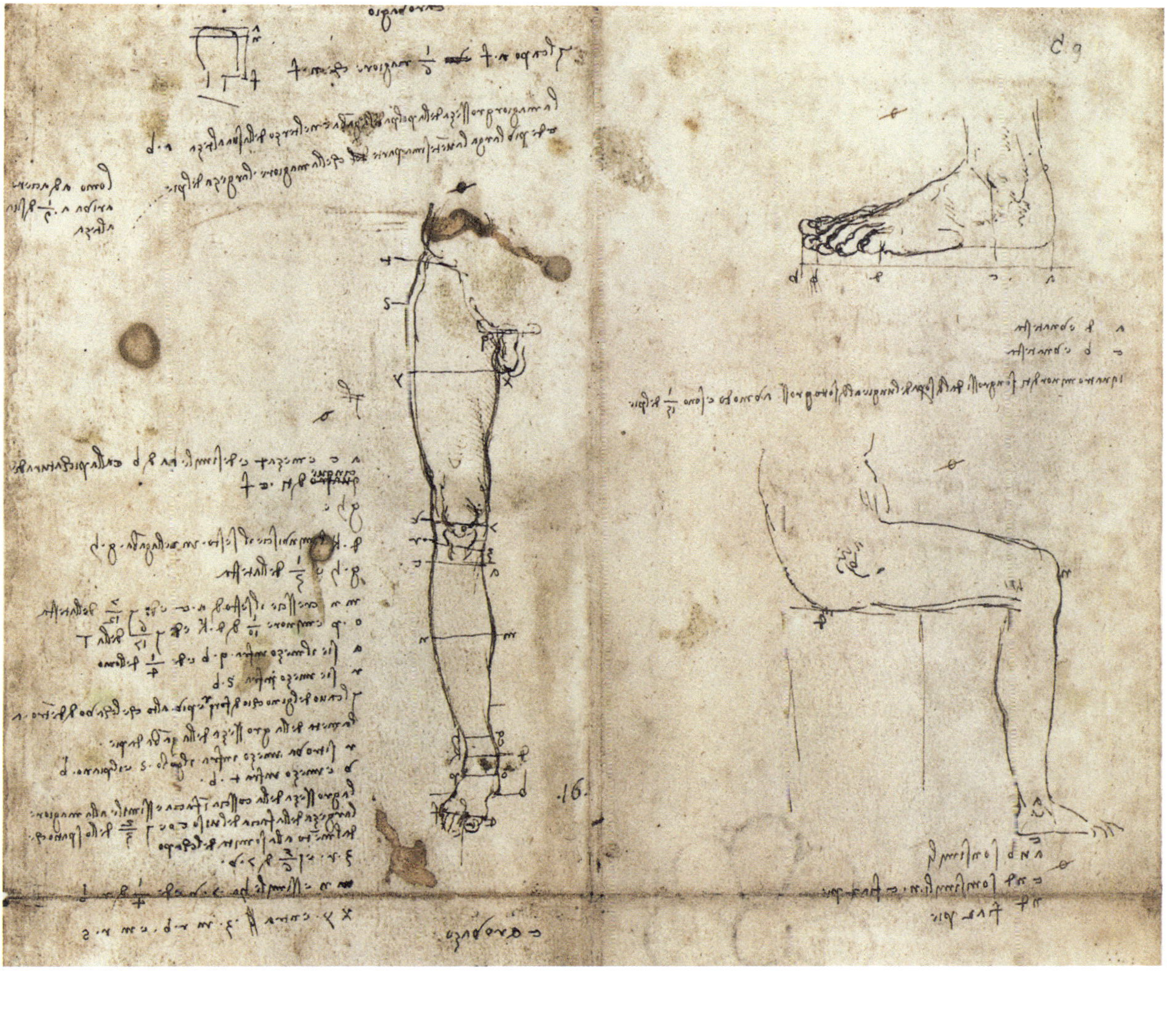

8

9. Medida de las proporciones y de la potencialidad dinámica del cuerpo humano (c. 1488-1490; W 12136v).

10. Estudios de las proporciones y la potencialidad dinámica del cuerpo humano (B 3v).

11-12. Estudios de la potencialidad dinámica del cuerpo humano en función del vuelo (c. 1485; CA 1058v).

13. Estudios de la potencialidad dinámica del cuerpo humano (B 90v, el estudio en el centro de la hoja).

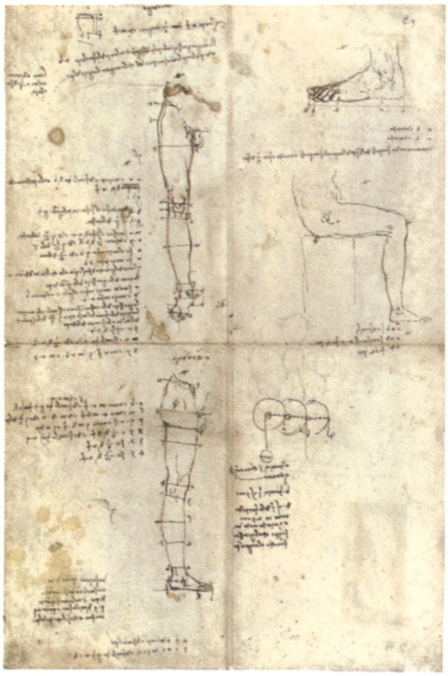

9

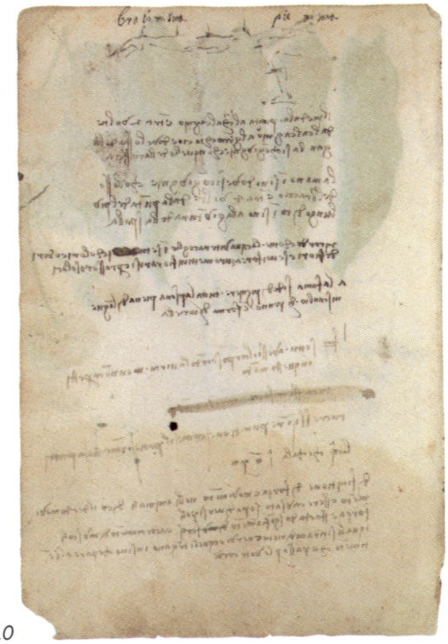

10

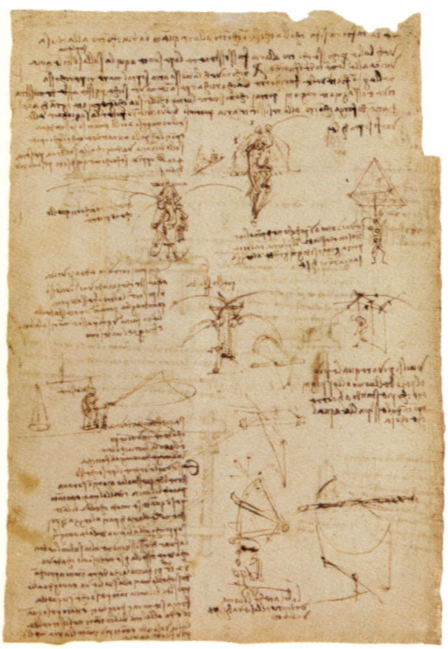

11

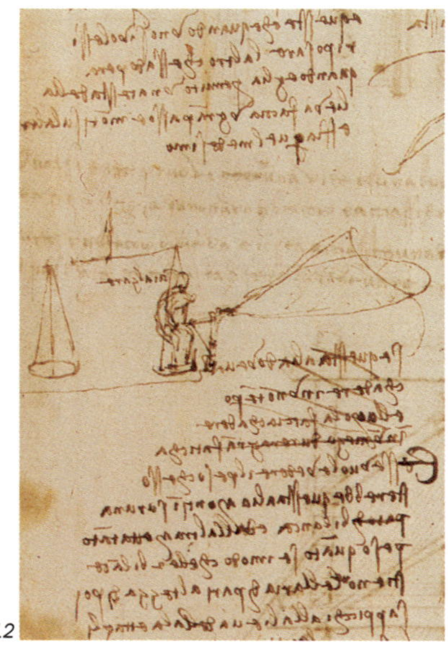

12

En el contexto de estudios sobre las medidas y proporciones del cuerpo humano, Leonardo hace también consideraciones de tipo dinámico, procediendo de manera análoga (figs. 7, 9 y 22). Estudia de qué manera, al variar la postura del cuerpo, varía la capacidad humana de desarrollar fuerza. A veces, los dos tipos de estudios están contiguos, en la misma hoja: por ejemplo, en W 19136-19139v (fig. 9) o en B 3v (fig. 10).

En el que está considerado el más antiguo conjunto de estudios sobre el vuelo realizado en Milán (CA 1058v; fig. 11) predominan los estudios y dibujos afines incluso estilísticamente a la dinámica del cuerpo humano recién descritos. Leonardo calcula, por ejemplo, la fuerza dinámica en un hombre poniéndolo en el plato de una gran báscula o balanza (dibujo a lo largo del margen izquierdo de la hoja, abajo; figs. 11 y 12).

Solo que en este caso el hombre se encuentra en una máquina voladora: está sobre una balanza, pero acciona un ala mecánica. En la misma hoja, Leonardo se pregunta también si es mayor el peso de un hombre medido en condiciones normales, o el consiguiente a la acción de ejercer presión con el pie estando en postura erguida, o bien presionando en posición supina. Por último, en uno de los dibujos (parte superior izquierda), son dos las personas que accionan una misma máquina, de manera que una de ellas pueda descansar mientras la otra actúa. Otro ejemplo es la hoja 90v del Manuscrito B (fig. 13), en la que Leonardo da Vinci trata de verificar que la fuerza correspondiente al peso de un cuerpo humano –unos noventa kilos–

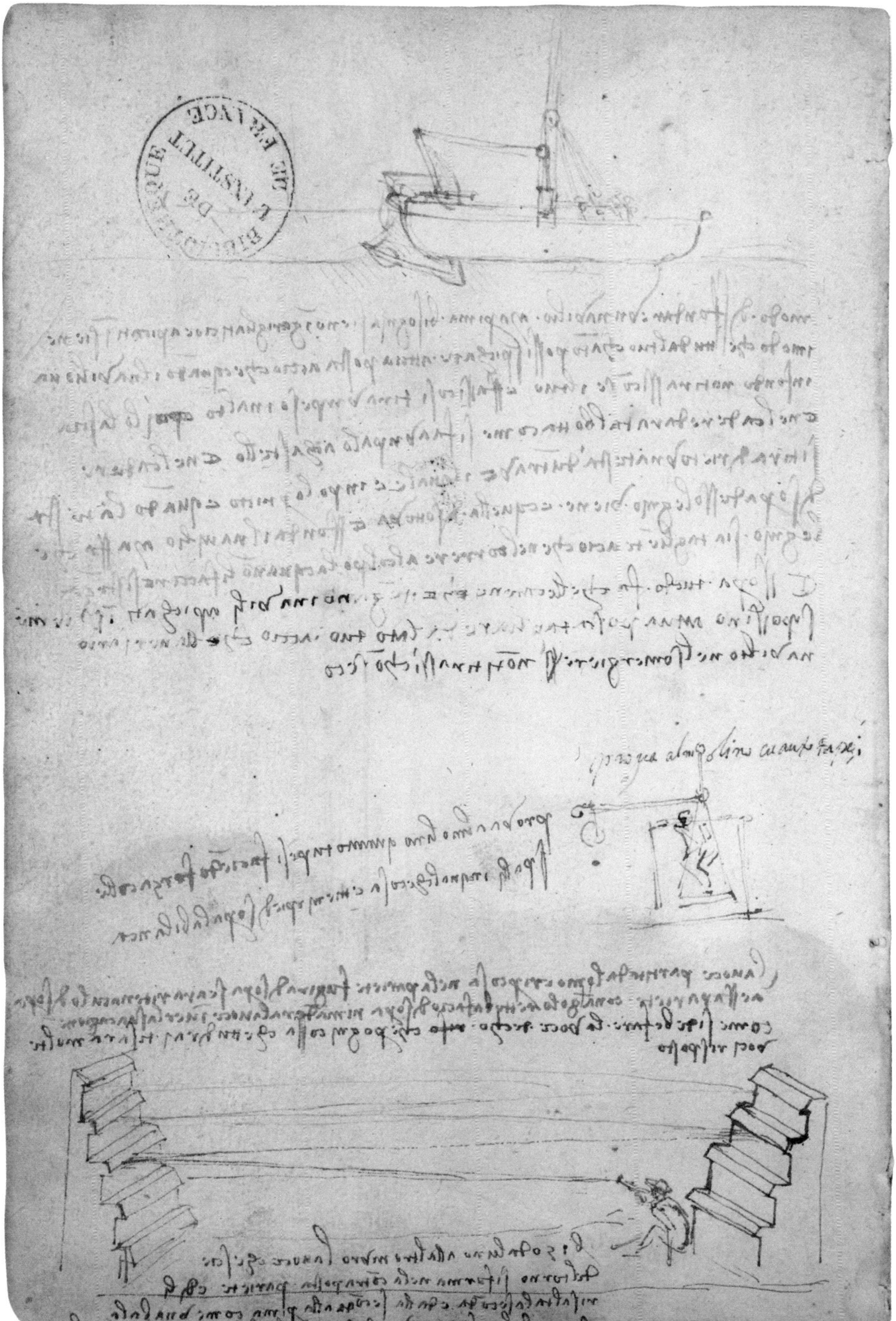

14-16. Estudios de la potencialidad dinámica del cuerpo humano en distintas posturas en una hoja con alusiones a la máquina voladora (c. 1493-1495; CA 1006v, detalles).

17-18. Experimento para verificar la capacidad de la fuerza humana de agitar con suficiente energía el ala de la máquina (B 88v) y maqueta del dispositivo basada en el dibujo de Leonardo.

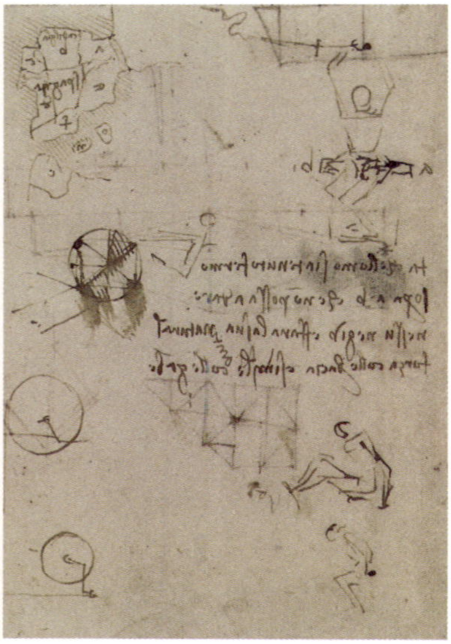

14

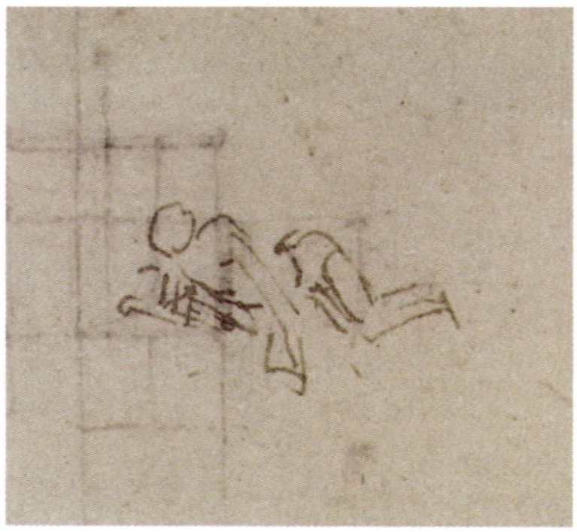

15

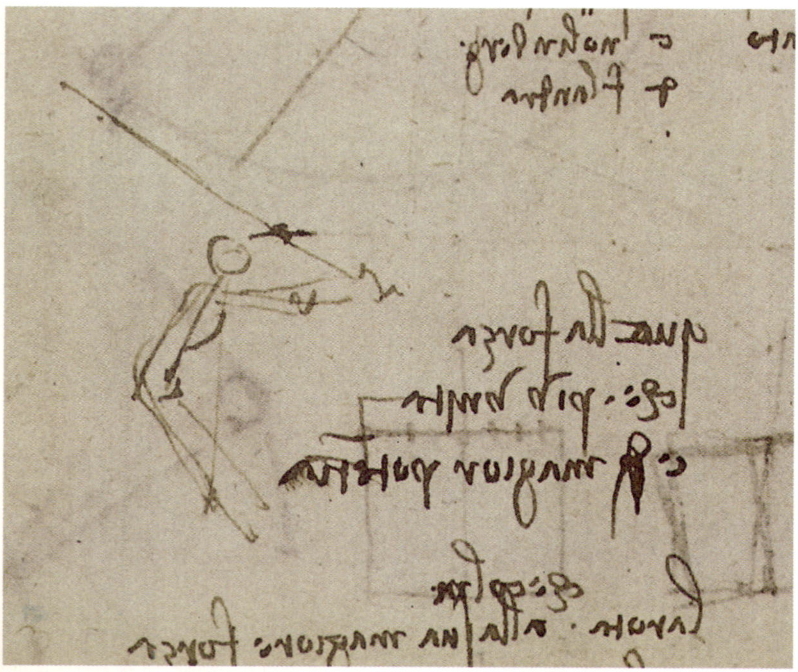

16

puede aumentar a través de particulares acciones y posturas del cuerpo. Por ejemplo, empujando los hombros contra una viga y ejerciendo presión con los pies sobre la balanza, el peso-fuerza podrá doblarse.

Otro ejemplo de la estrecha conexión entre estudios sobre la dinámica del cuerpo humano y el vuelo se encuentra en la hoja del Códice Atlántico (c. 1493-1495; 1006v) que contiene la planificación del experimento a llevar a cabo en la Corte Vecchia (fig. 1). La dinámica del cuerpo humano es estudiada en siete posturas diferentes, en pequeños dibujos en la hoja (figs. 14-16). No está claro si todos estos estudios se refieren al piloto en la máquina. Sin embargo, incluso en caso contrario, es significativa la fuerte afinidad, hasta la coincidencia, entre estudios sobre las capacidades dinámicas del cuerpo humano y proyectos para el vuelo artificial.

De hecho, éste se ha convertido en una cuestión de desarrollo de fuerza necesaria y suficiente. Las consideraciones de mecánica y de física son otro campo de estudio teórico en el que ha empezado a adentrarse y enriquecen su investigación en esos años.

Una hoja ya recordada del Códice Atlántico (1058v; fig. 11) comienza con una observación que plantea la posibilidad del vuelo humano sobre una base exquisitamente teórica, dinámica y física: «Tanta fuerza se hace con la cosa contra el aire, cuanto el aire contra la cosa. Ve las alas golpeadas contra el aire hacer sostener la pesada águila sobre el supremo, sutil aire cercano al elemento del fuego». Es la afirmación de

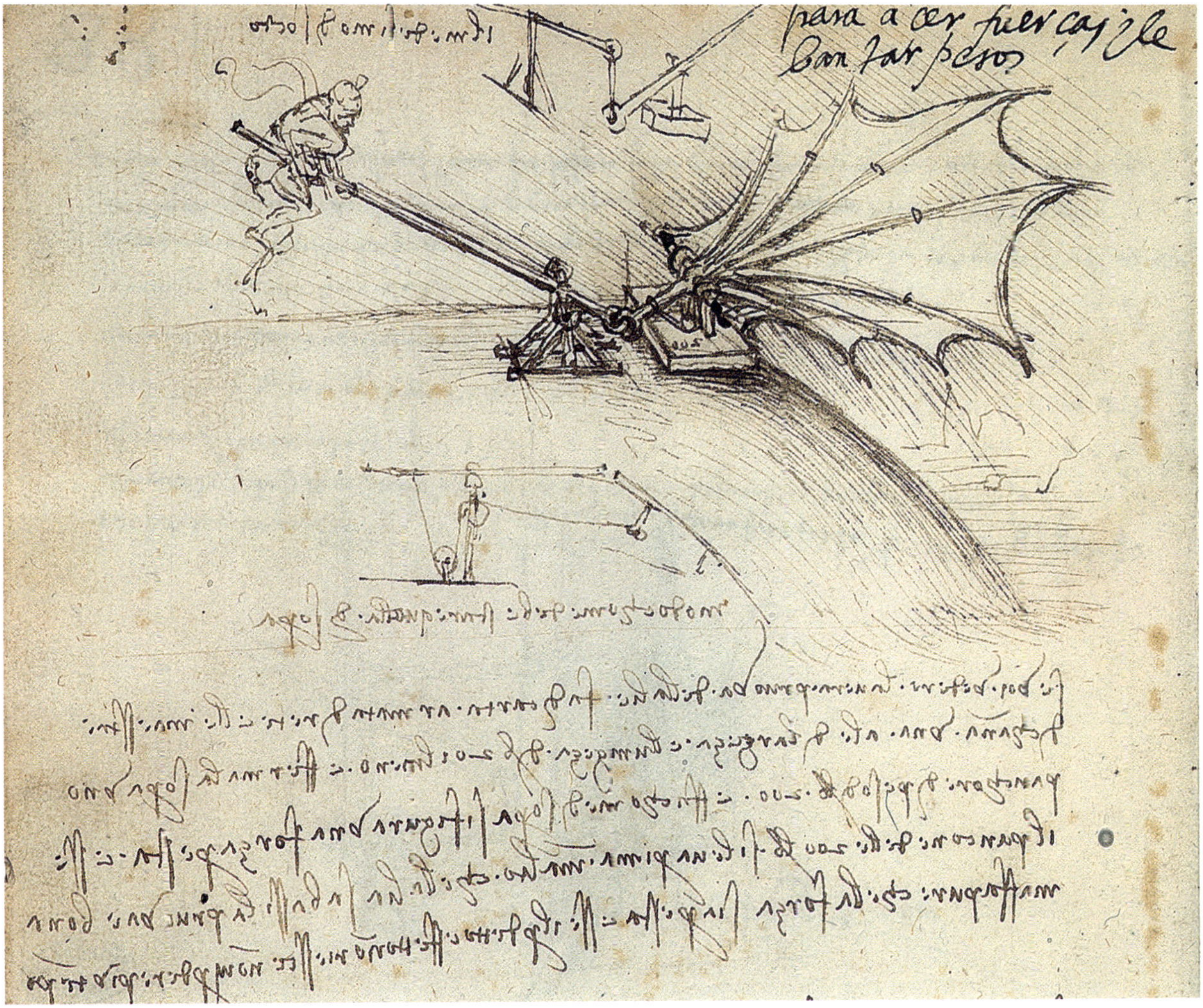

17

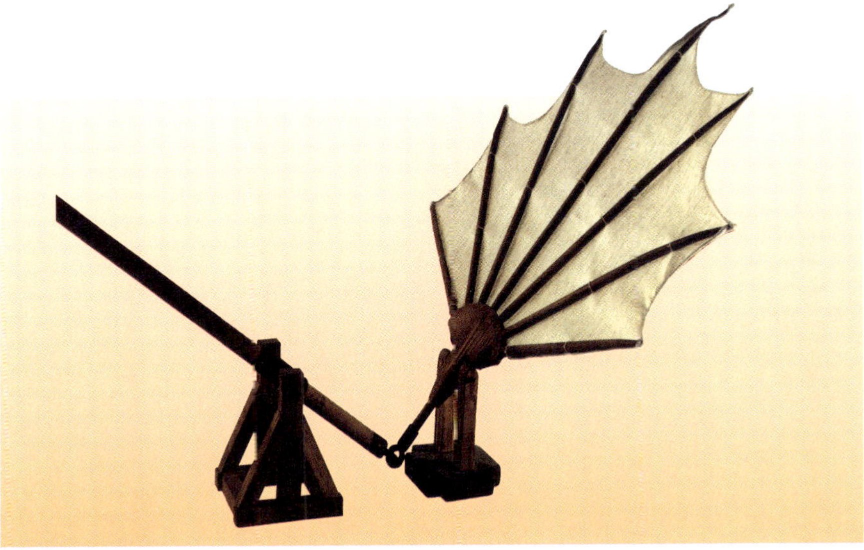

18

19-20. El denominado «tornillo aéreo» (B 83v) y maqueta del mismo basada en el dibujo de Leonardo.

21. Estudios sobre la capacidad dinámica del cuerpo humano en relación a varios dispositivos mecánicos destinados a la máquina voladora (c. 1487-1489; CA 873r).

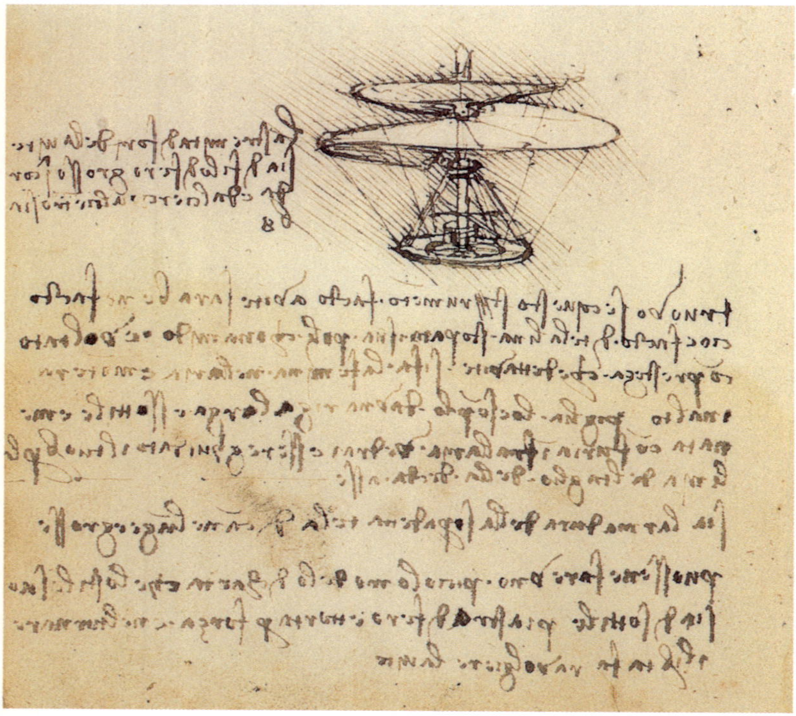

19

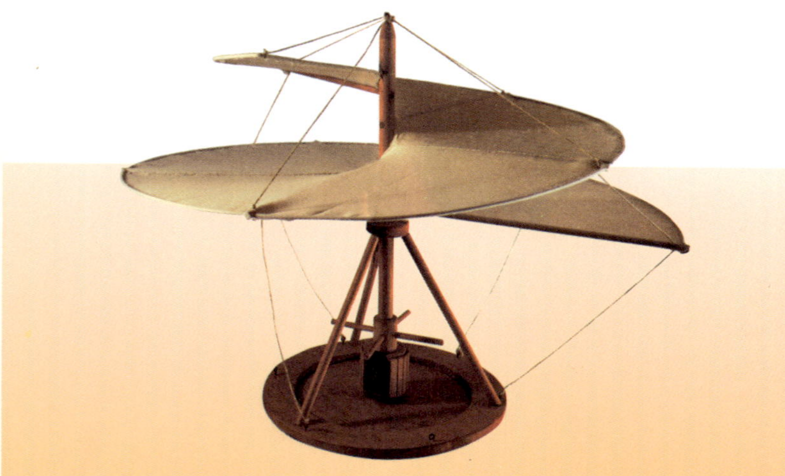

20

un principio de «reciprocidad aerodinámica» que formularía Newton: el vuelo es un fenómeno puramente mecánico, debido a una acción dinámica entre el ala y el aire. El ala golpea el aire al batir (acción compuesta de un movimiento de descenso del ala y de una nueva subida) y, a su vez, es golpeada en dirección opuesta por el aire. En los ejemplos que Leonardo ilustra, el águila, al golpear el aire con sus alas, recibe de él, como de rebote, una fuerza de dirección opuesta que la mantiene en vuelo, tal como el viento, en el mar, ejerce una presión sobre las velas de un barco. En un pasaje contemporáneo del Códice Trivulzio, un bloc de notas característico de este primer periodo milanés, Leonardo explica mejor la teoría introduciendo otro importante concepto de física, la presunta compresibilidad del aire. Según él, al contrario que el agua, el aire es capaz de condensarse si se comprime a una velocidad suficiente para prevenir su fuga en el otro aire circundante: «El aire se puede comprimir y el agua no, y cuando el movimiento que lo expulsa es más rápido que la fuga de este aire, la parte que está más cerca de su motor se hace densa, por tanto más resistente» (CT 13v).

De estas teorías deriva uno de los más espectaculares experimentos planificados en esos años (B 88v; fig. 17). Se propone colocar un ala membranosa en la cima de una colina, colgar en su raíz un banco de unos noventa kilos y unir a todo ello una palanca que, al ser accionada por un hombre, hiciera que el ala descendiera y ejerciera presión sobre el aire de manera que levantara el banco. Se trata de verificar si el hombre es capaz de accionar la palanca a una velocidad suficiente para tal fin.

Análogamente, también el denominado «tornillo aéreo» (B 83v; fig. 19) está basado en la idea de que el aire tiene un espesor material en el que es posible «atornillar» y, por tanto, hacer subir el dispositivo con forma de tornillo, movido también a una velocidad adecuada («girado con presteza»). La manera con que debía obtenerse este atornillado no está clara: quizá gracias a una cuerda enrollada en el tambor central y luego desenrollada con rapidez, como en una peonza, o tal vez empleando para ello a una o a varias personas que empujaran palos horizontales instalados en el mismo eje central.

Como consecuencia de estas reflexiones, el vuelo humano se convierte en un problema exclusivamente dinámico: conseguir batir las alas mecánicas con fuerza y velocidad suficientes para comprimir el aire, con el fin de ser sostenidos por él. La única función que tiene el piloto es desarrollar fuerza, y el principal fin de los estudios de Leonardo es comprender cómo colocar y cómo hacer que el conductor se mueva para obtener el máximo efecto dinámico posible. Los estudios ya mencionados sobre la potencialidad dinámica del cuerpo humano son su expresión más evidente.

Una imagen de la fuerza: el barco volador del Manuscrito B

A través de otras reflexiones análogas a las consideradas anteriormente –en las que el cuerpo humano, representado como un diagrama de líneas de fuerza,

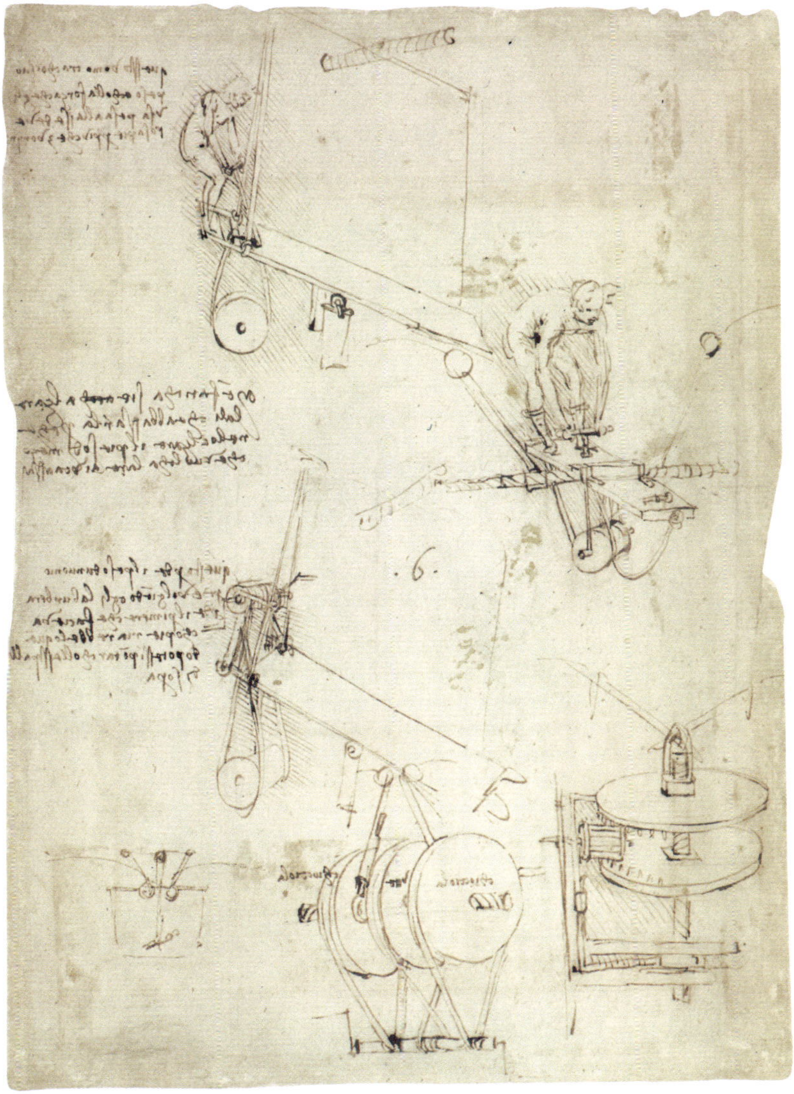

21

22. Estudio de la capacidad dinámica de un deshollinador en una chimenea (CF III 19v).

24. Estudios sobre la capacidad dinámica del cuerpo humano en relación a un dispositivo maquinal destinado a la máquina voladora (B 88r, detalle).

23 y 25. barco volador (B 80r) y maqueta del mismo basada en el dibujo de Leonardo.

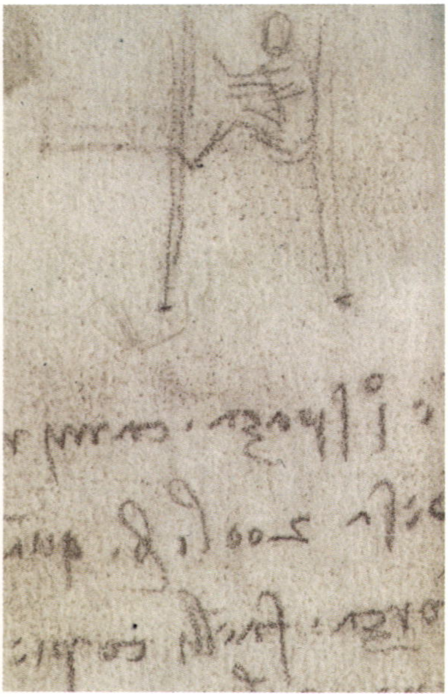

22

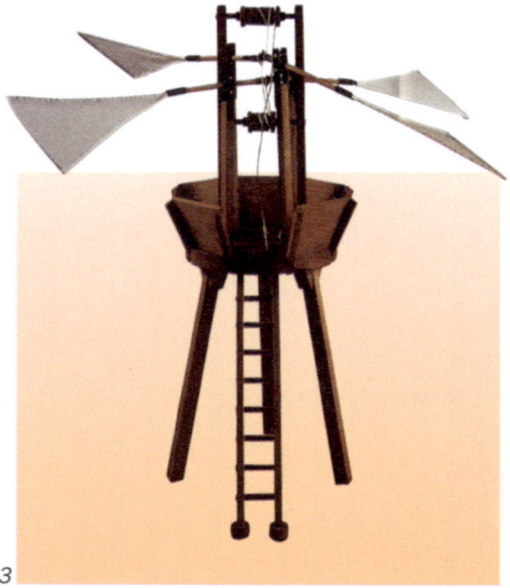

23

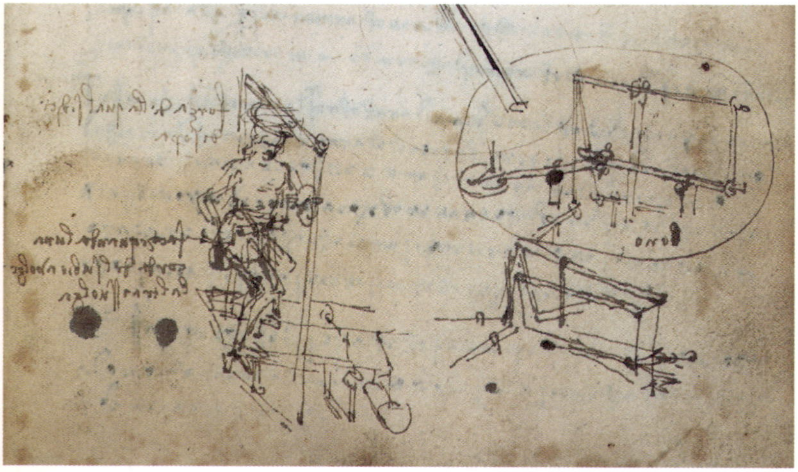

24

es estudiado de manera más directa en su interacción con los mecanismos maquinales de transmisión (CA 873r y B 88r; figs. 21 y 24)–, se llega al proyecto más espectacular de aquellos años (B 80r; fig. 25): una máquina voladora formada por un bajel o bote con forma de cúpula invertida, con el piloto de pie en el centro y cuatro alas batientes. Más que un proyecto para el vuelo humano es un diagrama de fuerza para vencer un desafío: obtener del cuerpo humano fuerza suficiente para levantar en vuelo una estructura que lo alberga. El piloto, situado en el centro de la máquina, desarrolla fuerza no solo ejerciendo presión con los pies sobre dos pedales y girando con las manos dos manivelas, sino también con la cabeza, el cuello y los hombros. Es un bastidor de líneas de fuerza totalmente similar a los esquemas dinámicos del cuerpo humano antes examinados. Y similar también, entre otras cosas por la estrechez espacial, a otro ejemplo de estos últimos estudios: el análisis de la potencialidad dinámica de un deshollinador en el interior de una chimenea (c. 1493-1496; CF III 19v; fig. 22). En este proyecto de barco volador no hay ninguna anotación, ninguna alusión a la manera en que el piloto podrá conducir la máquina en vuelo. Es un piloto «ciego»: todo lo que deberá hacer es desarrollar fuerza para levantarse del suelo, nada más.

Leonardo ha inventado también un mecanismo adecuado para transmitir esta fuerza a las alas y hacer que se muevan. Se trata sustancialmente de una cuerda enrollada entre dos cilindros –uno superior y otro inferior–, so-

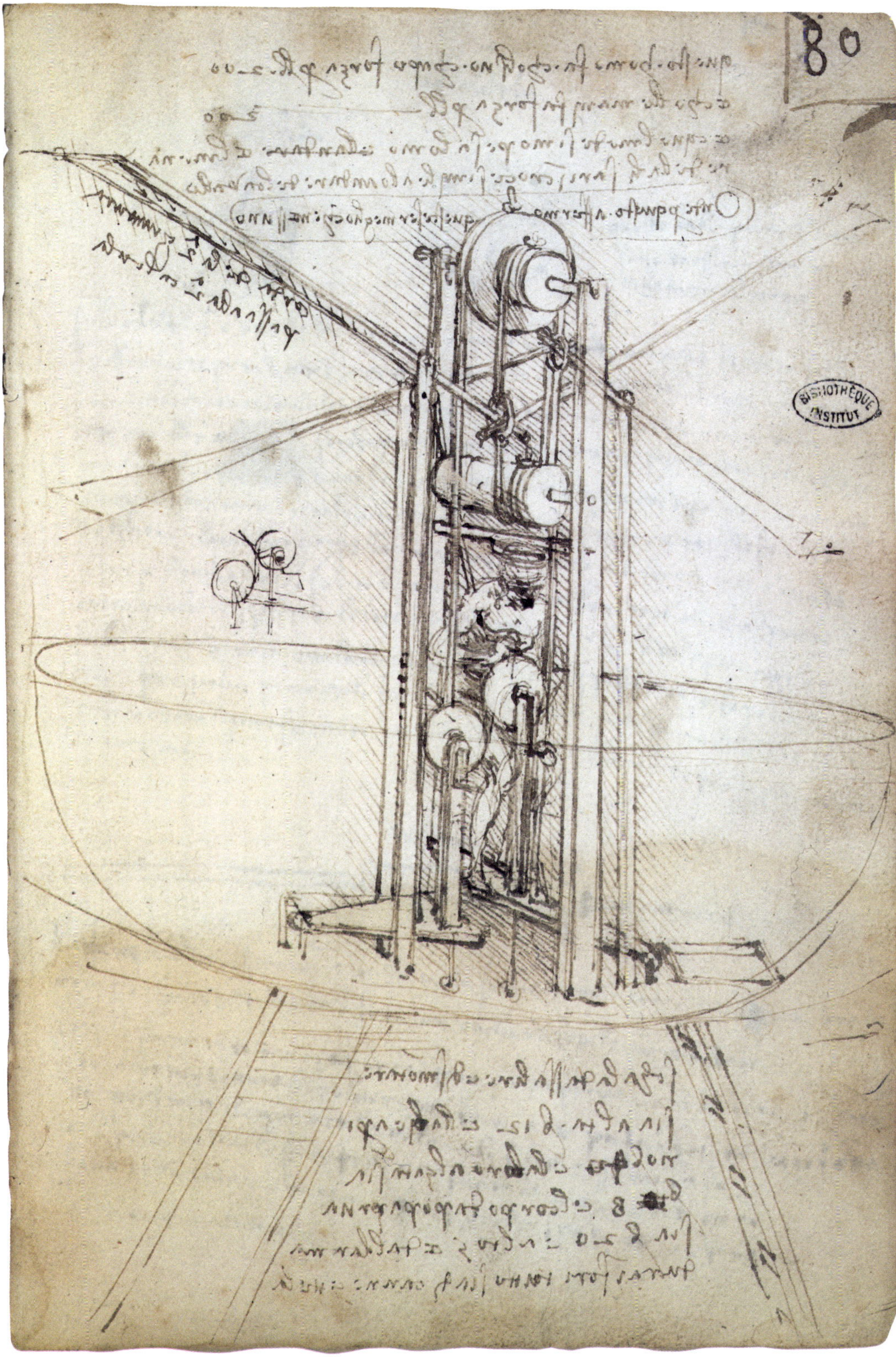
80
BIBLIOTHÈQUE INSTITUT

26-28. La cavidad central, que caracteriza el barco volador (fig. 25), es recurrente en otros estudios de la misma época: en los proyectos de una iglesia de planta central (B 18v, detalle y maqueta basada en otro dibujo de Leonardo) y en el estudio de cráneo, en el que se aprecia el intento de situar el alma-sentido común en un punto central de la cavidad craneal, como el piloto en el centro del barco volador (1489; W 19057r, detalle).

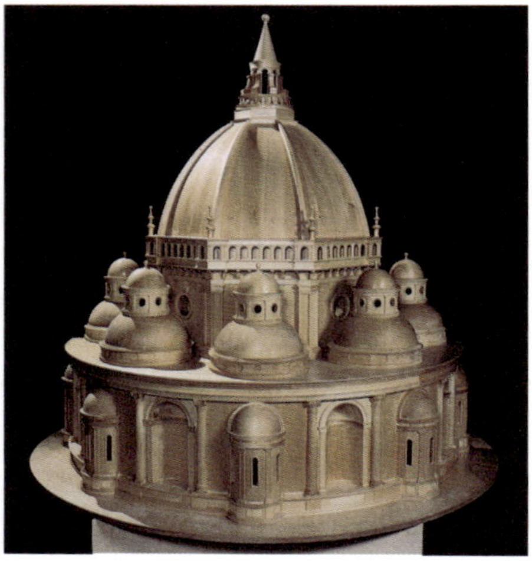

26

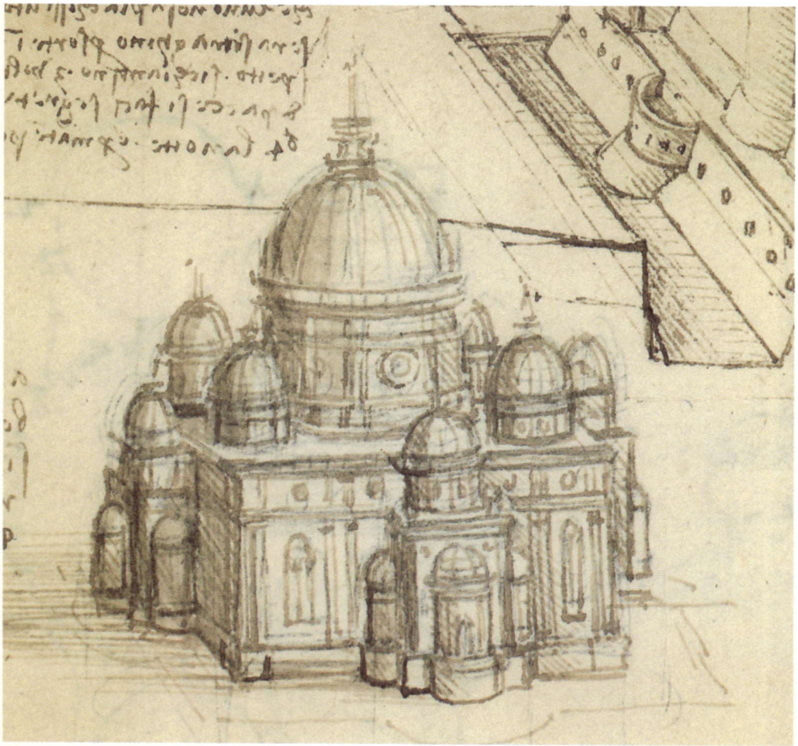

27

bre los cuales ella discurre con un movimiento alterno de sube y baja. A cada cabo de la cuerda están unidas dos alas de modo que, cuando un cabo sube, las alas correspondientes bajan, mientras que las unidas al cabo opuesto, que desciende al mismo tiempo, se elevan. Este mecanismo, aparecido ocasionalmente en el periodo anterior, es ahora el predominante. Se trata de un dispositivo muy distinto del recurrente en estudios anteriores, al cual se ha hecho mención en el primer capítulo (ver figs. 11-14, y 34). En el dispositivo anterior, en lugar del sistema de polea ideado ahora, las alas estaban conectadas y eran puestas en movimiento por un sistema de tornillos y tuercas, y el movimiento alterno del tornillo en dos sentidos, mediante una manivela maniobrada por el piloto, era el que determinaba el acercamiento o alejamiento de los brazos y, en consecuencia, la bajada y subida de las alas.

Proporción y simetría: la primacía del centro

Una de las anotaciones que acompañan al proyecto del barco volador dice: «Este hombre hace con su cuerpo fuerza por 200 libras [aproximadamente 90 kilos] y con las manos hace fuerza por 200 libras; y eso mismo pesa el hombre. Y el movimiento de las alas será en cruz, similar al andar del caballo. Por esto afirmo que éste es mejor que ninguno».

Las fuerzas desarrolladas por el cuerpo del piloto están equitativamente repartidas en tres partes: cabeza, manos y peso ejercido por los pies. También la alternancia cruzada de los movimientos de los dos pares de alas (dos bajan cuan-

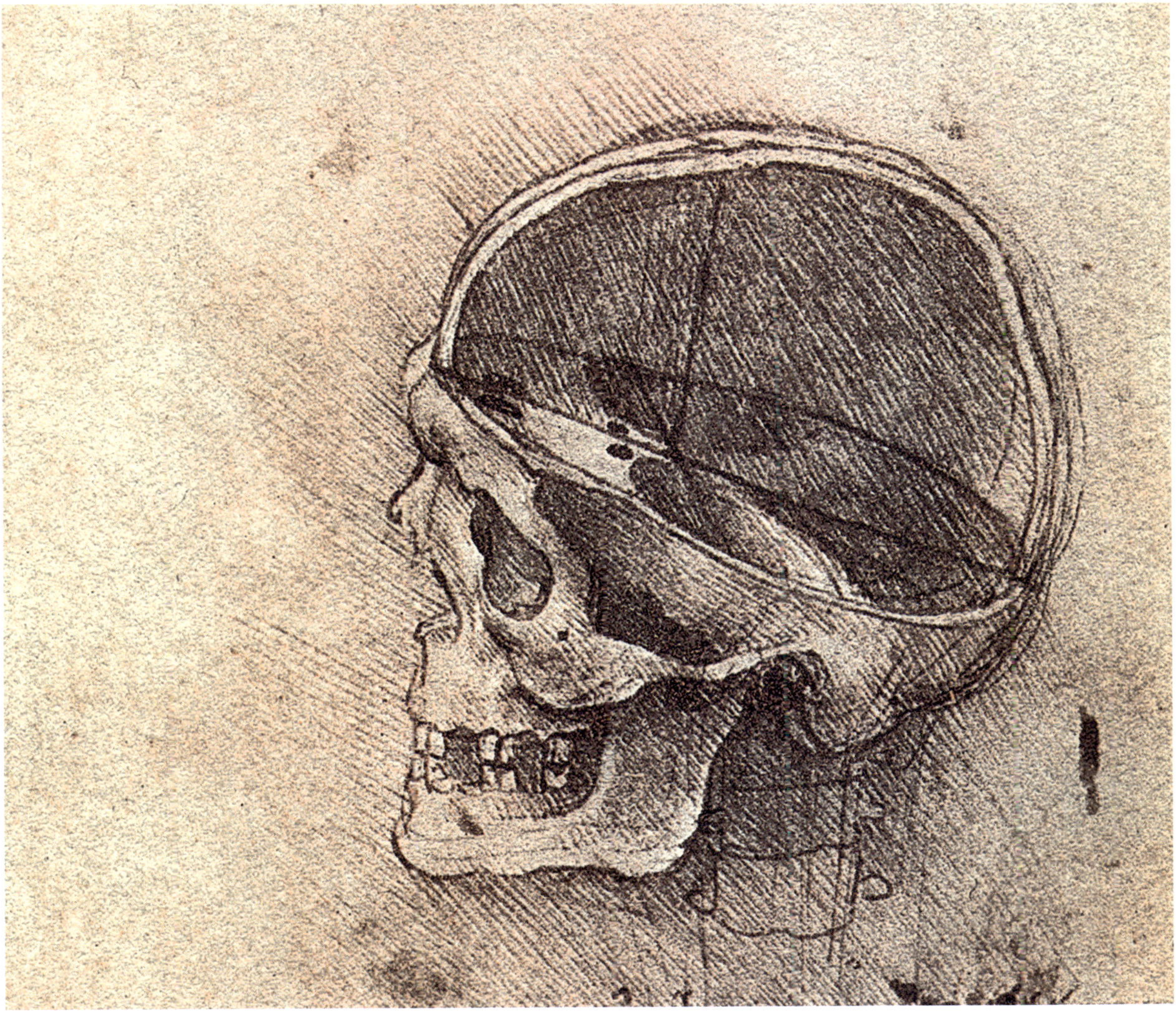

28

29-30 y 32. Máquina voladora con el piloto en posición horizontal (B 79r, CA 747r y B 75r).

31. Como en el barco volador (fig. 25) y en otros estudios (figs. 26-28), el análisis de la dinámica del cuerpo humano también está dominado por una concepción centrípeta (dibujo de la segunda mitad del siglo XVI, basado en un estudio de Leonardo que se ha perdido, Códice Huygens, Nueva York, Morgan Library, f. 29, detalle).

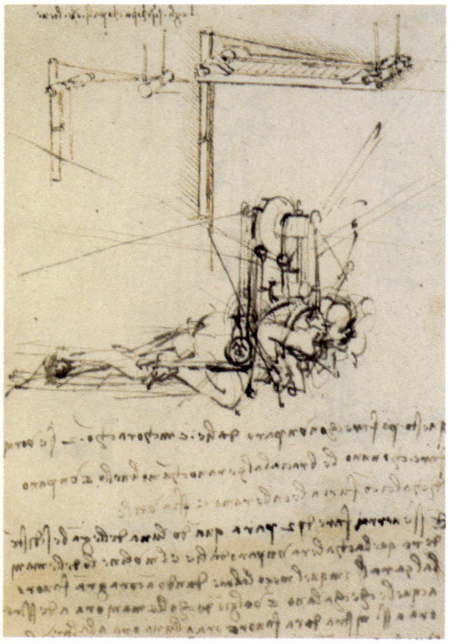

29

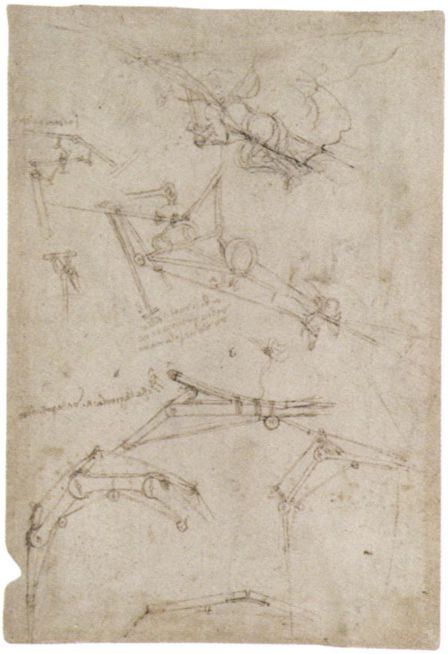

30

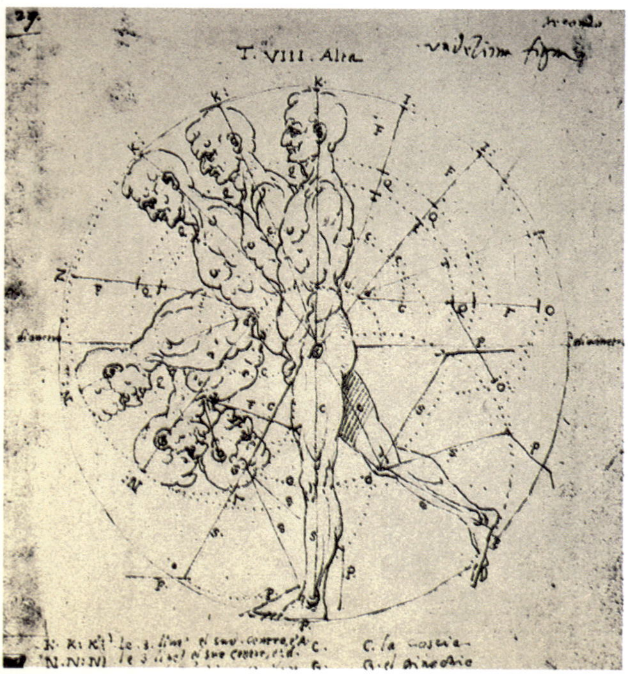

31

do las otras dos suben, una alternancia –escribe– similar a la de las patas de un caballo en movimiento) se distingue por una equilibrada correspondencia. Despiertan el interés de Leonardo la posible capacidad de volar del aparato, y también su simetría, la proporción equilibrada entre sus partes y sus fuerzas.

La forma circular del bajel, la posición del piloto en su centro y la disposición en cruz con brazos iguales (cada uno de una longitud de cuarenta brazos, exactamente el doble del diámetro del bajel que «de popa a proa» debe ser de veinte brazos) evidencian otro campo teórico que influye en el proyecto del vuelo humano (al menos en este caso): el estudio de las proporciones geométricas y matemáticas y la búsqueda de las proporciones perfectas, indicadas por Leonardo y por la tradición renacentista precisamente en las figuras geométricas con lados o partes equidistantes del centro: círculo, cuadrado, cruz.

En el Manuscrito B, donde delinea el barco volador, se halla también una serie de estudios de edificios de planta central, dominados por formas cuadradas y circulares y por su combinación (figs. 26-27). En una serie de estudios anatómicos de la misma época, Leonardo ha seccionado un cráneo para identificar en él, a través de mediciones de la morfología ósea, un punto interno y central en el que, según él, residiría el alma o sentido común (fig. 28). Por último, una serie de investigaciones realizadas en esos años y conocidas únicamente a través de copias contenidas en el Códice Huygens (Nueva York, Morgan Library; fig. 31) contienen estudios muy elaborados so-

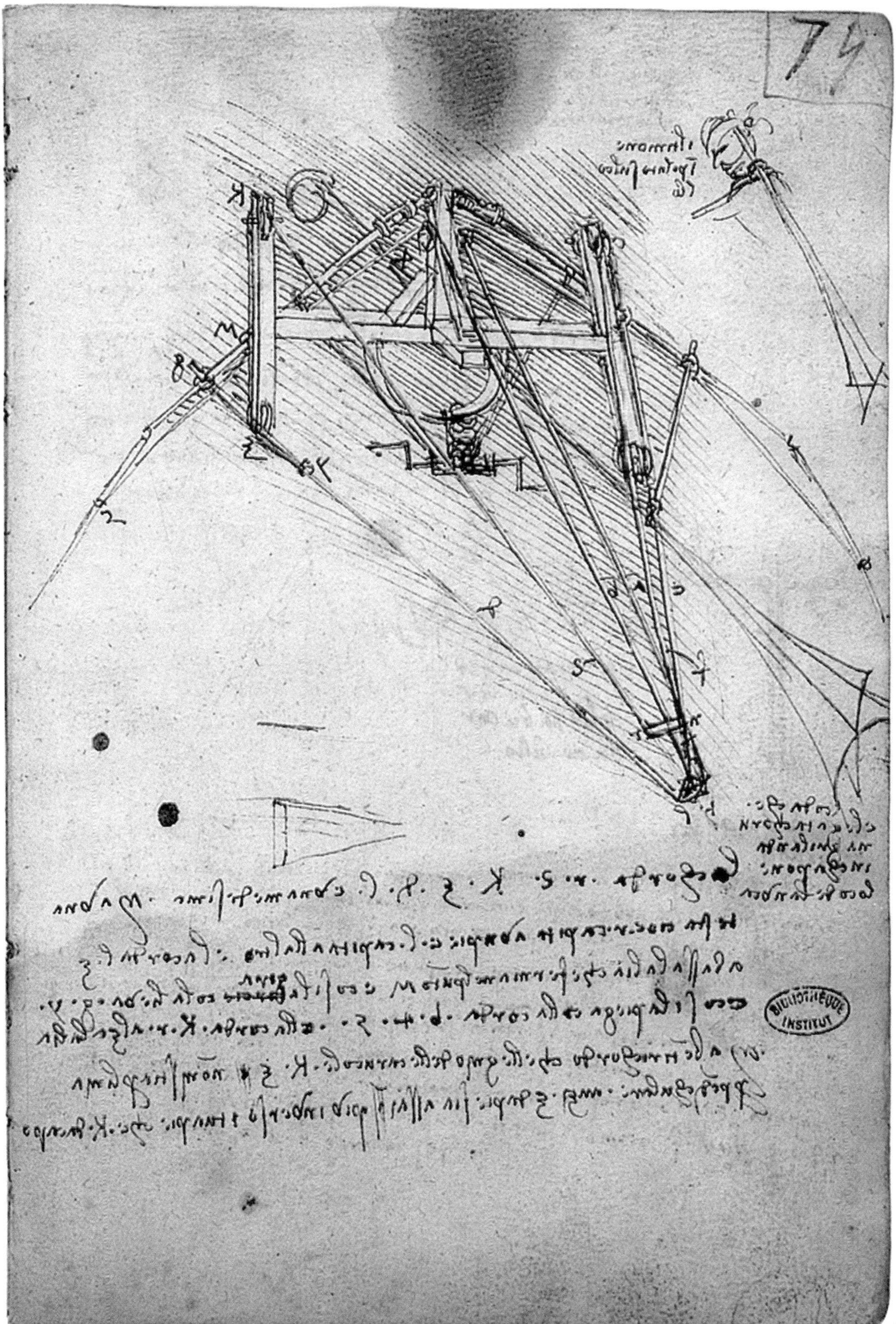

32

33. Guante-aleta para nadar en el agua, membranoso a imitación del murciélago, como el ala de la máquina voladora (B 81v, detalle).

34. Maqueta de la máquina voladora basada en el dibujo (B 74v) de Leonardo (Florencia, Istituto e Museo di Storia della Scienza).

35. Ala mecánica (c. 1493-1495; CA 844r).

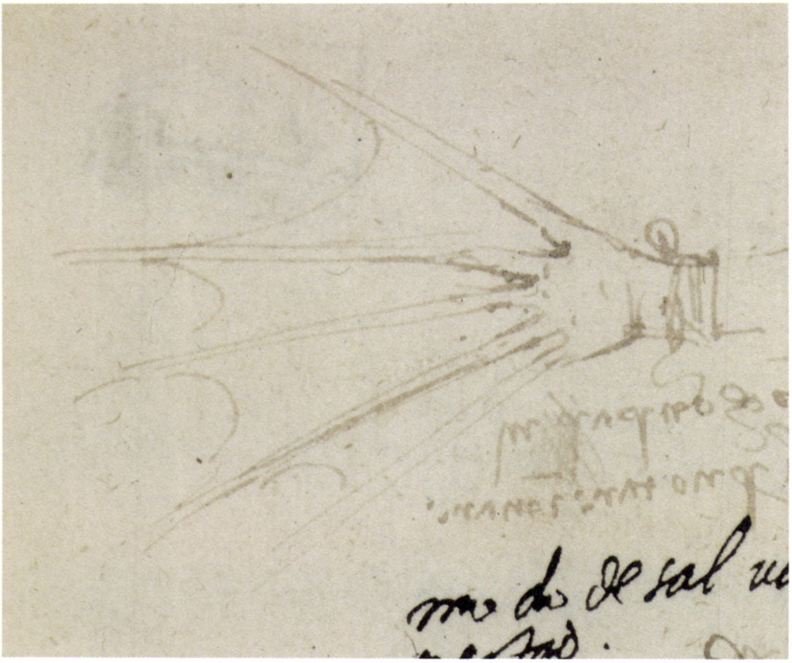

33

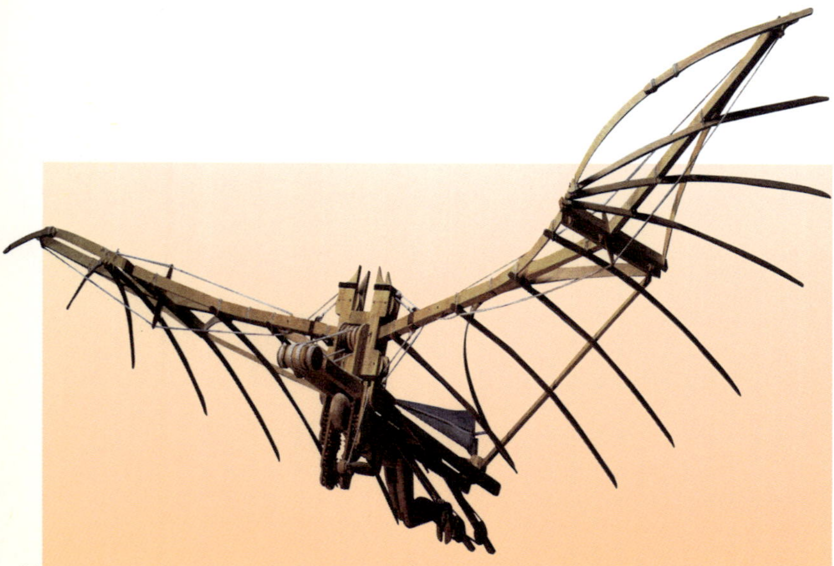

34

bre el movimiento del cuerpo humano. En ellos, las extremidades están representadas como líneas giratorias alrededor de polos y en relación, sobre todo, con un «centro-alma» común a todos y su origen, claramente citado en un texto que introduce los dibujos («La fuerza de este movimiento reside en huesos y nervios, decimos nosotros, aunque todo ello se mueve por virtud del espíritu, centro y alma de todo», f. 11).

La fuerte intelectualización que caracteriza cada vez más el pensamiento de Leonardo en esos años también se refleja en los estudios sobre el vuelo (fig. 25), de modo que la máquina voladora se convierte en una estructura de forma «central», simétrica, bien proporcionada, en cuyo centro está el piloto, que es para ella lo mismo que es el sentido común con respecto a los cráneos: el alma. Un alma que en este caso se entiende esencialmente como fuerza y fuente de movimiento.

Trazas de estudio zoológico: alas articuladas e importancia de la destreza en el vuelo

Dinámica del cuerpo humano, física, proporciones: son los principales campos teóricos en los que se basa el proyecto de la máquina voladora en las décadas de 1480 y 1490. La investigación zoológica, que en los años florentinos había sido un importante medio de emancipación teórica de la práctica maquinal de taller, queda en parte marginada. La definición de «ornitóptero» con que a menudo los estudiosos subrayan la naturaleza zoomorfa del barco volador del Manuscrito B (fig. 25) parece exagerada. El movi-

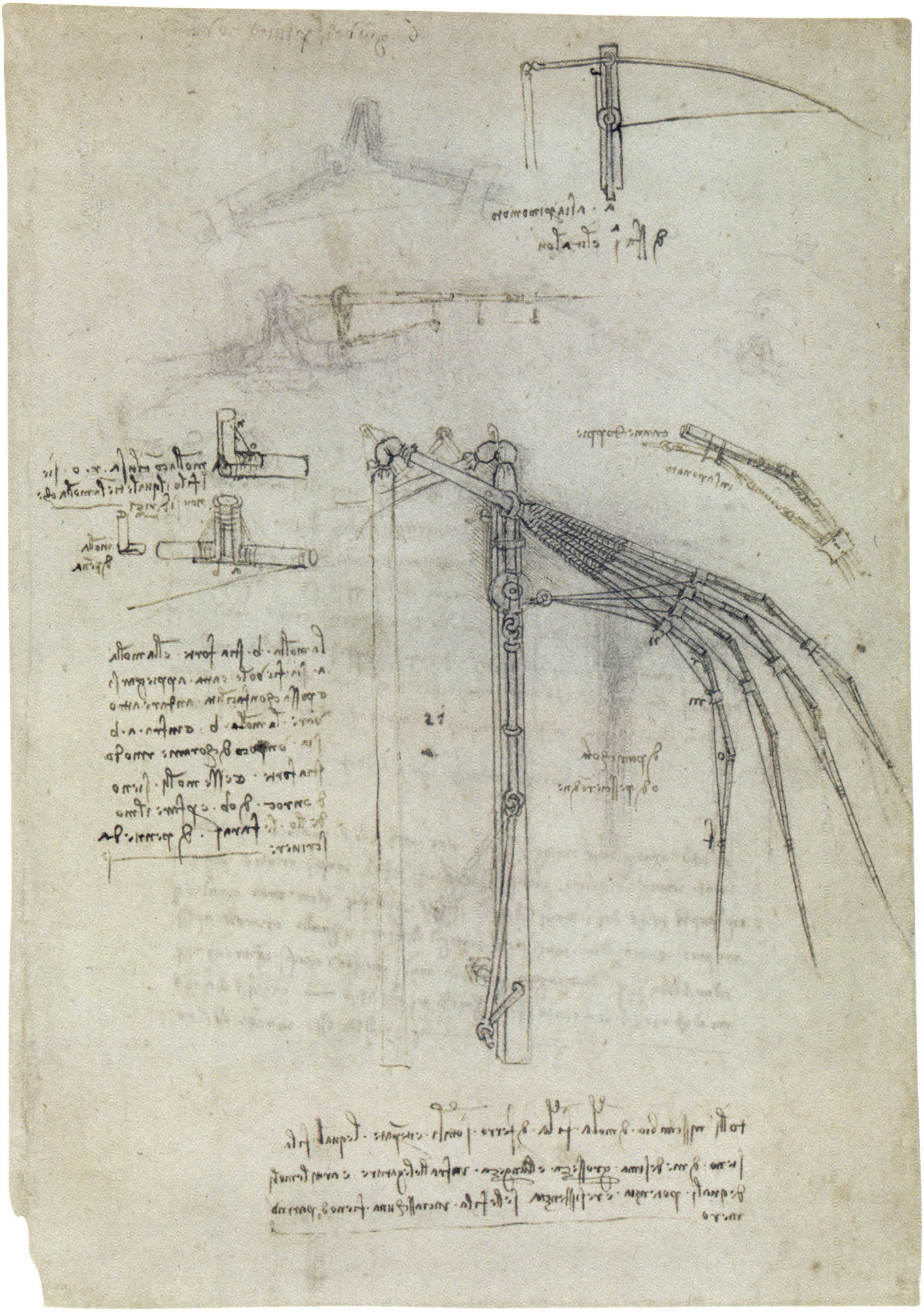

36. Máquina voladora (c. 1485-1487; CA 824v).

37. Estudio de conjunto de la máquina voladora (c. 1493-1495; CA 70br).

38. Estudio de la estructura del ala de la máquina voladora (B 74r).

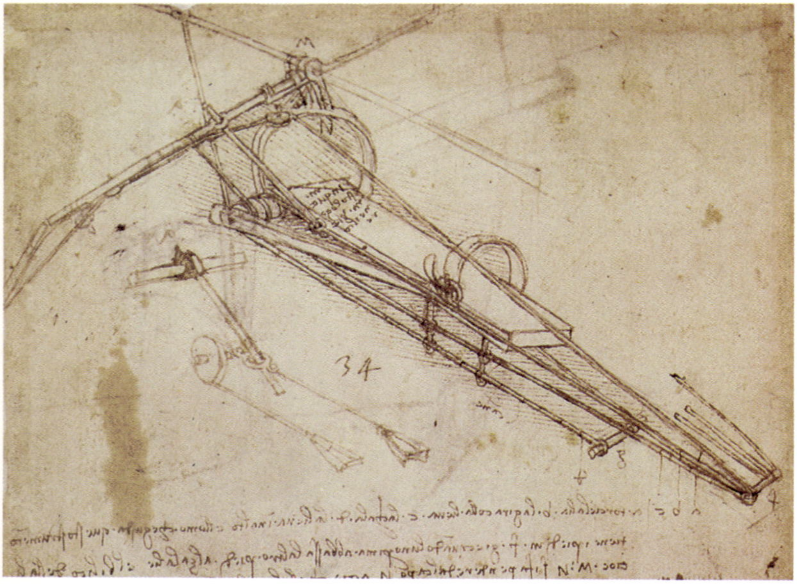

36

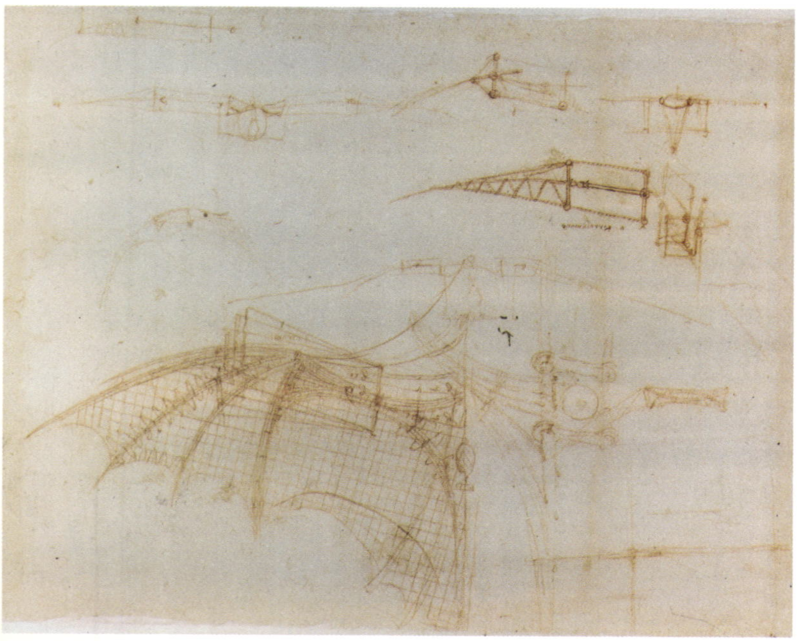

37

miento cruzado de las alas y los pies retráctiles son los únicos elementos zoomorfos en una máquina que, en el fondo, es en gran medida la materialización de teorías de dinámica y proporciones relacionadas con el cuerpo humano.

La vertiente zoológica emerge principalmente en otro filón de estudios sobre el vuelo, de la misma época, caracterizados por la posición horizontal del piloto de la máquina (B 79r, CA 747r, B 75r; figs. 28, 30 y 32). Lo que diferencia estos estudios del proyecto del barco volador es la mayor preocupación por la posibilidad de conducir y variar la dirección de la máquina en vuelo. En uno de los proyectos (B 75r; fig. 32), está previsto incluso un largo timón atado con una «guirnalda» a la cabeza y el cuello del piloto, dibujado en la parte superior, al lado de la imagen principal. Junto con la fuerza, entran en juego la voluntad y la destreza en el vuelo del piloto. Los movimientos que deberá efectuar son de varios tipos: algunos estarán encaminados a conseguir el batir de las alas, que determinan el mantenimiento y el avance de la máquina en vuelo; otros, en cambio, deberán girar las alas para que se coloquen de cara mientras descienden (con el fin de comprimir la mayor cantidad de aire posible) y de canto mientras se elevan (con el fin de cortar más fácilmente el aire).

Al mismo tiempo, las alas son articuladas al menos parcialmente para poder flexionarse o estirarse, movimientos útiles sobre todo para maniobras de equilibrio o cambios de dirección. Ya en uno de los primeros proyectos de este tipo (CA 747r; fig. 30), junto al estudio de conjunto se ven otros de alas articuladas, formadas por varios segmentos articulados entre sí, lo que permite movimientos de flexión-extensión.

El piloto realiza estos movimientos con los pies y las manos, que tienen mayor libertad para intervenir en los movimientos de equilibrio y cambio de dirección. En algunos casos, ciertos movimientos (como la distensión de las alas) se producen de manera automática, mediante muelles.

Esta mayor atención a la destreza en el vuelo implica el deseo de emular de forma más sutil el vuelo de los pájaros y una mayor atención al mundo animal.

En el Códice Atlántico, junto a uno de sus proyectos de ala articulada más maduros, Leonardo anota: «De murciélago o de pez golondrina» (c. 1493-1495; CA 844r; fig. 35). Es decir, el ala deberá tener un revestimiento similar a la membrana que recubre las alas del murciélago o las aletas del pez golondrina. Ambos aparecen, unos años antes, en una hoja del Códice Ashburnham I, y este último es descrito por Leonardo como «animal que huye de un elemento a otro». Unas hojas más atrás, en el mismo Manuscrito B (del que originalmente formaba parte el Ashburnham I), se encuentra el estudio de un guante para nadar en el agua (B 81v; fig. 33), articulado como en estos animales.

El interés por el mundo animal implica también ese sentimiento de analogía, del que ya vimos indicios en el periodo florentino, que impulsa al hombre a confrontarse con las otras especies de la Tierra, ideando distintas técnicas para adquirir sus mismas capacidades.

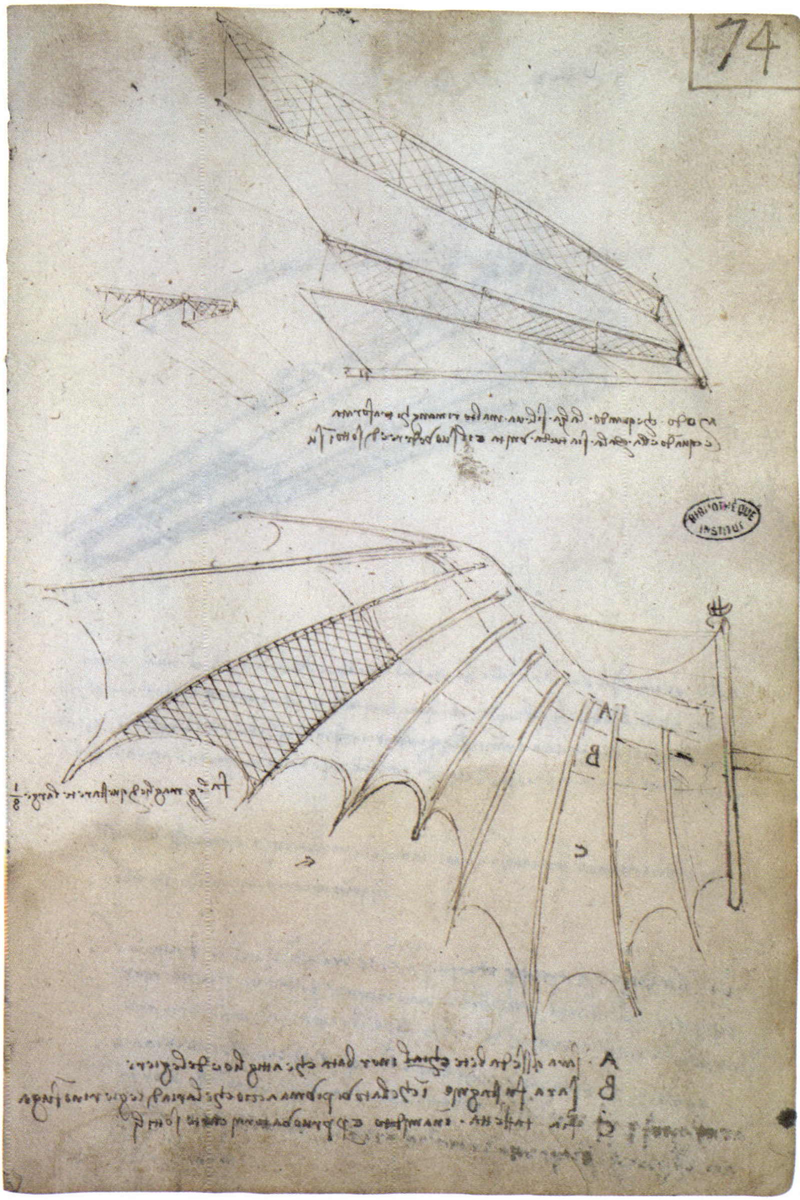

38

39-41. Estudios para la máquina voladora (c. 1487-1490 y 1493-1495; CA 848r, 846v) y maqueta (basada en el dibujo de Leonardo; CA 846v) conservada en el Museo Ideale Leonardo da Vinci.

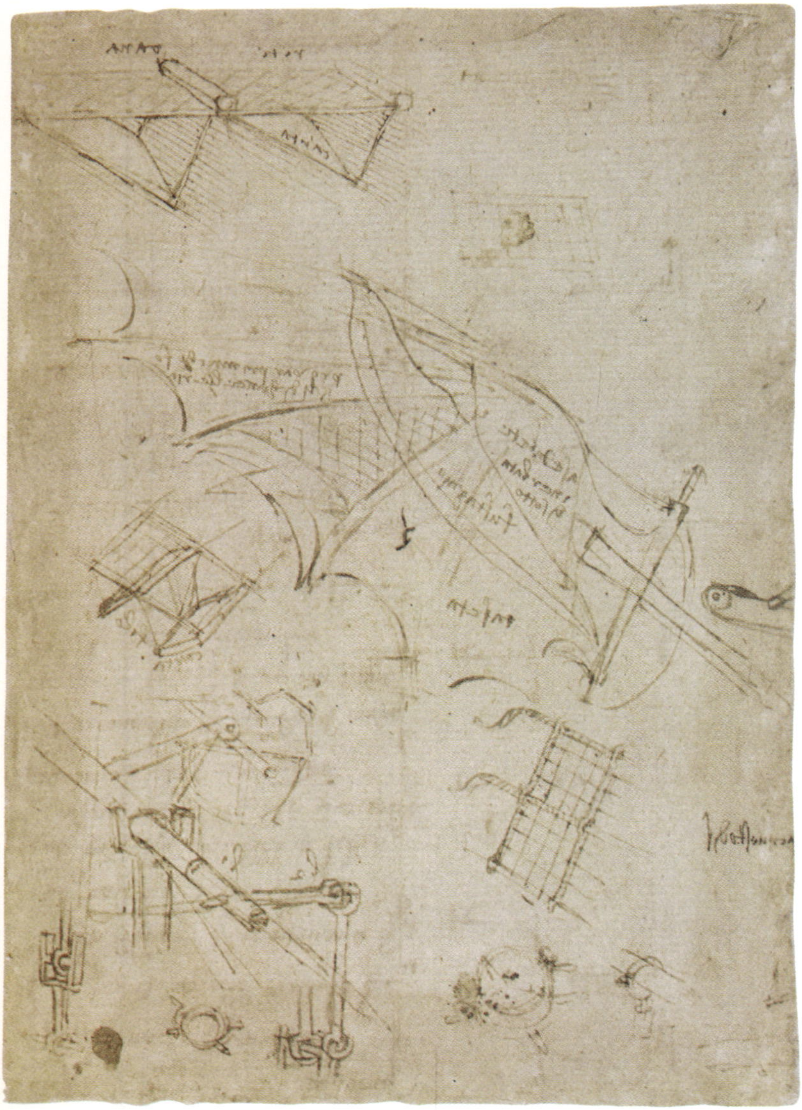

39

Ausencia de un proyecto unitario y primeros indicios de una vía alternativa: el vuelo a vela

De los estudios considerados hasta ahora se deduce que para Leonardo no es fácil llegar a un proyecto sintético. Se tiene la impresión de que los distintos problemas planteados por el vuelo artificial, a imitación del de los pájaros, son afrontados por él por separado, sin una integración final.

El problema de la fuerza, por ejemplo, es afrontado en el grupo de estudios de dinámica que culminan con el barco volador; el del equilibrio y de la destreza, en los proyectos de máquina con el piloto en posición horizontal. Además, en ninguno de estos dos grupos Leonardo afronta el problema de la estructura del ala en su conjunto, ni el de la máquina completa. En algunos casos (CA 747r y 824r; figs. 30 y 36), la máquina está dibujada completa, pero se trata de bocetos que dicen poco desde un punto de vista estructural y de proyecto.

El ala en su totalidad y, al menos en un caso, la máquina completa –con alas y piloto– son afrontados en otro grupo de estudios (B 74r, CA 70br, 846v y 854r, detalle en el centro; figs. 37, 38 y 41, y fig. 28 en el capítulo siguiente). Se trata de estudios que, exceptuando el del Manuscrito B y otro contemporáneo del Códice Atlántico (848r; fig. 39), pueden datar de los años 1493-1495. Es decir, de una época cercana a la ejecución de *La última cena* (figs. 42-44). En 1496, estando ya en Milán, conoce a Luca Pacioli (fig. 46), uno de los matemáticos más destacados del Renacimiento, que, tras entablar amistad con Leonardo,

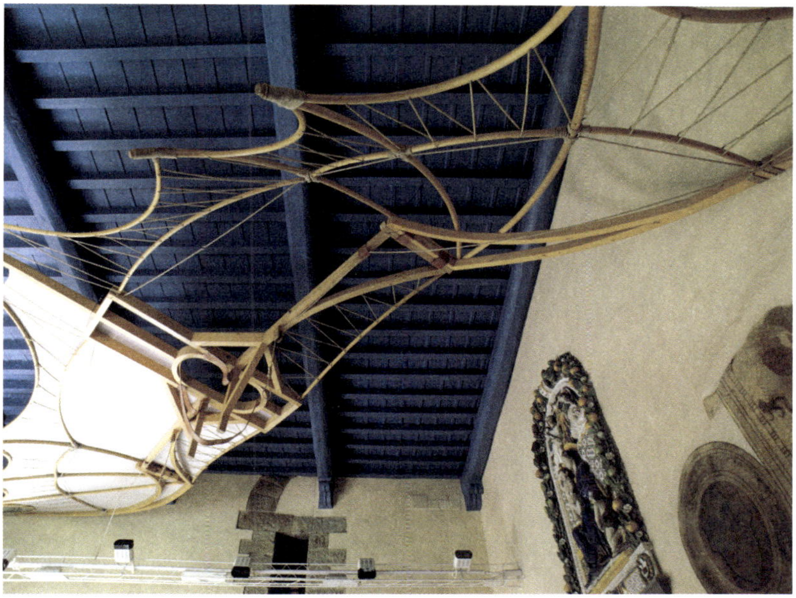
40

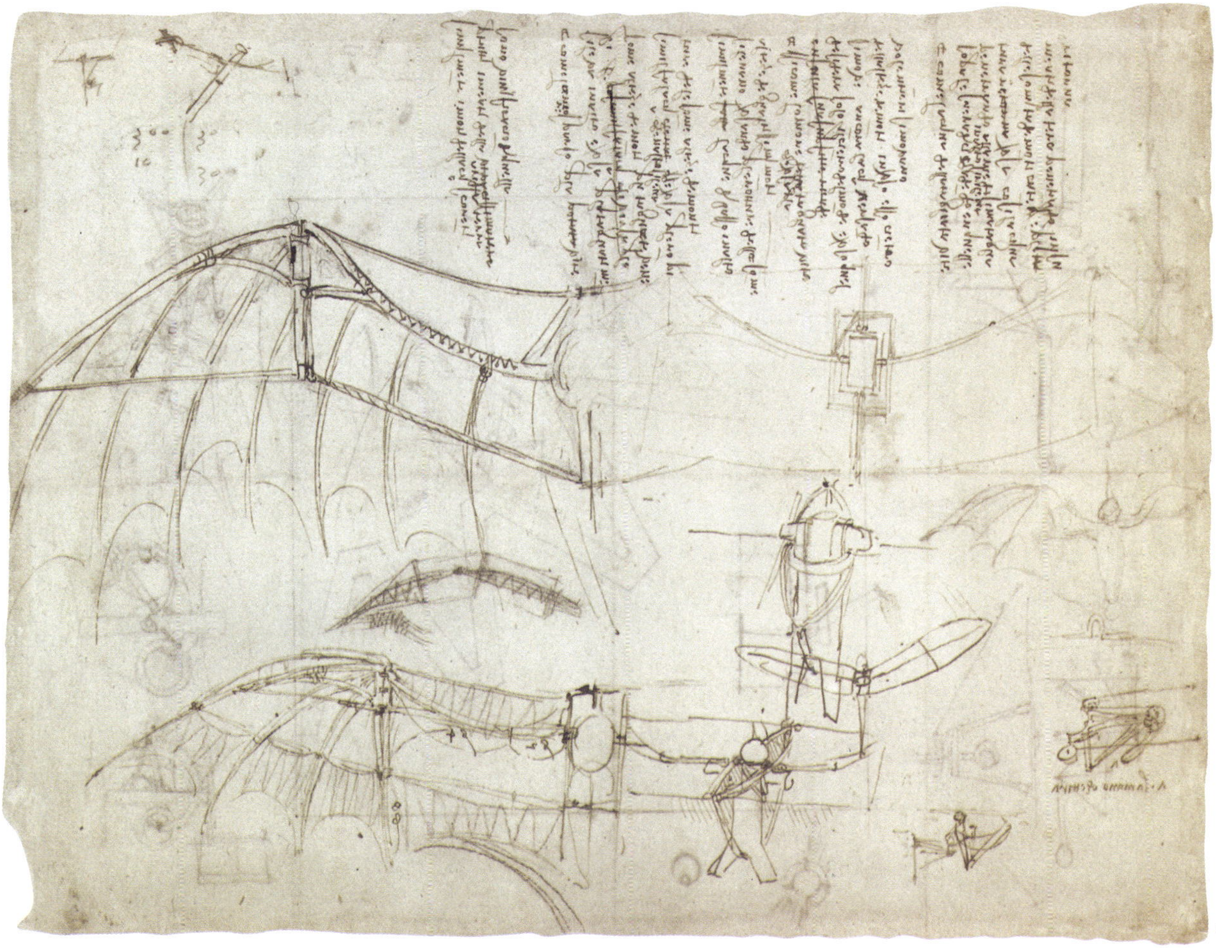
41

42-44. La última cena (conjunto y detalles), pintura mural realizada por Leonardo en su época milanesa (c. 1496-1498).

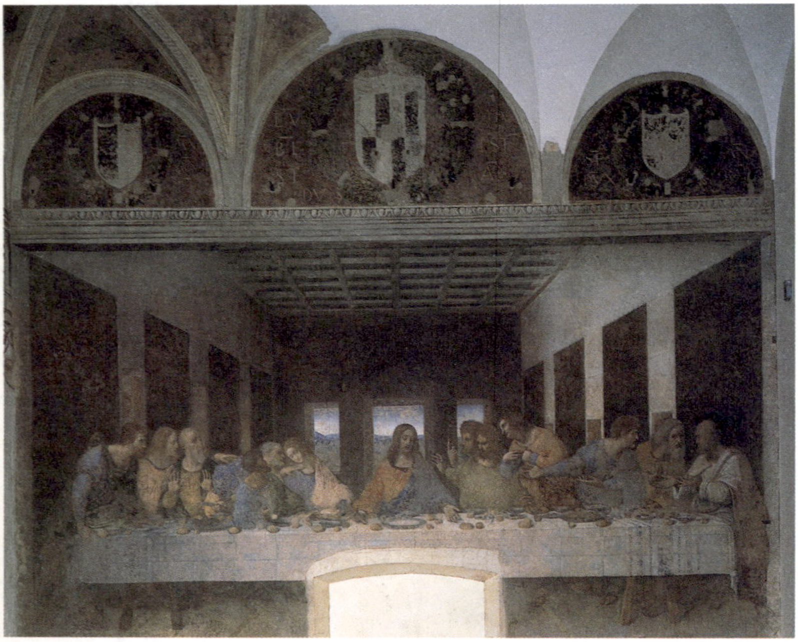
42

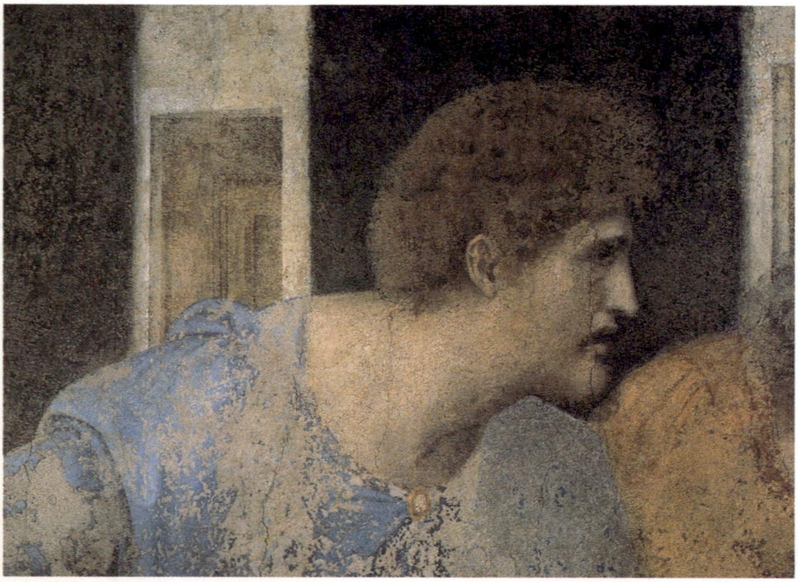
43

contribuye de manera considerable a la mejora de sus conocimientos de matemáticas y geometría. Son años de gran actividad intelectual, quizá los más lúcidos de toda la carrera de Leonardo. Él planifica y realiza en parte la redacción de tratados de mecánica, de óptica, de hidrología, de pintura y de anatomía. *La última cena* (c. 1496-1498) en el terreno artístico y el Manuscrito de Madrid I (compilado principalmente en los años noventa) en el ámbito científico, son las obras en las que Leonardo más se aproxima a una síntesis de sus investigaciones. En cierto sentido, los estudios de alas en su conjunto –en especial el dibujo a lápiz rojo en la hoja 70br del Códice Atlántico (fig. 37), en un detalle del cual, finalmente, el piloto, en su habitáculo, es mostrado junto a las dos alas con la relativa estructura– parecen representar, en el campo de los estudios sobre el vuelo, un momento –al que Leonardo al final llega– de síntesis análoga a los otros dos grupos de estudios sueltos realizados en los años inmediatamente anteriores.

Pero la síntesis es solo aparente, ya que, si esos dos grupos de estudios más antiguos intentaban imitar o recrear el mecanismo natural del vuelo de los pájaros (el batir de las alas para mantenerse en un caso, y la destreza en el vuelo en el otro), en este grupo de proyectos más reciente y completo el ala no va más allá de la ejecución de un movimiento de articulación de la parte exterior respecto de la interior rígida, un movimiento totalmente inadecuado para mantenerse en vuelo, y solo capaz de obtener alguna maniobra de equili-

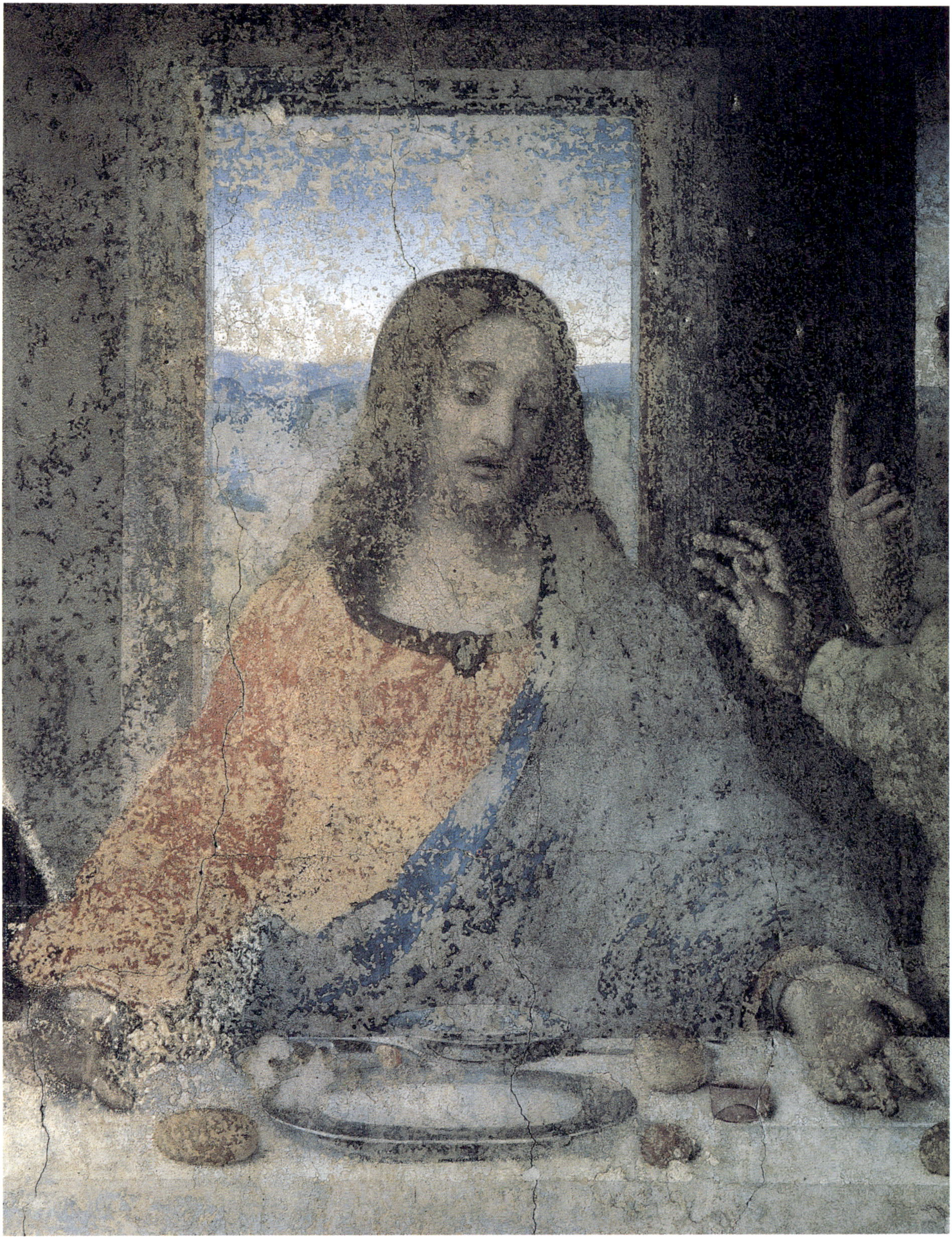

44

45 y 47. Estudio de paracaídas (c. 1485; CA 1058v) y maqueta basada en el dibujo de Leonardo.

46. Jacopo de' Barbari (atribuido), Retrato de Luca Pacioli, *el gran matemático amigo de Leonardo, también él en Milán en la misma época (1495; Nápoles, Capodimonte).*

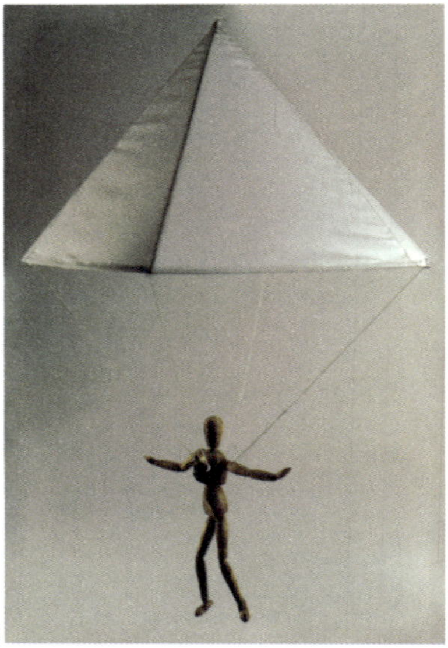

45

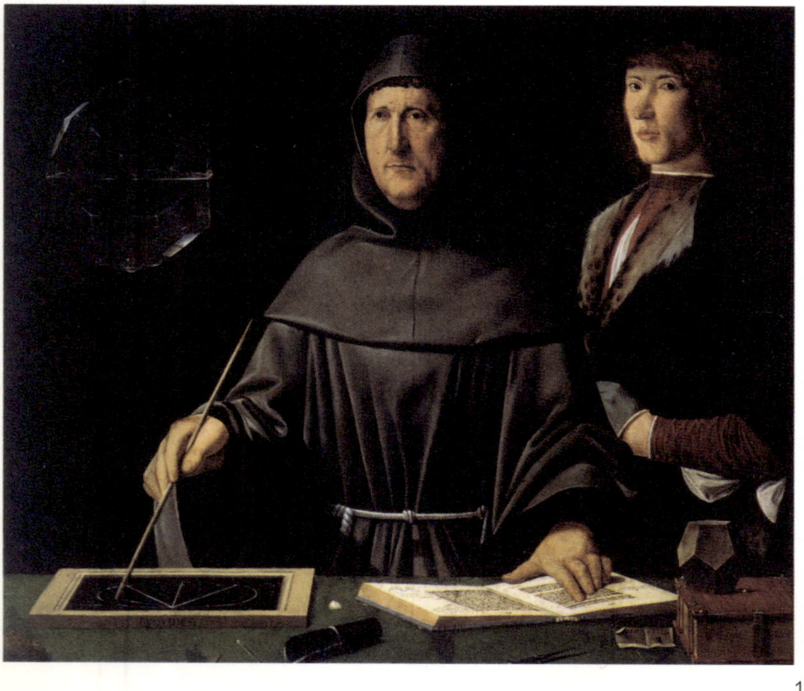

46

brio. La analogía natural parece ir más allá del mundo animal, llevando a Leonardo hacia una enésima y alternativa perspectiva de vuelo, más realista y más practicable al mismo tiempo: el vuelo a vela. De hecho, en uno de los dibujos aparece una semilla alada (fig. 41) que atraviesa el aire llevada por el viento, mientras que casi todas estas máquinas parecen destinadas al vuelo a vela, a moverse gracias al viento, como un planeador. Años atrás, Leonardo ya había comenzado a estudiar la aerostática, a través de una invención ya arraigada en la tradición de los «maquinadores» del Quattrocento: el paracaídas.

En la misma hoja del Códice Atlántico (1058v) –una de las más antiguas, como hemos dicho–, que contiene la reflexión sobre el vuelo como fenómeno mecánico, se encuentra también un dibujo de paracaídas (fig. 47) gracias al cual un hombre «podrá saltar desde cualquier altura sin hacerse daño». La idea, ya propuesta por un ingeniero sienés anónimo, como vimos en el capítulo anterior (figs. 39 y 40), es retomada por Leonardo y basada en fundamentos empíricos. El principio de reciprocidad aerodinámica, establecido por Leonardo con vistas al vuelo activo gracias al batir de alas, determina también la posibilidad del vuelo con paracaídas: el hombre, con su peso y gracias a la presencia de un paracaídas de oportuna amplitud y altura (ambas, doce brazos), ejerce una presión sobre el aire suficiente para ralentizar su caída.

Estudios análogos, en los que el vuelo se produce de forma pasiva, gracias al viento, se encuentran unos años des-

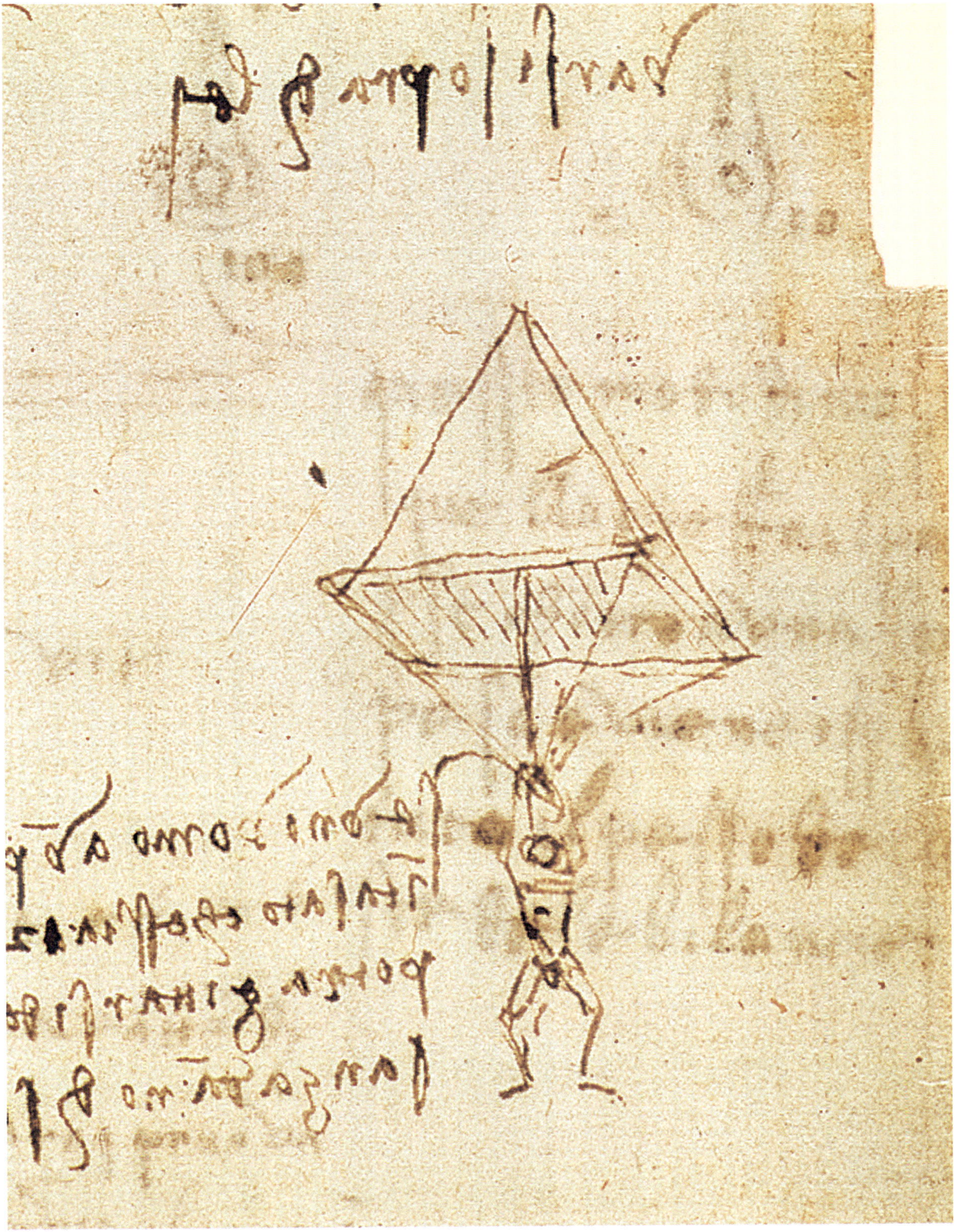
47

48. Maqueta de esfera voladora reconstruida (sobre diseño de Leonardo; Md I, f. 64r) por el Museo Ideale Leonardo da Vinci. El hombre, en el centro en posición erguida, domina la máquina y los elementos.

49. Maqueta de ala delta reconstruida (según diseño de Leonardo; Md I, f. 64r) por el Museo Ideale Leonardo da Vinci en colaboración con el Ayuntamiento de Sigillo, Asociación Progetto Insieme e Icaro 2000. A tamaño natural, fue experimentada con éxito por Angelo D'Arrigo (2003) en el túnel de viento.

50. Dos dispositivos de vuelo gracias al viento, con habitáculo en el centro de un rotor (arriba) o en forma de cometa dirigida desde tierra mediante cables (abajo) (c. 1495; Manuscrito de Madrid I, f. 64r).

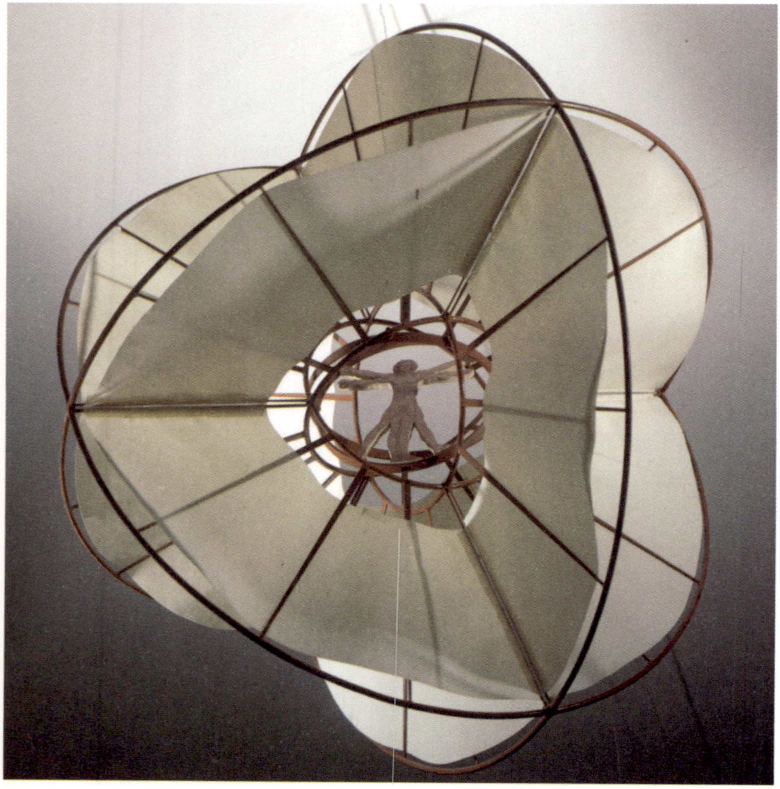
48

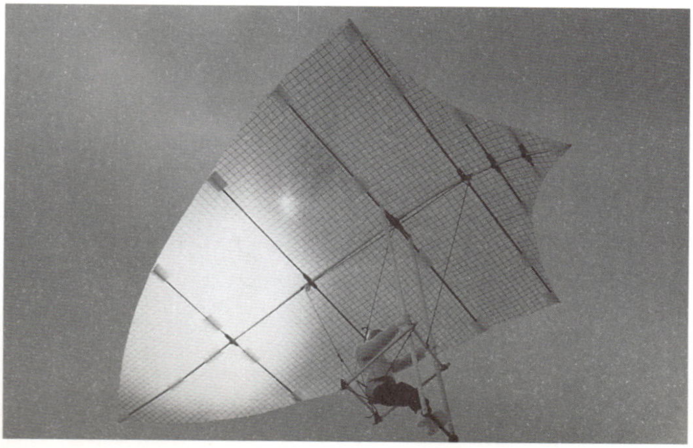
49

pués en una hoja del Manuscrito de Madrid I (c. 1493-1497; f. 64r; fig. 48). Arriba (fig. 49), un hombre se encuentra en una esfera perforada situada exactamente en el centro de un rotor. El sistema, como en una brújula marina, se basa en el principio de la junta cardan. Su motor no será ya la fuerza del hombre, sino el viento: «Y sea tal instrumento colocado sobre un monte, al viento, y tal instrumento se acompañará con el curso de los vientos, y el hombre siempre estará de pie». Abajo, un proyecto alternativo (fig. 50): el piloto está colgado de una cometa que, controlada desde tierra, puede ser gobernada mediante cables en cualquier dirección, incluso en vuelo. En estos estudios encontramos la misma dicotomía que en el vuelo batiente: el proyecto de arriba, dominado por la forma central, hace referencia exclusivamente a la fuerza necesaria para volar, como en el caso del barco volador; el otro, de forma más longitudinal, se ocupa también de la eventual destreza y del equilibrio, como las máquinas dibujadas con el piloto horizontal.

Estos últimos proyectos datan de una época prácticamente contemporánea a la de los estudios de máquinas tipo planeador de los que hablábamos antes, muy próximos a ellos en la concepción. En todos , Leonardo reflexiona sobre el problema del viento, ya sea como motor o como peligroso elemento perturbador, un problema que atraería cada vez más su atención en años posteriores, entrelazándose principalmente con el vuelo, más imitativo que el natural, basado en el batir de alas.

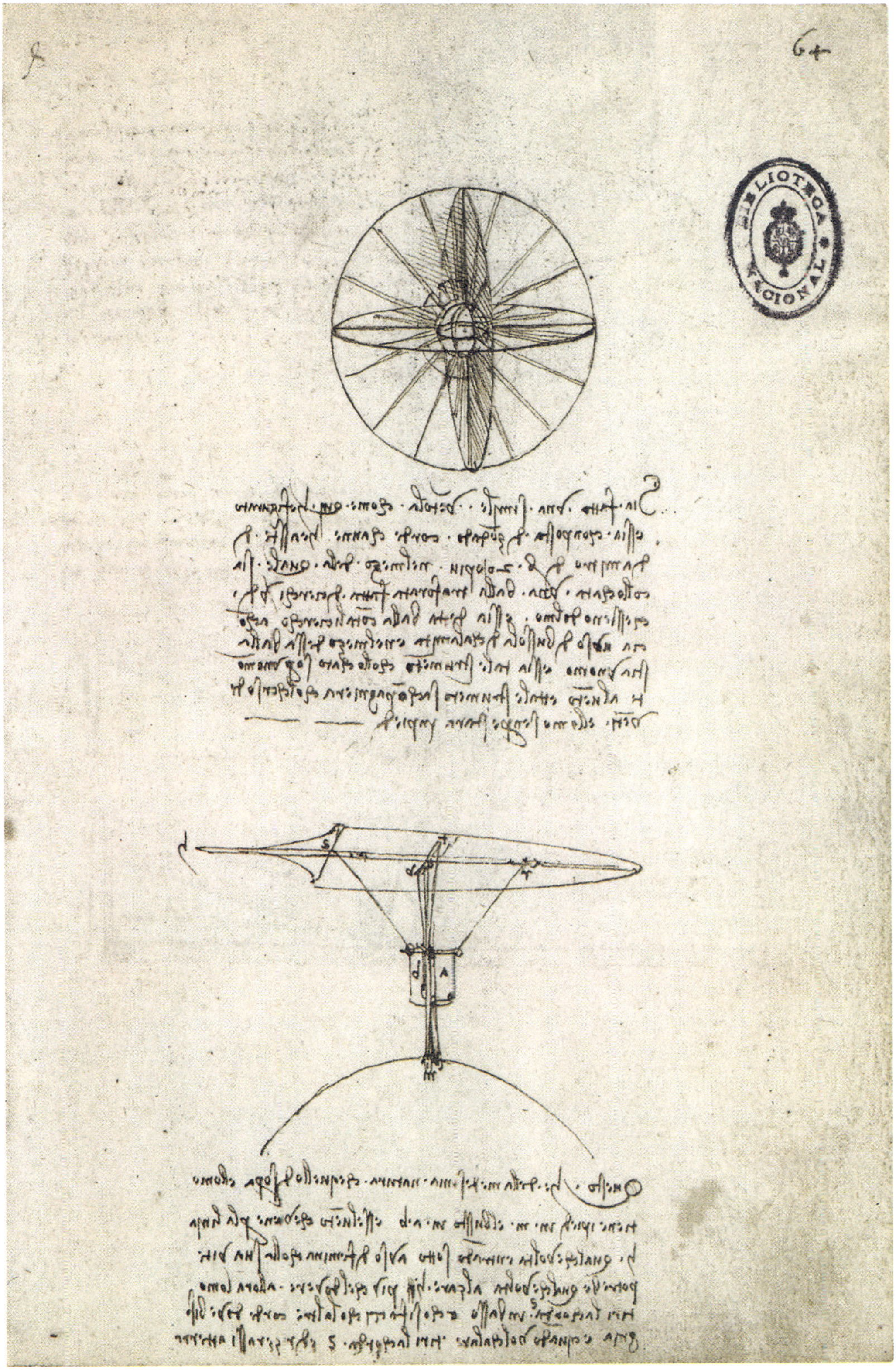

50

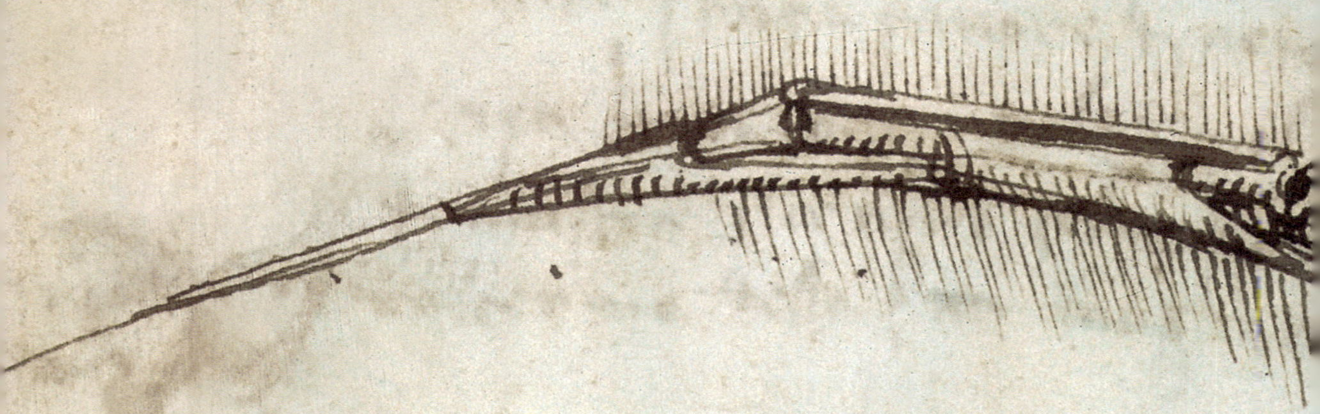

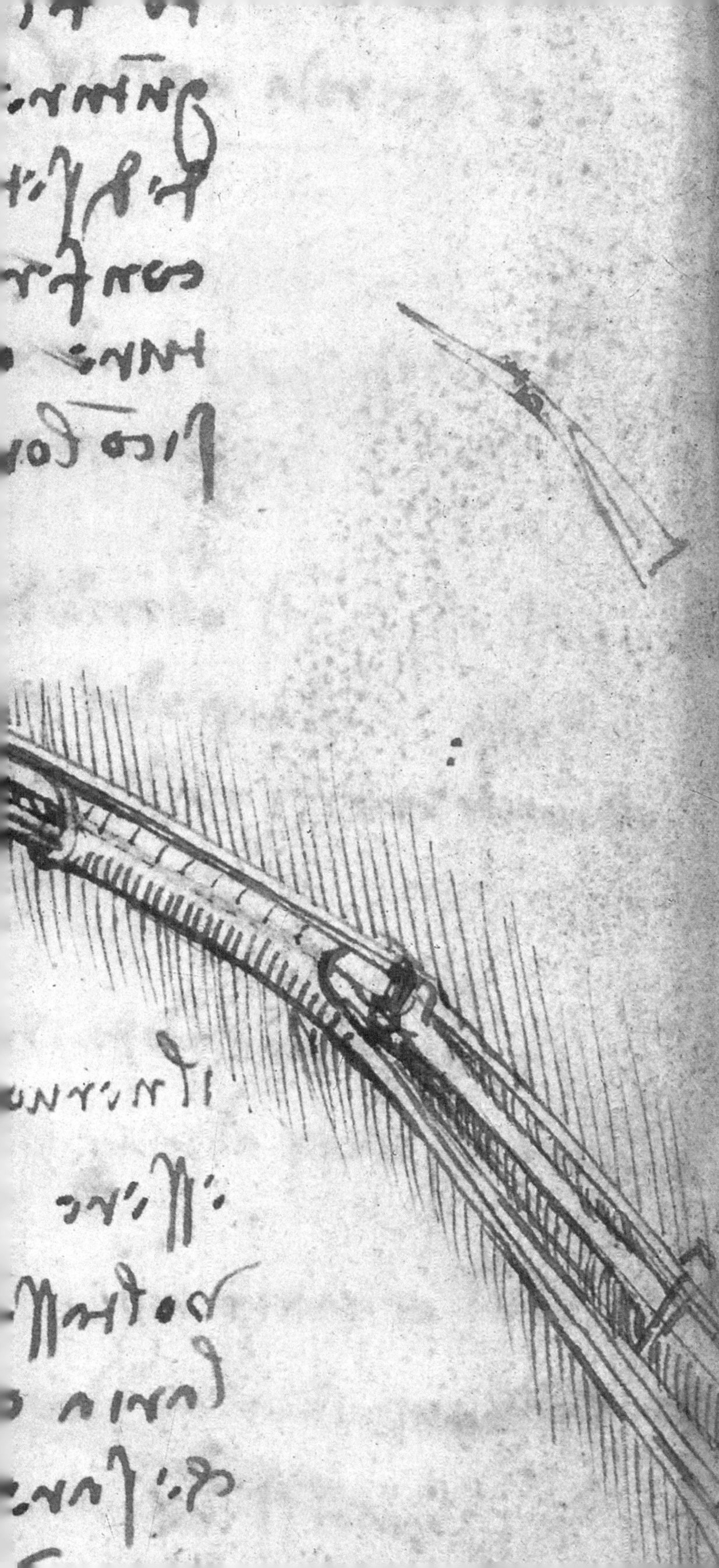

La naturaleza en primer plano

Florencia y Milán
c. 1500-1508

En 1500, tras abandonar el ducado de Milán a raíz de la invasión francesa, Leonardo regresa a Florencia, donde continúa sus estudios sobre la máquina voladora. Para él vuelve a cobrar prioridad el estudio del mundo animal, en particular el vuelo de los pájaros. Paralelamente a este renovado interés por el mundo animal se desarrolla también una actividad de proyección basada cada vez más en el principio mimético, según el cual el vuelo humano debe reproducir el natural: así, la técnica adopta la función de recrear artificialmente la naturaleza, de forma análoga a la pintura, concebida por Leonardo como imitación de la naturaleza. Es una prueba de la buscada contigüidad entre vuelo humano y vuelo natural el término con que Leonardo se refiere a la máquina voladora, por él llamada significativamente «uccello» («pájaro»).

Página anterior. Estudio de ala mecánica (CV 7r).

1-2. En los primeros años del siglo XVI, Leonardo se dirige a menudo a estudiar las acrobacias de los pájaros en vuelo desde las colinas que rodean Florencia, hacia Fiésole.

3-4. El Códice K y el Códice L son dos pequeños blocs de bolsillo en los que Leonardo podía hacer anotaciones rápidas durante sus exploraciones en plena naturaleza.

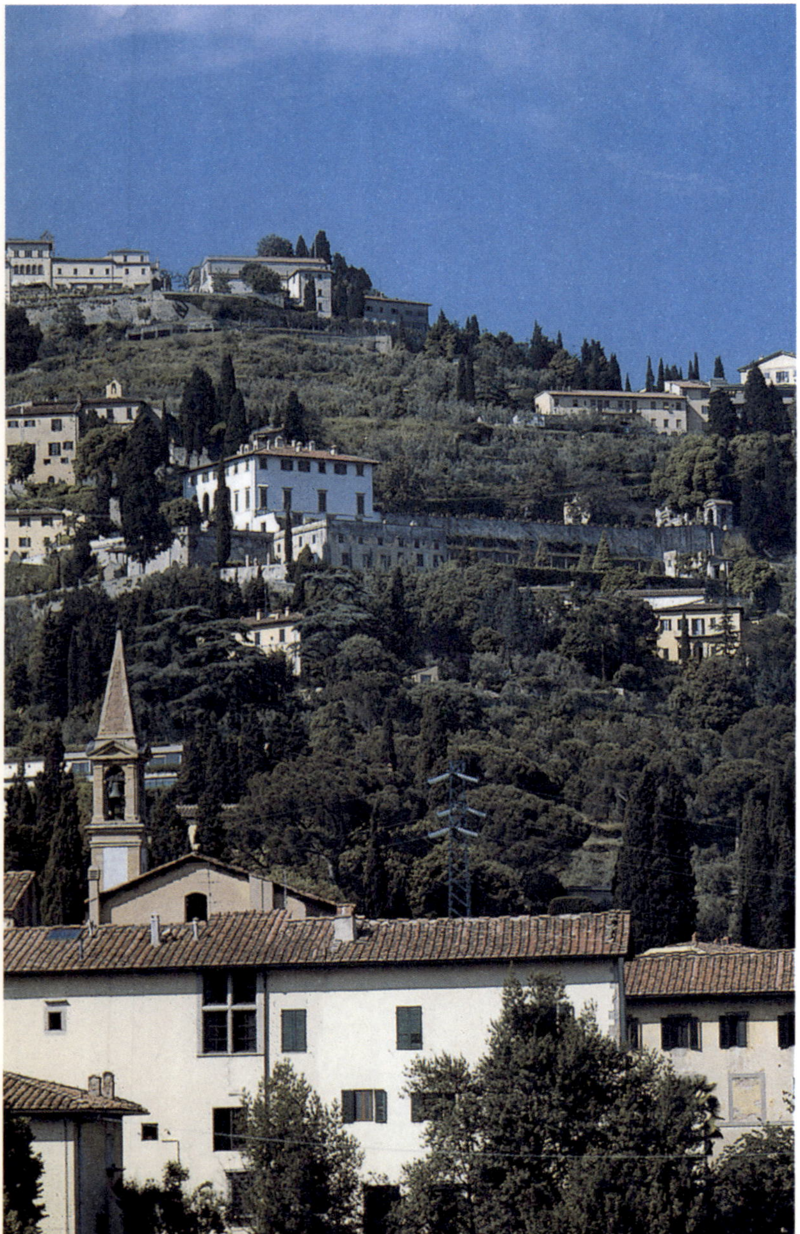

1

La naturaleza en primer plano: la observación del vuelo de los pájaros

«Como el cortone, ave de presa que yo vi de camino a Fiésole, sobre el lugar que llaman la Barbiga el 14 de marzo de 1505», anota Leonardo en la hoja 17v del Códice sobre el vuelo de los pájaros.

Cuando escribe esta anotación, está de nuevo en Florencia, adonde llega en 1500. Dedica mucho tiempo a la observación de los pájaros volando y, mientras compone el mencionado códice, uno de los lugares preferidos son las colinas que rodean la ciudad, hacia Fiésole (figs. 1 y 2). Un día, mientras camina por esas colinas, en una zona llamada del Barbiga, se siente atraído por la peculiar manera de volar de un pequeño halcón de cola corta, un buitre (el «ave de presa») llamado cortone en la comarca por su corta cola. Y es precisamente en los alrededores de Fiésole, como se deduce de otra anotación contenida también en el Códice sobre el vuelo de los pájaros, donde Leonardo decide experimentar la máquina voladora, pensando lanzarla desde el monte Ceceri, así llamado por las grandes aves que lo sobrevuelan, denominados cigni ceceri, caracterizados por un tubérculo en forma de garbanzo (en italiano, *cece)* en el pico: «Levantará el primer vuelo la gran ave, sobre la cima de su magno Cècero», escribe, «llenando el universo de estupor, llenando de su fama todos los escritos y gloria eterna al nido donde nació» (CV; segunda cubierta).

El estudio del mundo animal, en un segundo plano en el anterior periodo milanés, después de 1500 ocupa una posición primordial. Los proyectos realizados por Leonardo hacia el final de su permanencia en Milán, caracterizados, como hemos visto, por una mayor síntesis y destinados al vuelo libre, gracias al viento, no representan los primeros indicios de un nuevo rumbo tomado por la investigación de Leonardo. Los estudios que datan de años posteriores al regreso a Florencia demuestran lo contrario. Leonardo vuelve a estudiar de qué manera realizar máquinas voladoras capaces de movimientos de equilibrio y destreza en el vuelo libre, así como de desarrollar la fuerza adecuada para el vuelo batiente. Solo que ahora, tanto en un caso como en el otro, la investigación se plantea a través de una mayor atención al mundo animal. La observación del comportamiento de las aves en vuelo alcanza una intensidad que antes no tenía. Así, nacen las observaciones contenidas en tres manuscritos que datan más o menos de la misma época: el Manuscrito L (c. 1497-1504; fig. 4), el Manuscrito K^1 (c. 1503-1505; fig. 3) y el Códice sobre el vuelo de los pájaros (c. 1505).

El Manuscrito K^1

Los dos primeros son prácticamente unos blocs de bolsillo, de aproximadamente 9-10 x 7 cm. Es posible que al menos algunos de los apuntes y los dibujos fueran realizados *en plein air*, en especial las notas con peor caligrafía, como algunas contenidas en el Manuscrito K^1 (uno de los cuadernos de bolsillo que componen el Ms K^1; figs. 5-8). Lo cual parece confirmado por el hecho de que, por ejemplo, todas las anotaciones contenidas en este pequeño có-

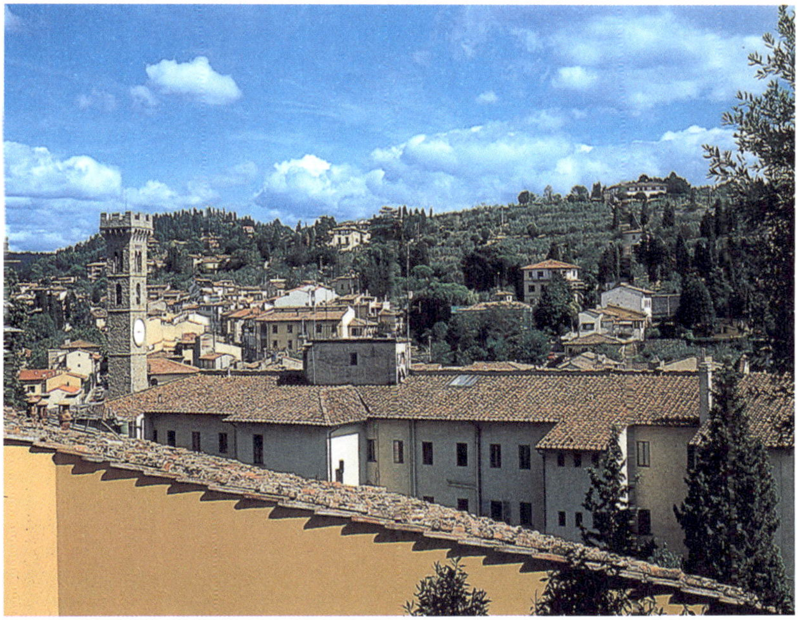

2

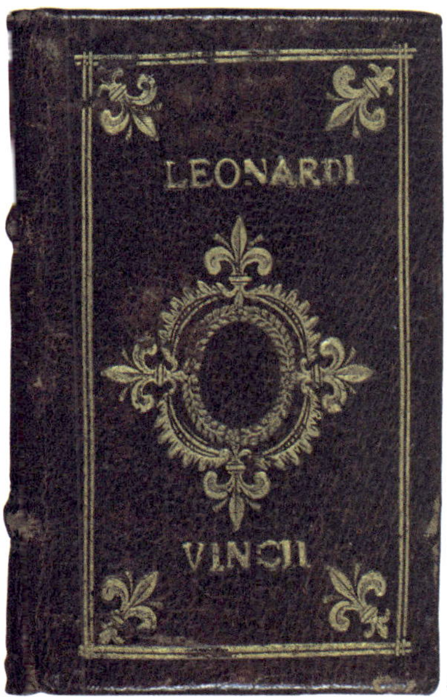

3

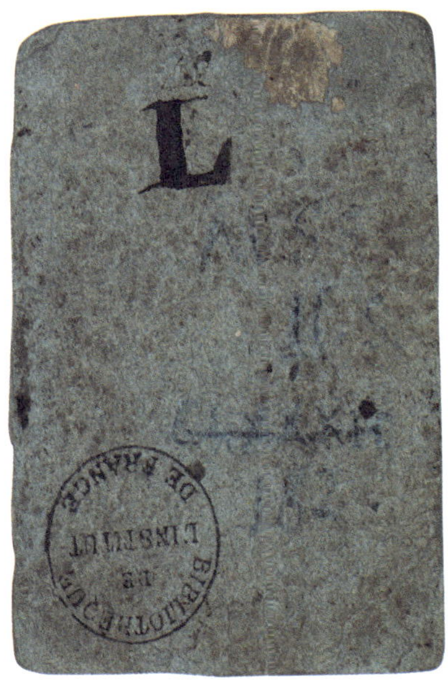

4

5-8. Códice K^1 (ff. 9r, 7r, detalle del 10r, 6r). Los apuntes sobre el vuelo de los pájaros contenidos en este códice, y tachados, fueron probablemente copiados en una recopilación de estudios más completa.

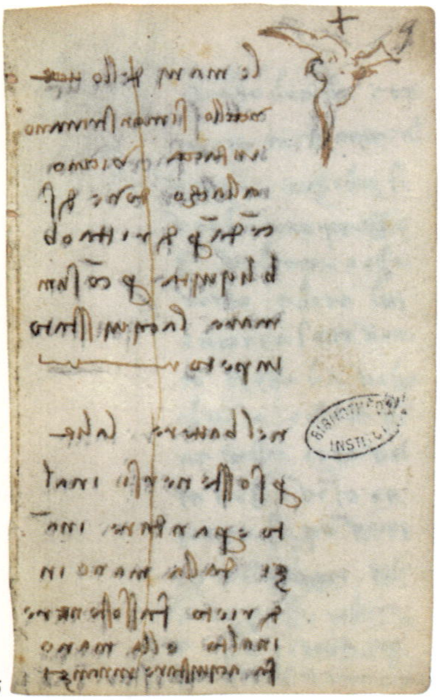

5

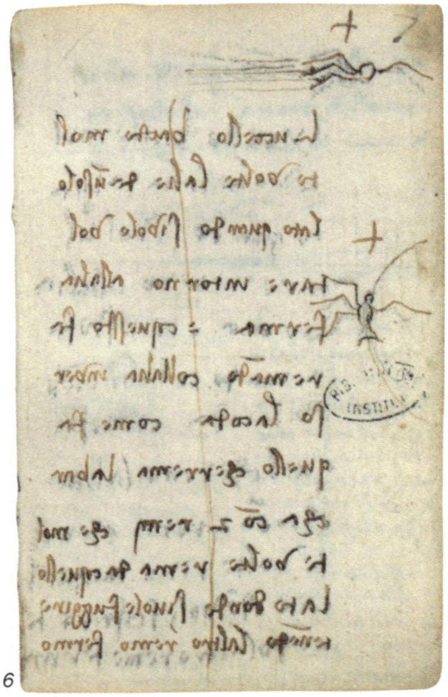

6

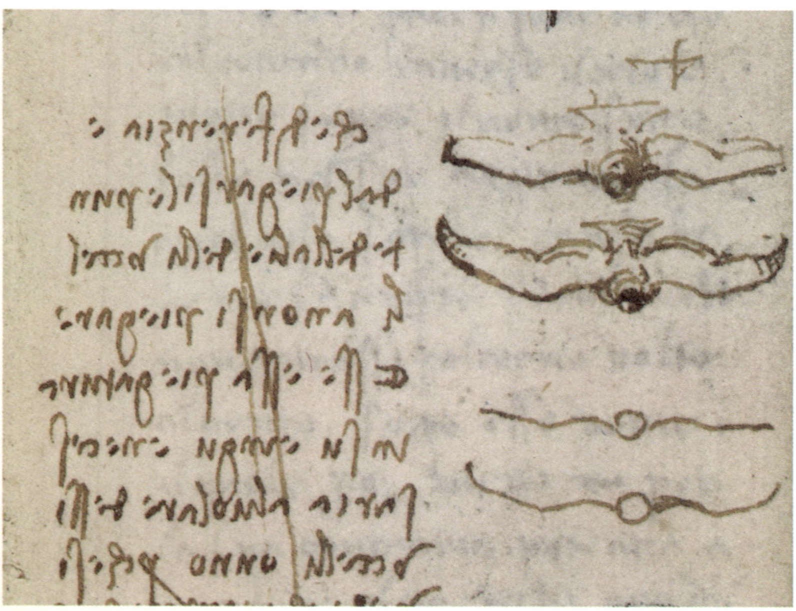

7

dice han sido tachadas por Leonardo con una raya y señaladas con una cruz, como si fuesen apuntes rápidos copiados o desarrollados posteriormente en otro lugar. Entre las observaciones realizadas al aire libre, seguramente, se cuenta la ya citada, relativa al despegue de un pequeño halcón de cola corta avistado cerca de Fiésole, y anotada, como hemos visto, en el Códice sobre el vuelo de los pájaros, algo más grande (21 x 15 cm) que los otros dos.

De hecho, todas las observaciones contenidas en el Manuscrito K^1 hacen referencia exclusivamente al vuelo de los pájaros, analizado en dos aspectos esenciales. Por un lado, las maniobras de viraje y de equilibrio realizadas en vuelo gracias al viento; por otro, el vuelo activo «sin favor del viento», obtenido gracias al batir de las alas. Ambos tipos de vuelo, que entre las décadas de 1480 y 1490 habían caracterizado los proyectos de vuelo mecánico, son estudiados ahora en el vuelo natural.

Todas las anotaciones del Códice K^1, aunque están basadas en este estudio naturalista, concluyen con un programa muy claro, que vuelve a poner en juego el vuelo instrumental, es decir, la máquina voladora: «Divide el tratado de los pájaros en cuatro libros, el primero de los cuales sea del volar batiendo las alas; el segundo, del vuel movimiento instrumental» (K^1 3r).

El denominado K^1, al igual que el Códice sobre el vuelo de los pájaros, ha sido recopilado a partir de la que para nosotros es la última página. La hoja 3r, de la que está extraído el pasaje recién mencionado, se encuentra al final de

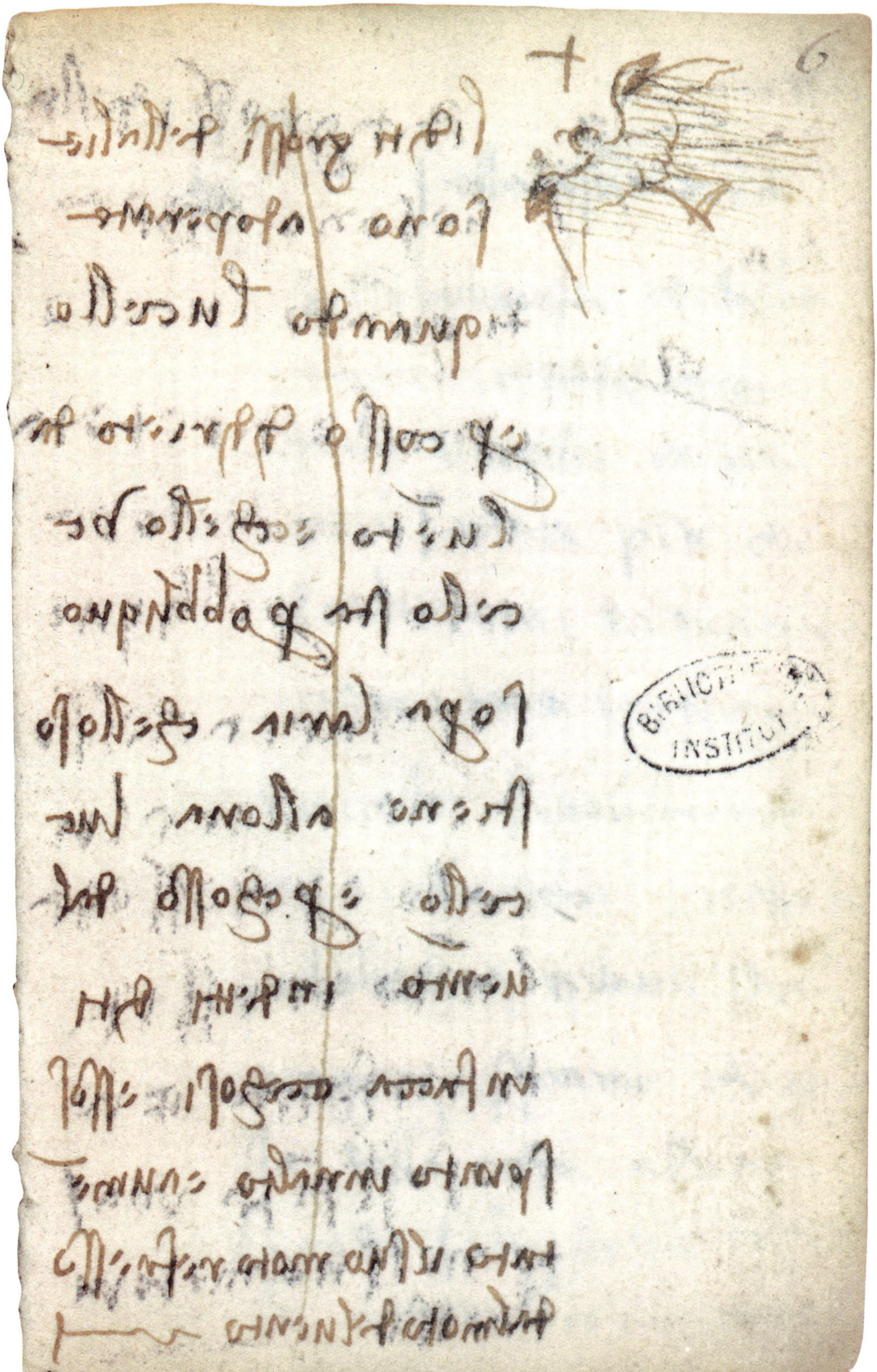

9-11. Códice sobre el vuelo de los pájaros (17v y 18r; abajo, 16v-17r). En la hoja 18r, Leonardo estudia el batido de las alas del pájaro que intenta imitar en los dos proyectos alternativos para el ala de la máquina de las hojas 16v-17r. Esto prueba que sigue considerando posible el vuelo humano activo, obtenido batiendo las alas de la máquina.

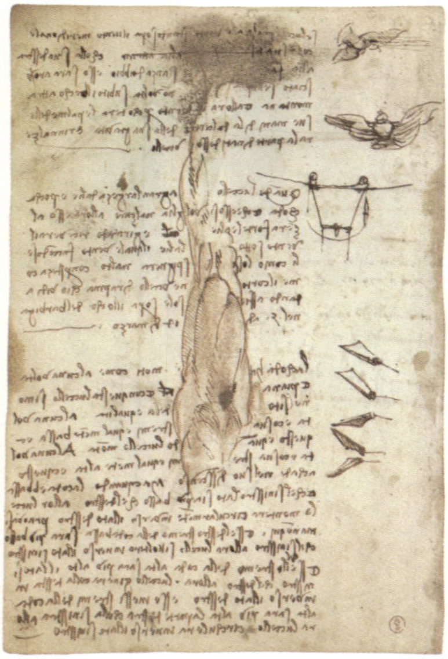

9

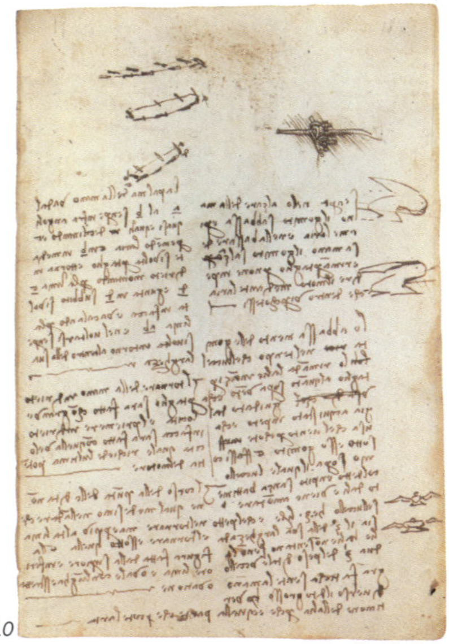

10

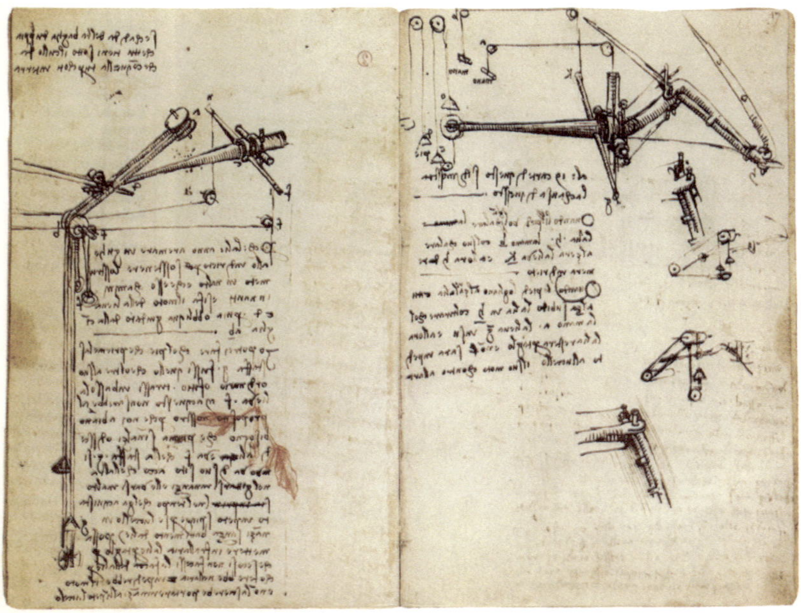

11

las anotaciones referidas al vuelo natural, que comienzan en la hoja 14r. El tratado previsto por Leonardo habría tenido, como él mismo afirma, una amplia sección dedicada al vuelo natural, estudiado en los dos aspectos del vuelo «mediante batido de las alas» y «sin batir las alas, por merced del viento». Esta sección, teórica y naturalista, habría sido integrada por una parte práctica y técnica sobre la máquina voladora («movimiento instrumental»).

El doble programa –estudio del vuelo de los pájaros y su aplicación al vuelo mecánico– es realizado al menos en parte en el Códice sobre el vuelo de los pájaros, que parece ser algo posterior al pequeño códice K[1].

El Códice sobre el vuelo de los pájaros

Si bien carece, como toda la obra de Leonardo, de un desarrollo ordenado, en el Códice sobre el vuelo de los pájaros se identifican dos partes. La primera (que por lo ya expuesto comprende las páginas con numeración más alta) se refiere sobre todo al vuelo batiente; la segunda (las hojas con numeración más baja) se ocupa principalmente de las maniobras de equilibrio en presencia de viento. Cada parte se compone de anotaciones relativas al vuelo de los pájaros, inmediatamente seguidas de proyectos que tratan de reproducir estos movimientos naturales a través de una máquina voladora. Por tanto, resulta evidente, incluso más que en el anterior periodo milanés, la naturaleza fuertemente «mimética» del vuelo humano concebido por Leonardo: observar la

FREUD Y UN RECUERDO DE INFANCIA DE LEONARDO

Entre finales del siglo XIX y comienzos del XX asistimos a un creciente interés por la obra de Leonardo. La publicación impresa, en 1893, del Códice sobre el vuelo de los pájaros es solo un ejemplo de ello. En los primeros años del siglo XX se publica también una famosa biografía de Leonardo escrita por Merezhkovski. Todo esto debió de contribuir a atraer la atención sobre Leonardo del padre del psicoanálisis, Sigmund Freud. En 1910, él da a la imprenta una pequeña obra famosa no solo en la historia del psicoanálisis, sino también en la de los estudios sobre Leonardo: *Un recuerdo de infancia de Leonardo da Vinci*. El estudio, como se deduce del título, se centra en un recuerdo que Leonardo cuenta en el margen de sus estudios sobre el vuelo. Mientras está centrado en la observación de los pájaros en vuelo para comprender sus secretos, su mente es estimulada a recordar un sueño recurrente en su infancia, en el que está en la cuna y es asaltado por un milano que le abre la boca con la cola y la agita dentro de los labios.

Lo que mueve a Freud es reconstruir la psique de Leonardo, su mundo emocional. Por tanto, su investigación se centra ante todo en Leonardo hombre, más que en su arte. Ahora bien, al trabajar sobre un hombre del pasado, Freud no puede utilizar las habituales técnicas psicoanalíticas aplicables a una persona tumbada en un diván. Así pues, el suyo es un experimento: el intento de psicoanalizar a un hombre que vivió cuatro siglos atrás partiendo de lo que ha quedado de él: su obra, constituida por escritos (de todo tipo) y obras de arte.

Entre los escritos, no podía pasar desapercibido el recuerdo de infancia, al ser el análisis de las experiencias infantiles uno de los fundamentos de la práctica psicoanalítica. De hecho, el recuerdo de Leonardo se convierte en una clave fundamental en las manos de Freud para explicar algunos aspectos del carácter de Leonardo, como, por ejemplo, la tendencia a dejar inacabadas sus obras artísticas y científicas, su perenne insatisfacción e indecisión para poner la palabra fin en la realización de un trabajo.

Según el recuerdo relatado por Leonardo, Freud deduce su naturaleza homosexual y, avanzando en su investigación, reconoce su origen en el hecho de que Leonardo vivió los primeros años solo con su madre biológica, antes de ser aceptado por su padre y su madrastra. Ve la ambigua presencia de la madre y de la madrastra en muchas de sus obras de arte, como en la pintura del Louvre que representa a *Santa Ana, la Virgen y el Niño*, y cita también una interpretación según la cual en el manto de la Virgen se reconocería la silueta de un buitre que dirige la cola hacia el rostro del Niño.

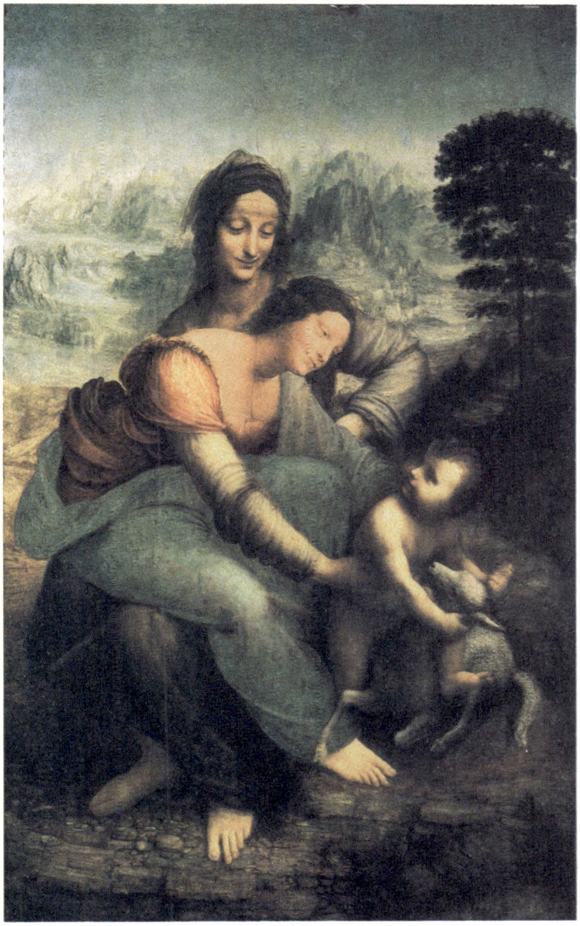

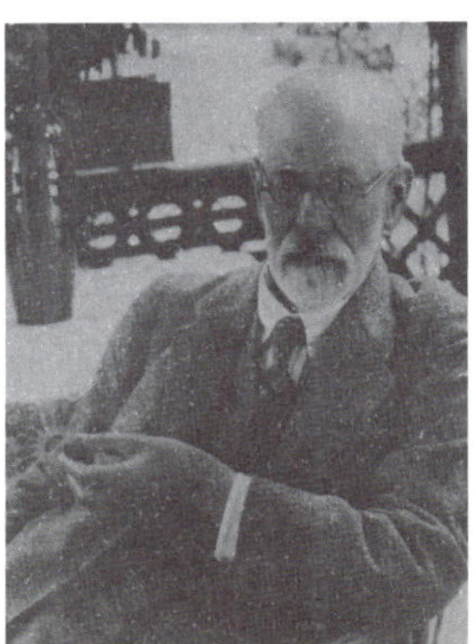

Santa Ana, la Virgen y el Niño *(París, Louvre), obra en la cual, según Freud (a la izquierda), emergería el recuerdo de la difícil relación de Leonardo con su madre biológica y con su madrastra (en el manto de la Virgen se escondería la silueta de un buitre).*

Bajo estas líneas, el pasaje con el recuerdo de infancia de Leonardo, en el que Freud basa su análisis (c. 1503-1505; CA 186v).

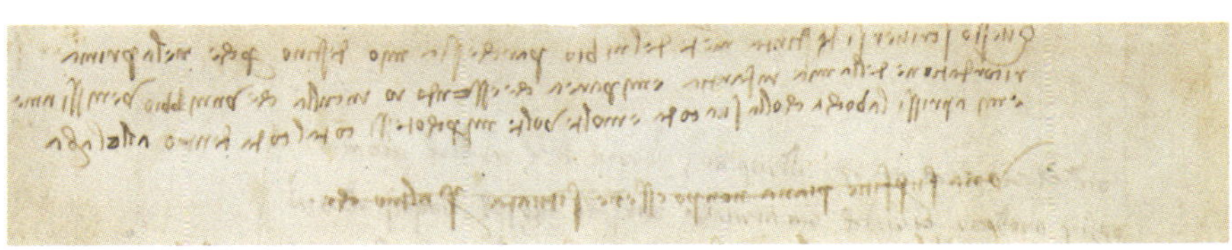

12-14. Estudio de un sistema de salvamento del piloto constituido por odres infladas y enrolladas alrededor del piloto. CA 843r (c. 1503-1505, detalle), CV 16r (detalle), CA 825r (c. 1503-1505). En esta hoja Leonardo trata también la confrontación entre capacidades dinámicas del pájaro y del hombre, que desarrolla en las hojas CA 843r (fig. 12) y 825r (fig. 14), considerando el que denomina «anigrotto» (quizá la grulla o el pelícano).

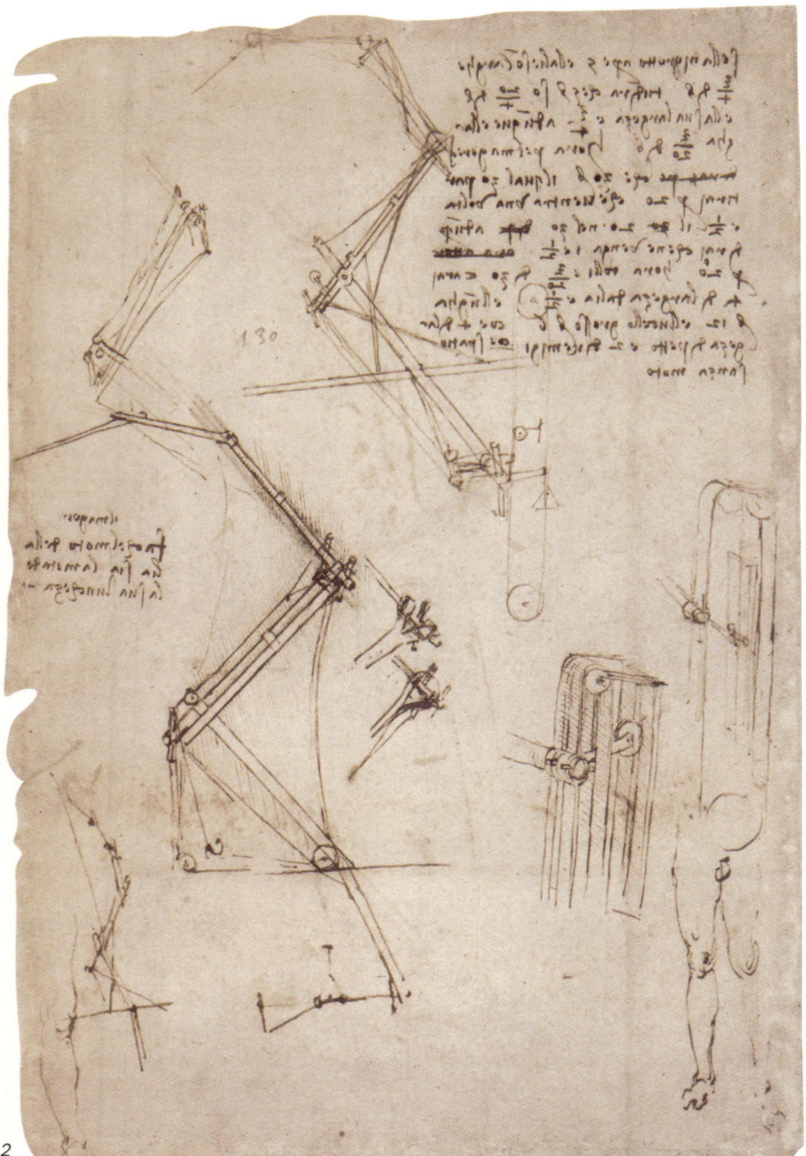

12

naturaleza para recrearla, como en la pintura; no lograr simplemente volar, sino recrear con una máquina, en las funciones y en la forma, las característica de los pájaros.

Al menos desde este punto de vista, el vuelo a motor moderno habría decepcionado seguramente a Leonardo. El estatismo de las alas y del cuerpo de un aeroplano, así como la presencia de un motor que, desde un punto de vista dinámico, no tiene relación alguna con las alas, son exactamente lo contrario a un pájaro. Sin embargo, hay que subrayar que, como en los anteriores periodos, Leonardo continúa afrontando el problema de la «fuerza» (vuelo batiente) y el de la «destreza» (vuelo libre) por separado, sin proponer un modelo de máquina capaz de sintetizar ambas funciones.

Primera parte del Códice sobre el vuelo de los pájaros: el vuelo batiente

Las reflexiones sobre el vuelo batiente se concentran sobre todo en las primeras hojas (para nosotros las últimas, como hemos dicho) del códice (figs. 9-11), es decir, de la 18r a la 16v. Antes de nada, Leonardo estudia con minuciosidad el batir de las alas en los pájaros, necesario para el vuelo en ausencia de viento (18r, los dos dibujos de ala en la parte superior derecha y las anotaciones adyacentes; fig. 10). En una primera fase, la parte terminal, o mano del ala, exactamente igual que la mano de un nadador en el agua, desciende hacia atrás y se sitúa de cara respecto al aire, obteniendo su mantenimiento y propulsión hacia adelante. En esta fase el codo, o parte interior del ala, se eleva y se sitúa de canto respecto al aire para vencer su resistencia y favorecer el avance. Posteriormente, una vez cesado el batido propulsor, la mano del ala vuelve velozmente arriba, antes de iniciar un nuevo batido. En esta fase de intervalo, en teoría, el pájaro debería caer. En cambio, se mantiene en el aire y avanza gracias a la parte del ala próxima al cuerpo (codo o brazo), que desciende y se sitúa no ya de canto, sino de cara al aire, con una ligera inclinación hacia atrás. Así, el aire es concentrado en forma de cojinete cónico (el llamado «efecto cuña») sobre el que el pájaro continúa sosteniéndose y deslizándose hacia adelante gracias al impulso recibido del anterior batido de la mano del ala.

Los proyectos de máquina voladora en las siguientes hojas 17r y 16v (fig. 11) son el intento de reproducir mecánicamente este movimiento natural del ala.

El proyecto 17r representa el ala izquierda de la máquina vista por delante. Ésta está conectada a una polea movida, mediante dos pedales instalados en los mismos cables de la polea, por los pies del piloto, que obtiene así el descenso y la elevación del ala. Al mismo tiempo, con las manos, el piloto acciona hacia arriba dos cables conectados, mediante dos ruedas, a un manubrio adherido y ortogonal al ala: de ese modo el ala es girada, es decir, colocada de cara al aire cuando desciende, y de canto cuando vuelve a elevarse, como sucede con los pájaros en el caso del vuelo batiente, en ausencia de viento.

En todos los proyectos contenidos en esta hoja, las alas de la máquina están

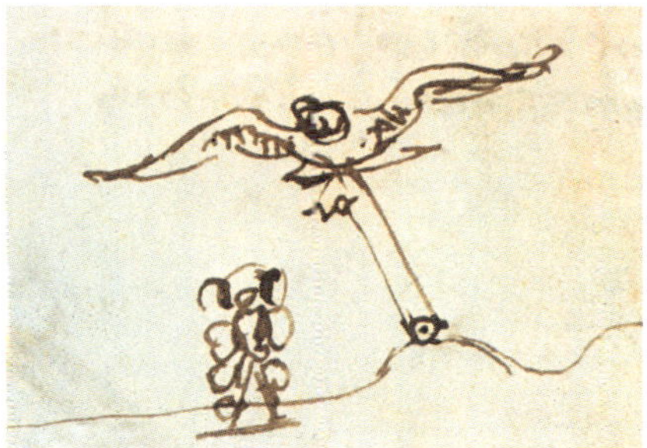

13

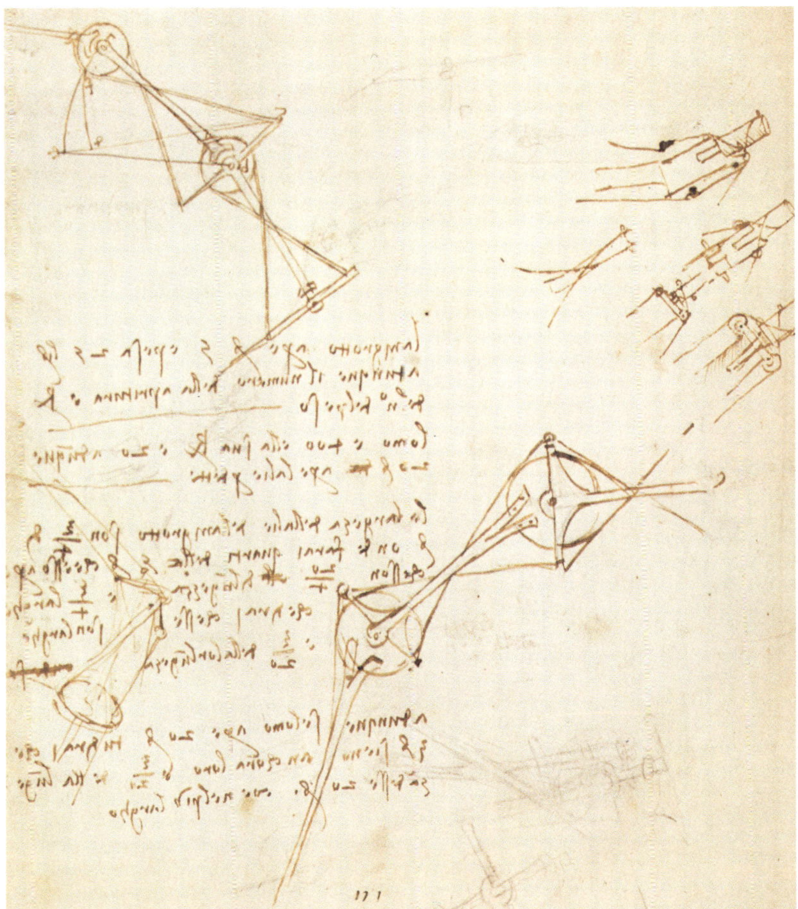

14

15. Estudios para el ala mecánica y confrontación entre capacidades dinámicas del hombre y de la golondrina. c. 1505. (CA 1030r).

16. CV 9r es la primera hoja de una sección del códice dedicada a las maniobras de equilibrio desarrolladas por los pájaros en el vuelo libre, gracias al viento.

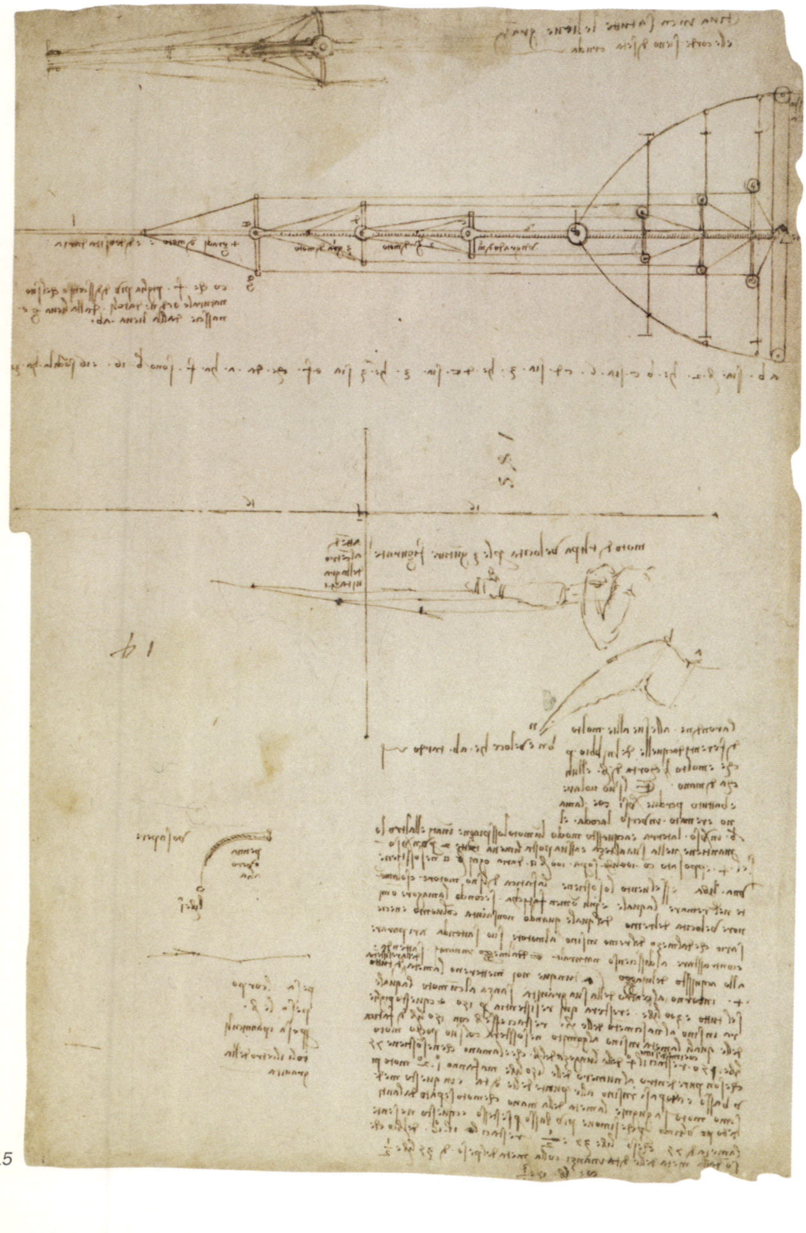

15

situadas en los costados del piloto, a su misma altura. En cambio, es distinta la solución propuesta en la hoja contigua, la 16v. Aquí las poleas son dos: sobre la de arriba se encuentran las alas, y en la de abajo están los pedales accionados por el piloto. Una rueda intercalada transmite el movimiento desarrollado por el piloto en la polea inferior a las alas colocadas sobre la superior. La rotación manual del ala se efectúa a través de dos sistemas de anillas-cables-ruedas situados por debajo del ala y del relativo manubrio. Esta rotación, como en el proyecto de la hoja adyacente, sirve para colocar el ala de cara o de canto, un movimiento necesario en el vuelo batiente, es decir, obtenido con la fuerza y no gracias al viento.

Por tanto, como demuestran estos estudios, en torno a 1505 Leonardo proyecta una máquina que ha de elevarse y volar gracias a la fuerza desarrollada por el hombre, como en los estudios de años anteriores que culminaron con el proyecto de barco volador. Con la importante diferencia de que ahora el punto de partida no es ya el cuerpo humano con sus potencialidades estáticas y dinámicas, sino el animal. Con él debe confrontarse el cuerpo humano, y a las alas de los pájaros deben adaptarse las alas mecánicas. «Alguien –escribe Leonardo en la hoja 16r (fig. 13)– podría considerar imposible el vuelo humano porque, según las diferencias anatómicas, los pájaros parecen capaces de batir las alas con una potencia que le falta al hombre». En efecto, el pájaro, a diferencia del hombre, dispone de potentes músculos pectorales con los que mueve

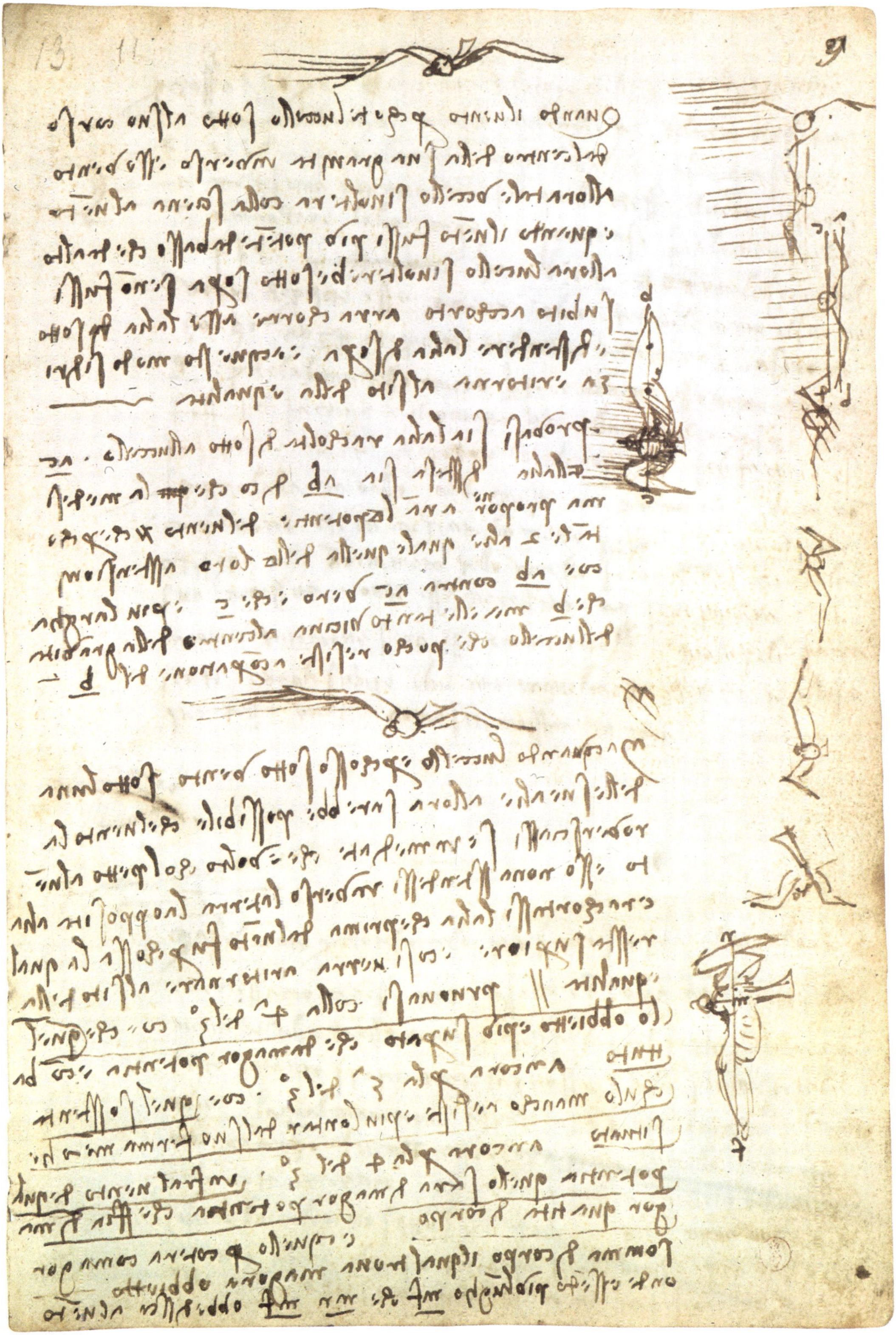

16

17-18 Estudios sobre las maniobras de equilibrio efectuadas por los pájaros para contrarrestar los golpes de viento. CV 8v y 7v.

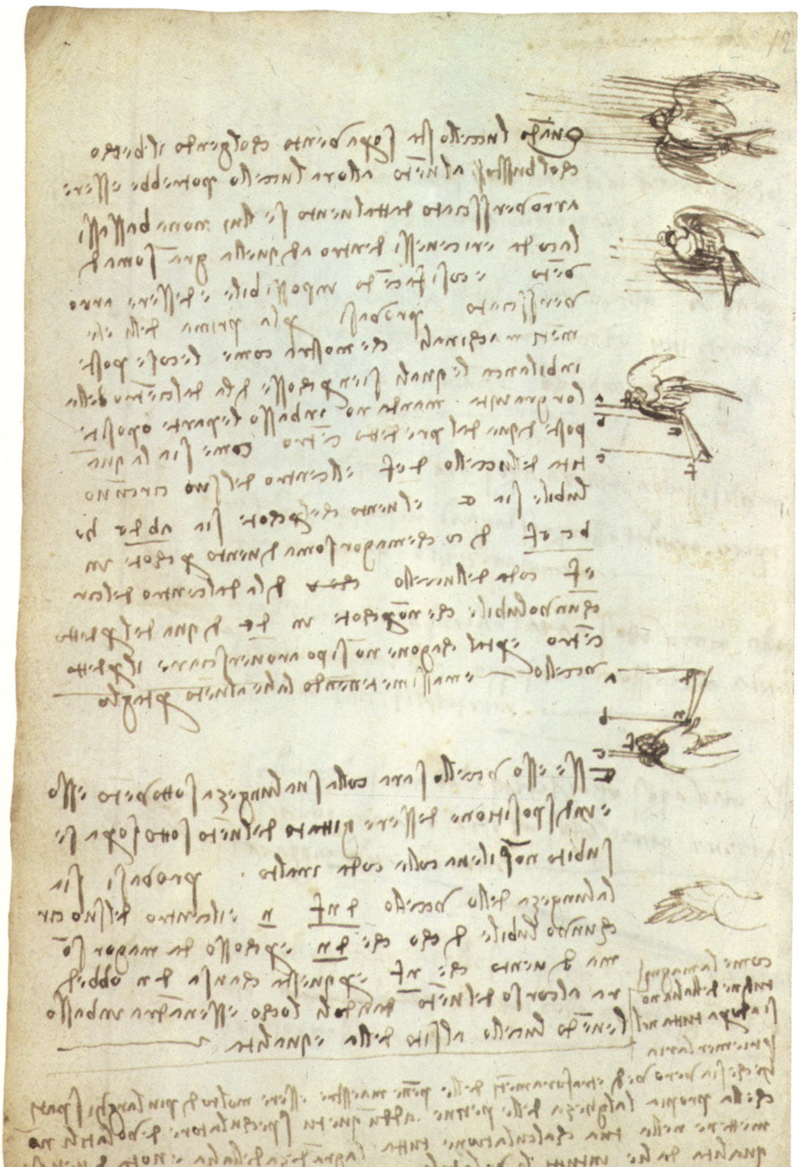

17

las alas; tiene un único y sólido hueso pectoral y alas entretejidas de músculos y ligamentos muy resistentes. La respuesta de Leonardo es que, normalmente, para mantenerse y equilibrarse en vuelo, los pájaros utilizan solo una mínima parte de toda esta potencia dinámica. La gran parte de la fuerza, en cambio, es utilizada solo en ocasiones concretas: para escapar de un predador o para perseguir y retener a una presa. Por tanto, también el hombre puede obtener la fuerza necesaria para mantenerse en vuelo batiendo las alas.

En esta fase de la reflexión leonardiana sobre el vuelo, el hombre no es ya el centro de la investigación; se convierten en punto de partida exclusivamente los pájaros con su estructura corporal. Esto es evidente también en algunas hojas del Códice Atlántico que datan de la misma época (843r, 825r y 1030r; figs. 12, 14 y 15), en las que las dimensiones de las alas suficientes para mantener en vuelo al hombre se obtienen mediante el estudio de aves como el llamado arignotto, parecido a la grulla o al pelícano.

Segunda parte del Códice sobre el vuelo de los pájaros: el equilibrio en el vuelo libre

Leonardo, a medida que avanza en la recopilación del códice (hacia lo que es para nosotros su inicio), más se concentra, especialmente a partir de la hoja 9r (fig. 16), en otro problema: el equilibrio en el vuelo en presencia de viento, tanto en el caso de los pájaros como en el de la máquina voladora. En este último, es el viento el que proporciona el impulso motor, y el piloto y la máquina

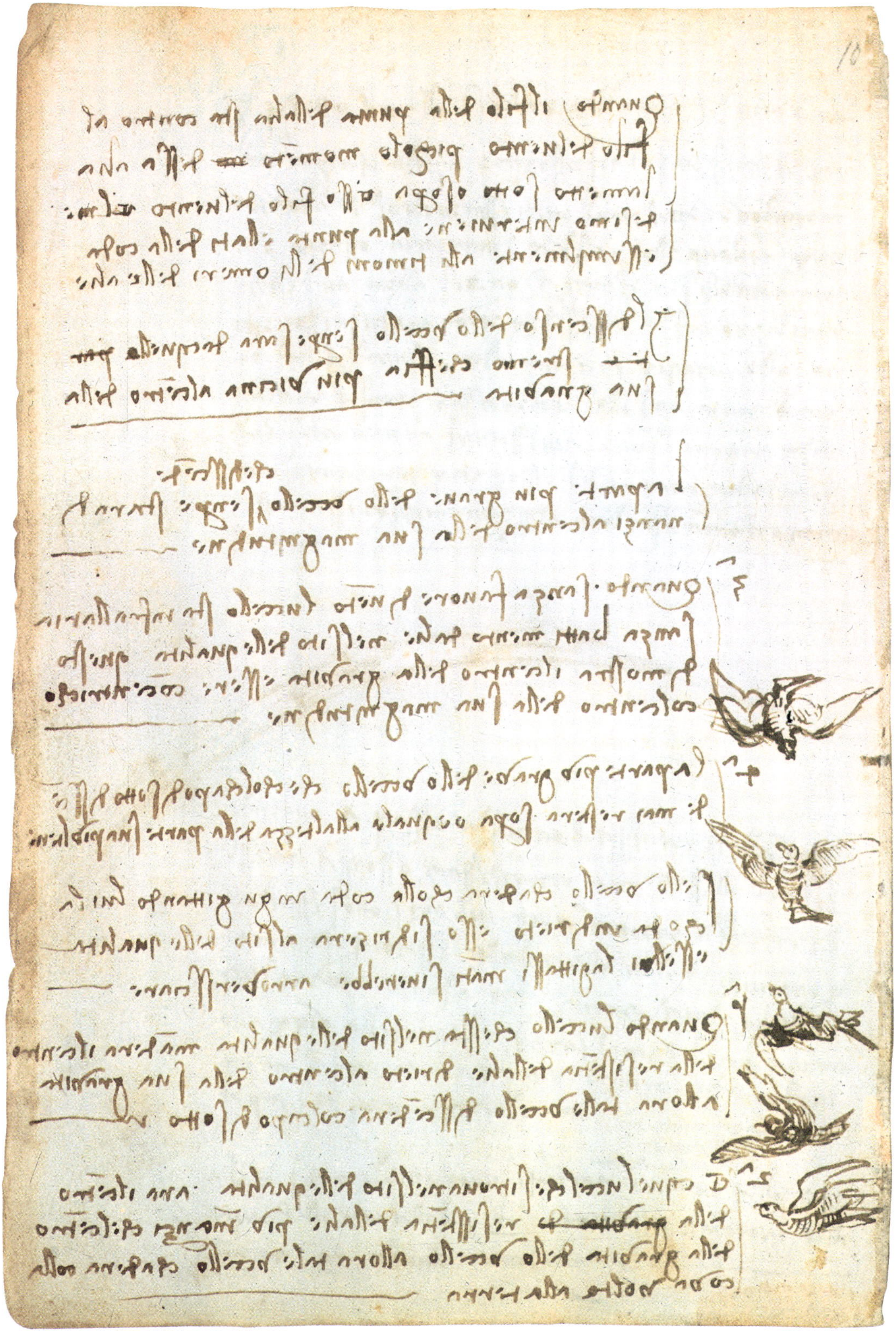

18

19-20. Códice sobre el vuelo de los pájaros (7r y, en la página siguiente, 6v): estudios para el ala mecánica destinados a imitar las maniobras de equilibrio en vuelo de los pájaros estudiadas en las hojas anteriores (ver figs. 17, 18 y 23).

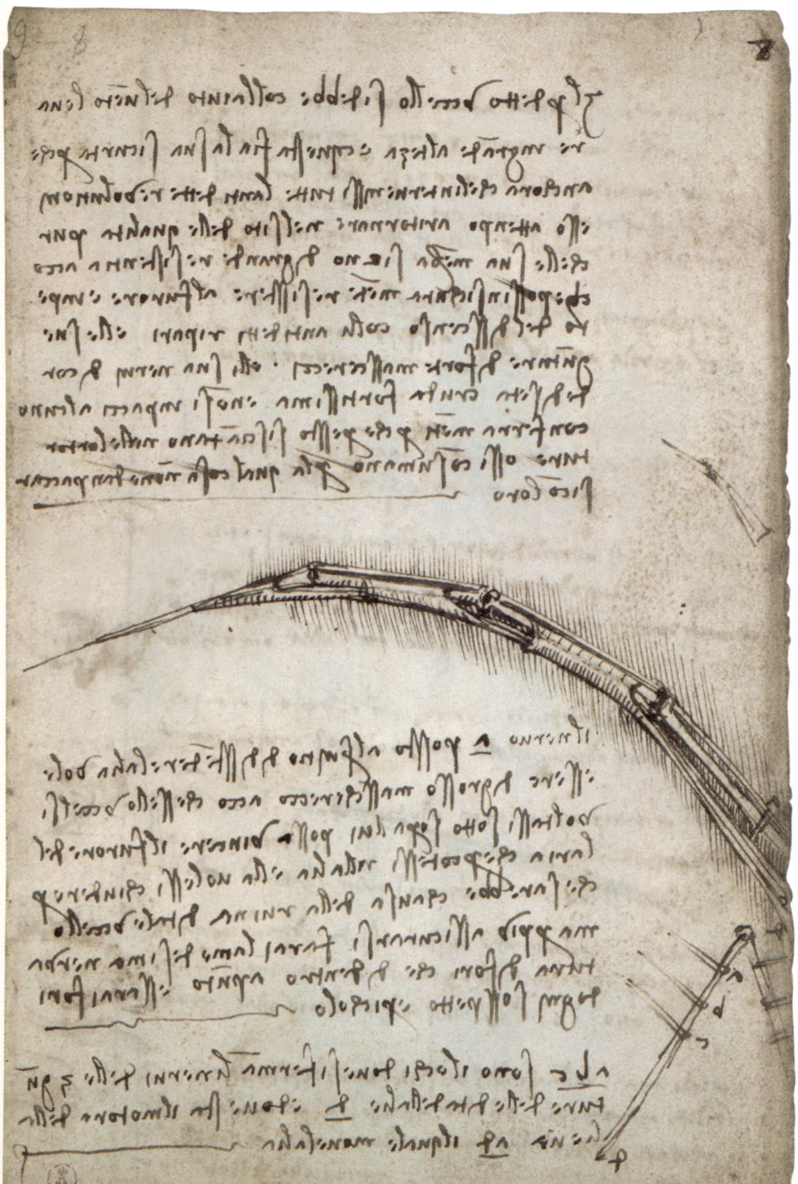

solo deben tratar de mantenerse en equilibrio, poder virar y lograr manejarse frente a un excesivo golpe de viento.

La hoja 9r (fig. 16) está dedicada por completo a analizar la manera en que un pájaro recobra la posición horizontal de equilibrio tras haber sido dado la vuelta en vertical por una ráfaga de viento lateral. Los pájaros lo consiguen extendiendo o plegando el ala de un lado con el fin de utilizar el viento como contrapeso para recuperar el equilibrio, comportándose como una balanza. En las hojas siguientes (8v, 8r y 7v; figs. 17, 18 y 23), Leonardo amplía el análisis a las maniobras de equilibrio y de virada, obtenidos también con la ayuda de la cola o con el álula (la franja de plumas situada en el lateral del ala). Como conclusión de esta densa serie de anotaciones sobre el equilibrio de los pájaros en vuelo en presencia de viento, prepara algunos proyectos de máquinas (7r y 6v; figs. 19-20) que intentan imitar estas acciones naturales. El fin de estos proyectos no es ya el batir de las alas, sino la flexión y extensión de las mismas; sin embargo, el hecho de que éste pueda contribuir a la propulsión está relacionado sobre todo con la obtención de maniobras de equilibrio frente a un peligroso «vuelco» (6v) de la máquina provocado por el «furor del aire» (7r). El ala es articulada y el piloto la flexiona y la extiende mediante tirantes, variando la exposición del ala al viento según la dirección de la ráfaga.

Es una premisa básica para la realización de estas maniobras que la máquina vuele alta, con el fin de que tenga espa-

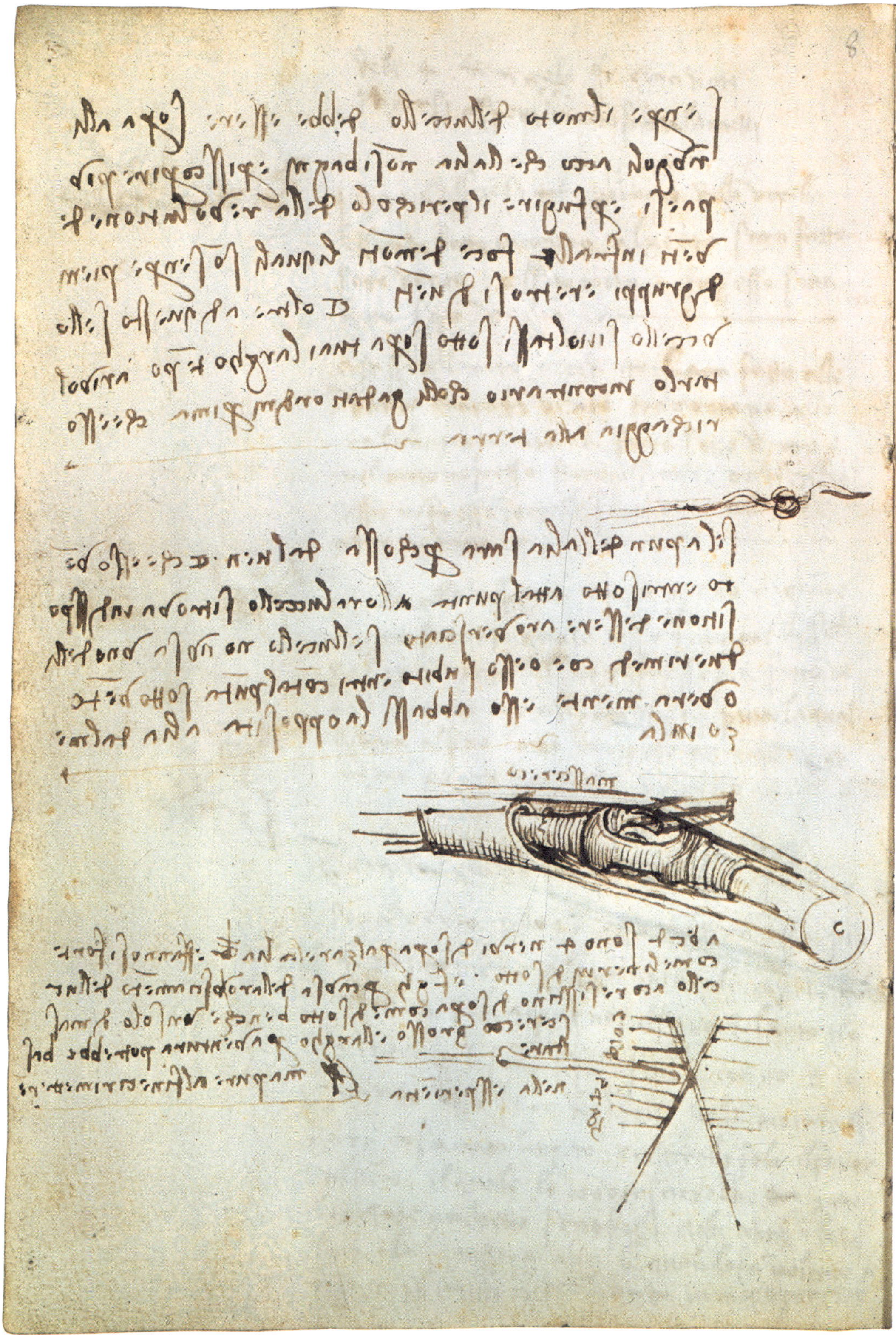

20

21-22. Códice sobre el vuelo de los pájaros (4r y, en la página siguiente, 1r): estudios sobre los principios de estática aplicados a menudo por Leonardo, en otras páginas del códice, al estudio del vuelo natural y artificial.

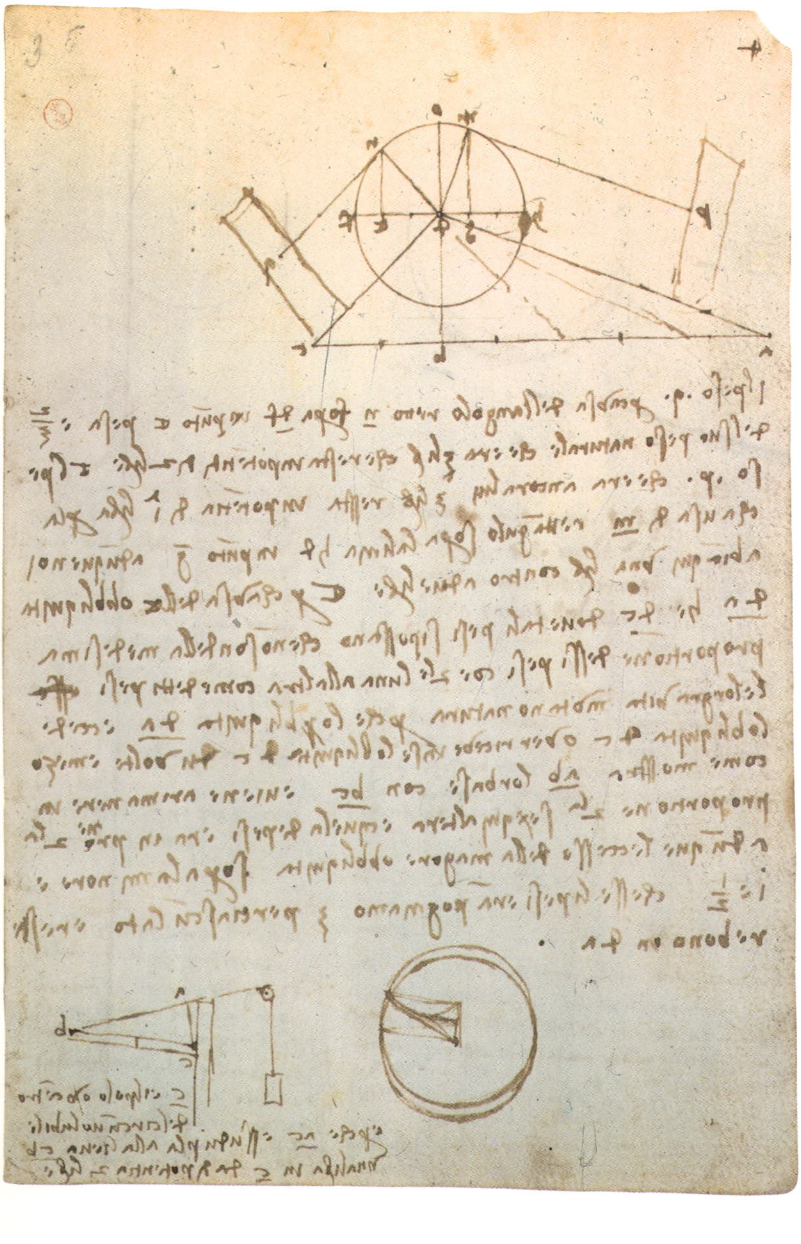

21

cio y tiempo suficientes para recuperar el equilibrio antes de estrellarse contra el suelo: «El antedicho pájaro, con la ayuda del viento, se debe elevar a gran altura, y ésta le proporciona su seguridad» (7r).

Tercera parte del Códice sobre el vuelo de los pájaros: los principios de la estática

Leonardo no alude a una combinación de estos proyectos relativos al vuelo libre con los basados en el batido de las alas, considerados al principio del códice.

Otra sección del mismo (de la hoja 4r a la 1r; figs. 21 y 22), en cambio, está dedicada a problemas de estática y es un apéndice de los estudios sobre el vuelo contenidos en las hojas anteriores. En ellas, la investigación se basaba ampliamente, aparte de en la observación del vuelo natural, en consideraciones teóricas de estática. Muchos de estos principios de estática que son afrontados en estas últimas hojas desde un punto de vista teórico habían sido aplicados, en las páginas anteriores, a la comprensión del vuelo natural y a la ideación del artificial. Por ejemplo, la consideración del centro de gravedad, o el análisis del comportamiento estático de los cuerpos a través de los denominados planos inclinados.

Hay que subrayar que en esta época los conocimientos de estática y dinámica de Leonardo no generan ya de forma apriorística el proyecto de la máquina voladora, casi como si ésta fuese la visualización de un teorema dinámico. Leonardo ha alcanzado un mayor equilibrio entre teorías mecánicas, estudio del vuelo natural y proyectos de máquinas; la forma y las funciones de estas últimas dependen sobre todo del segundo punto, aunque el vuelo natural y el de la máquina están salpicados de sutiles consideraciones de estática y dinámica.

Coincidencia de conocer y hacer: la máquina voladora como imitación de la naturaleza

En la investigación técnica de Leonardo, el proyecto de la máquina voladora, al igual que la pintura, se plantea con mayor evidencia como mímesis o imitación de la naturaleza. Leonardo persigue con ahínco la recreación del ser vivo capaz de volar. Una mímesis radical que va más allá de la buscada en la pintura, porque en este caso Leonardo pretende recrear en el espacio real lo que está en la naturaleza, emular el modelo natural, imitando tanto la forma como la capacidad funcional de volar de los pájaros.

Especialmente después de 1500, en la época en que retoma los estudios sobre el vuelo, acreditada por el códice examinado ampliamente hasta ahora (hoy en la Biblioteca Reale de Turín), el término más frecuente con que Leonardo designa la máquina voladora es *uccello* (pájaro). En esos años, como nunca antes, conocer y hacer coinciden perfectamente para él. La continua ósmosis entre observación de la naturaleza y reproducción técnica llega a una auténtica superposición.

En la mente de Leonardo la observación y el estudio de los pájaros a veces coinciden con la recreación artificial del animal observado en la naturaleza; y pasa, casi sin que nos demos cuenta, de una cosa a la otra. Por ejemplo, en la segunda parte del códice turinés, en medio

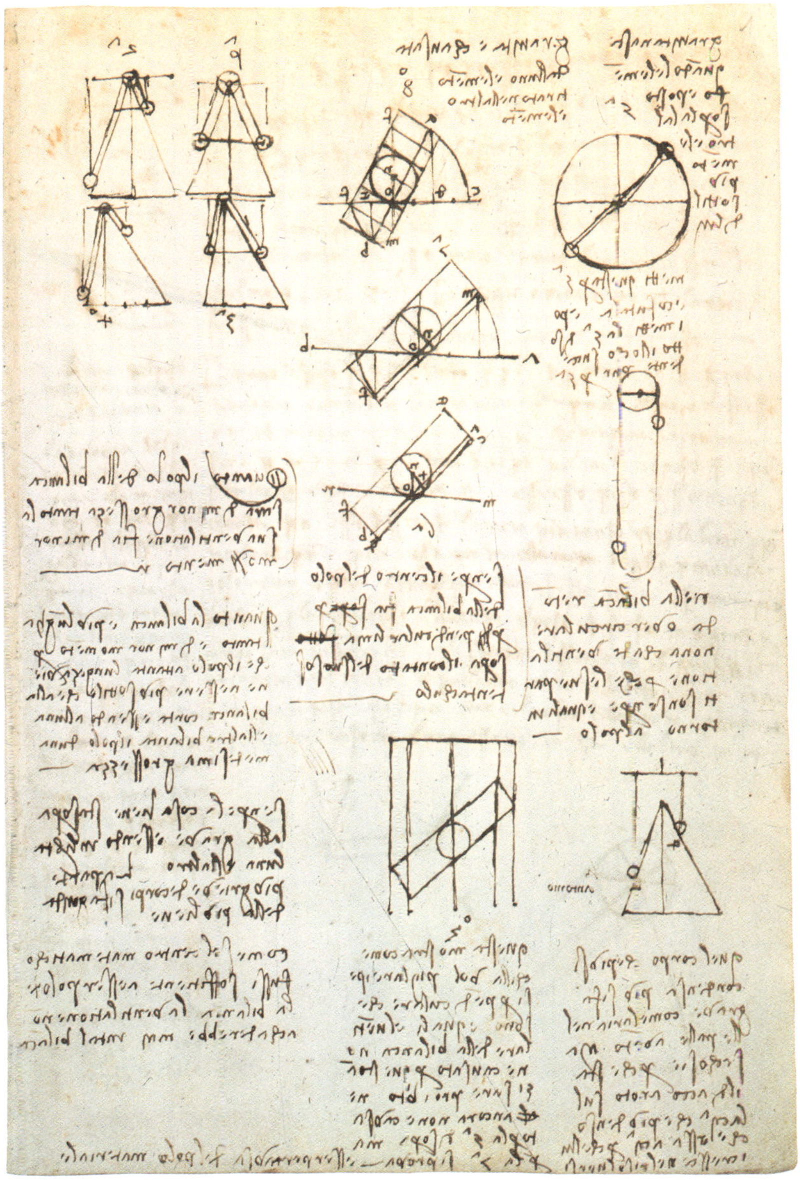

22

23-24. Estudios de las maniobras de equilibrio de los pájaros (CV 8r; conjunto y detalle). En el detalle ampliado del dibujo (fig. 24) y en las anotaciones, Leonardo va de la consideración del vuelo natural del ave a la consideración de la máquina con el piloto.

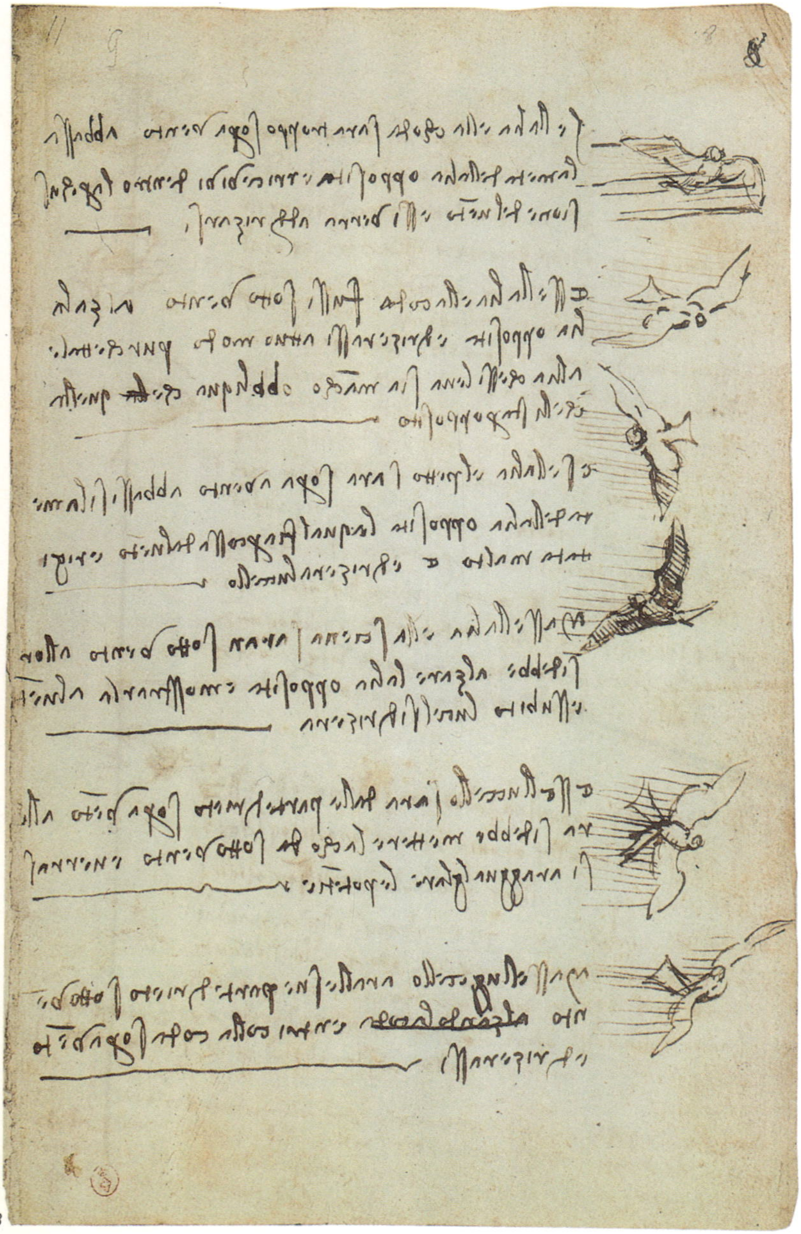

23

de hojas dedicadas al estudio de las maniobras de equilibrio de las aves (9r, 8v, 7v), en las que las anotaciones referidas al pájaro están escritas en tercera persona, (por ejemplo: «Cuando el pájaro está sobre el viento volviendo el pico», 8v), se encuentra la hoja 8r (fig. 23), que contiene también dibujos de pájaros durante maniobras de equilibrio, pero en este caso las anotaciones están en segunda persona, casi como si Leonardo se dirigiese a sí mismo o al piloto de la máquina: «Si el ala y la cola están demasiado sobre el viento, baja la mitad del ala».

Algo que queda confirmado en la hoja 6v (fig. 20), que contiene anotaciones y proyectos para la máquina en los que Leonardo parece aludir a estas «órdenes» o reglas que ha reunido: «Y aparte de esto, si el pájaro se girase de abajo arriba, tienes mucho tiempo para darle la vuelta en contrario con las órdenes ya dadas, antes de que él caiga al suelo». Al menos en uno de los dibujos de la hoja 8r (centro, fig. 24), la silueta del pájaro parece adoptar incluso rasgos humanos. Esta «metamorfosis» conceptual y visual resulta evidente también en la hoja 15r (fig. 26), en la que los dos dibujos de arriba y el último de abajo, relativos seguramente a cualquier ave, y los dos centrales, acompañados de observaciones sobre el equilibrio en vuelo, parecen representar también la máquina voladora: el círculo rodeando las alas podría aludir de forma esquemática tanto al cuerpo y a la cabeza de un pájaro como al piloto en su habitáculo. Esto último ocurre ciertamente en un dibujo análogo en la hoja 12v (figs. 26 y 27), cuyas anotaciones hacen referencia a la máquina voladora.

El otro dibujo de la hoja 12v, en la parte superior, representa esquemáticamente al piloto con las alas en sus costados, a las que están superpuestas las líneas a lo largo de las cuales Leonardo considera más probable una rotura de la máquina por esfuerzo excesivo.

Esta coincidencia de estudio y observación de los pájaros en vuelo y su emulación se produce también en referencia a la estructura de la máquina, en particular a la de las alas. Del mismo modo que Leonardo llama a la máquina «pájaro», asigna a las partes que la constituyen nombres anatómicos: los tirantes que mueven las alas son llamados «nervios» (en 6v) y la parte exterior del ala es denominada «dedos» (en 7r).

El estudio de la estructura anatómica del ala de un ave, junto a la observación de los pájaros en vuelo, es también expresión de una mayor atención al mundo natural, que caracteriza esta fase de los estudios de Leonardo sobre el vuelo humano. También en lo referente al estudio de la anatomía del ala hallamos casos de auténtica superposición entre naturaleza y máquina.

Por ejemplo, el ala que se ve en la parte inferior de una hoja del Códice Atlántico (854r; fig 28) es casi con certeza un ala mecánica, pero su semejanza con un ala natural, seccionada y dibujada para comprender su estructura, es muy grande. El ala de la máquina, como atestiguan también dos dibujos en el Códice sobre el vuelo de los pájaros (11v; fig. 29), es concebida por Leonardo como algo conforme al modelo natural, incluso en la forma de los huesos de los segmentos articulados.

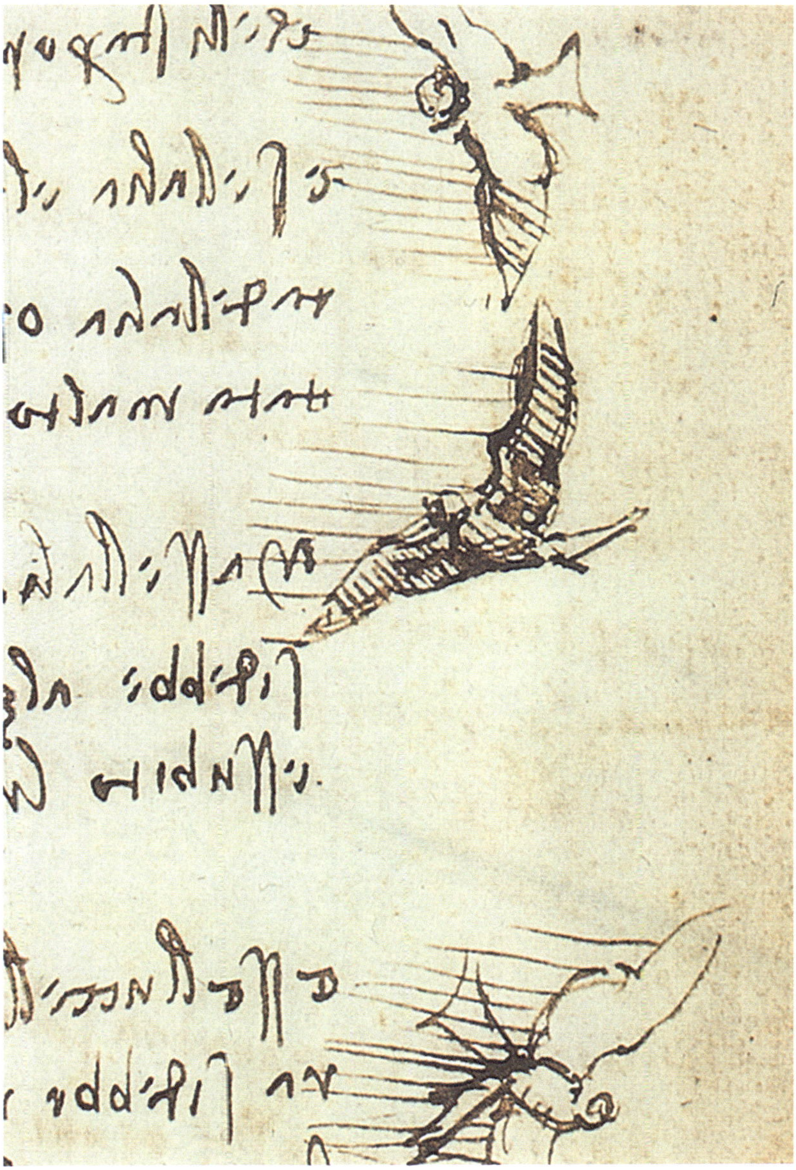

24

25-27. CV 15r y 12v, con detalle de este último.

28. El dibujo inferior (c. 1505; CA 854r), casi con certeza para el ala de la máquina, guarda una gran semejanza con el ala natural, sus segmentos óseos y sus articulaciones, hasta el punto de dejar alguna duda (el fragmento en el centro de la hoja, también relativo a la máquina voladora, data de una época anterior; c. 1487-1490).

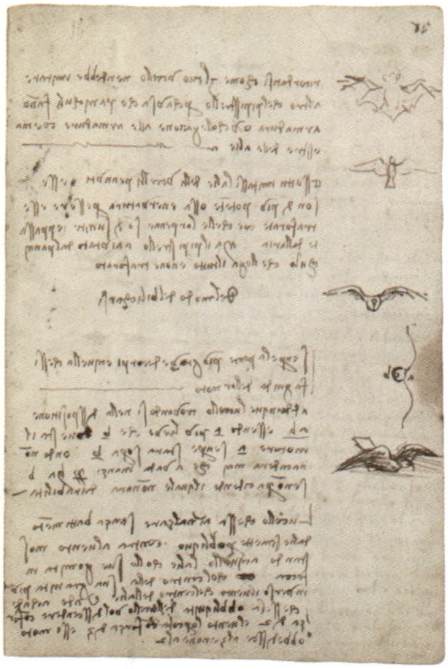
25

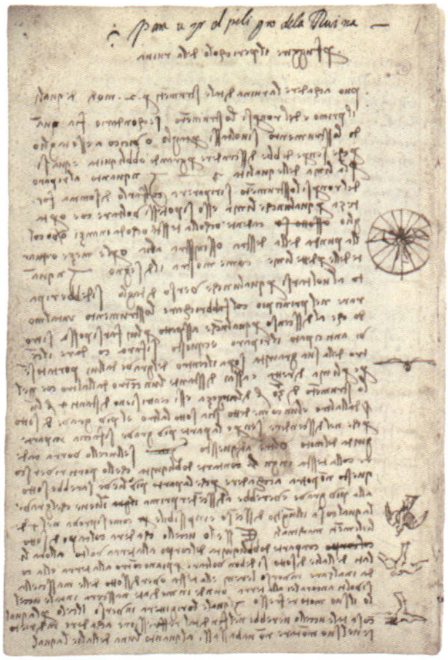
26

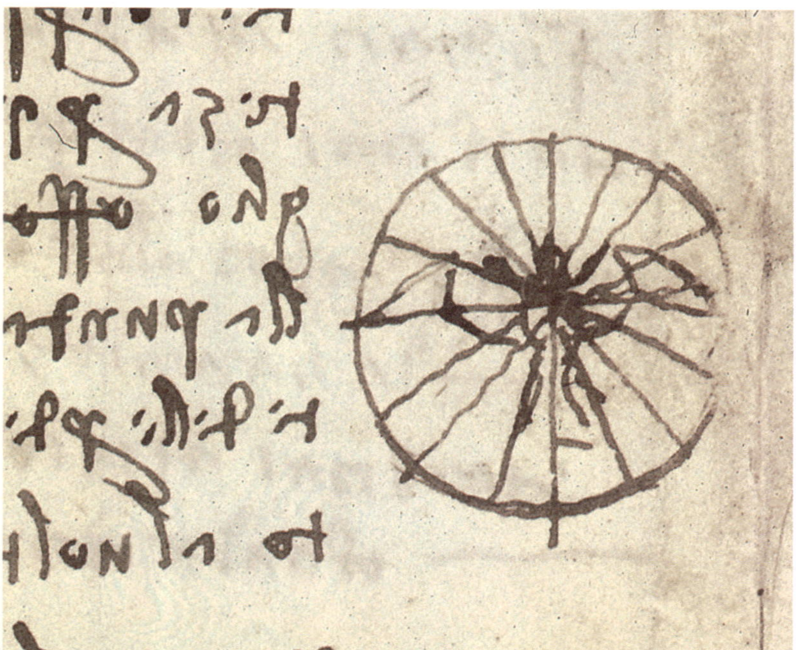
27

Con el paso del tiempo aumentan los proyectos de ala articulada con una apariencia más acorde con la real. Aparte de los ya considerados, el ejemplo más maduro desde este punto de vista está en el proyecto delineado en la hoja 934 del Códice Atlántico (c. 1505-1506; fig. 31).

Si pensamos en los múltiples y complejos sistemas de estribos y molinetes recurrentes en las máquinas voladoras ideadas por Leonardo en las décadas de 1480 y 1490, nos damos cuenta de que en estos proyectos más tardíos el piloto mueve las alas con menos interposiciones «maquinales», mediante sistemas de tirantes y poleas más sencillos y directos, mientras que la estructura misma de las alas mecánicas, como hemos visto, tiende a parecerse, incluso interiormente, a la estructura de las alas de los pájaros. En definitiva, Leonardo da Vinci sigue confiando en poder emular el vuelo natural, tanto batiente como libre, pero lo hace según un naturalismo más sutil que en el pasado.

Esto también forma parte de una general tendencia de su pensamiento. El Códice sobre el vuelo de los pájaros es prácticamente contemporáneo a la realización del proyecto de la *Batalla de Anghiari* (c. 1504-1506; fig. 32). Los estudios que acompañan la preparación de esta obra (figs. 30, 33 y 34) llevan a Leonardo a plantear su investigación anatómica y psicológica sobre el hombre y los animales en general, más que en años anteriores. La investigación *«de animalibus»*, la anatomía comparada, le induce a insistir sobre los elementos de afinidad anatómica y

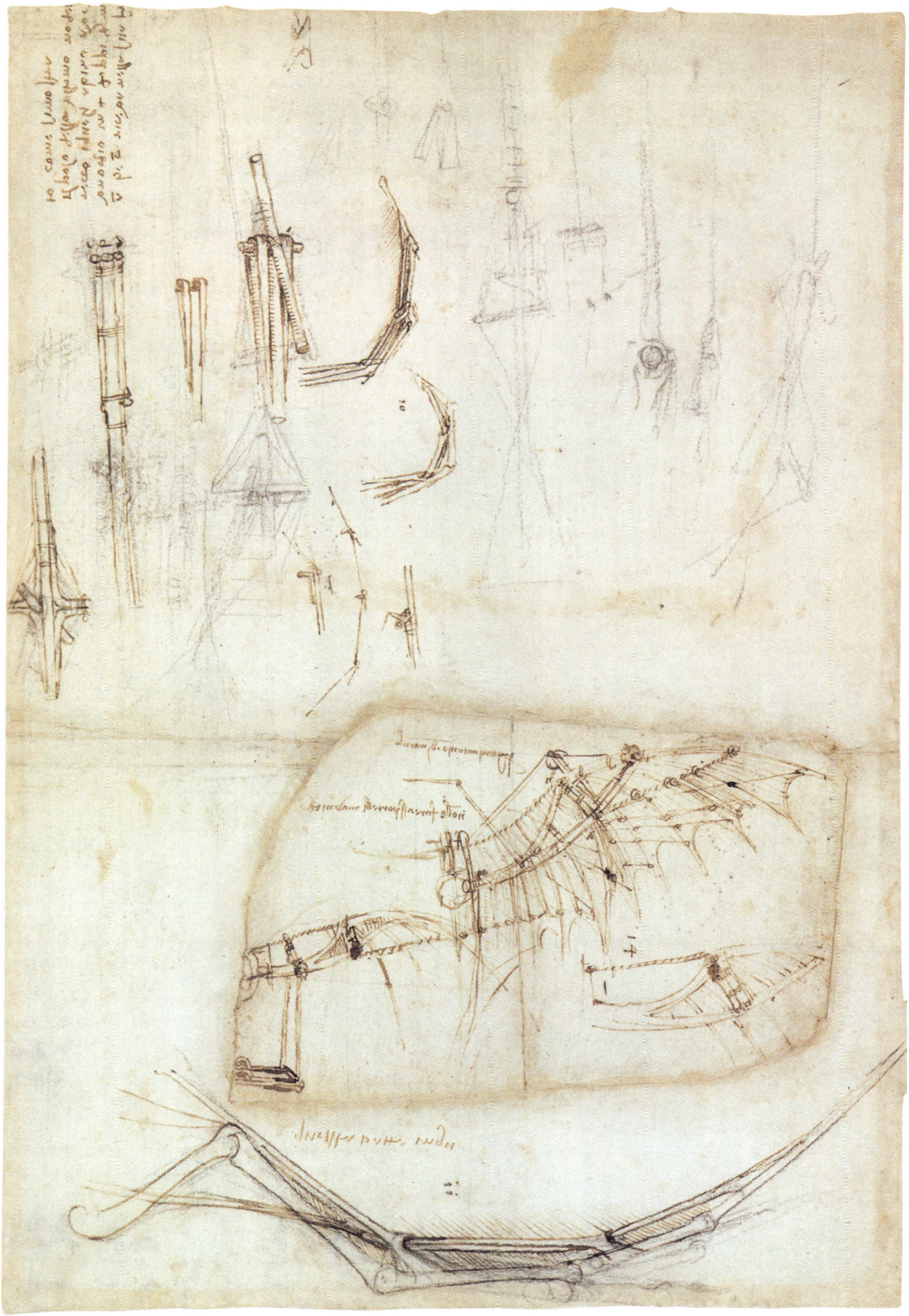

28

29. Estudios para el ala de la máquina (CV 11v). Los de abajo muestran una gran semejanza con los segmentos óseos del ala natural.

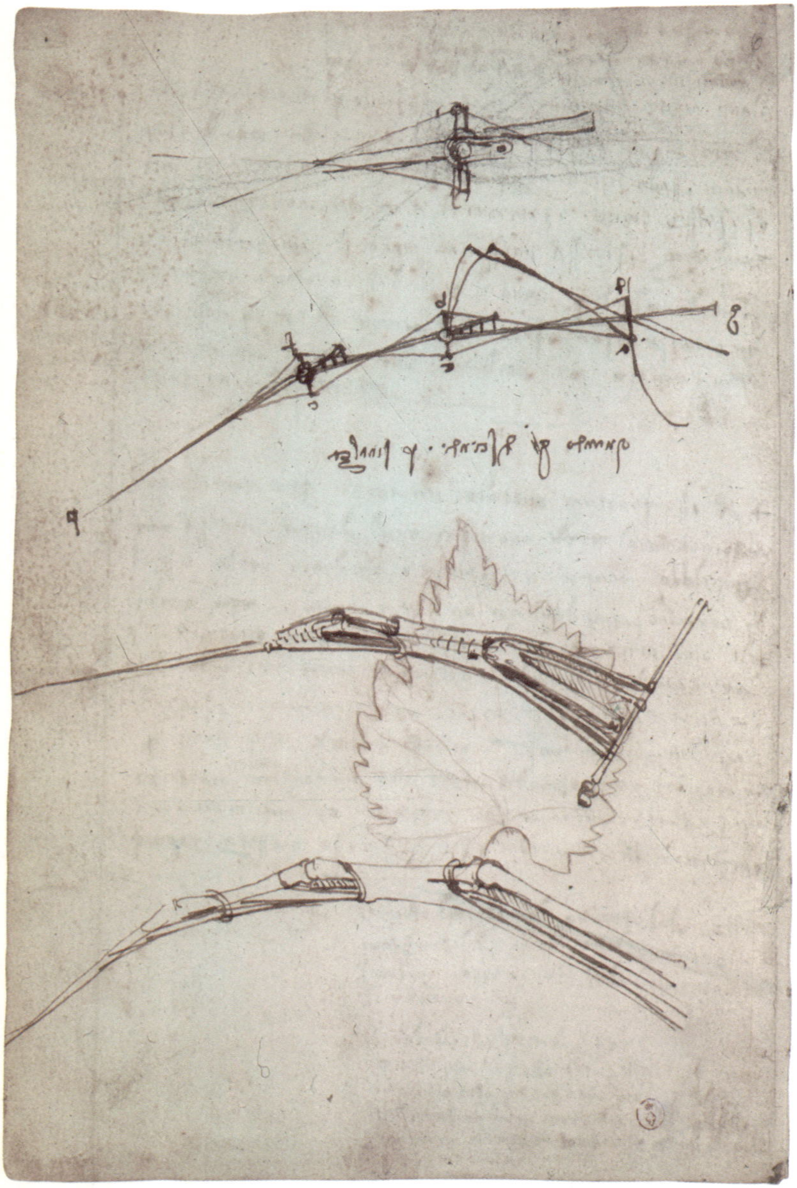

29

psicofisiológica entre hombre y animal. También en los estudios sobre el vuelo humano entra este horizonte de psicología comparada.

La atención a las maniobras de equilibrio en vuelo de los pájaros es en definitiva el reconocimiento y el estudio de su «inteligencia»: la instintiva capacidad de manejarse. Esta capacidad es intrínseca a la que Leonardo denomina «el alma» de un pájaro. Por eso la investigación sobre el vuelo llega a alcanzar, como en otros campos de la obra leonardiana, el nivel problemático de la interacción psicosomática entre alma y cuerpo, que Leonardo hereda de la tradición escolástica de filosofía natural y desarrolla de manera original.

Y al igual que en la «mímesis pictórica» es una cuestión fundamental la de la *«animatio»* (es decir, de los movimientos mentales o emociones y pensamientos que las figuras humanas y animales deben expresar en los movimientos y en el aspecto del cuerpo), en la «mímesis técnica» Leonardo afronta el problema del «alma». «El pájaro es instrumento obrante por ley matemática, instrumento que es potestad del hombre poderlo hacer con todos sus movimientos, pero no con tanta potencia, sino solo con la potencia de mantenerse en equilibrio. Por tanto, diremos que a tal instrumento compuesto por el hombre no le falta más que el alma del pájaro, la cual alma es necesario que sea suplantada por el alma del hombre» (CA 434r).

Los últimos renglones del pasaje, que expresan precisamente la conciencia

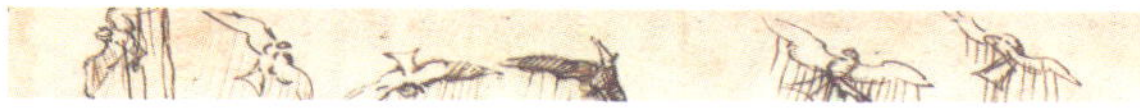

GUGLIELMO LIBRI Y EL ROBO DEL CÓDICE SOBRE EL VUELO DE LOS PÁJAROS

Como otros muchos manuscritos de Leonardo, también el Códice sobre el vuelo de los pájaros llega a París por voluntad de Napoleón. De hecho, éste es el primer robo del Códice, que en esa época formaba parte de otro códice de Leonardo más voluminoso, el Manuscrito B. Una vez en París, en el transcurso del siglo XIX, los códices de Leonardo atraen la atención de muchos estudiosos. Entre ellos se halla Guglielmo Libri, matemático e historiador de la ciencia de cierta notoriedad. En definitiva, una figura fuera de toda sospecha, que no tenía dificultad en acceder libremente a la consulta del valioso material leonardiano. Sin embargo, Libri no se conformó con esto: sustrajo varias hojas de los Manuscritos A y B y todo el Códice sobre el vuelo de los pájaros, arrancándolo de este último manuscrito en el que se encontraba.

También existe una hipótesis relativa a la técnica que utilizó para cortar las hojas sin levantar sospecha alguna, es decir, el empleo de un hilo impregnado de ácido muriático, que Libri dejaba a modo de marcalibros en el interior del códice y que, en el transcurso de la noche o de algunos días, erosionaba la hoja sobre la que estaba apoyado permitiendo su eliminación sin utilizar cuchillos u otros instrumentos que habrían conllevado mayor riesgo.

Una vez retiradas las hojas, Libri buscó la mejor forma de venderlas, reuniendo en pequeños legajos las hojas sustraídas de los Manuscritos A y B y, viceversa, separando en hojas sueltas el Códice sobre el vuelo de los pájaros. Todo ello, obviamente, para disimular el origen ilegal del material.

De ese modo comenzó la dispersión de este último: cinco hojas fueron compradas en Londres, más tarde pasaron a manos del bibliófilo Charles Fairfax Murray, y por último fueron a parar a Ginebra, a la colección de Henry Fatio. Las otras trece hojas tuvieron un destino distinto, acabando en las manos de Teodoro Sabachnikoff, quien prometió realizar una edición impresa del Códice (publicada en 1893), edición que, sin embargo, estaba incompleta.

Más tarde, hacia 1920, gracias a la iniciativa de la Reale Commissione Vinciana y a la obra de Enrico Carusi, el Estado italiano recuperó las hojas que faltaban, y el Códice recobró su forma original, preservada en la Biblioteca Reale de Turín.

El Códice sobre el vuelo de los pájaros (abajo, la hoja 15v), junto con otros manuscritos de Leonardo, fue trasladado a París por voluntad de Napoleón (abajo, en un retrato de Ingres) y guardado en el Institute de France (abajo, a la derecha).

De este lugar fue robado, en el transcurso del siglo XIX, por Guglielmo Libri. Más tarde, tras numerosas vicisitudes, fue recuperado y finalmente llevado a la Biblioteca Reale de Turín.

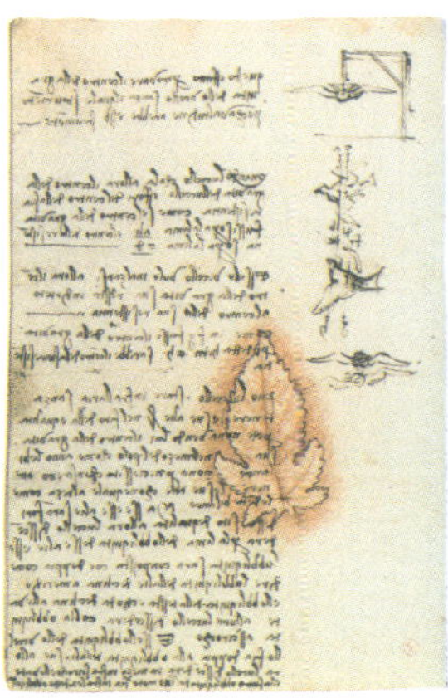

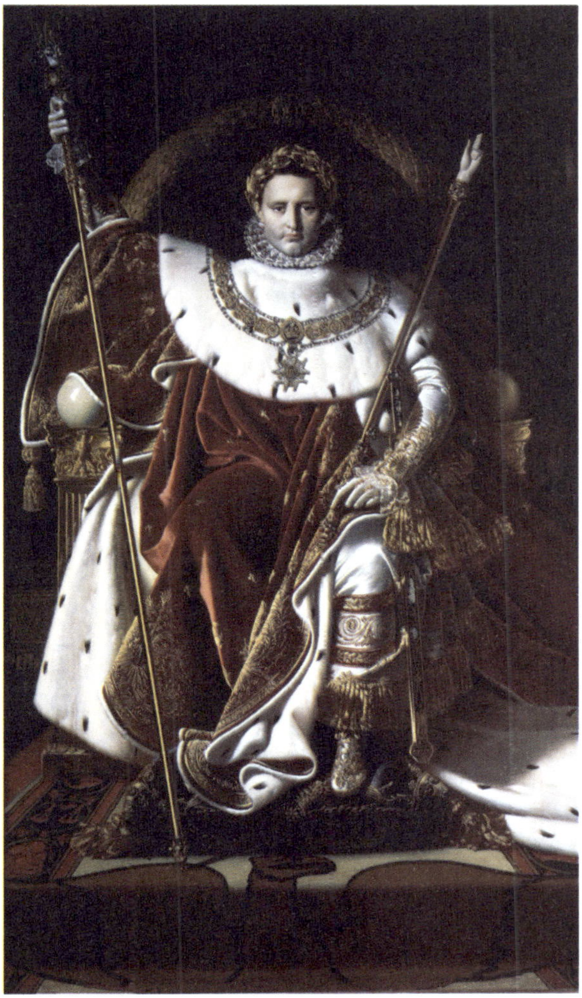

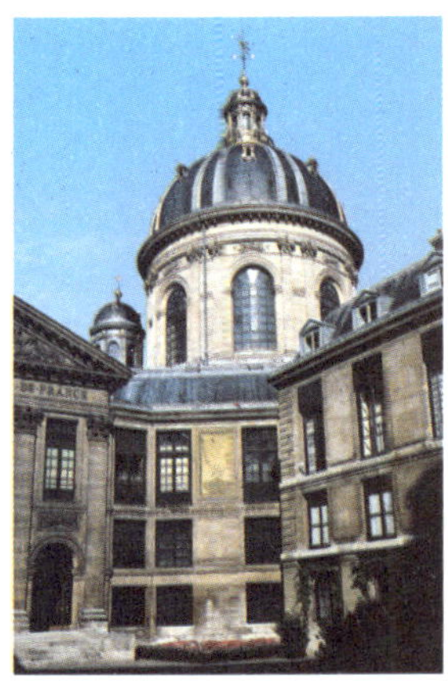

30 y 32. Dibujo preparatorio de la Batalla de Anghiari *(c. 1505-1506; Venecia, Accademia, nº 215A) y copia de autor anónimo de la misma («Tavola Doria»).*

31. Estudio de ala mecánica (c. 1505-1506; CA 934r).

33. Comparación entre las expresiones emocionales en el hombre y en algunos animales (caballo y león) (c. 1504-1506; W 12326r).

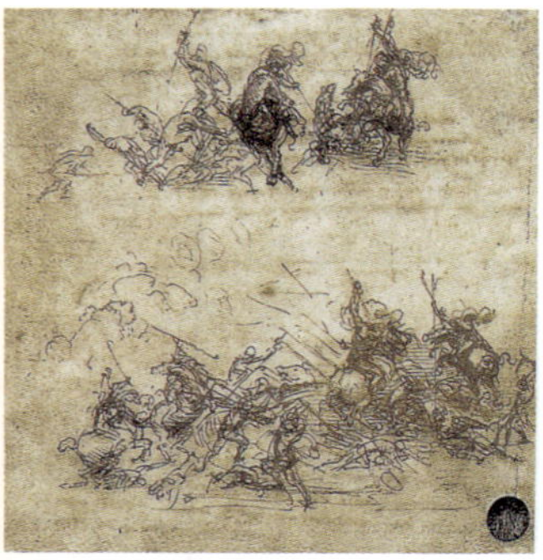
30

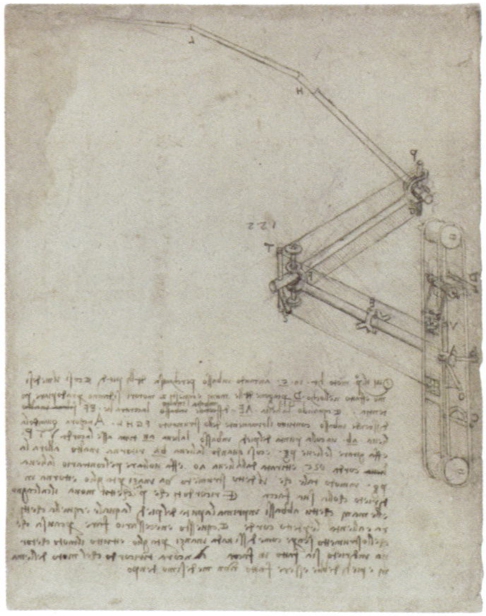
31

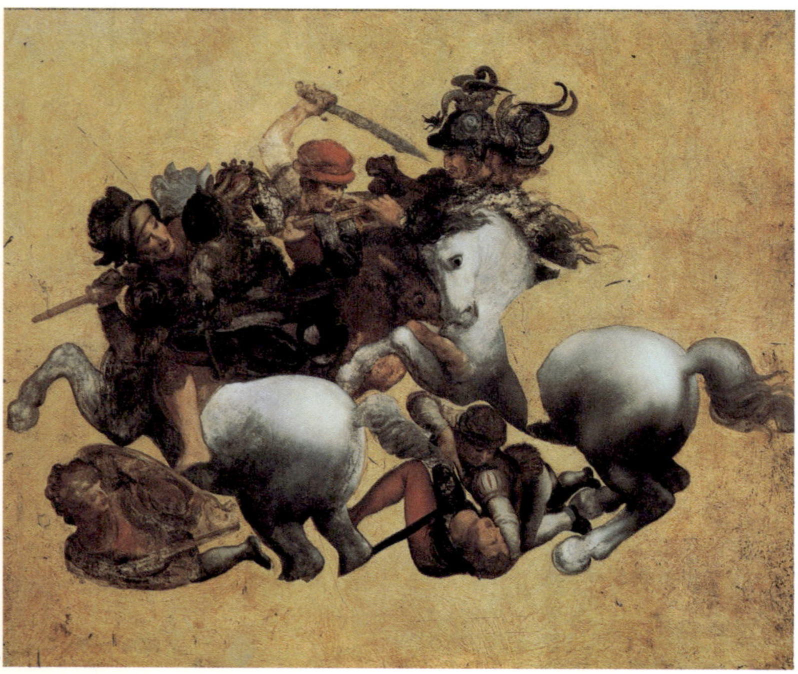
32

de la necesidad, pero también de la limitación que supone para una mímesis perfecta de la naturaleza la presencia de un alma en el objeto a imitar, son concordantes con un pasaje del *Libro de Pintura* que expresa una turbación análoga respecto a la mímesis pictórica: «Pintura en la cual no falta más que el alma de las cosas simuladas» (c. 1500-1505; § 15).

Con el fin de imitar el «alma» del ave real, Leonardo, en el «pájaro» creado por él y émulo de la naturaleza, pone al piloto. Éste, en el proyecto leonardiano, no es el protagonista o beneficiario de una inaudita invención, sino un simple elemento del conjunto, si bien es cierto que el más «espiritual».

En un primer momento, en la época de los proyectos elaborados durante su primera estancia en Milán, el alma-piloto significa solo fuerza: fuerza muscular capaz de levantar la máquina voladora. Más tarde, paralelamente al renovado interés por la investigación anatómica *«de animalibus»* que le lleva a una apreciación de la inteligencia animal, y en el ámbito del mayor interés por el vuelo libre, el alma-piloto se convierte también en destreza de conducción en relación a las corrientes aéreas: «El alma en los miembros de los pájaros sin duda obedecerá mejor a las necesidades que a las que a ellas haría el alma del hombre de ella separado, y máximamente en los movimientos de casi imperceptibles equilibrios; pero puesto que a las muchas sensibles variedades de movimientos nosotros vemos al pájaro proceder, nosotros podemos por tal

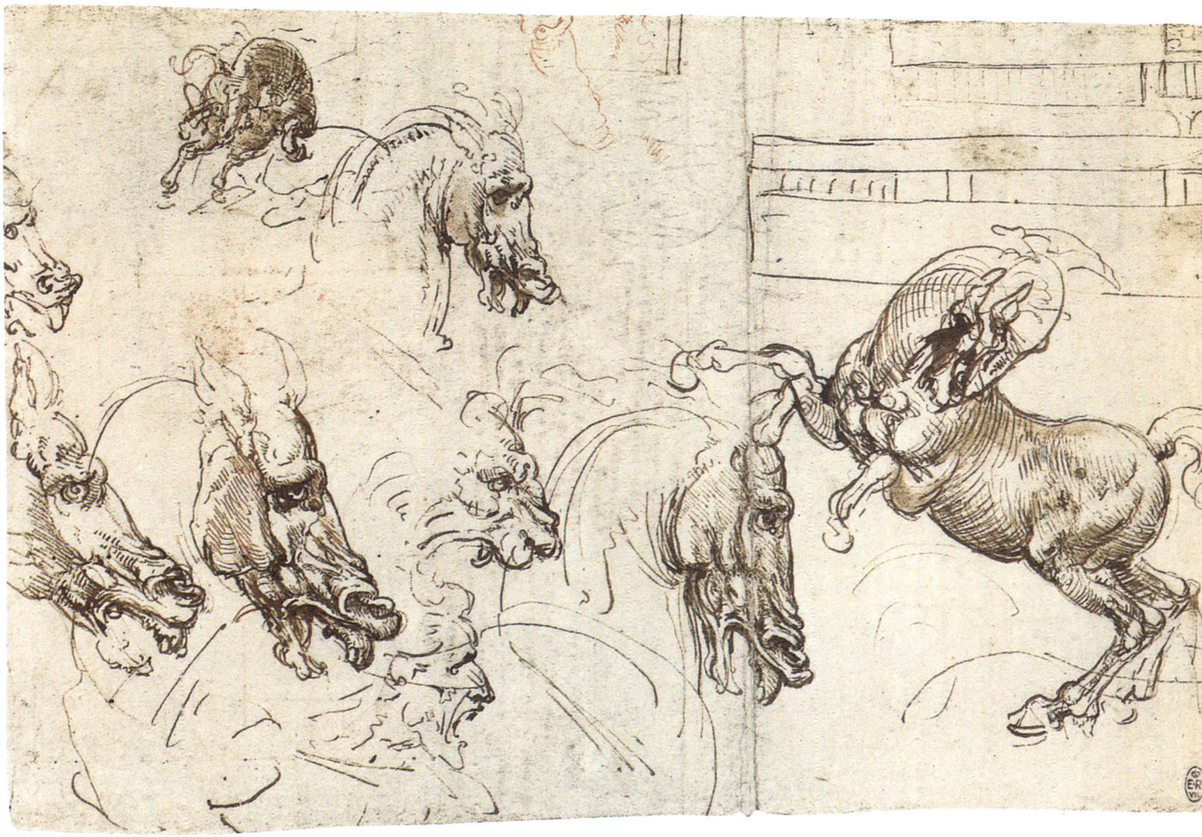

33

34. Estudio de anatomía comparada de piernas humanas y patas equinas (c. 1506-1508; W 12625).

34

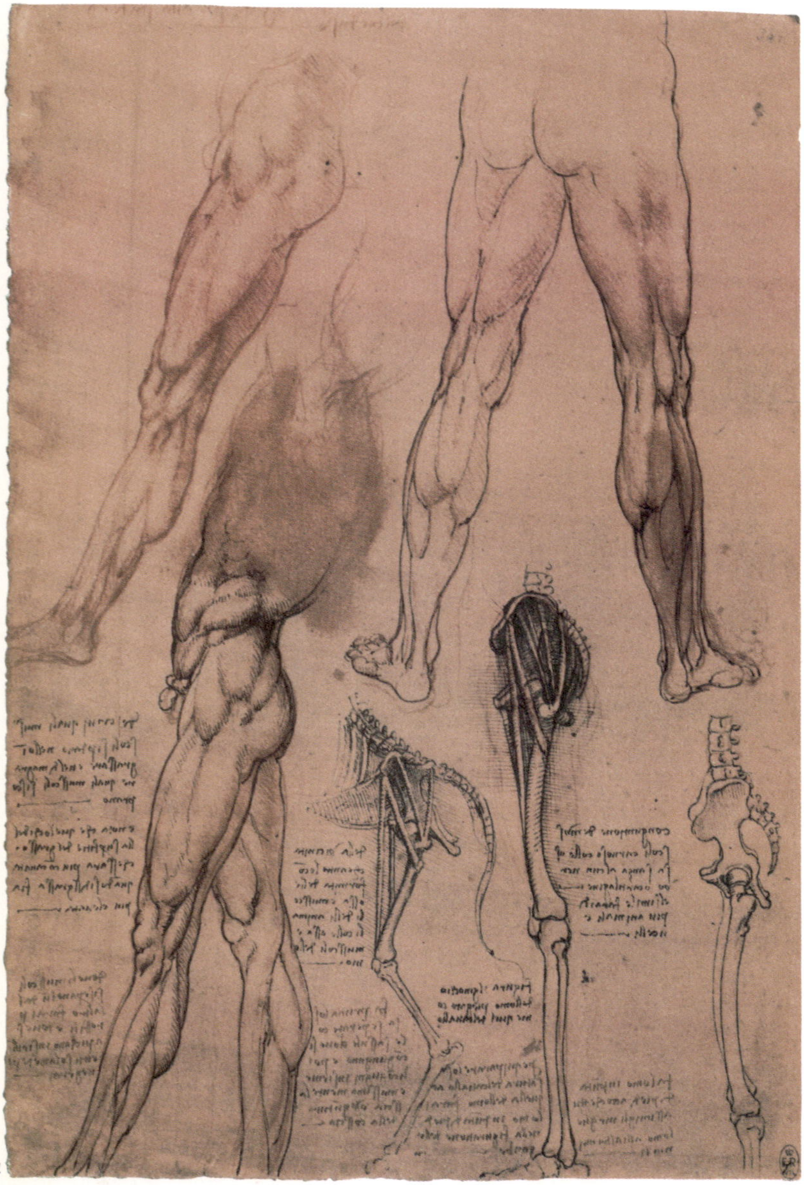

experiencia juzgar que las fuerzas sensibles podrán ser conocidas para el hombre, y que él ampliamente podrá proceder a la furia de ese instrumento, del cual él se ha hecho alma y guía» (CA 434r).

La variedad y sutileza de los movimientos de maniobra requeridos al alma-piloto parecen el equivalente tecnológico de los variados movimientos de los miembros que en las figuras pintadas deben expresar los más sutiles e imperceptibles movimientos del alma. El esfuerzo de «*animatio*» artística encuentra un trasaltar preciso en la tentativa de «*animatio*» técnica.

Así, si en la década de 1490 la máquina voladora había sido expresión de una confianza ilimitada en las potencialidades dinámicas del cuerpo humano, ahora nace en función de la convicción de una sustancial concordancia anatómica, funcional e incluso psicológica entre hombre y animal. La profundización en la investigación sobre el mundo natural lleva a Leonardo da Vinci a creer, quizá más que antes, en la posibilidad de emular a los pájaros incluso en su «alma», en el instinto que los lleva a reaccionar de la manera más oportuna ante el viento. La ambición es máxima, pero ya entraña la semilla de la crisis. Precisamente mientras Leonardo, tras sus apasionados estudios sobre los pájaros en vuelo, reconoce en el último pasaje citado la sutilísima capacidad que estos tienen de manejarse frente al viento, una duda comienza a mermar, al principio del mismo pasaje, su confianza en el hecho de que el hombre pueda verdaderamente imitarlos.

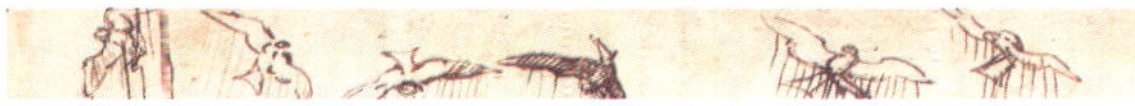

ESTUDIOS SOBRE EL VUELO, DEL CÓDICE ATLÁNTICO

Algunas hojas sueltas, que en la actualidad forman parte del Códice Atlántico, contienen apuntes muy similares a los presentes en el Códice sobre el vuelo de los pájaros. Son hojas poco conocidas que, por lo que veremos, pueden datar del mismo periodo (*c.* 1503-1505).

Una es la hoja 357r del Códice Atlántico. En su reverso hay una anotación que no es de Leonardo y contiene una indicación espacial y temporal: «Florencia, abril de 1503». En el anverso, en la esquina inferior derecha, se ve un esbozo del piloto en la máquina voladora muy parecido, incluso por el contenido al que está ligado, al dibujo de la parte superior de la hoja 5r del Códice sobre el vuelo de los pájaros.

Un dibujo del piloto en la máquina igualmente esquemático y que data de la misma época es el que aparece en la hoja 59r del Manuscrito L, debajo de un boceto de timón de la máquina. La trayectoria elíptica que se ve justo encima (en CA 357r) puede referirse también al vuelo y relacionarse con estudios de la misma época, como los del Manuscrito K[1] (f. 13r) y el Códice Atlántico (f. 186v), que datan del mismo periodo que el Manuscrito K y el Códice sobre el vuelo de los pájaros. Volviendo a la hoja 357r del Códice Atlántico, los estudios de estática, que representan balanzas que ocupan el resto de la hoja, son otro tema vinculado al del vuelo que remite al Códice sobre el vuelo de los pájaros, al que recuerda también el tono de los acertijos escritos por Leonardo en la parte superior derecha. Uno de ellos, titulado *De las bombardas que salgan de la fosa y de la forma,* es el siguiente: «Saldrá de debajo de la tierra y con espeluznantes gritos aturdirá a los circundantes vecinos y con su aliento hará morir a los hombres y arruinará ciudades y castillos». El tono profético recuerda el de la profecía contenida en el códice turinés: «Emprenderá el primer vuelo el gran pájaro».

Otra hoja del Códice Atlántico que data del mismo periodo que el Códice sobre el vuelo de los pájaros es la 202br, en cuyo reverso encontramos la famosa descripción de la batalla de Anghiari proporcionada a Leonardo, que se disponía a realizar la pintura sobre ese episodio de la historia florentina. Pues bien, algunos esbozos de alas que se ven en la parte central e inferior de la hoja son muy similares a los que aparecen en las hojas 11v y 7r del Códice sobre el vuelo de los pájaros (ver figs. 19 y 29).

Por último, la hoja 186 contiene anotaciones que, desde un punto de vista gráfico (especialmente las de la 186r), recuerdan mucho el códice de Turín (ya hemos hablado de las trayectorias elípticas en el reverso). Ésta es la hoja que contiene el famoso recuerdo de infancia estudiado por Freud: «Este escribir tan distintamente sobre el milano parece que sea mi destino, porque el primer recuerdo de mi infancia es que estando yo en la cuna un milano venía hacia mí y me abría la boca con su cola y la sacudía muchas veces dentro de mis labios» (CA 186v).

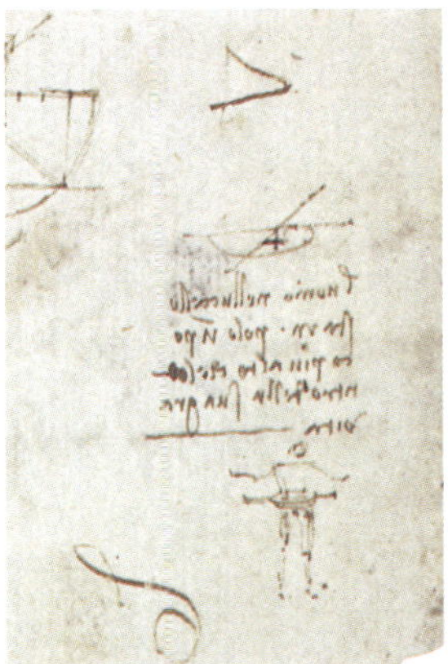

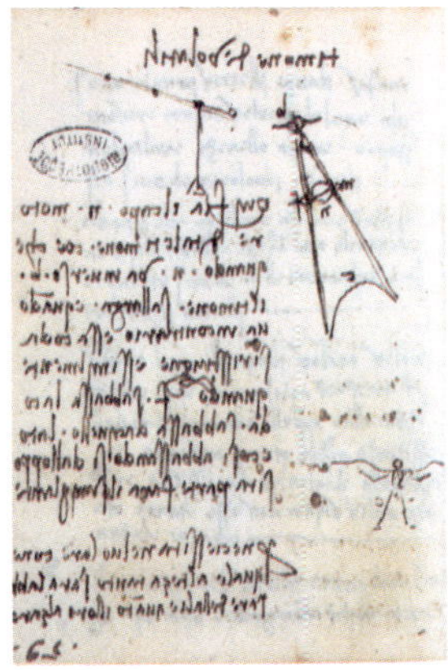

Bocetos del piloto dentro de la máquina voladora en CA 357r (detalle, fig. superior izquierda) y en el Manuscrito L, 59r (fig. superior derecha). Otros estudios sobre el vuelo poco conocidos del Códice Atlántico recuerdan los del Códice sobre el vuelo de los pájaros

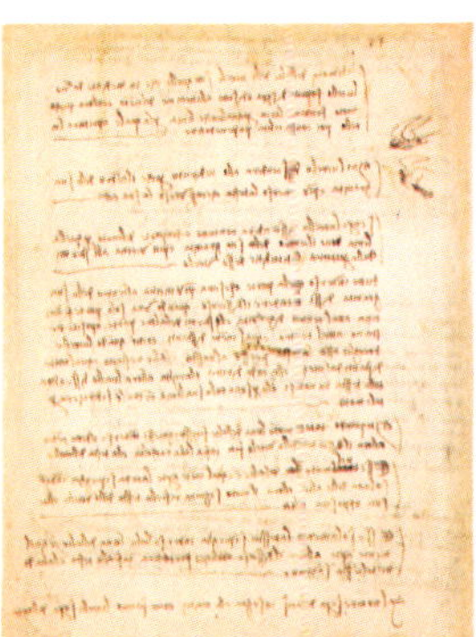

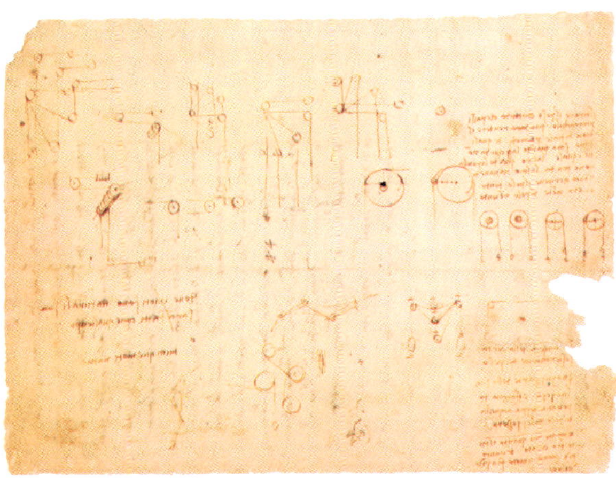

(CA 186r, abajo a la iz., y 202br, abajo; en el reverso de la primera se encuentra el recuerdo del sueño de infancia estudiado por Sigmund Freud; en el reverso de la segunda hay una descripción de la batalla de Anghiari).

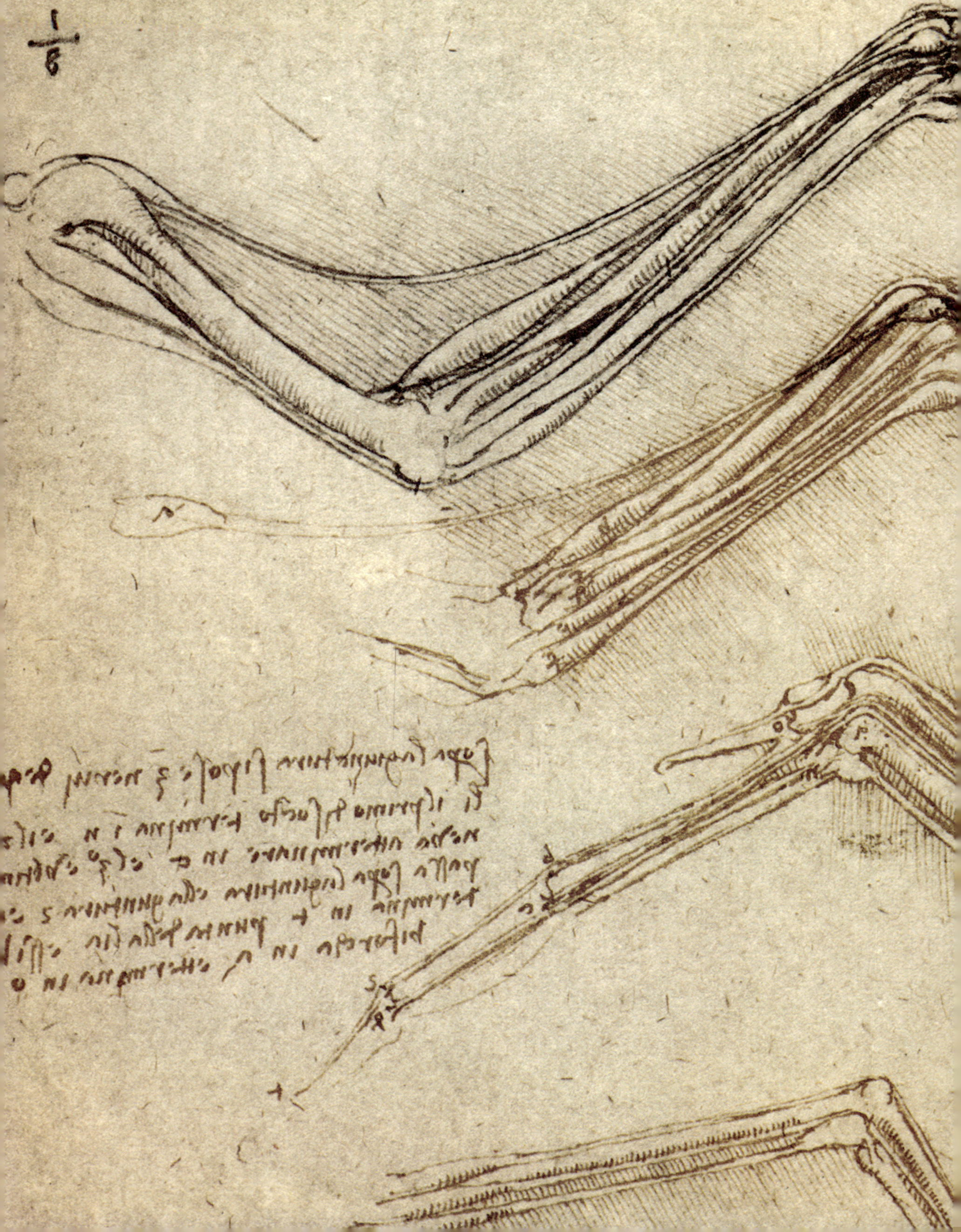

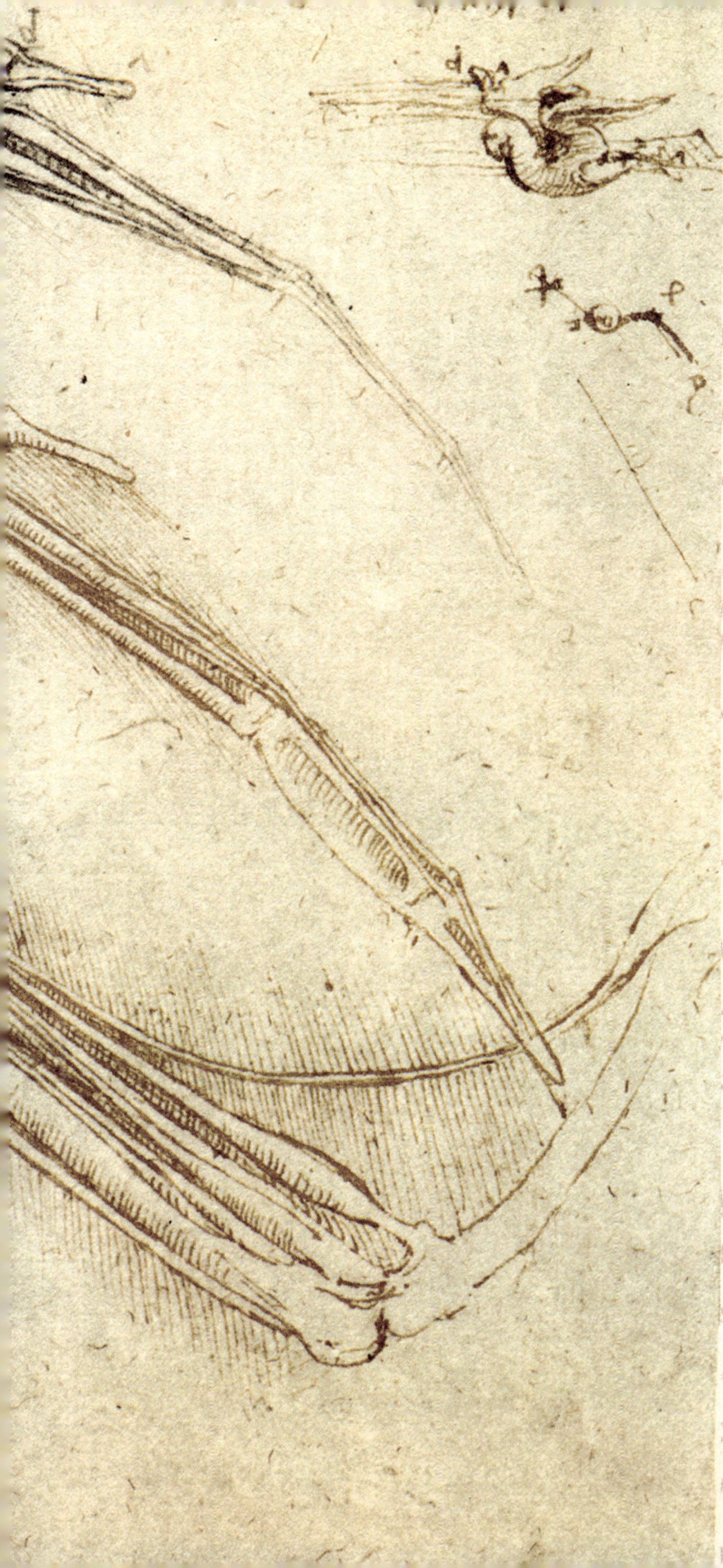

La primacía de la teoría

Milán, Roma, Cloux

c. 1509-1519

Leonardo no renuncia a la idea del vuelo humano en los últimos años de su vida. Sin embargo, por los escritos que conocemos, parece sumirse sobre todo en estudios teóricos. Se interrumpe así ese proceso de ósmosis entre conocer y hacer que había caracterizado los años anteriores. En esta última fase, Leonardo se interesa más por el vuelo natural en sí, por las condiciones que lo hacen posible y en las que se produce. Para completar el cuadro de esta última fase de la investigación leonardiana, hay una serie de pequeños experimentos jocosos y de invenciones de aparatos mecánicos relacionados con el vuelo que parecen tener el valor de un puro y simple *divertimento*, de una evasión a una dimensión lúdica en la que superar el trauma de un sueño que no deja de perseguirle ocasionalmente.

1. Varios tipos de movimiento (Manuscrito E 42r).

2. Diluvio (c. 1513-1518; W 12380).

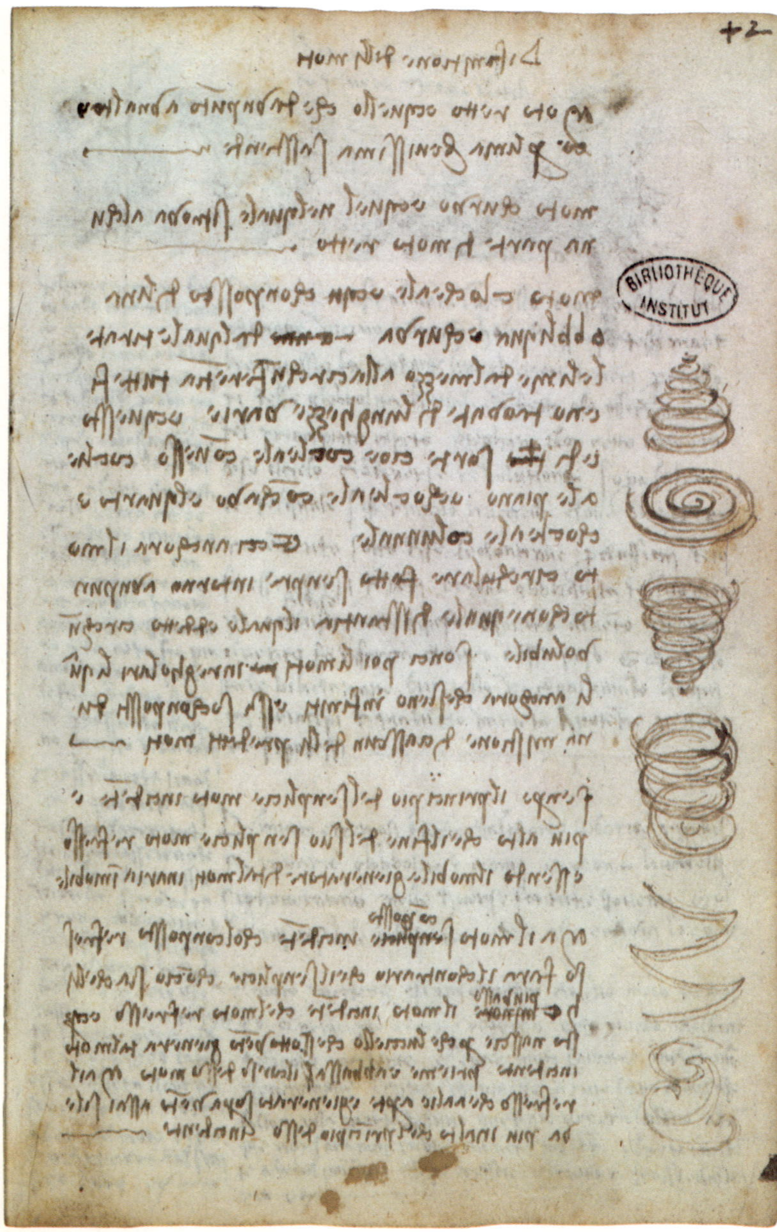

1

DEL ERROR DE LOS QUE UTILIZAN LA «PRÁCTICA SIN CIENCIA»

«Los que se interesan por la práctica sin ciencia son como el contramaestre que conduce un barco sin timón y brújula, que nunca tiene certeza de a dónde se dirige», hoja 8r del Manuscrito G.

A diferencia de lo que se piensa, en los últimos años de su vida Leonardo no renuncia a la idea del vuelo humano y continúa tomando en consideración las dos posibilidades: el vuelo activo, obtenido batiendo las alas gracias a la fuerza de los músculos, y el vuelo libre, gracias al viento. Sin embargo, esto se produce cada vez con menos frecuencia. Los estudios sobre el vuelo de los últimos años de su vida (al menos por lo que nos ha llegado de sus escritos) están dominados por la vertiente teórica, cognoscitiva, y adolecen de la práctica, relativa a la construcción de la máquina voladora.

Leonardo escribe la anotación del Manuscrito G en una época muy tardía de su vida, entre 1510 y 1515, en Roma o, más probablemente, en Milán. Tras abandonar Florencia (primero en 1506 y definitivamente en 1508), vive entre Roma y Milán hasta 1517, año en el que es invitado por Francisco I a establecerse en Francia, donde moriría en 1519. El contenido del pasaje mencionado muestra un claro distanciamiento de ese saber práctico, típico del taller artístico y de ingeniería donde, en sus años de juventud pasados en Florencia, se había formado y donde había surgido, casi con seguridad, la primera idea del vuelo humano. Ahora, antepone la teoría, la ciencia pura. De estos últimos años nos han llegado numerosos estu-

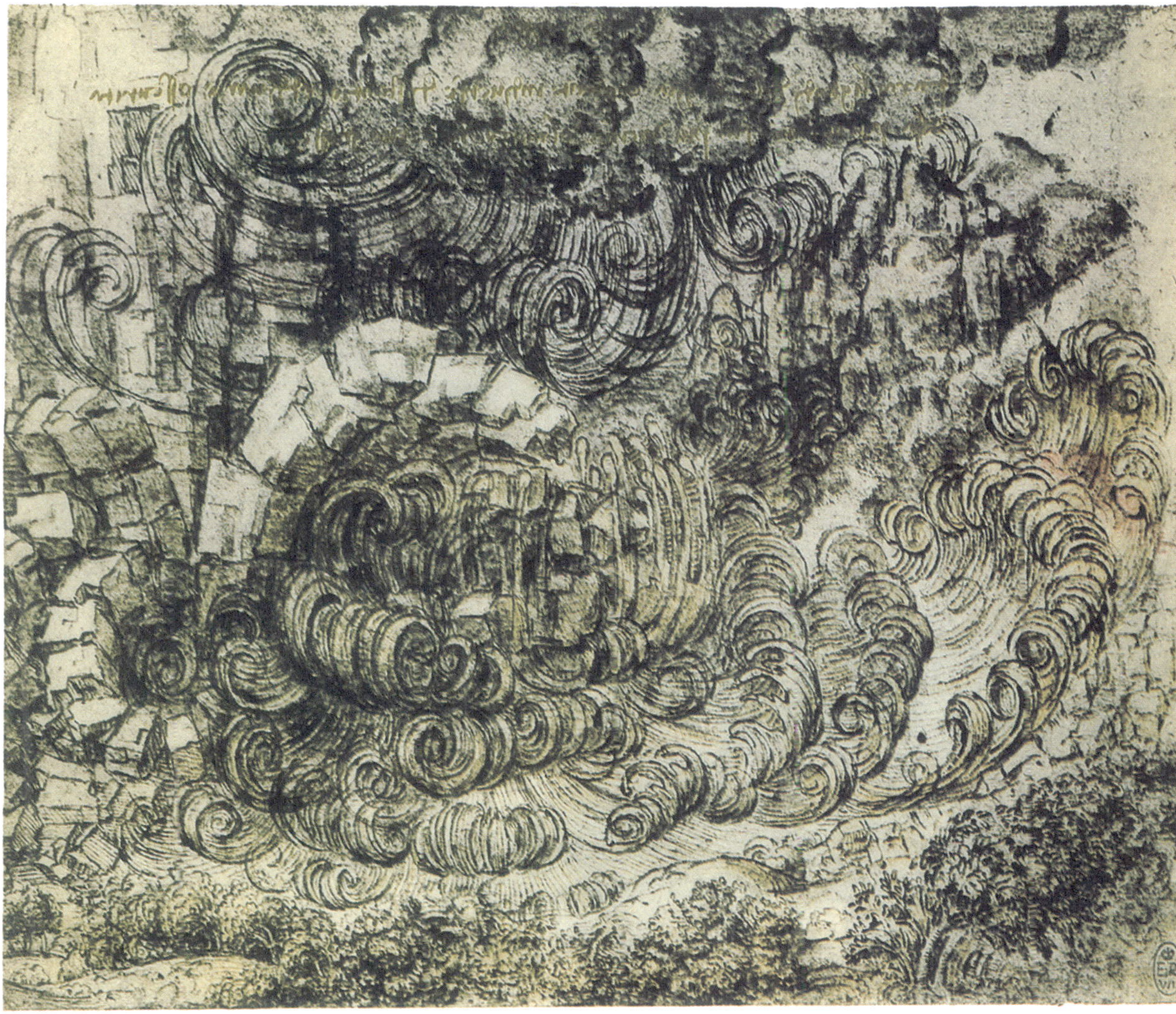

2

3-5. Dos concepciones opuestas del tema del diluvio: la de Leonardo (c. 1513-1518; W 12376; fig. 4), dominada por las fuerzas de la naturaleza, y la de Miguel Ángel (Capilla Sixtina, c. 1509-1511; figs. 3 y 5), dominada por el hombre.

3

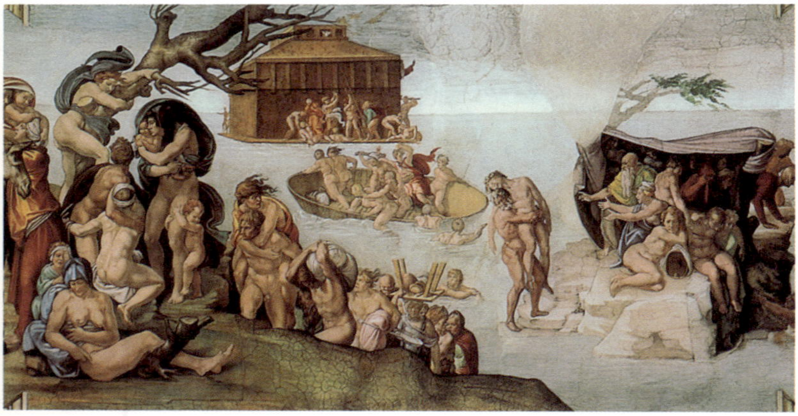

4

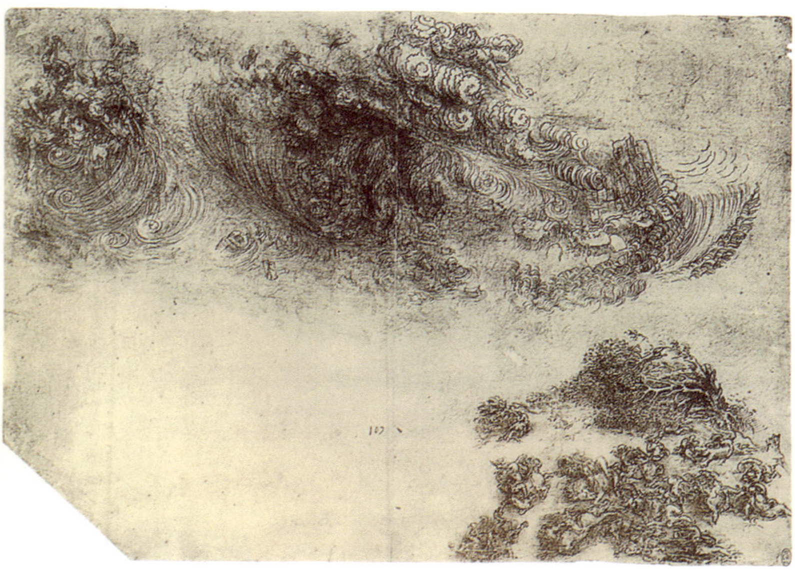

dios de carácter teórico dedicados al viento, al aire, al vuelo natural, y muy pocos relativos a la vertiente práctica de la investigación, es decir, a la construcción de la máquina voladora. Parece interrumpirse esa tendencia de pensamiento alterno de Leonardo, con una ida en la que prima la comprensión de la naturaleza y una vuelta orientada a la emulación técnica o artística de la misma, y su mente parece seguir teorías sin retorno práctico. Conocer ya no coincide con hacer. El Renacimiento está próximo a su fin, y en su máximo representante parece evidente la crisis.

El estudio teórico del viento y de los pájaros

La sección dedicada al vuelo en el Manuscrito E, compilado por Leonardo en torno a 1513-1514, es un claro ejemplo de la última fase de los estudios que dedica a este tema. Sorprenden los títulos de algunas anotaciones: «teórica de los pájaros» (50r; asignado a una anotación que analiza el viraje de un pájaro en el vuelo por planeo), «teórica» (50r; junto a otra anotación sobre el viraje en el vuelo batiente), «ciencia», «regla», junto a otros dibujos y anotaciones (49v). También la primera anotación que abre la sección de este manuscrito dedicada al vuelo es un programa de estudio de tono similar: «Para dar verdadera ciencia del movimiento en el aire es necesario dar primero la ciencia de los vientos, la cual probaremos mediante los movimientos del agua en sí misma, y esta tal ciencia sensible hará de sí escalera para llegar a la cognición de los pájaros en el aire y el viento» (f. 54r).

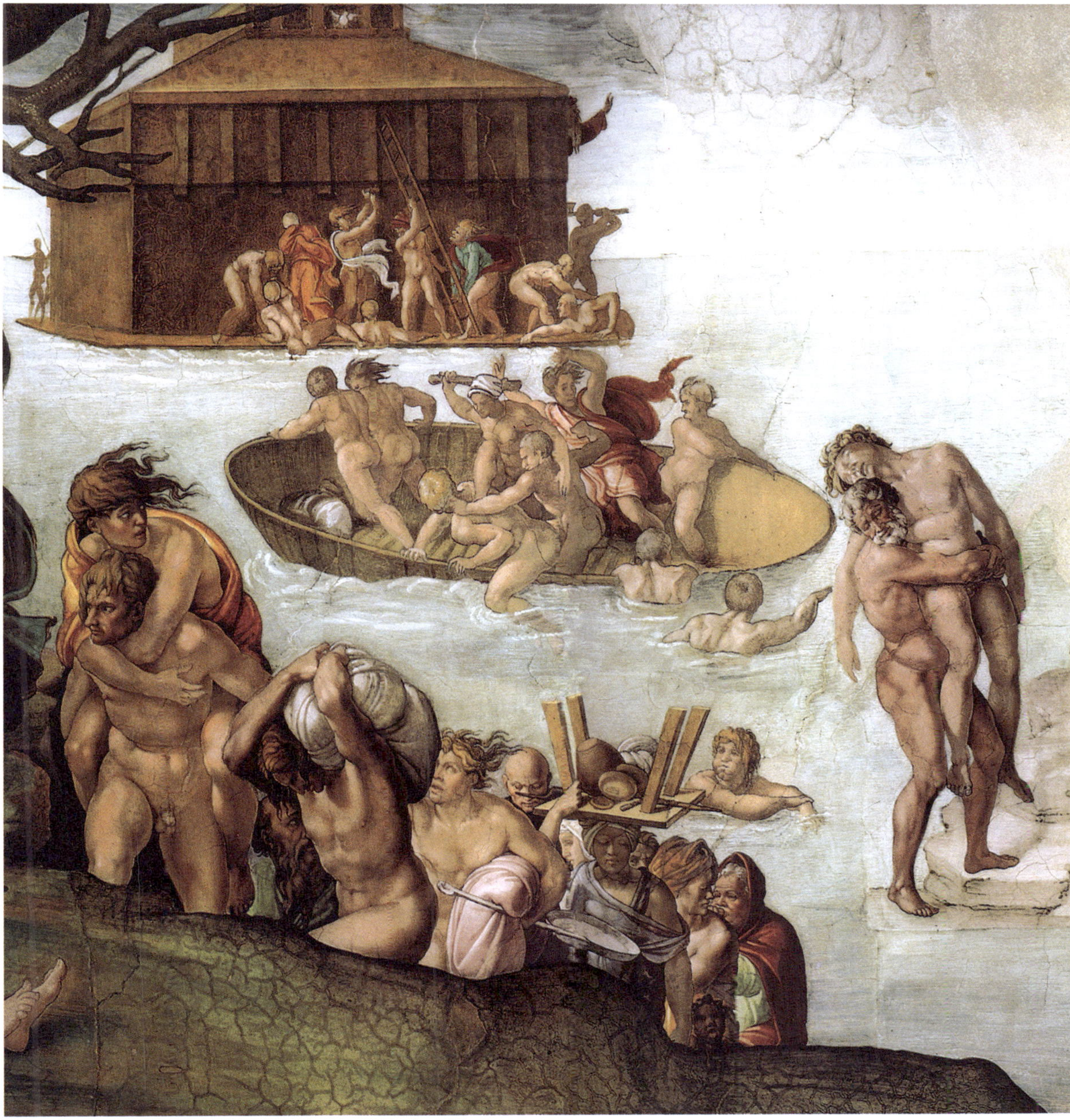

5

6. Estudio de varias formas de flujos hídricos en el Códice Leicester; f. 13B (13v-24r).

7. Estudio de flujos hídricos (c. 1509; W 12660r, detalle).

8. Estudio meteorológico de la acción del viento sobre las nubes (Manuscrito G 91v).

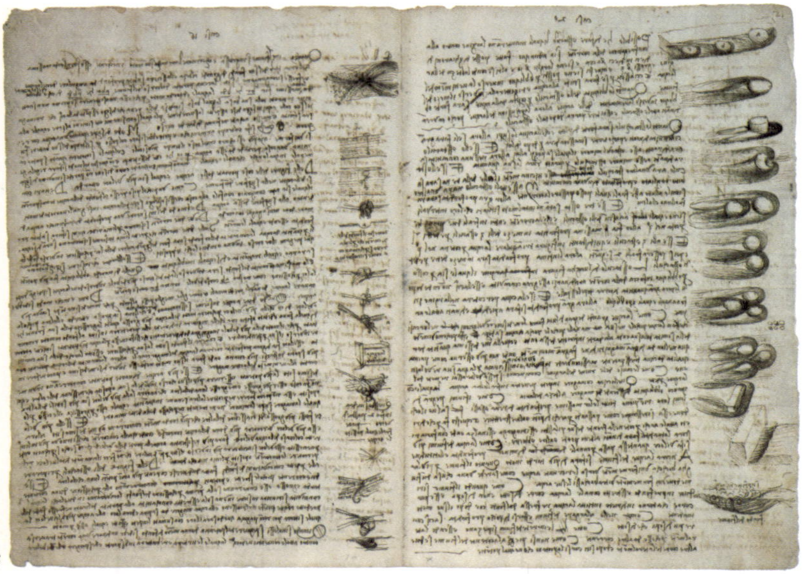

6

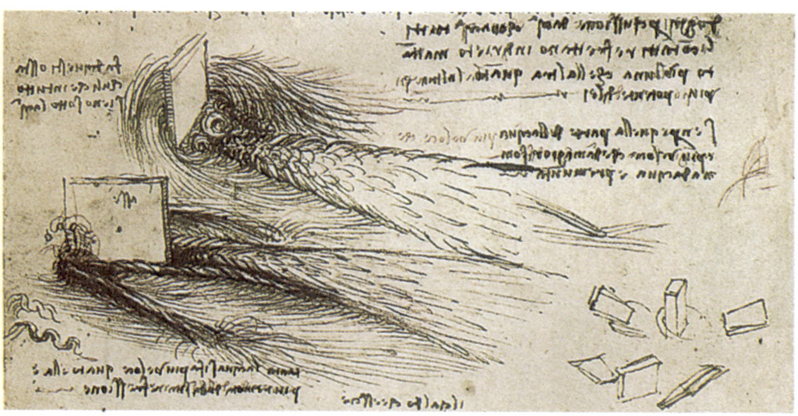

7

Leonardo declara que ya considera el estudio del vuelo una ciencia autónoma, un campo de investigación que, como todo conocimiento científico o teórico, tiene en sí mismo su razón de ser, en cuanto que su finalidad ya no es necesariamente la inmediata aplicación práctica en una máquina voladora. El conocer ya no coincide necesariamente con el hacer.

Mientras que en el Códice sobre el vuelo de los pájaros una sección de estudio teórico sobre el vuelo natural estaba seguida de una sección práctica en la que los conocimientos eran aplicados a la máquina voladora, en el Manuscrito E hay escasas referencias al vuelo artificial, o «instrumental», como lo llama Leonardo. Prevalecen temas cada vez más teóricos. Por ejemplo, en medio de las anotaciones sobre el vuelo, una hoja está dedicada a un análisis general de los varios tipos de movimiento: recto, curvo, «compuesto», espiral (42r; fig. 1).

La «ciencia de los vientos»

Una de las características más evidentes de la obra tardía de Leonardo, tanto artística como científica, es que su atención se traslada del hombre al medio natural. Los elementos –agua y aire sobre todo– se convierten en protagonistas. El medio en el que se producen los fenómenos naturales y en el que viven las criaturas parece ser más importante que éstas, incluido el hombre. En el terreno artístico, basta comparar los dibujos de *Diluvios* (figs. 2 y 4) realizados por Leonardo en años próximos al Manuscrito E, con las escenas pintadas al fresco poco antes (c. 1509-1511) por Miguel Ángel en la bóveda de la Capilla Sixtina (figs. 3 y 5). En

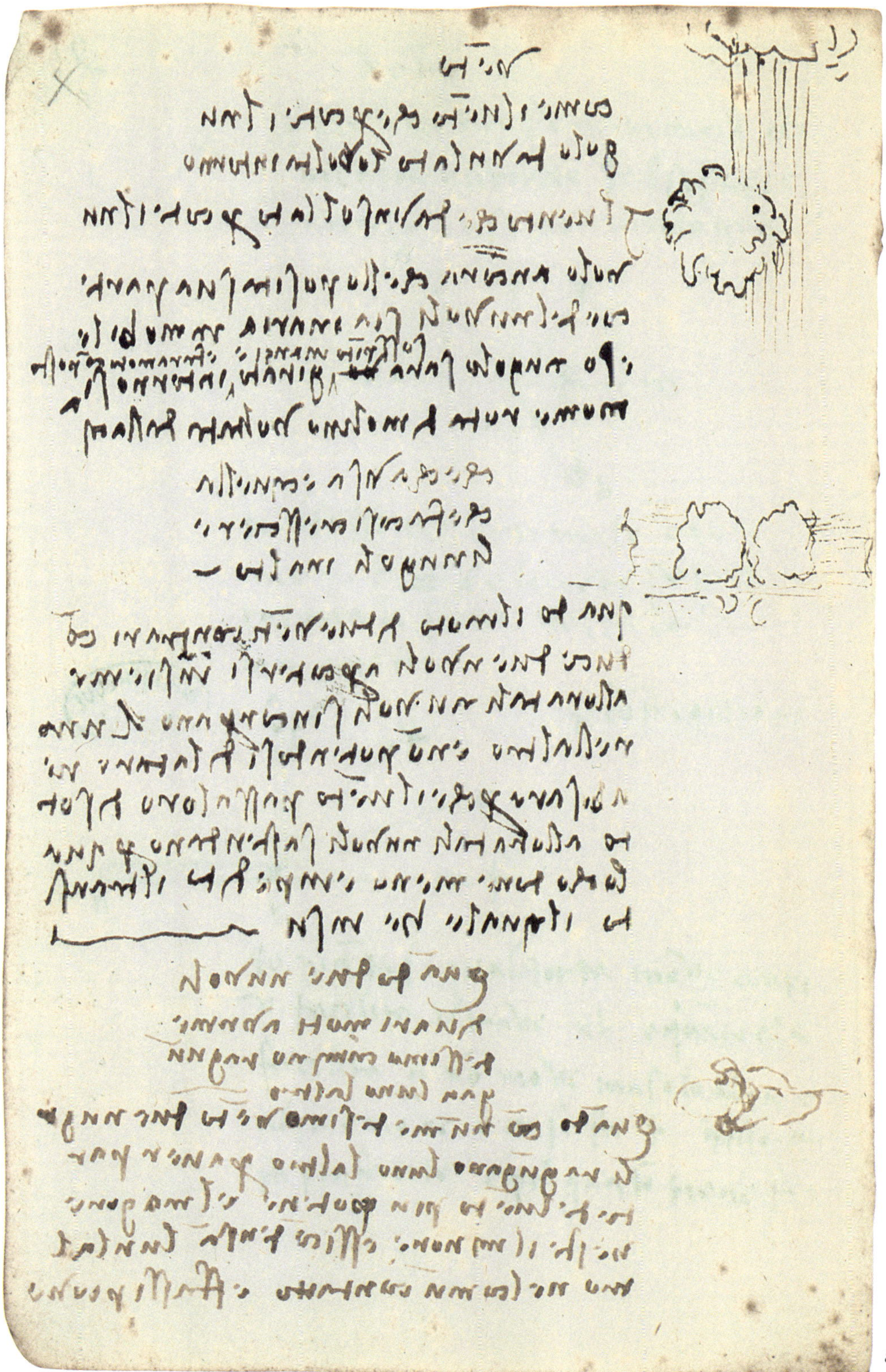

8

9. Arriba a la derecha, dibujo del universo con las esferas de los elementos. (CA 205r).

10. Estudio de la relación entre ala del pájaro y presión del aire (Manuscrito E 47v).

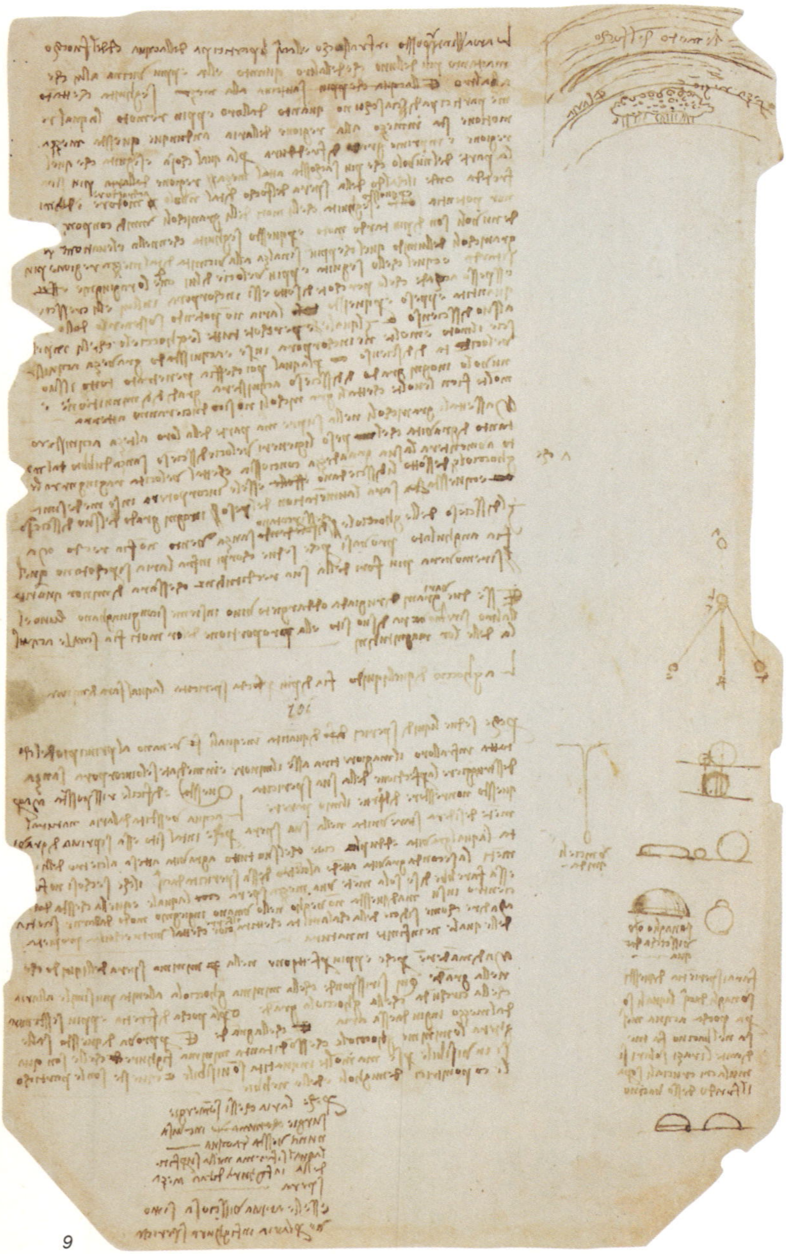

9

el primer caso, la visión es «amplia» y los elementos naturales arrollan toda presencia humana; en el otro, en cambio, el objetivo se centra en el hombre, única presencia gigantesca en una naturaleza reducida a escuetos retazos paisajísticos. En el campo científico, la nueva visión aparece ya en el Códice Leicester (*c*. 1506-1510; fig. 6), dedicado al estudio del agua y de la tierra, y también emerge en la confirmación de la nueva concepción óptica que subraya la interferencia del aire, de su densidad, en la transmisión de las imágenes del mundo al ojo. Es consecuencia de ello el desenfoque de los contornos, el famoso *sfumato* de las pinturas de Leonardo, que da un vuelco a la nítida visión matemática de la perspectiva del Quattrocento. Los estudios sobre el vuelo son otro ejemplo evidente de esta visión más general.

Como hemos dicho, el programa de estudios contenido en el Manuscrito E se centra en la «ciencia de los vientos», y alude implícitamente a un problema relacionado con este estudio, proporcionando también una solución. El aire y el viento son invisibles, por lo que su estudio es más problemático que el del agua. En el pasado, Leonardo había construido anemómetros para «visualizar» y medir el viento (CA 675 y Arundel 241r) e higrómetros para medir la «densidad» del aire. En cambio, ahora se propone un análisis sistemático de la dinámica de las corrientes aéreas, realizado con la misma agudeza que el que llevaba a cabo desde hacía tiempo sobre los cursos de agua, para demostrar su variable configuración en sus distintos estados y estratos. Por ejemplo, en su caída en cascada, en su rotura contra un obstáculo (figs. 6 y 7). La solución propuesta por Leonardo para desarrollar una «ciencia de los vientos» semejante es utilizar, de manera análoga, los movimientos del agua en sí misma. La analogía, que en el pasado había hecho referencia sobre todo al mundo animal (los pájaros vuelan en el aire igual que los peces nadan en el agua), ahora se refiere principalmente al estudio de los elementos en los que los animales se mueven.

Una de las primeras anotaciones, que en la ya mencionada hoja 54r responden al programa de estudios del Manuscrito E, se basa en esta analogía. El viento, que se expande libre tras haberse topado con las cimas de las montañas, se comporta como el agua que, constreñida en un estrecho cauce, se expande en una amplia cuenca, perdiendo limpidez y velocidad: «El viento, al rebasar los extremos de las montañas, se hace veloz y denso, y cuando discurre al otro lado de los montes se vuelve raro y lento, a semejanza del agua que fluye por un estrecho canal y desemboca en un extenso piélago».

Más allá del estudio analógico, Leonardo amplía el objetivo en sentido geográfico y meteorológico. De hecho, en otros pasajes contemporáneos estudia la manera en que el viento se forma cuando una parte de aire, por el cambio de temperatura, se condensa en agua (o viceversa) y, por tanto, en el espacio que queda vacío se precipita aire circundante. Estudia la acción del viento sobre las nubes (G 91v; fig. 8) y analiza también, desde un punto de vista aún más amplio y cosmográfico, cómo el aire, al avanzar hacia la esfera del fuego, resulta

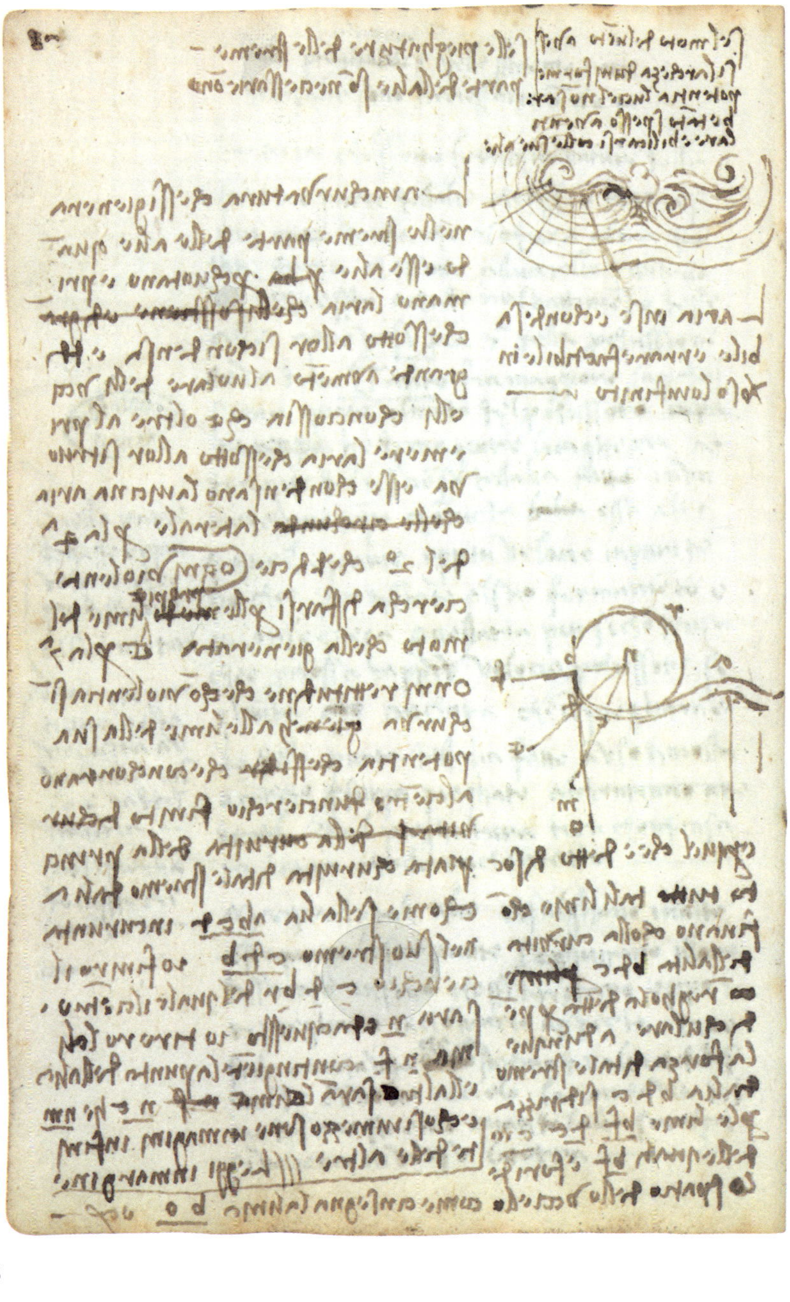

10

11. Estudio del viento mediante la observación del comportamiento de un pájaro en proximidad a escollos marinos (Manuscrito E 42v, detalle).

12. Estudios de las corrientes de viento mediante la observación de las trayectorias de vuelo de los pájaros (Manuscrito E 54r).

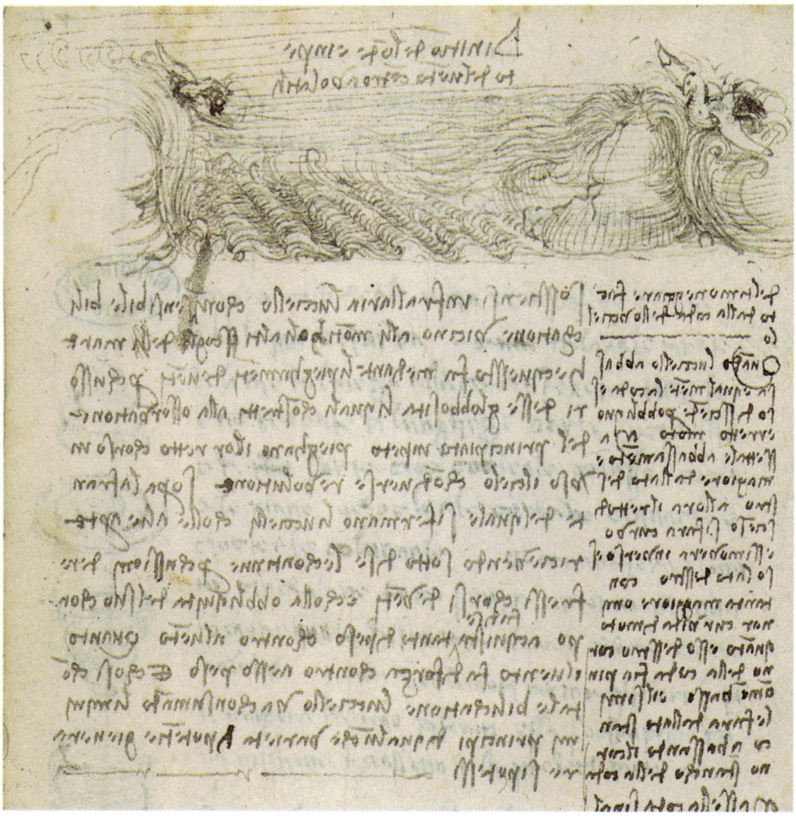

11

cada vez más enrarecido. Era un acercamiento parcial al universo aristotélico, en el que los elementos del mundo sublunar formaban esferas (al menos en parte, ya que después, a causa del movimiento, la situación conllevaba una variada combinación entre los cuatro elementos): la esfera del fuego más arriba; después, colindante con ella, la esfera del aire; posteriormente, el agua; y en el punto más bajo y central, la tierra.

Un dibujo en el Códice Atlántico (205r) representa esta concepción cosmológica (fig. 9). Sin embargo, es singular que la hipótesis del enrarecimiento del aire a grandes alturas, ya formulada por él en una época anterior, sea estudiada ahora, en el Manuscrito E, a través de la observación de los pájaros: «Porque los pequeños pájaros no vuelan a gran altura, ni los grandes son proclives a volar bajo. Es por eso que los pequeños pájaros, al tener pocas plumas, no soportan la inmensa frialdad de la gran altura del aire, como los buitres y las águilas y otros grandes pájaros con muchas plumas distribuidas en varias capas; también los pájaros pequeños con débiles y sencillas alas se sostienen en este aire bajo, que es denso, y no se sostendrían en el aire fino que poco resiste» (M 43r).

El hecho de que solo las grandes rapaces, y no los pájaros pequeños, vuelen alto indica que en las alturas el aire es demasiado poco denso para sostener a estos últimos, dada la escasa amplitud de sus alas. Junto con el agua, precisamente los pájaros parecen otro «medio» para comprender los movimientos de las corrientes de aire, de lo contrario invisibles. Solo un medio, por lo tanto. Al menos en algunos casos se tiene la impresión de que cuando Leonardo estudia el movimiento de un pájaro, su verdadero objetivo es otro: entender a través de él el comportamiento del aire. Los pájaros son obstáculos naturales que, con su evolución en respuesta a los cambios de las corrientes de viento, visualizan estas últimas, asemejándose a los obstáculos que Leonardo ponía en los torrentes para estudiar el comportamiento de la corriente de agua.

Uno de los principios fundamentales de su «ciencia de los vientos» era la compresibilidad del aire. Éste, al contrario que el agua, si se «comprime» adecuadamente (por ejemplo, en el batir de alas), es condensable: «El aire en sí es condensable y enrarecible hasta el infinito» (E 47v). Un dibujo en esta misma hoja (fig. 10) parece obtener la confirmación de este postulado a partir del comportamiento del ala de un pájaro. La curvatura del ala, en especial de las plumas remeras, está en relación directa con la evolución curvilínea del aire subyacente. Este último es analizado con una claridad que ningún dibujo contenido en el Códice sobre el vuelo de los pájaros tenía (dibuja las líneas de fuerza centrípeta que hacen que el ala se curve). De un modo más evidente aún, en otro estudio (E 42v; fig. 11), al observar que algunas aves consiguen mantenerse quietas a media altura con las alas abiertas en proximidad a los escollos en la orilla del mar, deduce que en esos puntos el viento, al chocar contra la pared del escollo, es reflejado hacia arriba formando corrientes ascendentes que sostienen al ave; la cual (y pasamos al otro tipo de es-

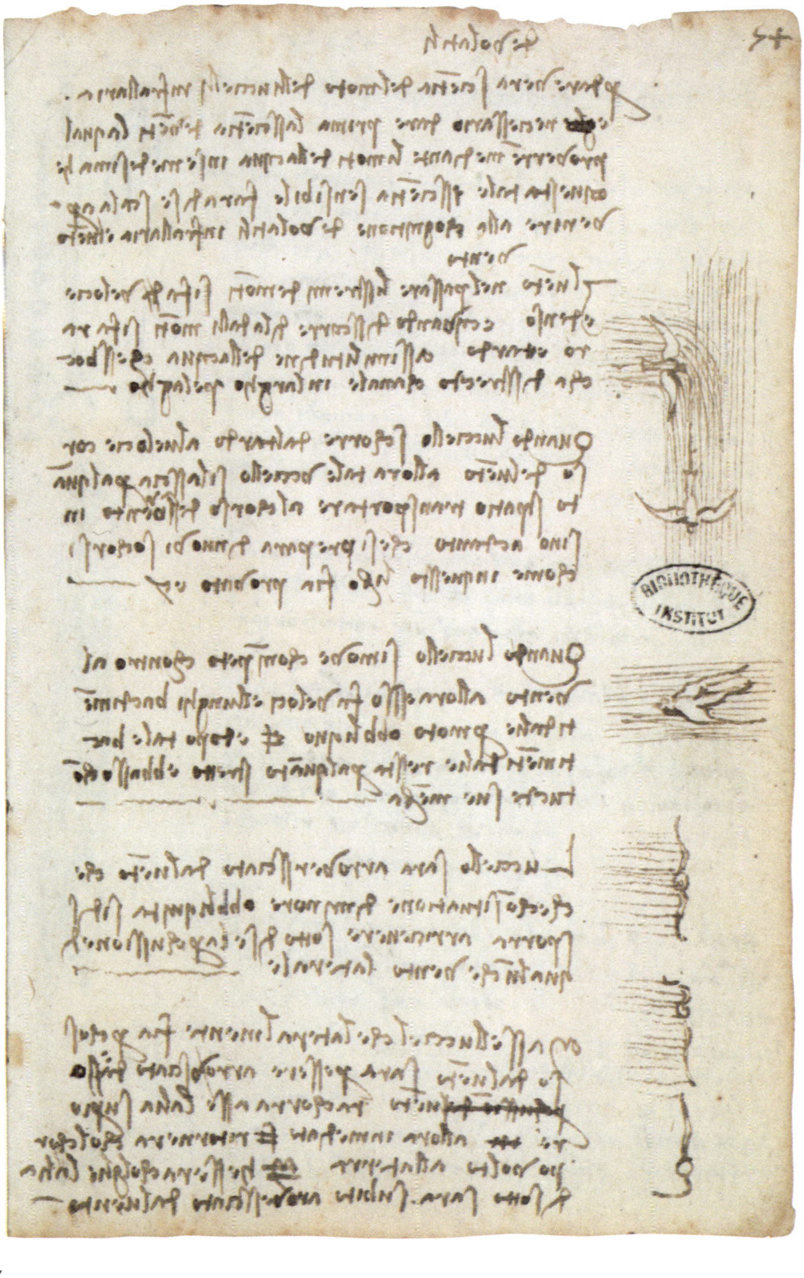

12

13-14. Estudio de la variación de las trayectorias de vuelo en función de la dirección del viento (Manuscrito E 40r y 40v).

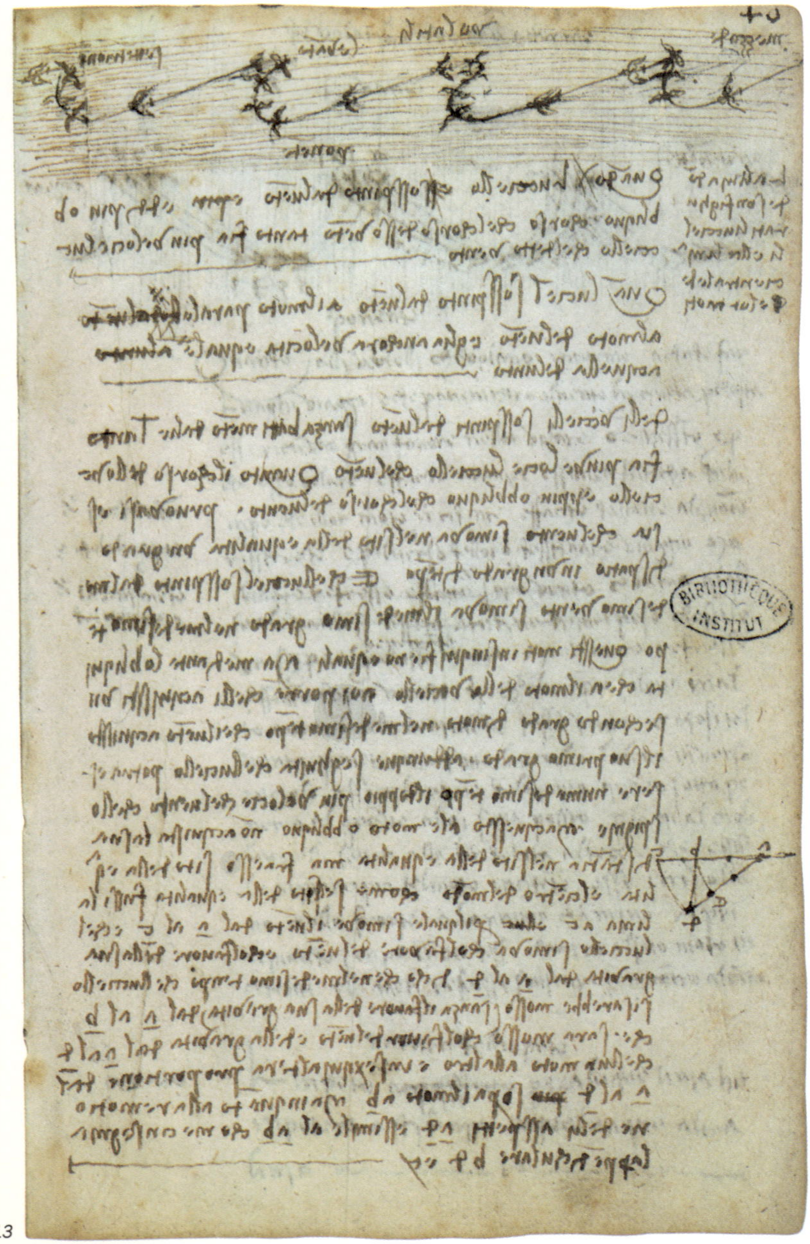

13

tudio aerodinámico, el analógico) parece estar sobre ellas como si flotase sobre el agua subyacente. Por último, la rápida desviación del rumbo de un ave, con relativas maniobras de equilibrio, señala la presencia de dos corrientes de viento de distinta dirección (E 54r; fig. 12).

«De los pájaros»: vuelo, anatomía, etología

Sin embargo, aparte de ser estudiados en función de la «ciencia de los vientos», los pájaros se convierten también en objeto de un estudio igualmente exhaustivo y autónomo. «De los pájaros» es el título latinizante que introduce muchos pasajes del Manuscrito E dedicados a este tema. El estudio hace referencia a tres campos: movimientos en vuelo, anatomía y etología.

El primer ámbito es una ampliación de observaciones ya realizadas con anterioridad: maniobras de equilibrio en vuelo, batir de alas, variación que experimentan, en una trayectoria de vuelo, la velocidad y la altura de un pájaro según la dirección del viento (E 40r y 40v; figs. 13 y 14). El otro campo de estudio es el anatómico. De alrededor de 1513 datan los más bellos y completos estudios anatómicos de ala jamás realizados por Leonardo (W 12656 y 19107; figs. 15 y 17).

Si en el primer campo Leonardo estudia las modalidades de vuelo de los pájaros, en el segundo trata de descubrir las causas anatómicas de esos movimientos. A diferencia de los anteriores estudios anatómicos sobre el ala (nacidos en relación con el proyecto del ala mecánica), el motivo del que arrancan estas tardías anatomías parece más científico:

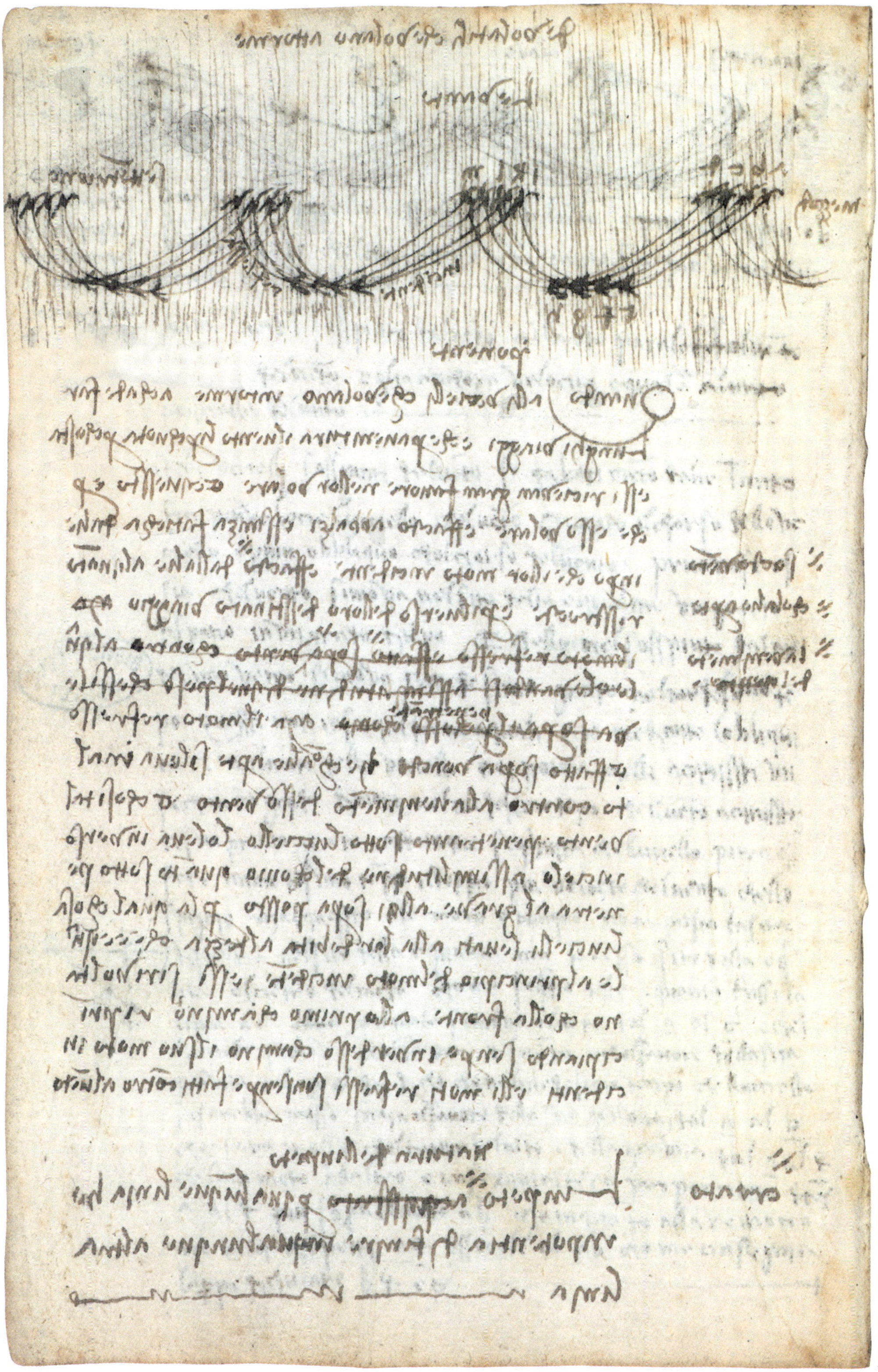

14

15-16. La anatomía del ala del pájaro es sometida a un atento estudio (c. 1513; W 12656r; fig. 15) de forma análoga al brazo humano. C. 1509-1510. (W 19000v; fig. 16).

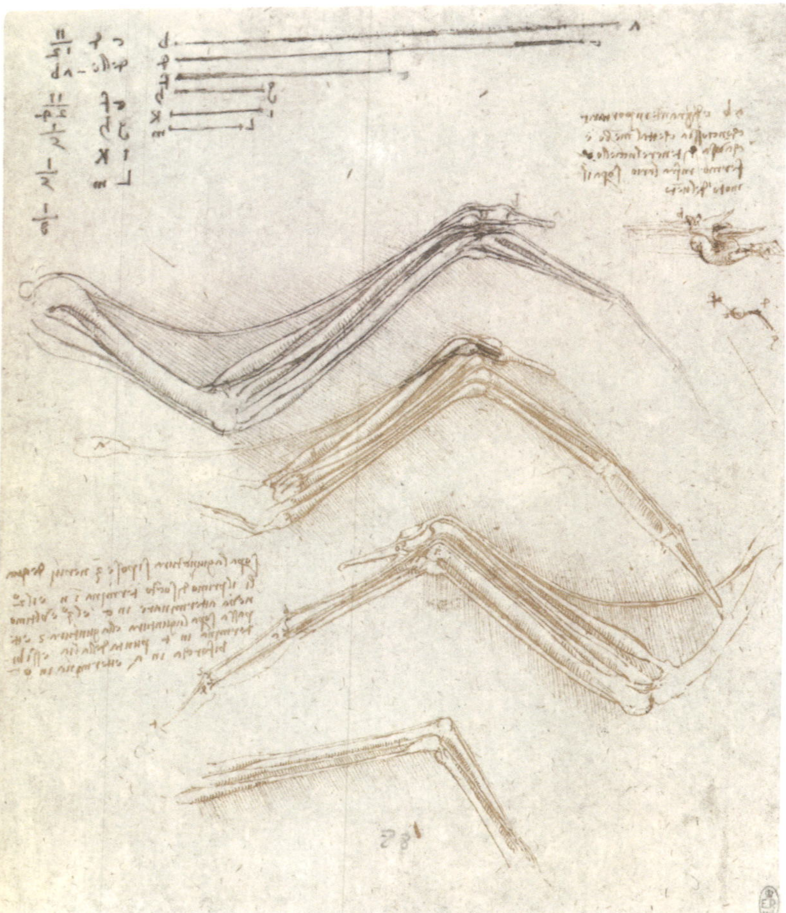

15

comprobación anatómica de funciones analizadas en pájaros vivos y en vuelo.

En el caso de la hoja de Windsor 12656 (fig. 15), el estudio es meticuloso, y la presentación de los dibujos tiene la misma claridad y exactitud que los dedicados, unos años atrás (c. 1510), a la extremidad superior humana (fig. 16). Uno de estos últimos contiene, como veremos, una alusión explícita a una comparación entre hombre y pájaro. El estudio forma parte de una investigación anatómica *«de animalibus»* más amplia, es decir, del hombre en relación a los otros animales, en lo que Leonardo ha pensado cada vez más a menudo con el paso del tiempo. Entre los elementos anatómicos aparece uno jamás representado antes desde un punto de vista propiamente anatómico: el álula, la pequeña franja de plumas situada sobre la antepenúltima articulación del ala, representada como si fuese una garra y comparada en las anotaciones con el pulgar de una mano. La razón para este análisis anatómico es funcional, como demuestra la anotación en la parte superior, acompañada del dibujo de un pájaro y referente a la función del álula: mantener al ave quieto en el aire a media altura. En los estudios sobre el vuelo, el álula ya había sido examinada por Leonardo, tanto en su función de timón capaz de hender el aire (colocada de canto), como en la contraria (situada de cara) de condensar con fuerza el aire subyacente, lo que contribuye al mantenimiento en el aire de un pájaro.

El álula aparece asimismo en otro estudio anatómico (fig. 17) que, sin embargo, parece hacer referencia sobre todo a un tipo de función diferente: el papel de sustentación que desempeña la parte terminal del ala, desde las puntas de las plumas. Éstas forman una superficie continua capaz de comprimir el aire. La anotación al lado del dibujo se refiere a la flexión-extensión de las plumas.

El último horizonte en el estudio de los pájaros es de tipo etológico. En algunas hojas del Manuscrito G, Leonardo considera el vuelo de algunos insectos y el del murciélago. Ya en los años de juventud, y posteriormente (al menos en el caso del murciélago), habían sido considerados en hojas donde, para aclarar su finalidad, aparecían estudios para la máquina voladora. Ahora son estudiados en sí y por sí, y Leonardo se pregunta también sobre las necesidades naturales causantes de una determinada técnica de vuelo, introduciendo anotaciones de etología que ya no se remiten, al menos de forma directa, al vuelo artificial.

Así, por ejemplo, afirma que el revestimiento continuo o membranoso de las alas del murciélago es el único que permite las arduas maniobras de vuelo a las que este animal recurre (G 63v; fig. 18).

Leonardo estudia el «Volar de la cuarta especie de mariposas, devoradoras de las hormigas aladas» (G 64v; fig. 19), es decir de las hormigas león, y después el de los coleópteros, en los cuales observa que solo uno de los dos pares de alas parece tener una función de vuelo, y el otro, probablemente, hace las veces de cobertura del primero (G 92r; fig. 20). Por último, estudia la mosca, que bate las alas con esa «velocidad y sonido» (zumbido) para estar quieta en el aire, y usa las patas traseras como timón (G 92r).

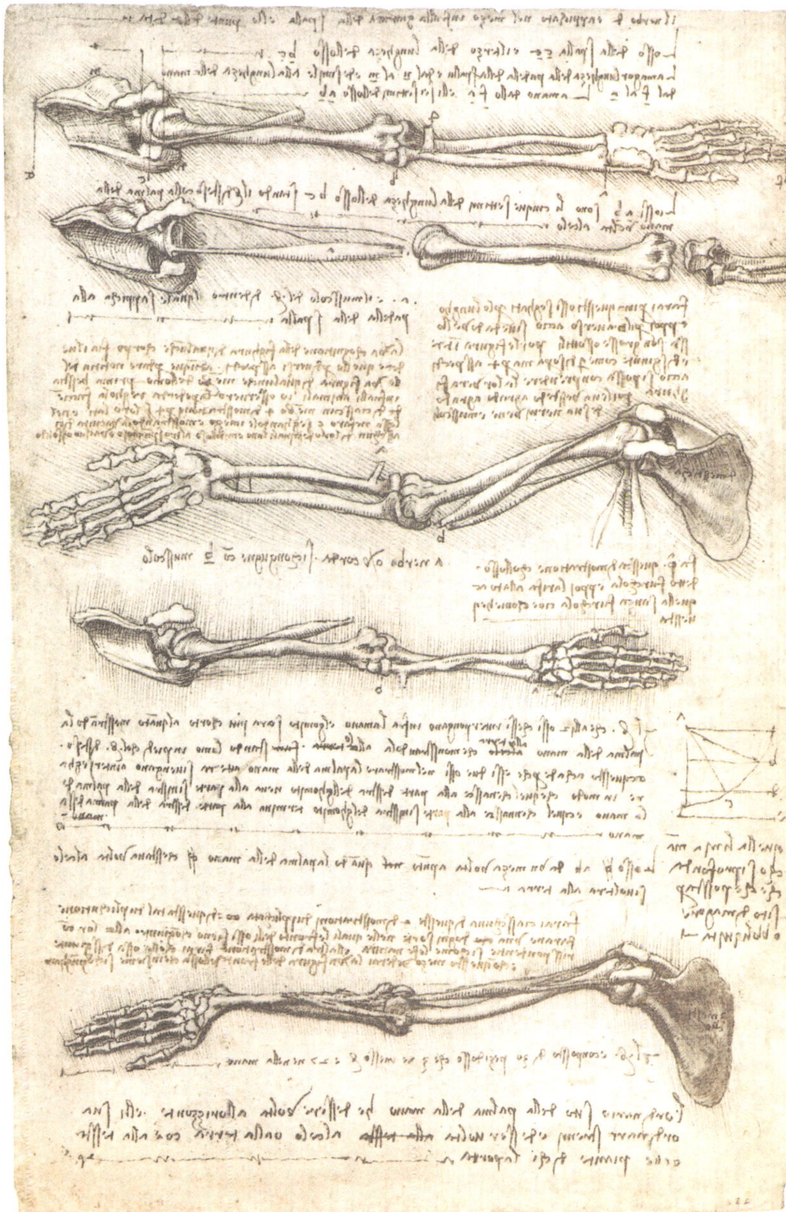

16

17. Anatomía del ala. c. 1513. (W 19017).

18. Estudio de pájaros y de murciélagos (Manuscrito G 63v).

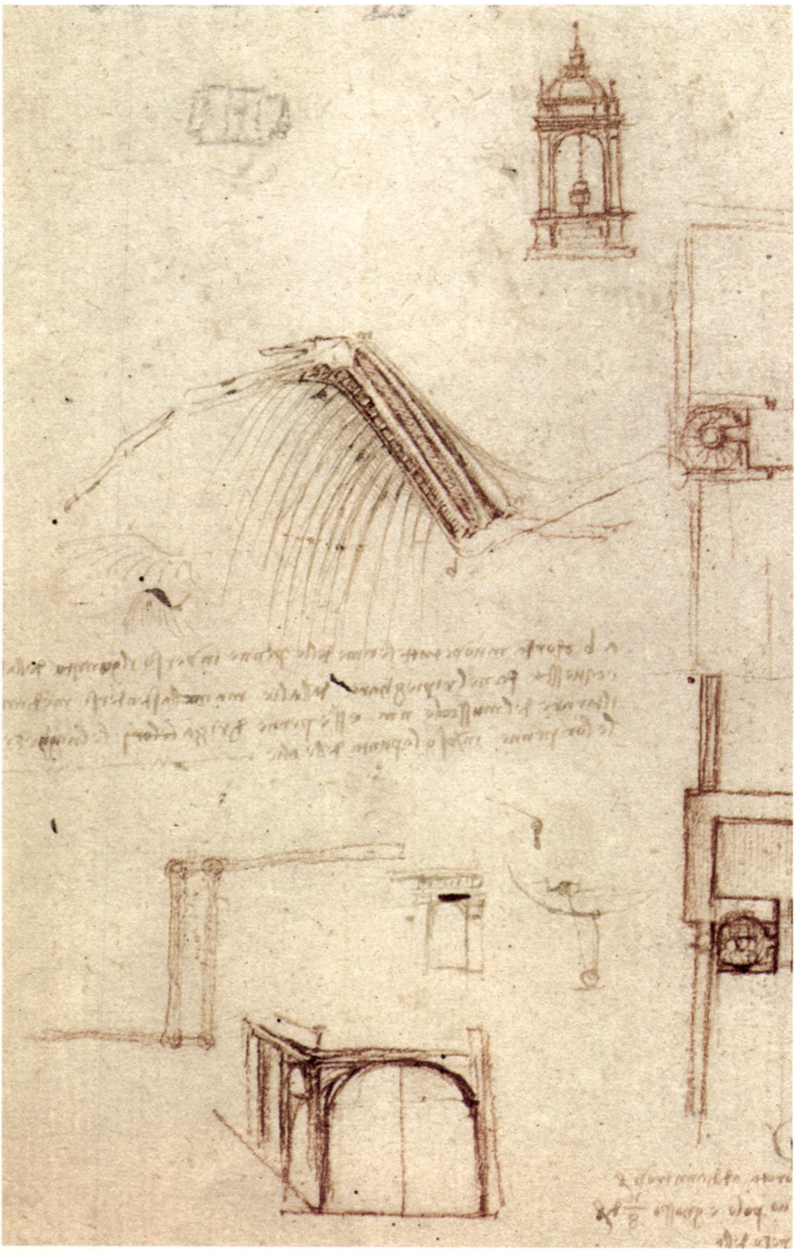

17

El vuelo humano. Últimas menciones a la máquina voladora y al vuelo batiente

En el Manuscrito E, entre numerosos estudios teóricos dedicados a los movimientos de los pájaros en vuelo, la mente de Leonardo, al menos en un caso, parece alejarse de esta dimensión del puro conocer para trasladarse al hacer, a la imitación mecánica del vuelo natural de los pájaros. En la hoja 44v, en algunas anotaciones que describen el comportamiento de los pájaros, el argumento parece desviarse de la dimensión del conocer a aquélla mimética del hacer, y Leonardo habla de los peligros inherentes a esta aplicación práctica dirigiéndose en segunda persona a sí mismo, o al piloto de la máquina, exactamente igual que hace en el Códice sobre el vuelo de los pájaros: «Por tanto, después de que condicionadamente hayas extendido la flexionada ala hacia la tierra, tú al mismo tiempo recoges el ala inferior que estaba extendida hasta el punto de que retornes al sitio de la estabilidad».

Pero es un pensamiento fugaz. Ningún dibujo de la hoja ni del Manuscrito B hace referencia al ala mecánica y a sus maniobras articuladas.

En una hoja de Windsor, en cambio, encontramos un pequeño boceto que puede datar de 1513-1514 y representa la anatomía de un ala compuesta por cuatro segmentos óseos movidos por tendones, uno de los cuales pasa por el interior de un anillo fibroso (19086r; figs. 21-22). Como en otros casos de una época anterior, cabe la duda de si representa un ala natural o un ala artificial. Por el contrario, es indudable que en otros casos

Leonardo, en estos últimos años, continúa pensando en el vuelo mecánico.

Por ejemplo, una anotación en la hoja 124r del Códice Atlántico, en el ámbito de análisis teóricos del vuelo natural, alude explícitamente al vuelo artificial en su forma de vuelo activo y batiente: «Harás la anatomía de las alas de un pájaro junto con los músculos del pecho, motores de estas alas. Y harás algo similar del hombre para mostrar la posibilidad que tiene el hombre de poderse mantener en el aire con el batido de alas».

En otra hoja del mismo códice (1047r; fig. 23), que data de la misma época que la hoja anterior (c. 1513-1515, es decir, durante su estancia en Roma), dibuja la máquina voladora y sus alas, y en un caso representa también al piloto: quizá el proyecto de un ornitóptero en el que las alas están fijadas directamente a los brazos del piloto. Si esta interpretación es correcta, merece la pena considerar un estudio contenido en la Anatomía A (c. 1510; W 19011v; fig. 24), en el que, al analizar los músculos responsables del movimiento de la extremidad superior en el hombre, Leonardo alude en una anotación a un estudio comparado entre estos músculos humanos y los que mueven las alas en los pájaros: «Ningún movimiento de la mano o de sus dedos está hecho por músculos que estén del codo hacia arriba. Y lo mismo sucede en los pájaros, pero en ellos son muy poderosos porque todos los músculos que descienden las alas nacen en el pecho, los cuales en sí tienen mayor peso que todo el resto del pájaro». Los músculos pectorales del ave son los responsables del batido de las alas, movimiento que Leo-

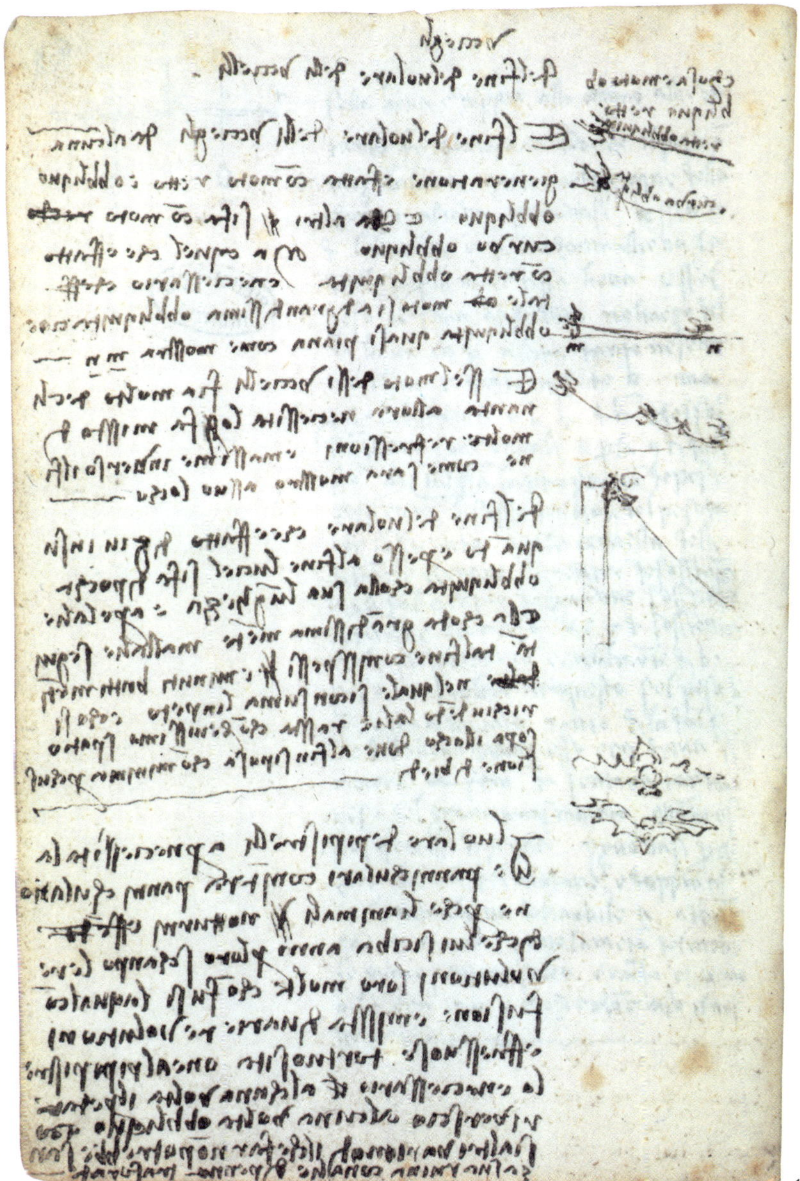

18

19-20. Estudio de insectos voladores (Manuscrito G 64v y 92r).

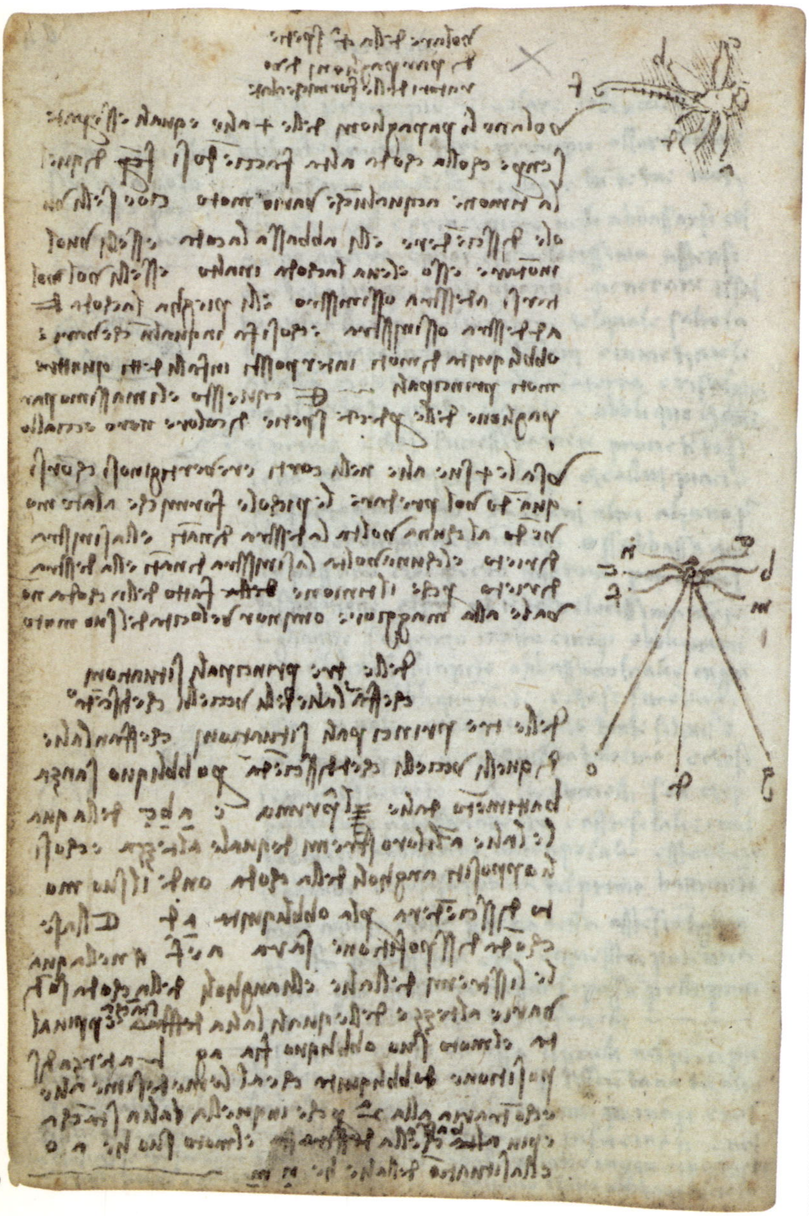

19

nardo intenta imitar con su máquina voladora. Así pues, este estudio anatómico parece relacionado implícitamente con el proyecto del vuelo humano activo mediante el batido de alas. Uno de los dibujos que acompañan a la anotación muestra un brazo que sostiene un gran palo, una situación muy similar a la del piloto del «ornitóptero» representado en la hoja 1047r del Códice Atlántico.

El vuelo humano como caso particular de la caída de los graves en el aire

En esa misma hoja del Códice Atlántico, una anotación se refiere al estudio de la caída de los cuerpos pesados en el aire: «Haz figuras descendentes en el aire de varias formas de cartón, que caigan desde nuestro embarcadero. Y después dibuja las figuras y los movimientos que hacen los descensos de cada una en varias partes del descenso».

Junto a los bocetos antes mencionados, a las maniobras de equilibrio en vuelo y al vuelo activo batiente, en este último periodo el vuelo artificial es afrontado también desde la perspectiva aerostática. Dos anotaciones consideran el vuelo humano desde una perspectiva distinta, no partiendo ya de la anatomía y de las funciones de los pájaros, sino desde la física del elemento aire y, en general, desde el comportamiento estático y dinámico de los cuerpos en él. «De las cosas que caen en el aire» (G 74r) y «Las varias figuras imperceptibles de los cuerpos que por sí descienden en el aire» (W 12657) son los títulos en los que se encuadra también el vuelo humano: el hombre, como los pájaros, es solo un caso parti-

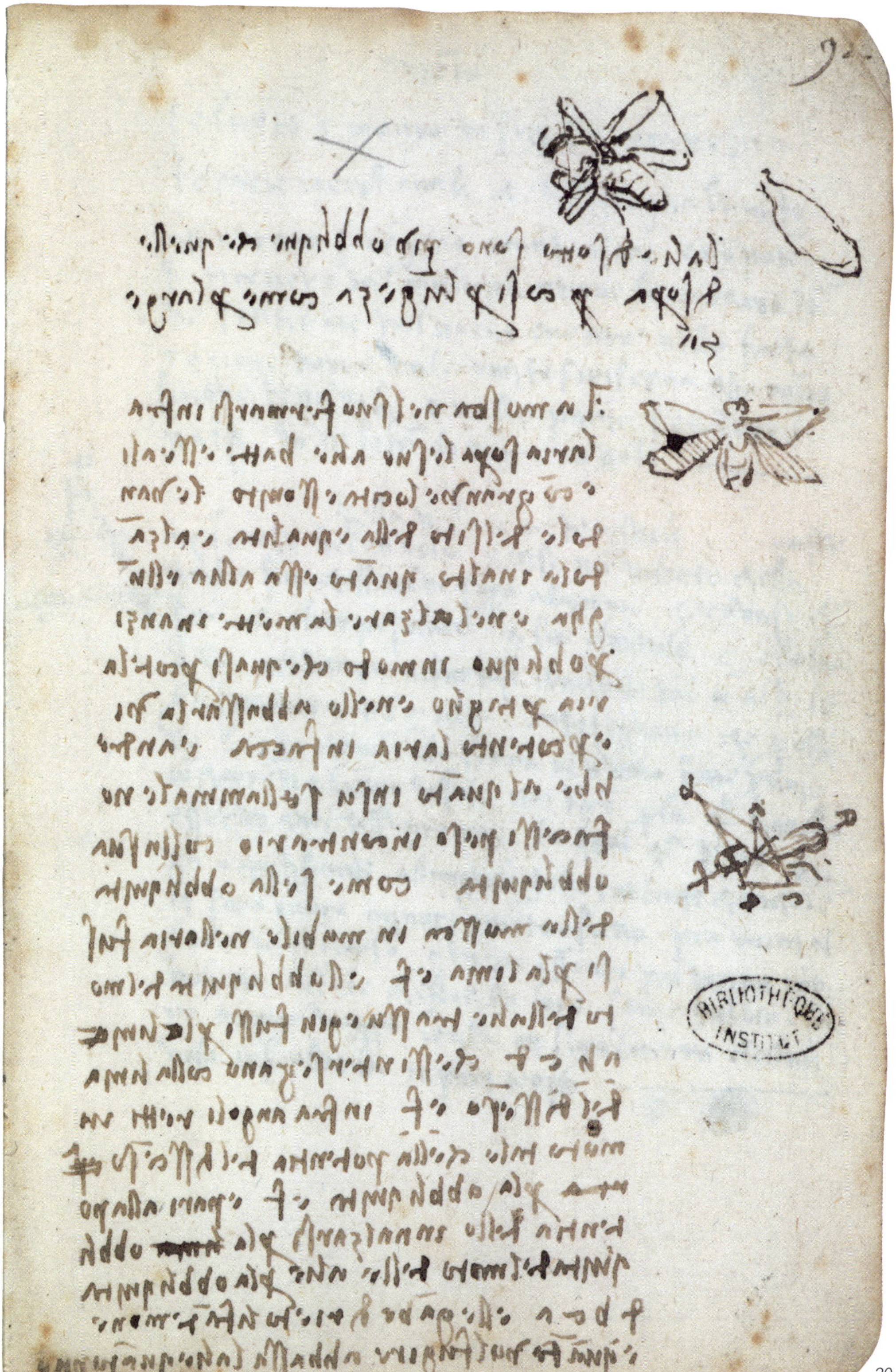

21-22. Conjunto y detalle con estudio de los segmentos de ala natural o mecánica. c. 1513-1514. (W 19086r).

23. Estudio de piloto con alas mecánicas. c. 1513-1515. (CA 1047r, detalle).

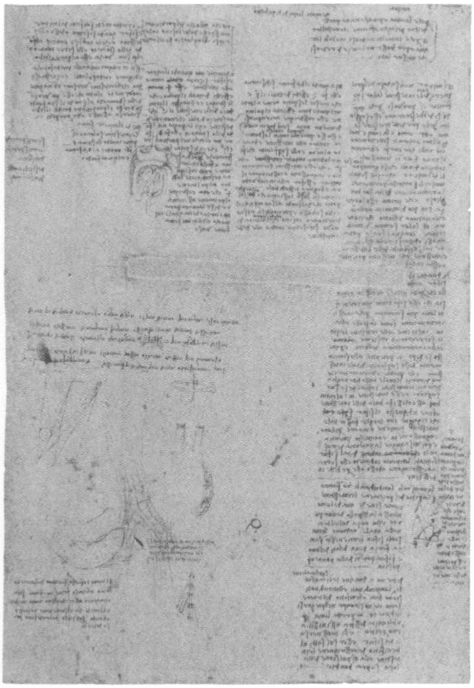

21

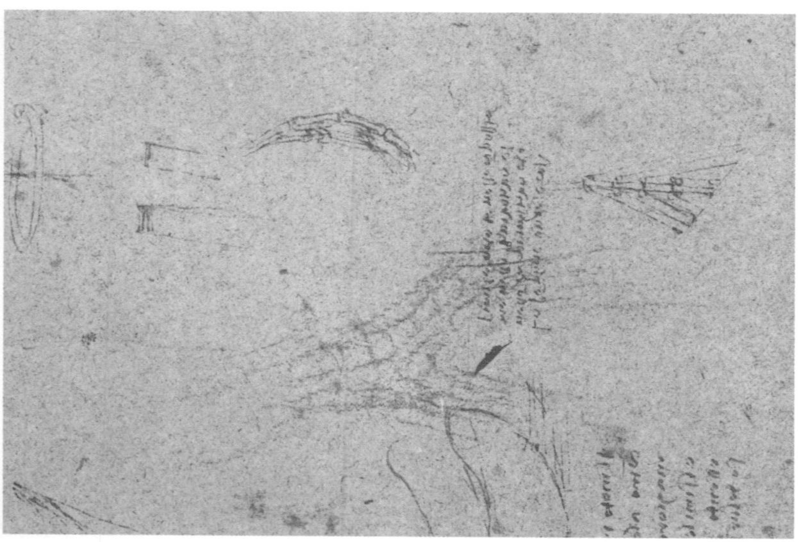

22

cular del más general comportamiento aerodinámico de todos los graves o cuerpos «insensibles», es decir, carentes de alma y, por tanto, de movimiento voluntario, los cuales «por sí descienden», es decir, no a raíz de una voluntad o instinto.

Fijándonos en el contenido de las dos notas concernientes al vuelo humano, en una de ellas Leonardo parte de la observación de un pájaro, pero solo para deducir de ella un principio de aerostática más general, que después es aplicado al vuelo humano: «Tanta más levedad adquiere un pájaro cuanto éste más se dilata y expande sus alas y cola. Ese grave se muestra más leve cuando se extiende en mayor anchura. Con esta conclusion se establece que el peso del hombre puede, mediante una gran amplitud de alas, sostenerse en el aire» (E 39r).

Abriendo las alas y la cola, el pájaro se torna más ligero, cerrándolas se vuelve más pesado (esto lo hace cuando, en descenso, quiere acelerar la velocidad). Ésta es una ley común a todo grave, y por ello es aplicable también al hombre, que, suspendido de un soporte adecuadamente amplio, podrá sostenerse en el aire. Si bien Leonardo habla aún de «alas», la máquina voladora, tipo pájaro, está ausente de estas reflexiones.

De hecho, la otra anotación sobre el vuelo humano, contenida en el Manuscrito G (c. 1510-1515; f. 74r; fig. 25), estudia –y reproduce en el dibujo que la acompaña– a un hombre suspendido de una tabla. De un modo aún más marcado, esta anotación excluye completamente el mundo animal. Leonardo parte del estudio aerostático y aerodinámico de algo «insensible», como es una tabla.

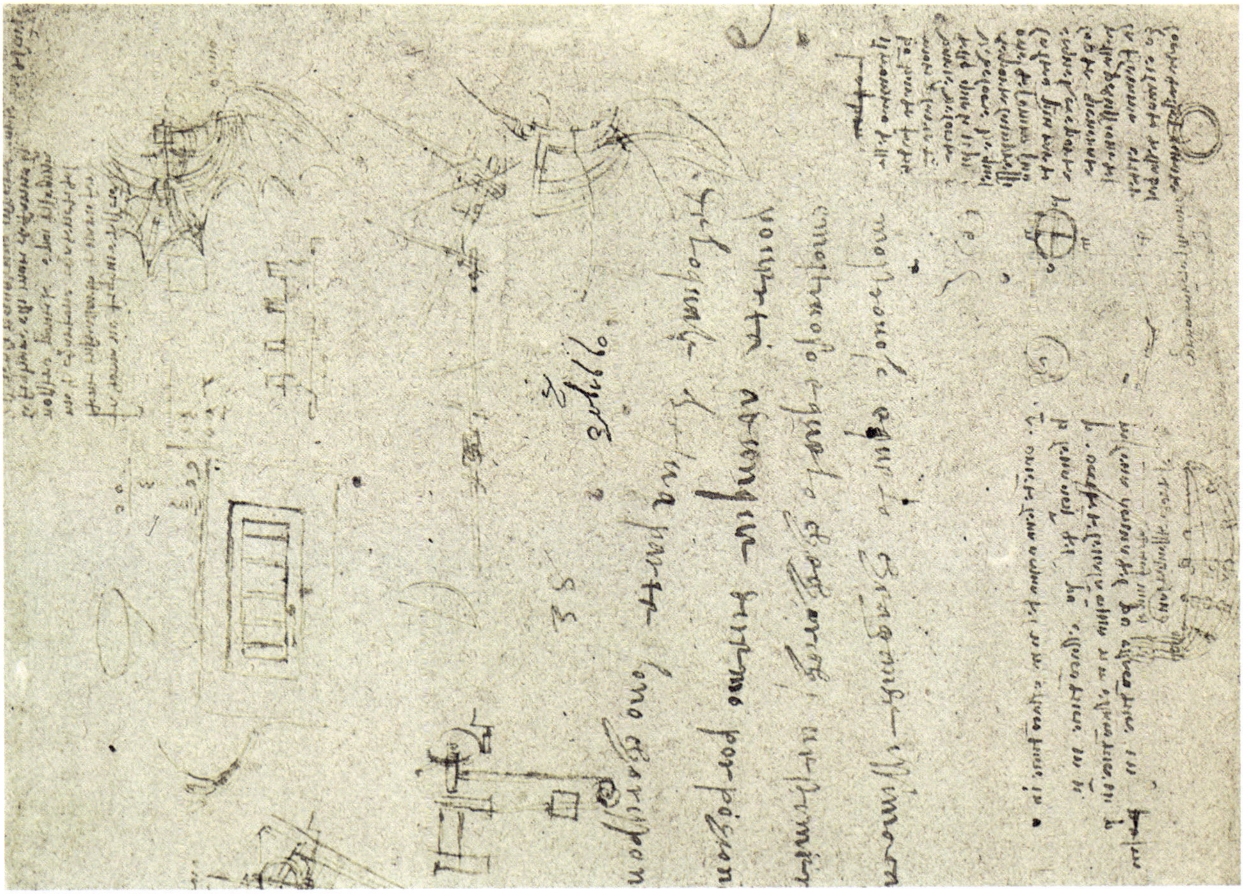

23

24-25. Anatomía humana y anotación sobre la comparación entre capacidad dinámica del hombre y del pájaro (uno de los brazos recuerda el asidero en el ala mecánica; c. 1509-1510; W 19011v; fig. 24). Esta anotación demuestra que también en esta época, aunque esporádicamente, Leonardo continúa con el proyecto del vuelo humano batiente. Otra perspectiva de vuelo seguida es la aerostática, como demuestra el estudio del hombre descendiendo por el aire colgado de una tabla (Manuscrito G 74r; fig. 25).

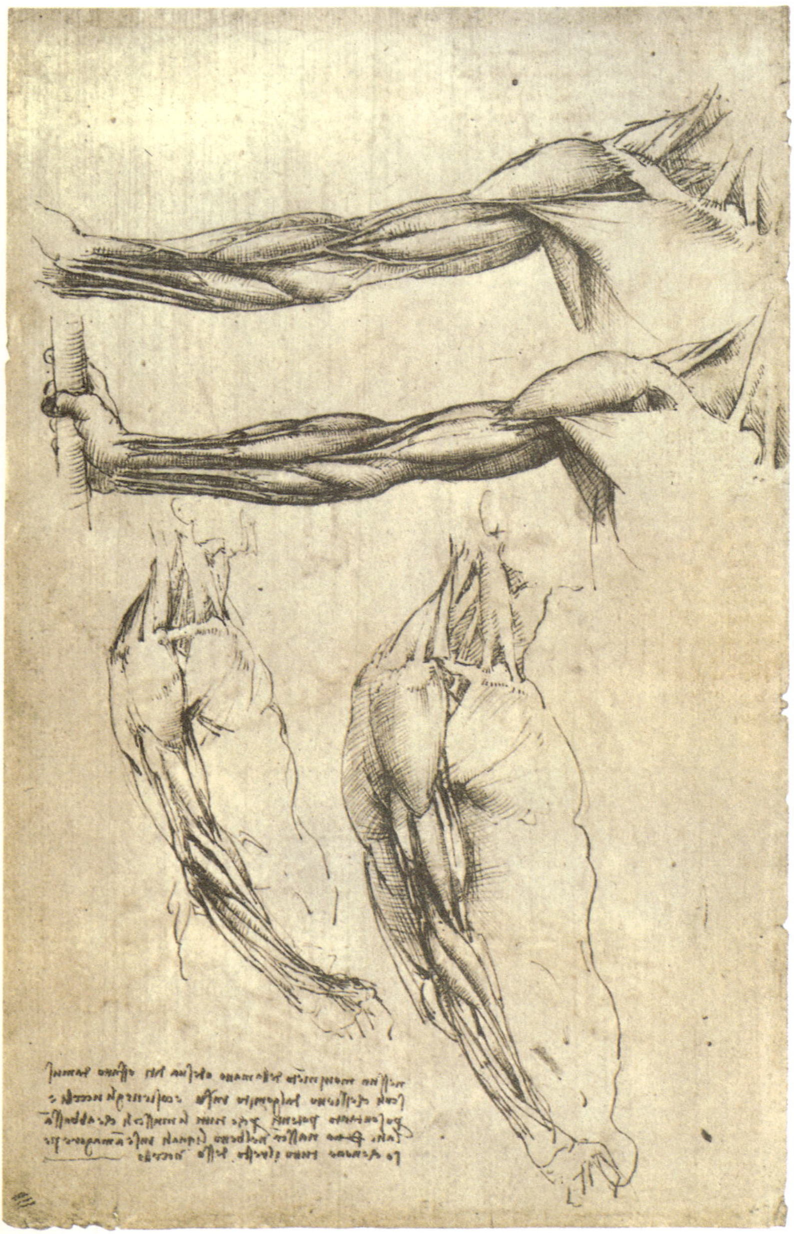

24

Uno de los razonamientos en los que se basa es de tipo estático y físico: graves como una hoja de papel combada o una tabla que descienden por el aire ejercen presión sobre este último con su borde inferior; de ese modo lo condensan, mientras que en los lados, y detrás, el aire se enrarece. Como consecuencia de ello, el borde inferior obtiene del aire comprimido mayor soporte y, por tanto, se vuelve relativamente menos pesado que el borde superior, el cual desciende consiguientemente, determinando el típico descenso en zigzag de la hoja o de la tabla. Precisamente, este alargamiento de la trayectoria, respecto a un descenso vertical, hace más suave el aterrizaje final del grave. Un hombre colgado de una tabla, agarrándose a ella e inclinando hacia abajo alternativamente su extremo derecho y su extremo izquierdo, podrá del mismo modo obtener un descenso frenado a través del aire.

Evidentemente, estamos ante una aplicación, más aguda y más simplificada al mismo tiempo, de los proyectos de descenso con paracaídas, o con esfera o cometa, previstos durante la primera estancia del artista en Milán.

Epílogo lúdico y atajos

Cuenta Giorgio Vasari que Leonardo, estando en Roma invitado en el Vaticano (c. 1513-1516), «formando una pasta de cera, mientras caminaba hacía animales finísimos llenos de viento, soplando en los cuales los hacía volar por el aire»; y añade que «a menudo solía hacer minuciosamente desgrasar y purgar las tripas de un carnero [...] e inflándolas llenaba su estancia, la cual era grandísima».

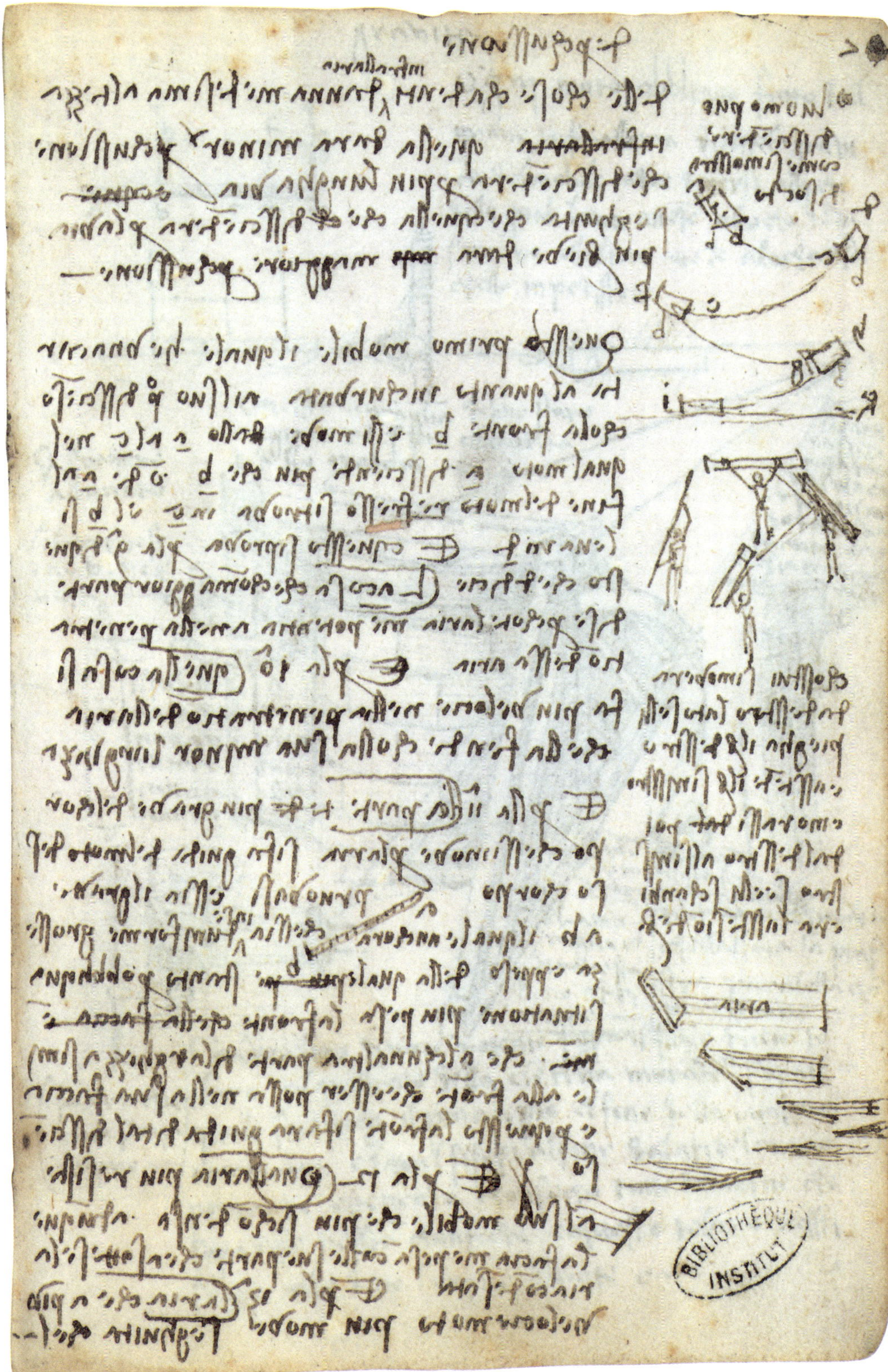

25

26. Dibujo de autómata volador con forma de pájaro. c. 1508. (CA 231av).

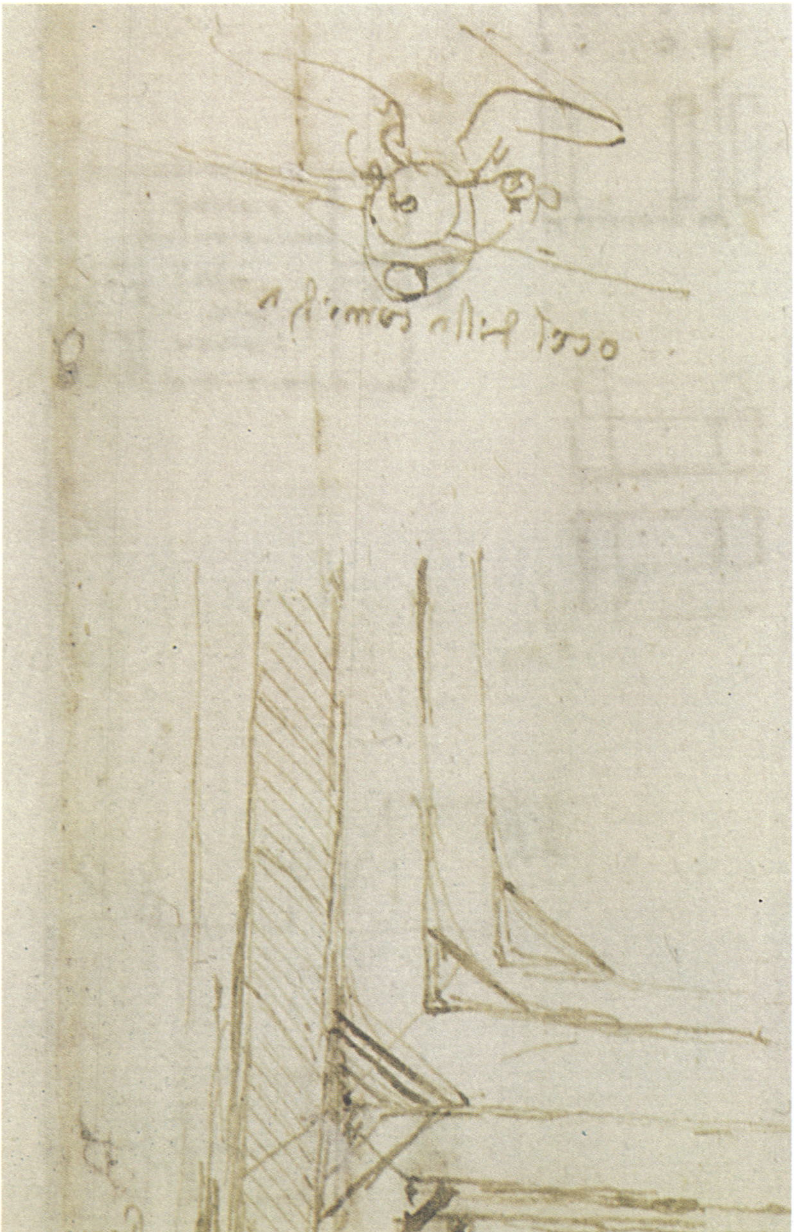

26

Éstas son, por tanto, las cosas con que Leonardo se recrea en ese periodo: siluetas de cera voladoras y tripas llenas de aire en lugar de máquinas capaces de emular a los pájaros. «Hizo una infinidad de estas locuras», concluye Vasari. En los experimentos de Leonardo, a la evasión en la teoría y a la escasa presencia de proyectos de máquinas se suma también esta dimensión lúdica que en esta época parece tener un sentido más profundo y personal del divertimento preparado ocasionalmente para una corte.

La situación tampoco cambia cuando Leonardo utiliza, para análogos contextos cortesanos, artificios de vuelo de tipo más técnico, como en el caso de los autómatas. Los «autómatas» –por ejemplo, un pájaro mecánico dibujado en torno a 1508 en una hoja del Códice Atlántico (629bv; fig. 26), destinado a batir las alas mientras descendía colgado de un cable, gracias a un mecanismo situado en su interior– eran evidentemente un «atajo» respecto a la máquina voladora que imitaba a un pájaro incluso en los movimientos, capaz de volar realmente y que estaba en posesión, como un pájaro, de un «alma» (constituida por el piloto).

También Lomazzo habla de estos autómatas voladores y de otros artilugios preparados por Leonardo especialmente al final de su carrera: «Leonardo [...] enseñó el modo de hacer volar los pájaros, andar los leones por fuerza de ruedas y fabricar animales monstruosos. Solía hacer de cierta materia pájaros que volaban por el aire, y una vez, ante Francisco I, rey de Francia, hizo caminar a su gusto en una sala

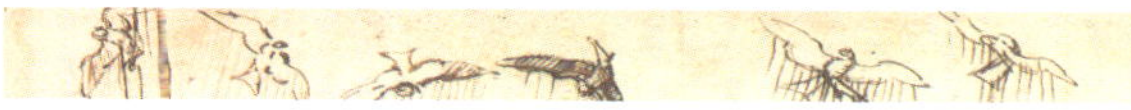

LEONARDO Y EL VUELO MODERNO

Después de Leonardo, es sobre todo entre finales del siglo XIX y principios del XX cuando la ambición del vuelo humano sufre una fuerte aceleración. En esa época trabajan ingenieros aeronáuticos pioneros como Otto Lilienthal (1848-1896) y Pierre Louis Mouillard (1834-1897), y se produce el éxito final de los hermanos Wilbur y Orville Wright (1867-1912 y 1871-1948), los cuales, en 1903, consiguen hacer volar un aeroplano movido por un motor de explosión. Con ellos comienza la historia de la aeronáutica moderna. ¿La obra de Leonardo ha desempeñado algún papel –directo o indirecto– en este proceso final? La respuesta a esta pregunta es más compleja de lo que podría parecer. Es cierto que, precisamente en pleno apogeo de estas investigaciones sobre el vuelo humano de finales del siglo XIX, se publica por primera vez, en 1893, el Códice sobre el vuelo de los pájaros (aunque en la forma incompleta, carente de algunas hojas, en que se encontraba en la época). Lilienthal, Mouillard y Marey conciben el vuelo humano en un sentido muy próximo al de Leonardo, como vuelo imitativo de los pájaros. Sus obras están llenas de observaciones sobre el vuelo natural y sus leyes, y sus máquinas voladoras están pensadas sobre todo para el vuelo por planeo, gracias al viento. El eventual conocimiento de las ideas leonardianas por parte de estos personajes –incluidos los hermanos Wright– es un problema abierto e intrigante, y es un hecho que en pleno auge de estas tentativas sea editado en imprenta, por primera vez, el Códice sobre el vuelo de los pájaros, de Leonardo. Sin embargo, junto a estas consonancias generales, hay que subrayar también las profundas diferencias entre el vuelo concebido por Leonardo y el vuelo moderno. El vuelo con motor moderno, inaugurado por los hermanos Wright (1903), se basó también en el abandono de la idea de que el vuelo debía imitar necesariamente a la naturaleza. Esto marca una profunda diferencia respecto a Leonardo, una diferencia que es indicio del final de una época. Ciertamente, no es casual que en esos mismo años las artes figurativas (pensemos en el cubismo) renuncien también a imitar la realidad.

Quizá ante un jet moderno Leonardo se quedaría asombrado, poro al mismo tiempo sentiría cierta decepción: alas rígidas (y no flexibles y articuladas como las de los pájaros) y un mecanismo motor automático situado en el interior resultarían para él como dos insoportables atajos respecto al vuelo imitativo del natural, el único que, según él, merecía verdaderamente la pena perseguir.

Máquina voladora de los hermanos Wright (1903); Washington, Smithsonian, Institution's National Air and Space Museum.

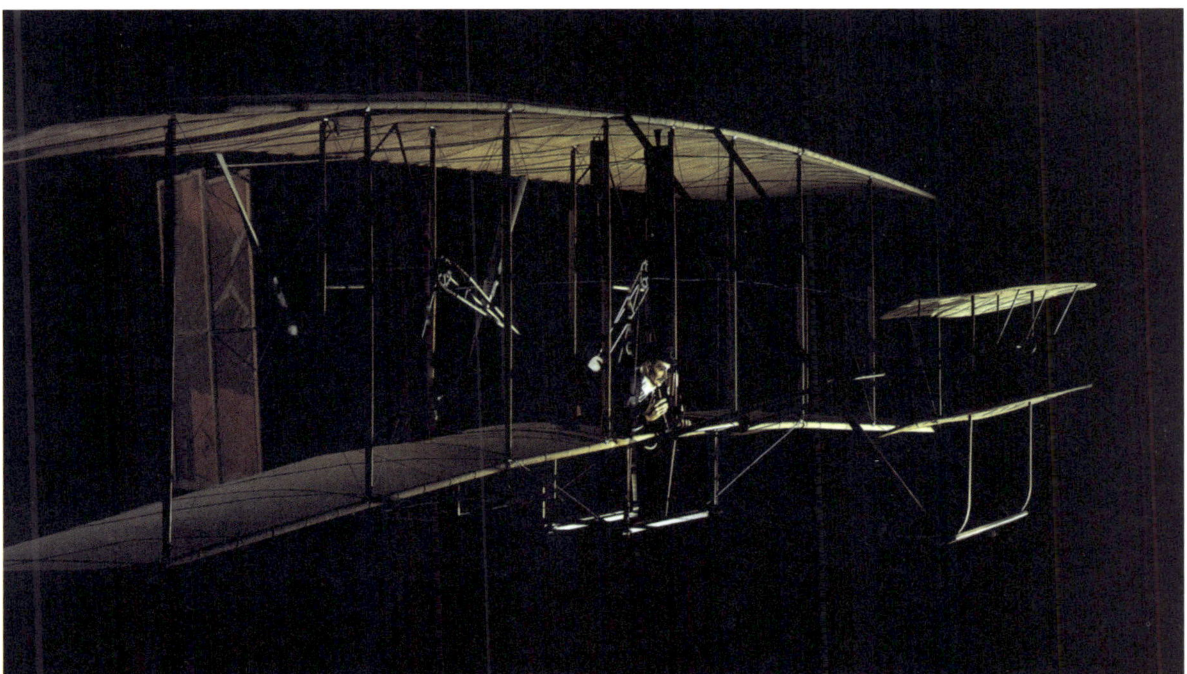

27-28. Hombre con alas en los hombros y otros estudios. c. 1508-1510. (W 12724r y CA 166r).

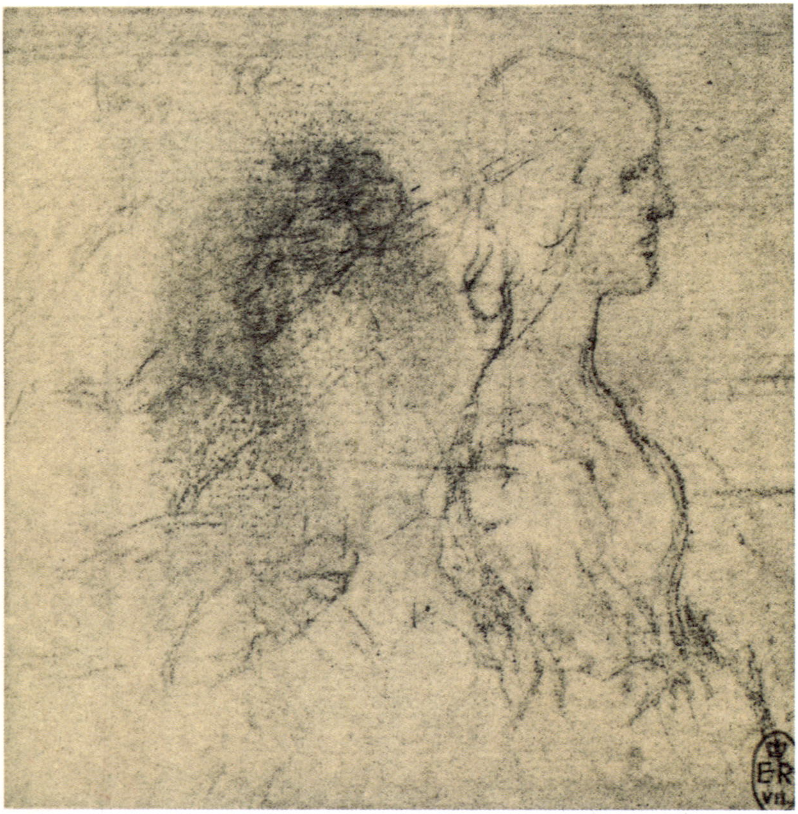

27

un león hecho con admirable artificio, y después detenerse abriéndose el pecho totalmente lleno de lirios blancos y diversas flores» *(Idea del templo de la pintura*, 1590).

También pertenecen a un horizonte análogo algunos dibujos que representan a un hombre en actitud de saltar desde una altura llevando en sus hombros unas alas (W 12724r; fig. 27; ver también W 12506) o una amplia capa (CA 166r; fig. 28). Se trata de diseños fechados generalmente en torno a 1508-1510, quizá destinados también a fiestas o teatros. Carentes de toda connotación técnico-maquinal, es evidente su naturaleza fantástica, teatral. Nos preguntamos si el ornitóptero de la hoja 1047r del Códice Atlántico, con las alas unidas directamente al cuerpo del piloto, puede tener también una finalidad teatral análoga.

En todos estos casos, Leonardo parece regresar al punto de partida: invenciones escénicas como las realizadas en su época juvenil en Florencia, y proyectos de vuelo humano tipo «ornitóptero» que rayan en el sueño mitológico, como la figura de Dédalo esculpida en el campanile de Giotto que recordamos en el primer capítulo.

En definitiva, el círculo parece cerrarse en el punto de partida. Leonardo ha viajado mucho intentando comprender la naturaleza para poder rehacerla, y al final no lo ha conseguido. Estos últimos resultados lúdicos y teatrales del proyecto de vuelo humano, por tanto, tienen el mismo tono que los proyectos de juventud, aunque el énfasis optimista de aquéllos da paso ahora a una atmósfera más melancólica de refugio fantástico y literario.

Esta interpretación parece confirmada por un pasaje (c. 1508-1510) que se puede considerar como el indicador de una auténtica crisis: «La naturaleza no es ciencia hecha que tenga perfección, porque si así fuera ellos se salvarían de todo peligro, como hacen los pájaros en las fortunas de los vientos del aire [...] y los peces que nadan en las fortunas del mar y diluvios de los ríos, los cuales no perecen» (W 12666r).

Los barcos, con los que el hombre intenta imitar a los peces, no conseguirán jamás, por tanto, igualar la «natural» facilidad con la que peces y pájaros superan ilesos toda tempestad atmosférica. Aunque no lo exprese de una forma manifiesta, Leonardo piensa también en la máquina voladora, en la «navegación aérea» con la que el hombre intenta imitar a los pájaros.

La emulación técnica de la naturaleza le parece a Leonardo totalmente «imperfecta» e inadecuada. La admiración que siente, anatomizando el ala de un pájaro, al contemplar cómo la naturaleza responde siempre con formas perfectamente adecuadas a una determinada función («Admirable utilidad tiene la potencia del timón de las alas», W 12657), conlleva también la desesperación de no estar técnicamente a su altura. Así, junto con la escasez de estudios para la máquina voladora, no sorprende descubrir que en este último periodo de la investigación leonardiana algunas aplicaciones prácticas de la «ciencia de los vientos» sean de un tipo muy distinto: lúdico, fantástico, teatral.

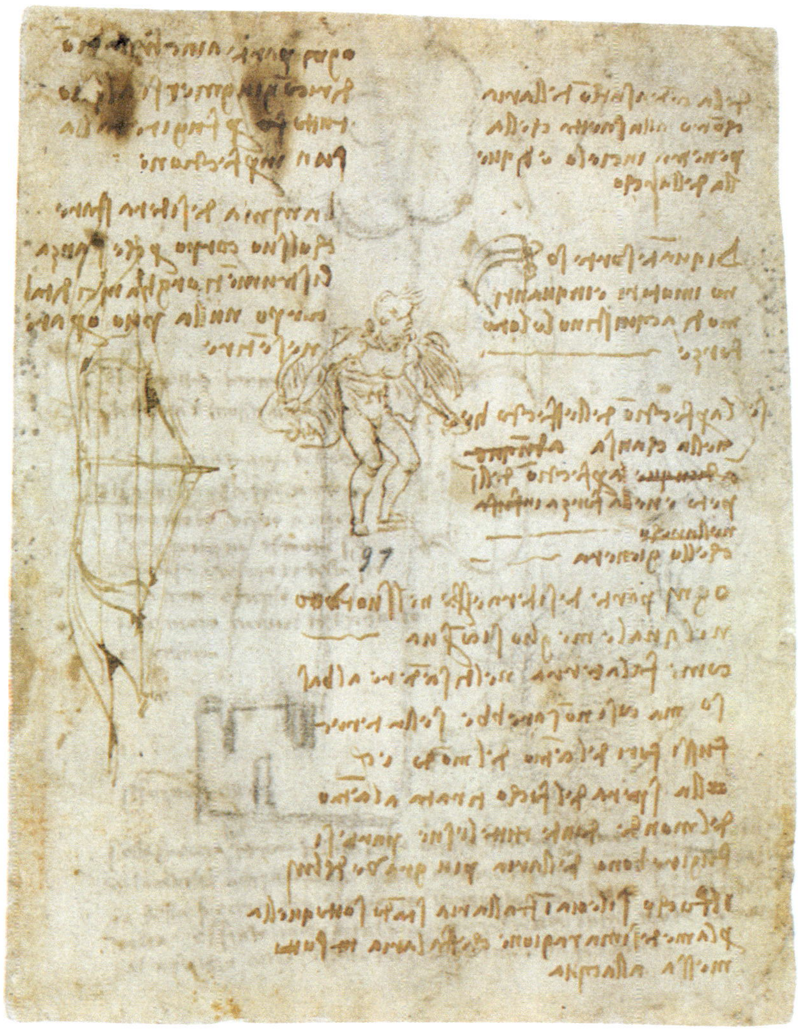

28

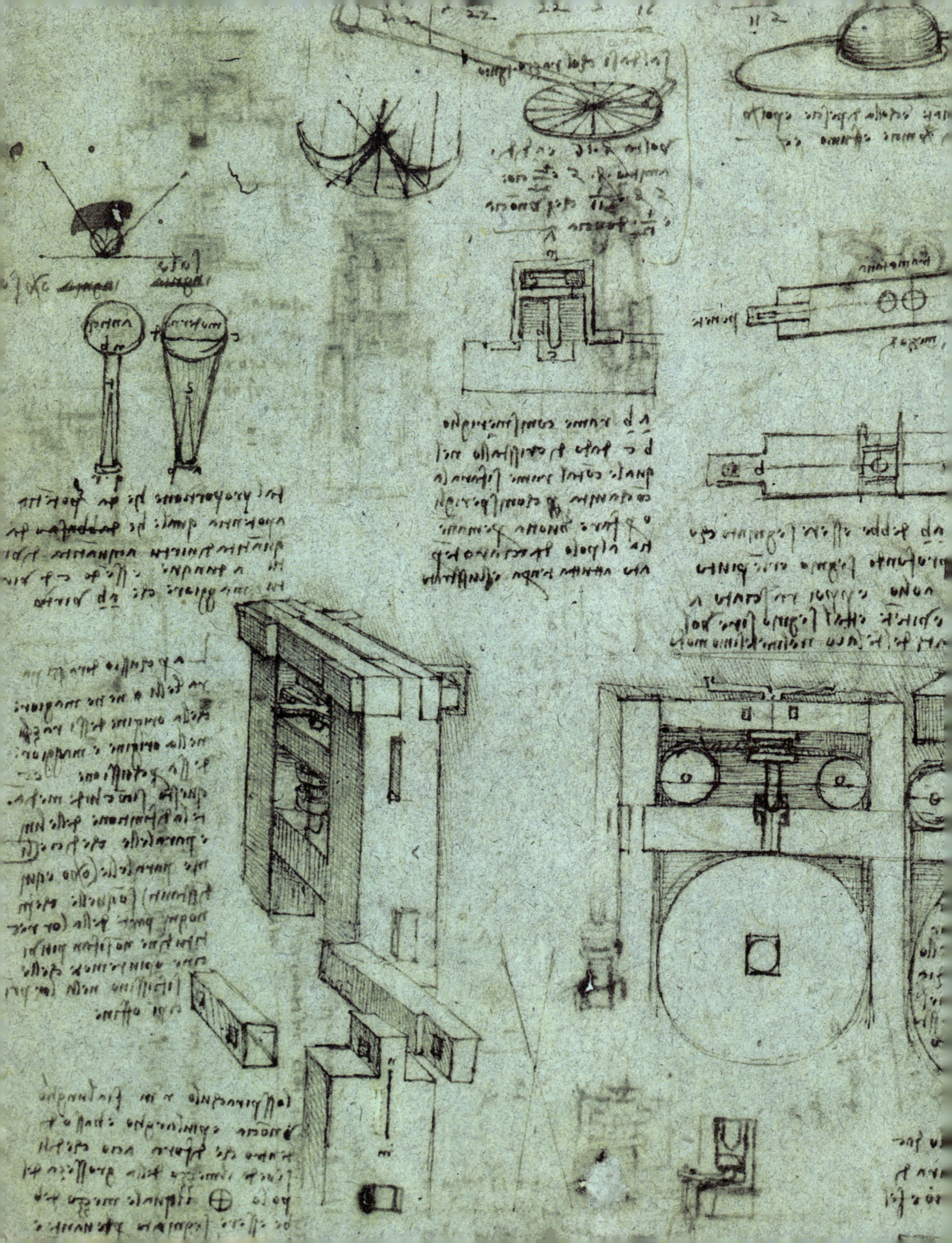

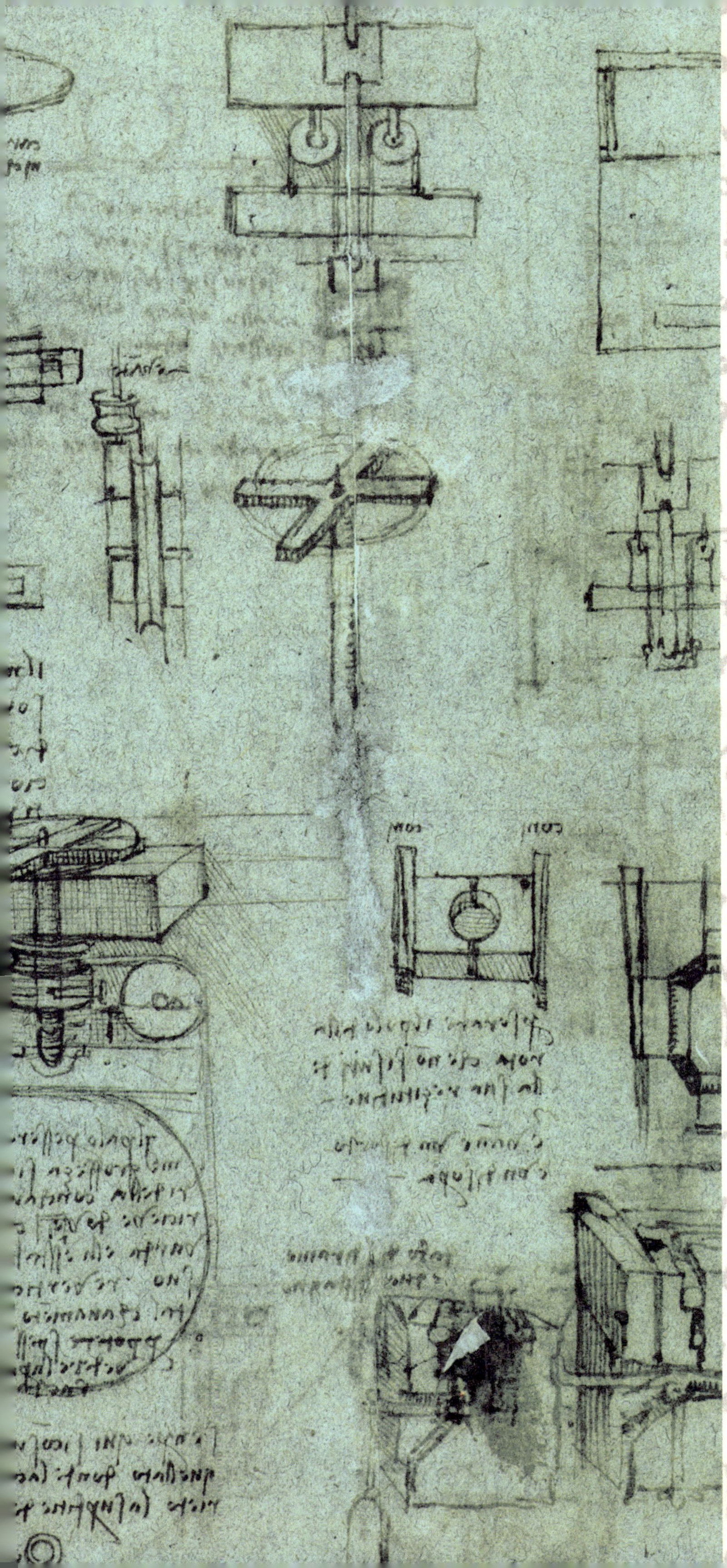

La verdadera ciencia

El Leonardo inventor, al que sus contemporáneos reconocieron un «ingenio como el de Arquímedes», se impone por el rigor de los fundamentos científicos que consideraba indispensables para cualquier concepción tecnológica. Recurre, por tanto, a la tradición escolástica para devolver a las prácticas de taller la dignidad profesional de la que arquitectos e ingenieros gozaban en la antigüedad. El fulgurante ejemplo de Arquímedes le acompaña a lo largo de toda su extraordinaria carrera como tecnólogo. Leonardo replantea con «verdadera ciencia» la utilización de los espejos ustorios del legendario siracusano para el aprovechamiento de la energía solar con fines industriales e incluso para la observación astronómica.

En las dos páginas anteriores: Estudios de mecanismos para construir espejos parabólicos de radio grande para el aprovechamiento de la energía solar. (c. 1513-1515.), Códice Arundel, (f. 1036 ii v).

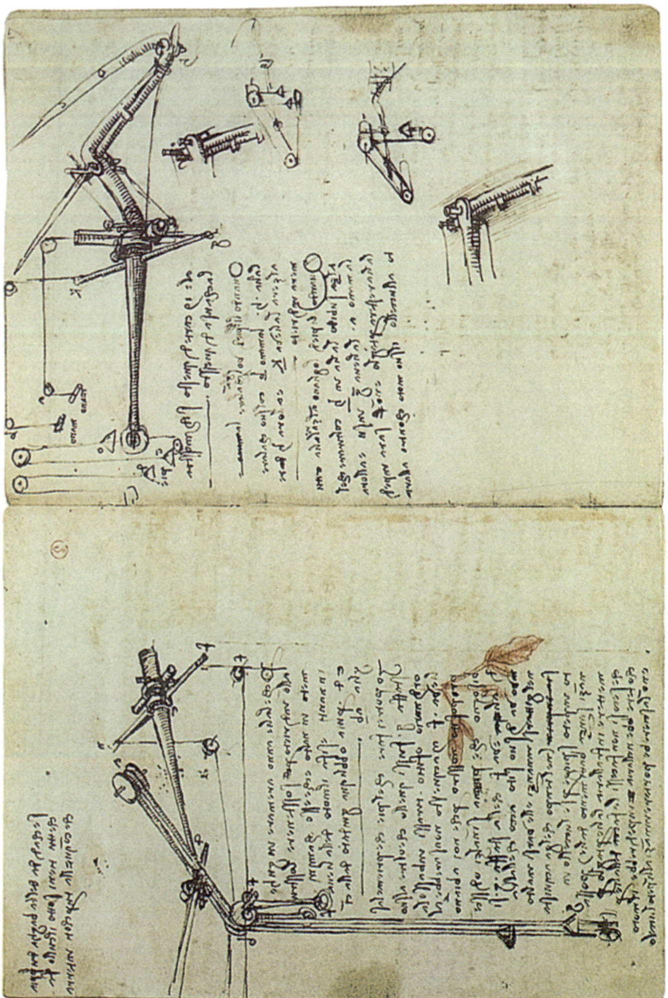

1

Un día indeterminado entre 1487 y 1490 Leonardo tomó una «regla ancha y fina» y la volteó violentamente en el aire. No se sabe por qué lo hizo, quizá por casualidad, pero cuando lo repitió trataba de verificar una teoría científica que se le había ocurrido repentinamente. Había reparado en que, guiado por el movimiento de aquella hoja en el aire, el brazo tendía a elevarse. De esta experiencia surge el principio por el que se rige el helicóptero. Se trata exactamente del mismo helicóptero que conocemos hoy, en el que la hélice es una doble pala, muy similar a la «regla ancha y fina» de Leonardo. Volteando aquella regla advirtió que su inclinación provocaba su ascenso en el aire. Y dado que el dorso constituye el fulcro de ese movimiento giratorio, el resultado es el inicio de un movimiento en espiral. En su mente, esta regla volteada se transforma en una superficie continua, como el fileteado helicoidal de un tornillo. Se trata de una superficie ampliada con forma de vela que, en lugar de hincharse con el viento, gira en el aire: «se vuelve hembra en el aire y se elevará hacia lo alto».

De aquí al modelo experimental hay un paso. Le basta un boceto, sin entrar en los detalles para su construcción y recurriendo a estructuras de la tecnología naval: la gran vela a tornillo tiene unos obenques que garantizan su estabilidad, y que giran junto con la circunferencia de la base a la que están fijados. La fuerza motriz no podía concentrarse más que en un muelle enroscado, como el de los relojes, que se entreve en el boceto a los pies del eje del tornillo aéreo.

Aunque no lo menciona, está pensando en el «tornillo de Arquímedes», que mediante un proceso análogo hace subir el agua. Agua y aire son para él elementos similares, por lo que las mismas condiciones de causa y efecto se encuentran en ambos. Siguiendo idéntico método, estudia el movimiento de los peces para entender el de los pájaros, y viceversa.

Entre 1513 y 1514, con 60 años, formula una teoría del vuelo que califica de «verdadera ciencia» o «ciencia sensible», ya que puede ser percibida por los sentidos y es, por tanto, verificable con la experimentación: «Para explicar como verdadera ciencia el movimiento de los pájaros en el aire es necesario conocer antes la ciencia de los vientos, la cual demostraremos mediante el movimiento del agua. Y esta ciencia sensible nos servirá para alcanzar el conocimiento del comportamiento de las aves en el aire».

Leonardo científico

Con el renovado estudio del vuelo de los pájaros y de su comportamiento al planear con el viento a favor, Leonardo está más convencido que nunca de que también el hombre podrá volar con la ayuda de un dispositivo mecánico. En el mismo periodo y en el mismo códice escribe: «La mecánica es el paraíso de las ciencias matemáticas, puesto que a través de ella se obtiene el fruto matemático».

Se podría afirmar, aun resultando paradójico, que llegó a los 35 años sin conocer el significado del término «ciencia». Aunque parezca increíble, no se explica de otro modo el que, entre los vocablos recogidos por él en torno a 1487 con el fin de obtener su definición, como si se tratara de un diccionario, se puedan encontrar: «Ciencia: noticia de las cosas que son posibles, tanto pasadas como presentes»; «Preciencia: noticia de las cosas que posiblemente pueden suceder». Todo esto aparece en el primer manuscrito compilado por él en Milán, el Códice Trivulzio, ligeramente anterior al Códice B de Francia, en el que aparece el estudio del helicóptero.

La identificación de «ciencia» con «teoría» (lo contrario de «práctica»),

1. Dibujos para mecanismo rotatorio de ala. (c. 1505) Códice sobre el vuelo de los pájaros. (ff. 16v-17r).

2. Estudios sobre el vuelo de los pájaros en relación con el viento. (c.1513-1514) Manuscrito E, (f. 42v).

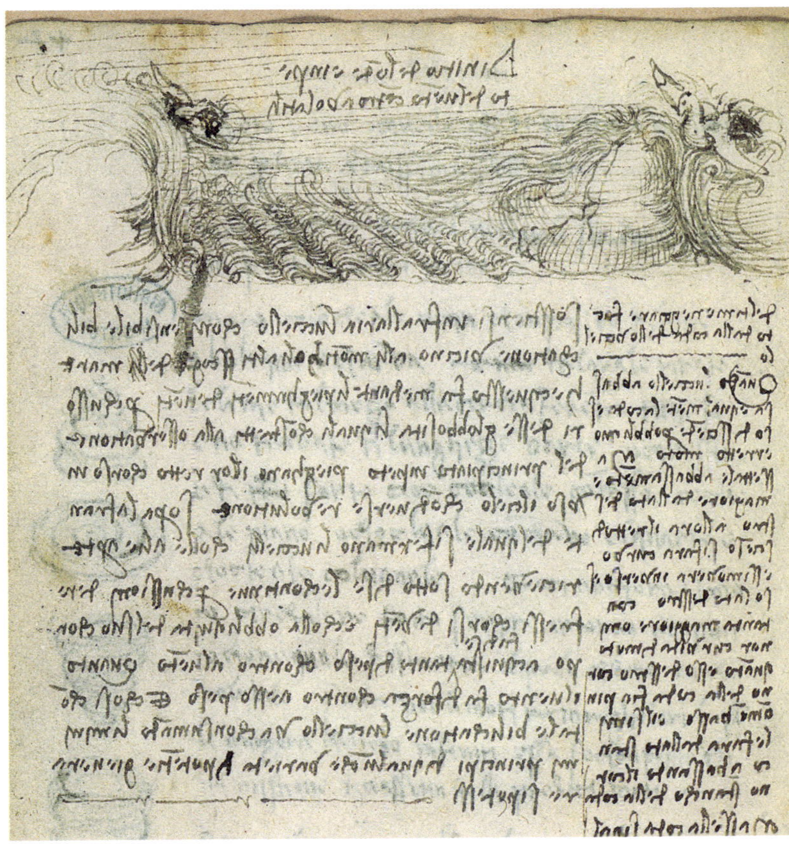

2

3. Estudios sobre el vuelo de los pájaros en relación con el viento. (c. 1513-1514). Manuscrito E, (f. 43).

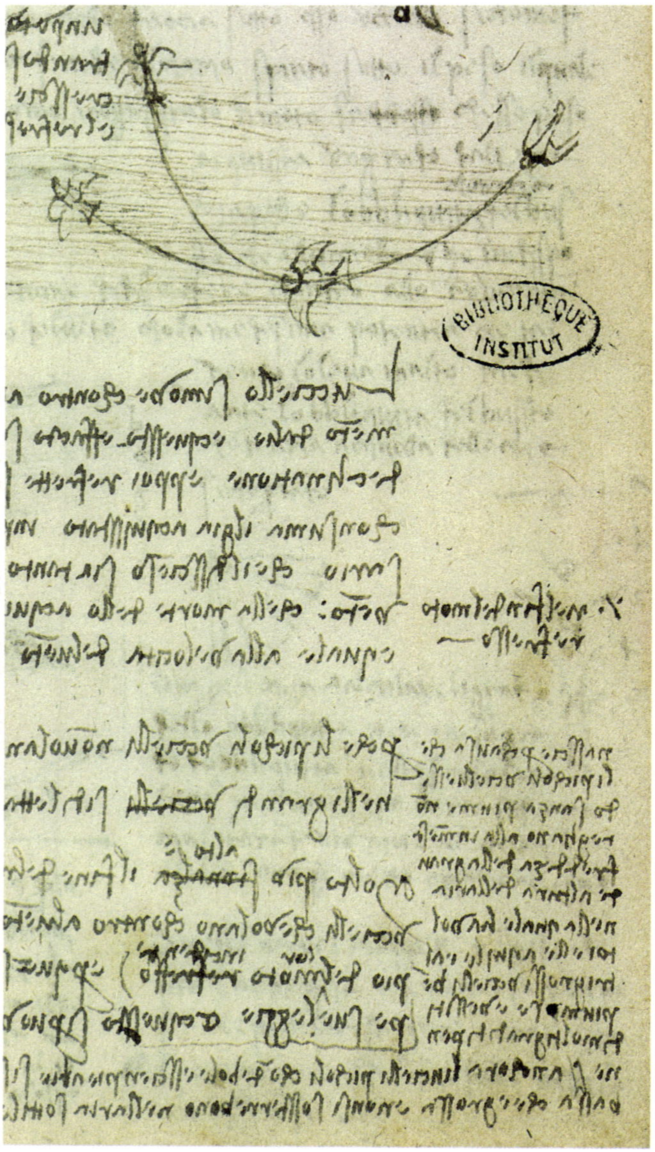

3

según un concepto todavía medieval, se confirma a través de una anotación que aparece algunas páginas antes: «Teoría: ciencia sin práctica». Se debe tener en cuenta también que Leonardo utiliza a menudo la forma *scientia* en lugar de *ciencia*, como aparece en los textos escolásticos, es decir, siempre con el significado de «teoría»; *Ars sine scientia nihil est:* no puede existir arte, o sea «práctica», sin teoría, proclamaban los artífices del duomo de Milán hacia finales del siglo XIV.

Es necesaria, por tanto, cierta cautela al atribuir a Leonardo la calificación de científico, término que, en aquella época, no tenía el significado actual. El que se ocupaba de las ciencias naturales, la anatomía, la zoología, la botánica, la geología, la meteorología y la astronomía, era un filósofo. A este respecto, cabe recordar la nota de Vasari a propósito de los estudios astronómicos de Leonardo: «Por lo que forjó en su ánimo un concepto tan herético que se distanciaba de toda religión, apreciando más el ser filósofo que cristiano».

De este modo se explicaría también el juicio que Francisco I, rey de Francia, expresó en 1542 acerca de los conocimientos científicos de Leonardo, recogido por Cellini: «No quisiera dejar de repetir las palabras que escuché al rey acerca de él, palabras que fueron dirigidas a mí en presencia del cardenal de Ferrara y el cardenal de Lorena y el rey de Navarra; dijo que no creía que existiera otro hombre en el mundo que tuviera tantos conocimientos como Leonardo, no tanto como escultor, pintor o arquitecto, sino como extraordinario filósofo».

El filósofo era también un matemático, es decir, el que se ocupaba de aritmética, geometría, estereometría, mecánica, estática, dinámica, óptica, acústica e hidráulica. El geómetra sobrepasaba los límites de su disciplina en su práctica como agrimensor, alineándose con el arquitecto, que utilizaba la geometría (al igual que otras ciencias) para realizar los proyectos de los edificios. Estaba también el cosmógrafo, que realizaba los mapas náuticos y celestes.

Teoría y práctica

Siendo un niño, Leonardo recibe los primeros rudimentos de aritmética y de gramática en la «escuela del ábaco», en la actualidad la escuela primaria. Aprende a leer, a escribir y a hacer cuentas, y después acude al taller para aprender pintura y escultura. Es posible que en ese mismo entorno tuviera que ocuparse también de arquitectura: se trata, por lo general, de realizar –en una maqueta de madera– el proyecto de un arquitecto, por lo que nos encontramos aún en el ámbito de la escultura. Sin embargo, la distancia entre ambas es escasa, por lo que se hace necesario un conocimiento más profundo de la geometría, indispensable, además, en el estudio de las proporciones humanas y de la perspectiva. Por otra parte, el propio arquitecto, según el ejemplo de Vitrubio, se debe ocupar de las proporciones y los problemas ópticos. El famoso dibujo de Leonardo del hombre inscrito en la circunferencia y el cuadrado tan solo es una ilustración de las teorías de la proporción postuladas por Vitrubio en el siglo I a.C. como base para el estudio de la arquitectura.

Pintura y arquitectura, por tanto, avanzan a la par, algo que Brunelleschi y Masaccio ya habían comprendido. Y Giotto, primer renovador de la pintura italiana, era también arquitecto. Giorgio Vasari asegura que Verrocchio, en su juventud, se había dedicado con asiduidad a la geometría.

No sorprende, por tanto, que, ya en las hojas de Leonardo posteriores a 1478, junto a los primeros dibujos de máquinas, en general dispositivos que

4. Hombre de Vitrubio (1521). De la edición del Vitrubio de Cesare Cesariano. Como.

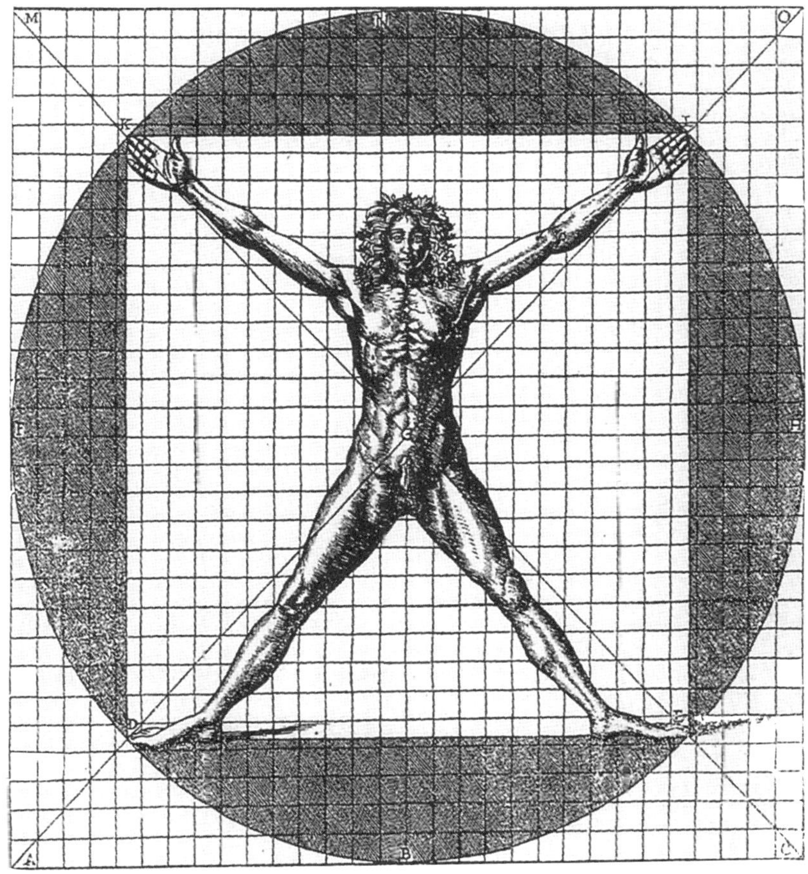

4

5. *Tobías y los arcángeles (c. 1470), detalle de una pintura de Biagio di Antonio en la que aparece la linterna de la catedral de Florencia en construcción. Florencia, colección Bartolini Salimbeni.*

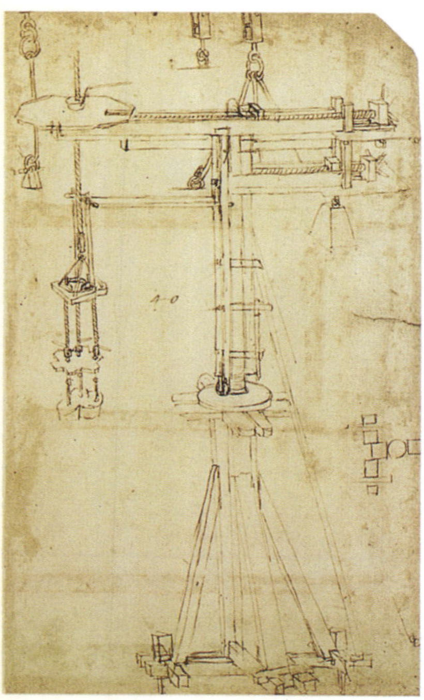

6. *Grúa giratoria (c. 1478-1480). Códice Arundel, (f. 965r).*

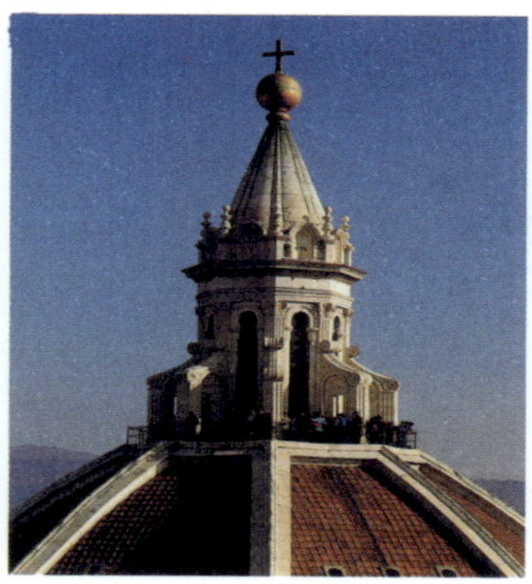

7. *Cúpula de la catedral de Florencia, detalle de la linterna.*

reproducían los que había inventado Brunelleschi en la época de la construcción de la cúpula de la catedral de Florencia, en torno a 1420, aparecieran figuras geométricas.

Esta relación con la tradición tecnológica de Brunelleschi se explica además por el hecho de que Verrocchio recibiera en 1469 el encargo de construir la esfera de cobre (de dos metros y medio de diámetro) que debía colocarse sobre la linterna de la cúpula de Brunelleschi. Sería el toque final al mayor monumento del Quattrocento florentino, un símbolo de la relación entre las artes: una escultura abstracta con una forma geométrica perfecta, que debía coronar una obra de arquitectura. Pero en el plano de la realización práctica se planteaba el problema técnico de elevarla hasta la cima de la cúpula (operación que se realizó en 1470).

Leonardo, quien había ingresado poco antes en el estudio de Verrocchio, siguió toda la operación, a la que es posible que contribuyera. No se trató solo de una labor de habilidad manual y destreza técnica. Fue también un proyecto de carácter científico. Por primera vez Leonardo se hallaba ante una realización práctica del mundo fascinante del cálculo y la geometría, experiencia que no olvidará. En 1515, con 63 años, Leonardo escribiría: «Recuerda las soldaduras de la bola de Santa Maria del Fiore».

Sus estudios sobre la utilización de la energía solar mediante espejos parabólicos se retoman 45 años después. Este sistema, que se remonta a la antigüedad, ya había sido utilizado por Verrocchio para soldar las numerosas piezas de la esfera de cobre de la cúpula de la catedral de Florencia.

La curvatura de las piezas, determinada geométricamente, había sido calculada de forma escrupulosa con relación a lo que sería el centro de la esfera. No era posible calcular a ojo, había que estudiar los instrumentos necesarios para asegurar el control de la forma de las planchas de cobre bajo los golpes del martillo. Y los cortes de los lados curvos debían ser de una precisión milimétrica para conseguir el efecto final de una superficie continua, alisada y dorada para reflejar eficazmente los rayos del sol.

Óptica y energía

También se iban perfeccionando los dispositivos utilizados para soldar. No existía la llama de acetileno, por lo que las pequeñas soldaduras se realizaban en la forja. Para las grandes era necesaria una potencia mayor, y la del sol resultaba la única disponible. Con este fin se utilizaba la catóptrica, es decir, la ciencia de los espejos aprendida en los textos clásicos de Ptolomeo, Euclides y Arquímedes, así como en los compendios medievales de Witelo y Alhazén, a los que, en sus *Comentarios* (1450), también se refería Lorenzo Ghiberti.

Así se explicaría la persistencia con la que, en sus hojas juveniles, Leonardo estudió las máquinas para tallar los espejos ustorios o «de fuego», como él los denomina. Su diámetro variaba entre 70 centímetros y un metro, por lo que podían ser fabricados en una pieza. Su curvatura se calculaba tomando como referencia el punto en el que se concentrarían los rayos reflejados, donde se produciría la fusión. Se trataba de determinar lo que hoy la ciencia denomina «cáustica de reflexión» o «catacáustica».

De estos cálculos solo aparecen unos indicios en las hojas juveniles de Leonardo. Abundan, sin embargo, junto a excelentes esquemas geométricos a partir de 1500. Intentaremos comprender por qué.

Las máquinas para tallar espejos, perfeccionadas con respecto a las que se pueden ver en las hojas juveniles, aparecen con frecuencia en los ma-

8. Estudios y cálculos sobre espejos parabólicos con la referencia (f. 84v) de la utilización de espejos ustorios para las soldaduras efectuadas en 1469 en la esfera de cobre de la linterna de la catedral de Florencia (c. 1515, Manuscrito G, (ff. 84v – 85r);

9. Máquinas para tallar espejos cóncavos (c. 1503-1505). Códice Arundel, (f. 1103v).

10 y 11. Máquinas para tallar espejos cóncavos (c. 1487-1490). Códice I de Madrid, f. 61r; (c. 1495-1497), Manuscrito B, (f. 13r).

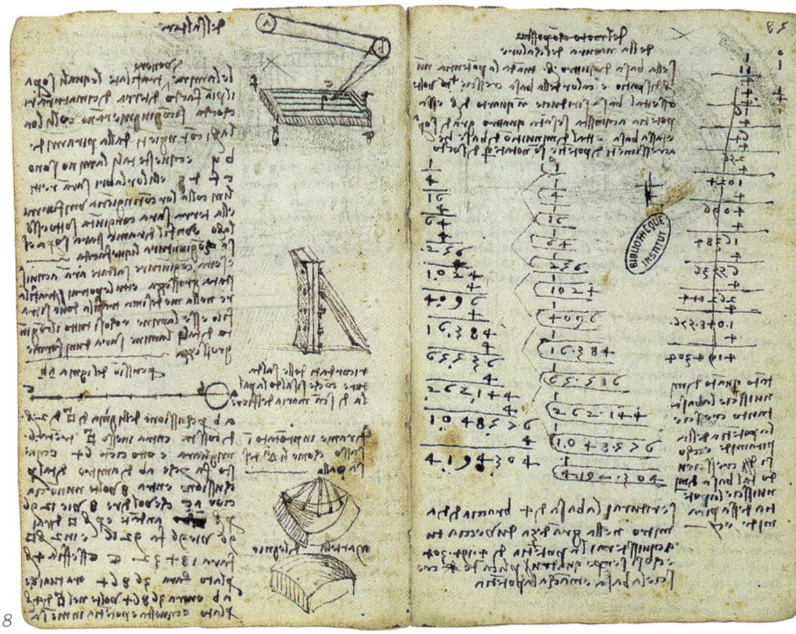

8

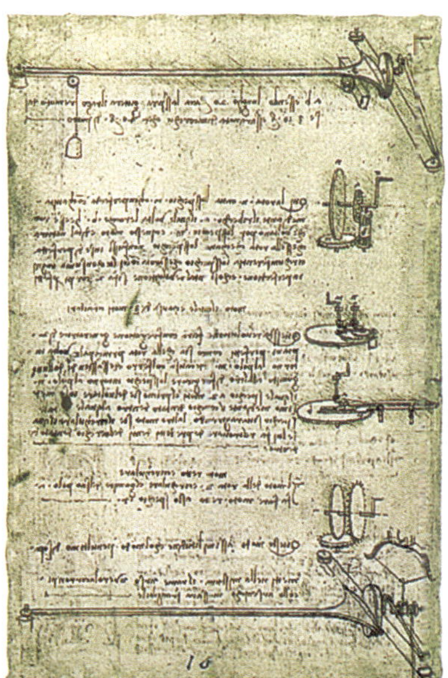

9

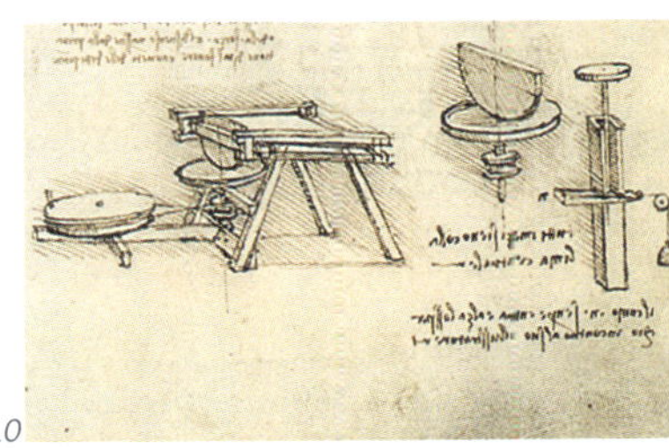

10

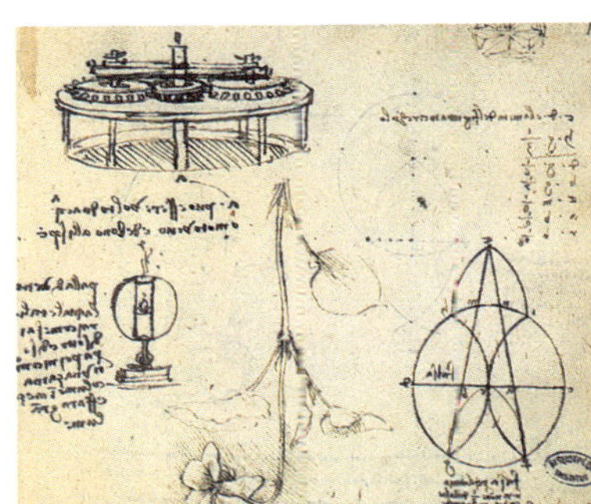

11

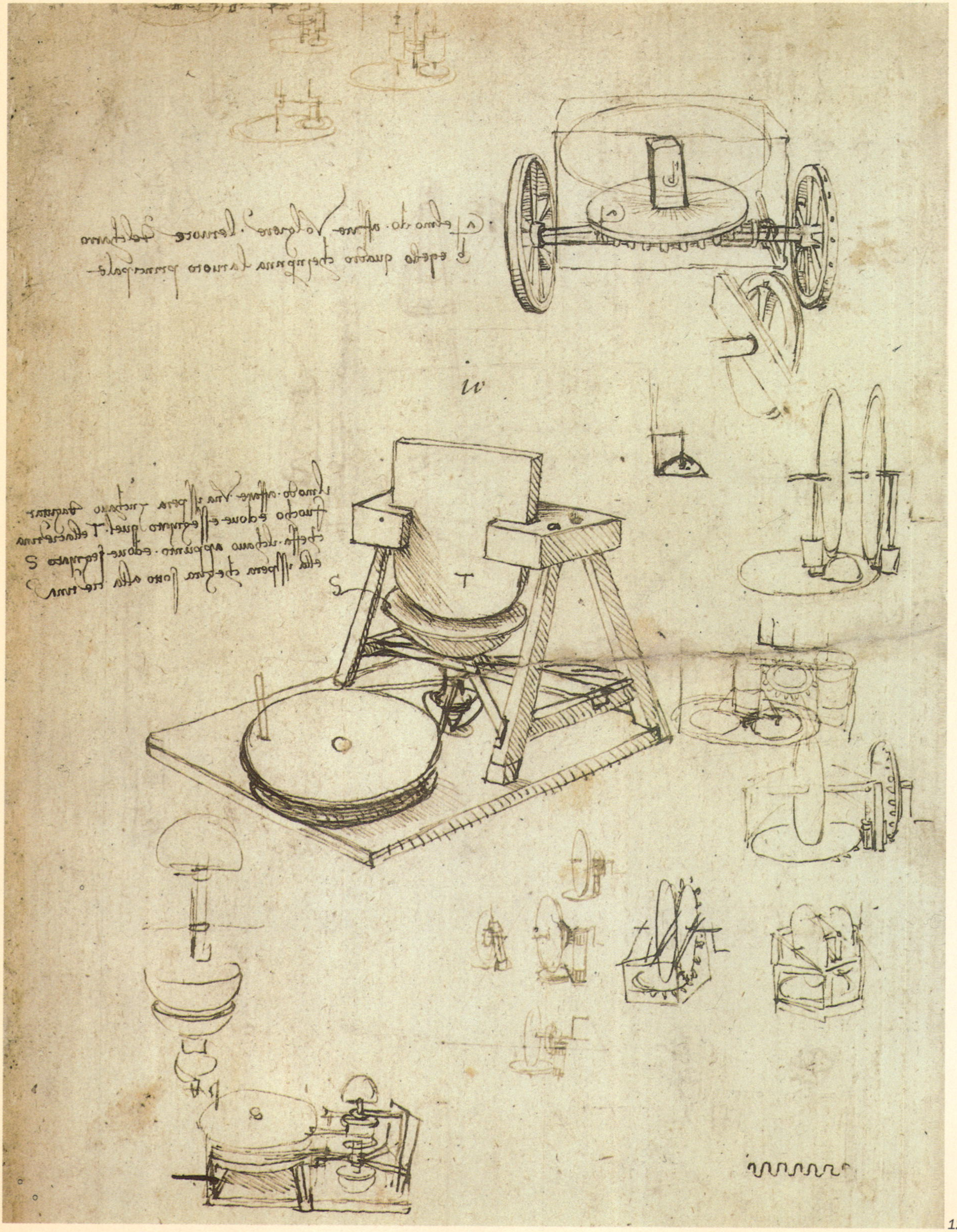

12. Dispositivos para tallar espejos cóncavos (c. 1478-1480). Códice Arundel, (f. 17v).

13. Estudios sobre las cáusticas de reflexión y dispositivo para fabricar espejos parabólicos (c. 1503-1505). Códice Arundel, (f. 823 i r).

14. Estudios de espejos parabólicos de radio grande para el aprovechamiento de energía solar (c. 1513-1515). Códice Arundel, (f. 750r).

15. Estudios de las cáusticas de reflexión y dispositivo para fabricar espejos parabólicos (c. 1503-1505). Códice Arundel, (ff. 86v - 87r).

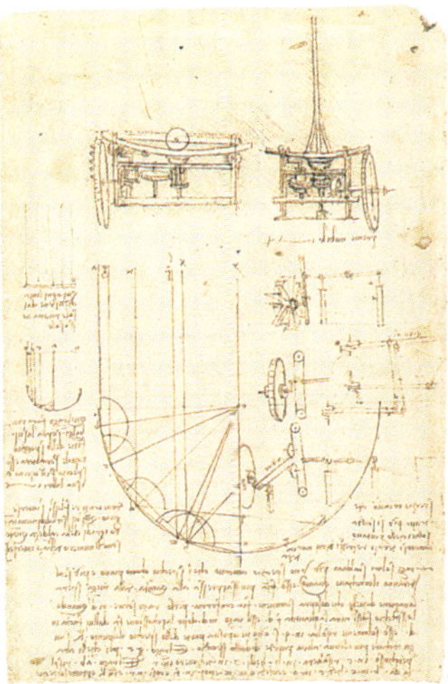

13

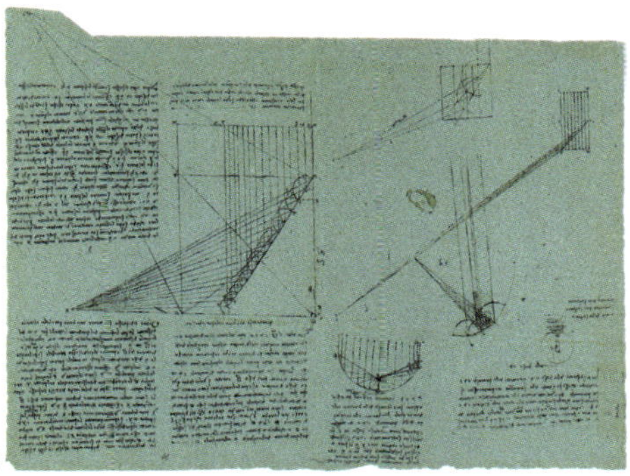

14

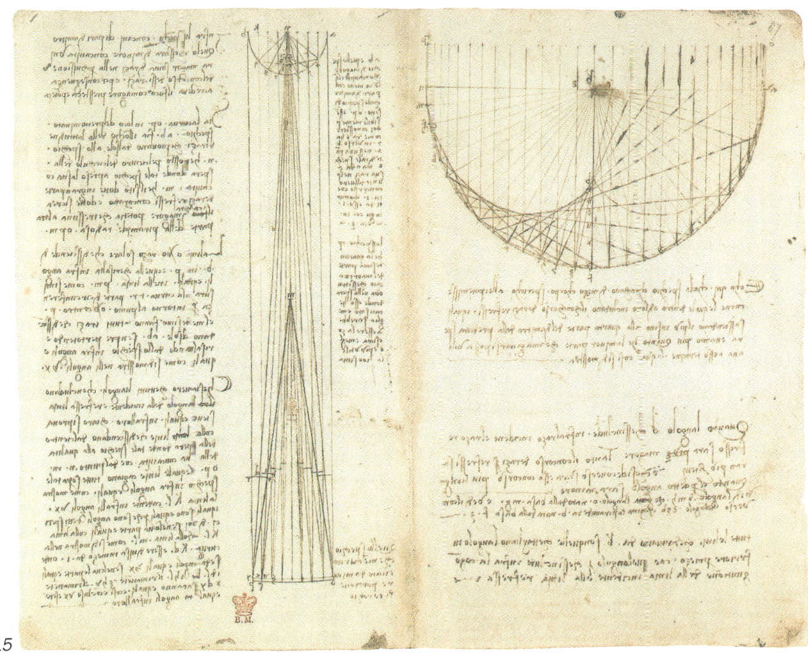

15

nuscritos de Leonardo a partir de finales del siglo xv. Se trataba de espejos del diámetro habitual; sin embargo, en torno a 1503-1505, surge la idea de un espejo ustorio de grandes dimensiones, como los que Arquímedes había utilizado para incendiar las naves romanas en Siracusa. Esto podría explicar por qué en una de las primeras menciones en letra impresa a Leonardo, la que aparece en 1504 en *De Sculptura (Sobre la escultura)* del teórico coetáneo Luca Gaurico, el artista es recordado no solo por haber sido discípulo de Verrocchio, sino también por haber tenido un «ingenio arquimediano».

En aquella época, fabricar una superficie especular cóncava como la de las grandes antenas de las sondas espaciales era prácticamente imposible. Sin embargo, al rememorar la esfera de Verrocchio construida por piezas, Leonardo advierte que el mismo sistema se podía aplicar a la fabricación de un espejo parabólico. Era necesario, por tanto, un instrumento de enorme precisión, un escantillón que alisara las diferentes piezas para obtener la curvatura preestablecida.

Entre 1513 y 1516 Leonardo se encuentra en Roma trabajando en el Vaticano al servicio de Giuliano de Médicis, hermano del papa. Le asisten dos técnicos alemanes, fabricantes de espejos. Su proyecto consiste en instalar el equipo necesario para aprovechar la energía solar para uso industrial. Parece probable que los Médicis tuvieran la intención de desarrollar en Roma una industria textil como la que había proporcionado la prosperidad económica a Florencia.

Los estudios de Leonardo apenas dejan entrever el objetivo del proyecto: «Se pregunta si la pirámide [haz de rayos solares reflejados] se condensa para concentrar toda la potencia en un solo punto, y si se vuelve más densa que el aire que la sostiene». A

LOS INSTRUMENTOS DEL CONOCIMIENTO

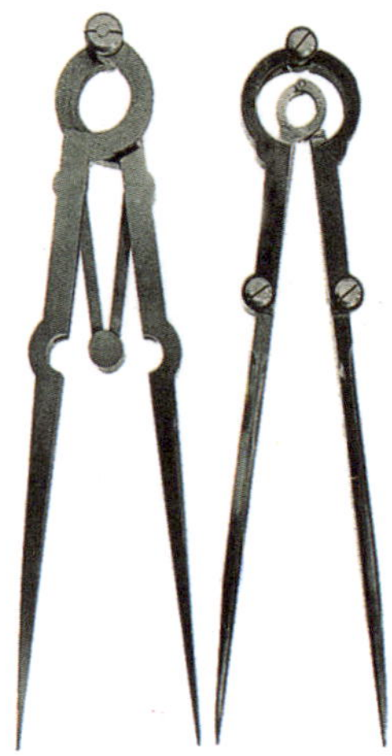

Leonardo había inventado diversos instrumentos que aparecen citados en su testamento y que fueron adoptados incluso por Alberto Durero.

El prospectógrafo, que ya había sido mencionado por Leon Battista Alberti y que aparece representado en una hoja juvenil del Códice Atlántico, es un lejano antepasado de la cámara fotográfica, por cuanto permite al artista la reproducción exacta de la realidad, y como tal es a menudo tomado como símbolo del estudio científico, hasta el punto de que en la figura del joven observador se ha querido reconocer al propio artista.

El elipsógrafo, ya conocido por los matemáticos árabes, es imaginado por Leonardo como un dispositivo mecánico capaz de traducir gráficamente el proceso geométrico de las secciones cónicas. De él realiza varias versiones, una de las cuales, desaparecida, tuvo gran difusión al haber sido copiada en varias ocasiones por sus contemporáneos, incluyendo a Durero.

El instrumento, del que se realizó un modelo para la exposición de Bolonia de 1953, consta de tres patas que forman un triángulo y de un tubo portaminas, por medio del cual es posible realizar elipses perfectas, necesarias para mecanismos de precisión como las ruedas ovaladas de los relojes planetarios, de las que aparecen algunos ejemplos en el Códice I de Madrid (f. 24r).

En un códice de Benvenuto di Lorenzo della Golpaja que se conserva en la Biblioteca Marciana de Venecia aparecen, con el nombre del autor, los mismos compases de apertura ajustable que Leonardo dibujaría en torno a 1494 en el Manuscrito H de París (f. 108v).

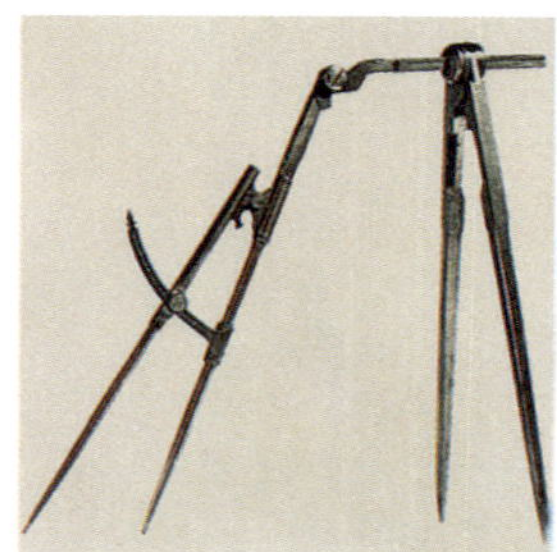

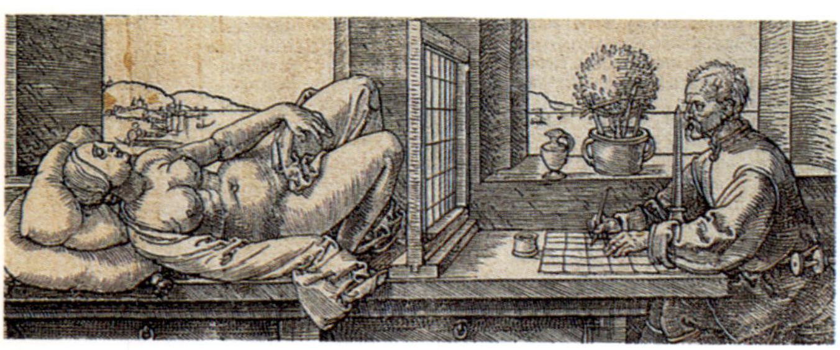

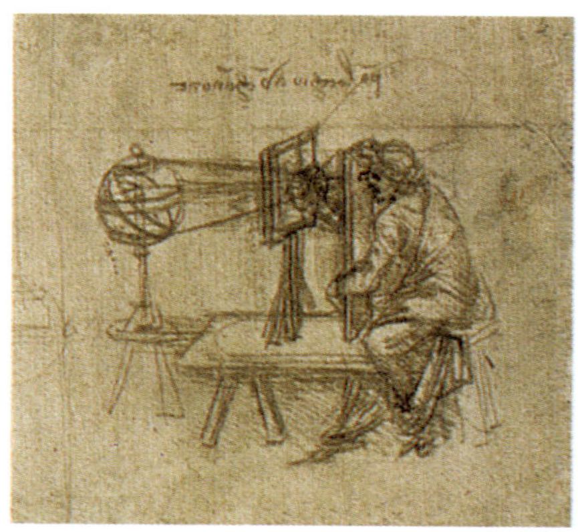

Arriba, compases de apertura ajustable (c. 1494).
Sobre estas líneas, prospectógrafo de Durero (1525).
A la derecha, prospectógrafo (c. 1480-1482).

Códice Atlántico, (f. 5r).
Manuscrito H, (f. 108v).
Página siguiente, modelos de compás y elipsógrafo de apertura ajustable (exposición de Bolonia, 1953).

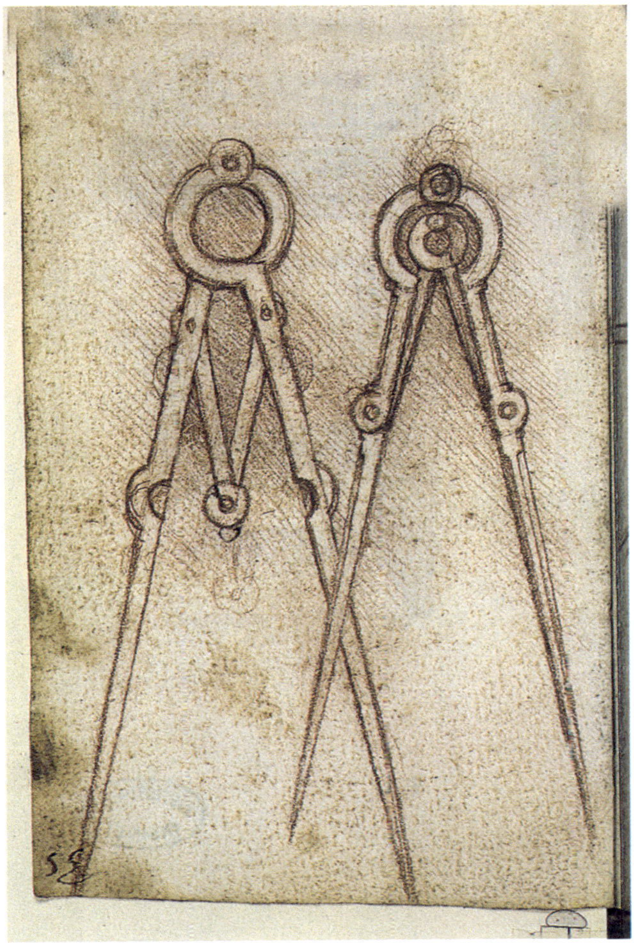

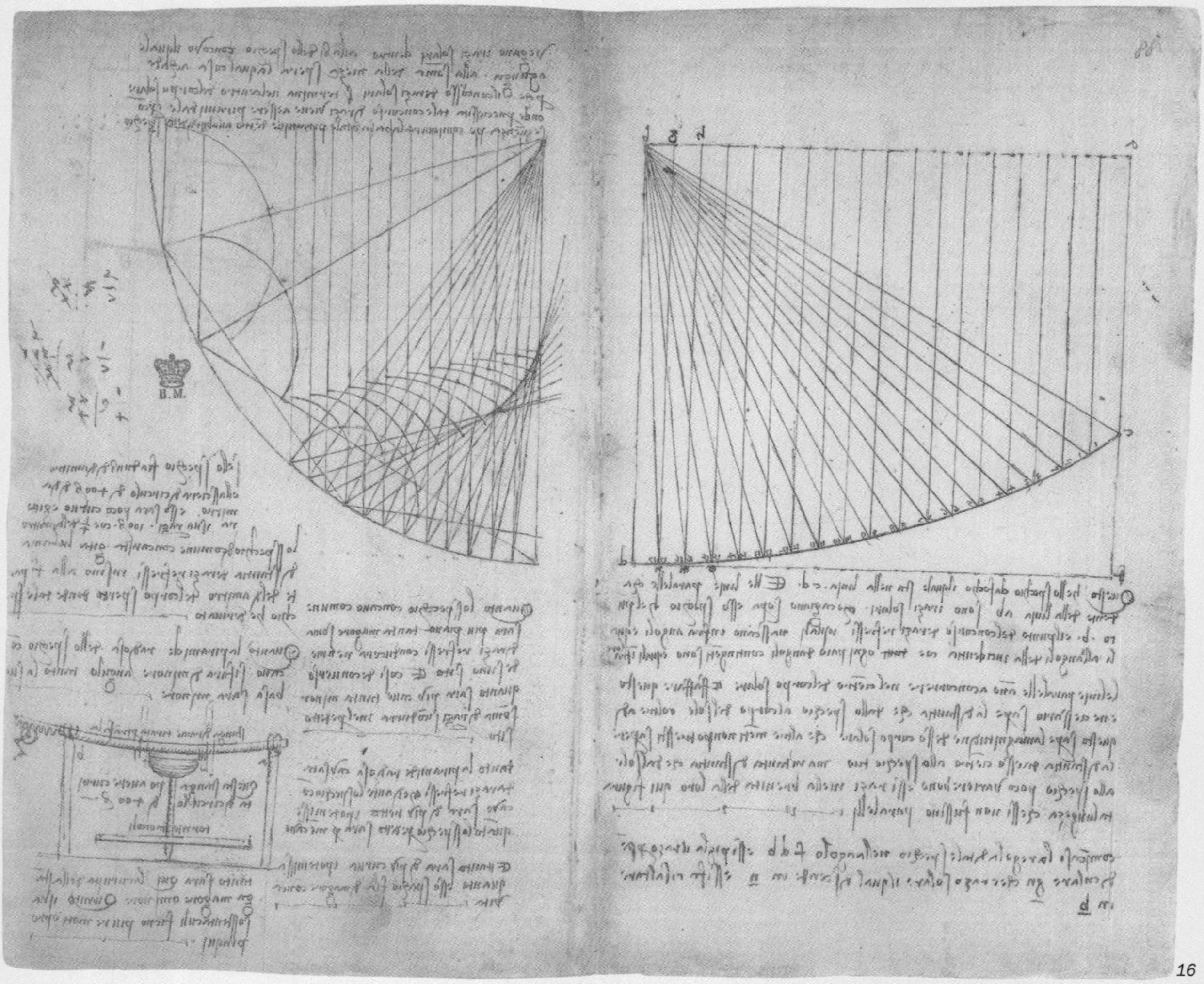

16. Estudios de las cáusticas de reflexión y dispositivo para fabricar espejos parabólicos (c. 1503-1505). Códice Arundel, (ff. 84v - 88r).

17. Estudios anatómicos sobre los globos oculares (c. 1506-1508). Windsor, Royal Library (12602r).

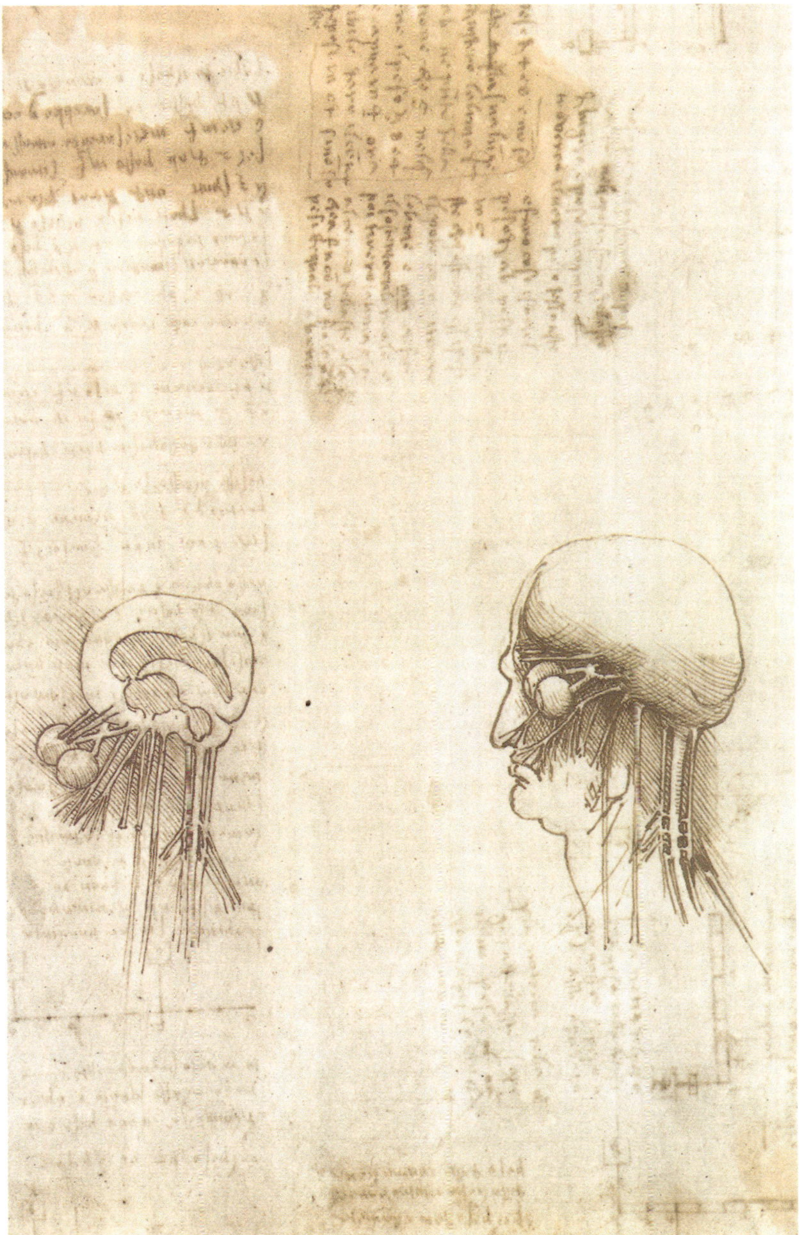

17

continuación aparece la anotación que permite saber de qué se trata: «Con esto se hará hervir cualquier gran caldero de tintorería. Y con ella se calentará una piscina porque siempre habrá agua hirviendo». Un sistema, pues, de calefacción central para alimentar incluso las piscinas. Pero aún hay más. El enorme espejo ustorio construido por piezas no es sino un telescopio de espejo segmentado.

La observación del cielo

En una página de cálculos y esquemas acerca de este proyecto se lee: «Para ver la naturaleza de los planetas abre el techo y muestra en la base [de la pirámide de reflexión] un solo planeta y el movimiento reflejado de dicha base determinará la complexión del tal planeta, pero haz que en la base no se refleje más de un planeta por vez». No hay duda de que Leonardo proponía la utilización del espejo parabólico para realizar observaciones astronómicas, si bien la anotación se limita a indicar la idea del procedimiento, sin proporcionar ningún detalle, por lo que puede resultar incomprensible. Sin embargo, afirma que hay que abrir el techo, exactamente como se hace en un observatorio. Mostrar en la «base» un planeta significa dirigir el espejo de forma que reciba el planeta en la base de la pirámide de reflexión. El «movimiento reflejado por dicha base» es la reflexión en el punto focal, donde se puede observar, aumentada, la «complexión de dicho planeta». Utiliza «complexión», es decir, superficie, como si se tratara de la piel. La «base», concluye, tendrá que enfocar un planeta cada vez. Se alude aquí nada menos que al telescopio reflector de Newton, aunque sin explicar cómo se transmite al observador la imagen aumentada del planeta.

Tal vez el telescopio no fuera más que una idea; de otro modo, Leonardo habría advertido que la Luna no mues-

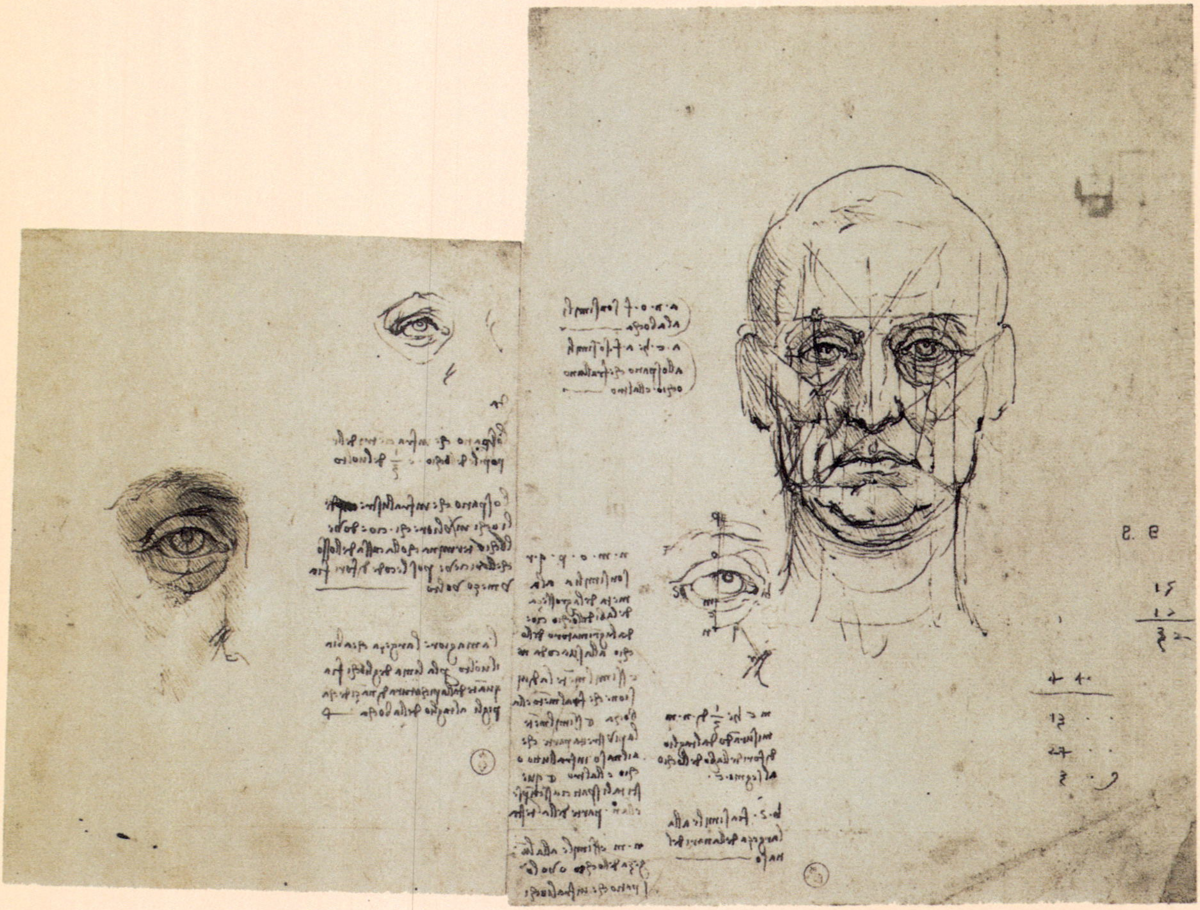

18

18. Estudios sobre las proporciones del rostro con detalles de los ojos (c. 1490). Turín, Biblioteca Reale, n. 15574.

19. Estudios sobre astronomía con explicaciones acerca de la «luz cenicienta» de la Luna nueva (c. 1508, cien años antes de Galileo). Códice Hammer, (f. 2r).

tra rastros de agua, al contrario de lo que se creía (si bien las observaciones recientes suponen su existencia). Sin embargo, y aunque no fuera más que en fase experimental, quizá construyó algunos aparatos para realizar observaciones astronómicas, sin alcanzar los resultados obtenidos por Galileo un siglo después. «Las gafas son necesarias para ver la Luna grande». Y «Si se observan las partículas de las manchas lunares, a menudo se encontrará en ellas una gran variedad, lo que he demostrado dibujándolas».

El telescopio de espejo segmentado, como muchos otros proyectos, se quedó en nada. «Y nada más empezar, naufragó por las circunstancias». Sus ayudantes abrieron un taller por su cuenta en el Vaticano, en el que fabricaban pequeños espejos para vender en las ferias. Este hecho afectó profundamente a Leonardo.

No obstante, algo de sus ideas y de sus proyectos científicos de aquella época –encomendados a sus notas y dibujos, perdidos en su totalidad– se debía de traslucir en sus manuscritos tras su muerte. La sospecha nace de esta observación del filósofo Arrigo Cornelio Agripa en su obra *Della vanità delle scienze (Sobre la vanidad de las ciencias*, Venecia, 1552): «Y yo sé fabricar unos espejos en los que, cuando brilla el sol, todo lo que está iluminado por sus rayos se puede ver con claridad a una enorme distancia, como de cuatro o cinco millas».

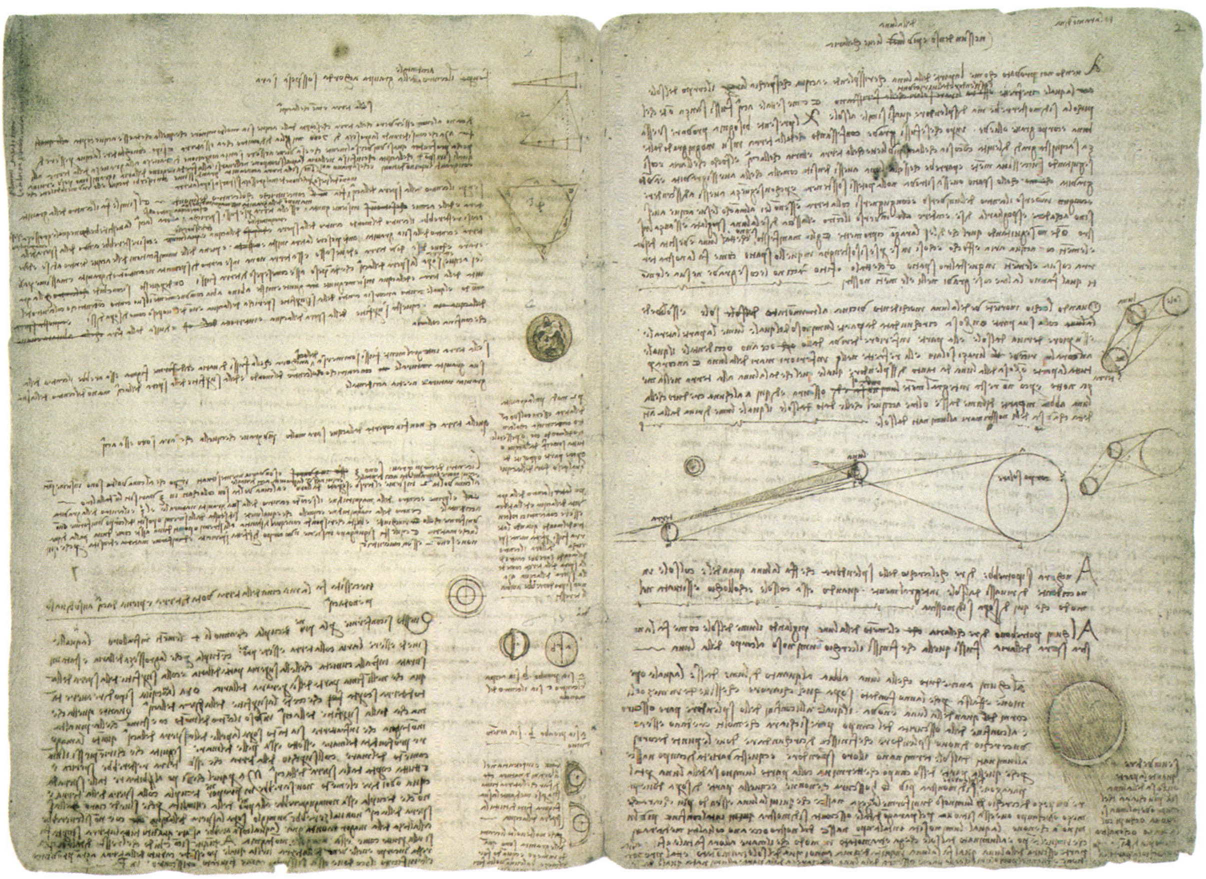

19

Al trasladarse a Milán en 1482 Leonardo tiene la primera oportunidad de dedicarse de forma sistemática al estudio científico. Es entonces cuando su actividad empieza a orientarse hacia la tecnología y la ingeniería civil y militar. Los proyectos arquitectónicos en los que participa entre los años 1487 y 1490 le llevan a estudiar en profundidad los principios de la estática inherentes al empuje de los arcos. Además, los proyectos para armas están relacionados con los estudios de mecánica sobre las teorías del golpe, el ímpetu, el salto y la inercia.

La ilustración científica

En este periodo comienzan sus estudios sobre el agua y nace su interés por la hidráulica y la hidrostática, del mismo modo en que la óptica y la anatomía surgen a partir de la pintura. Pronto estos vivos intereses científicos se irán compenetrando en un intenso programa de investigaciones interdisciplinares. De aquí surgirá la necesidad de encomendar el resultado de sus propias observaciones a manuscritos a los que poder dirigirse en un proceso continuo de elaboración y reflexión, expuestos con eficacia a través del lenguaje visual.

El uso de la ilustración constituye la mayor contribución de Leonardo a los tratados científicos del siglo XVI, lo que se puede valorar en los tratados de arquitectura y anatomía posteriores, como por ejemplo el de Sebastiano Serlio y el de Andrea Vesalio, sin contar los libros de máquinas, desde el de Giovanni Branca al de Agostino Ramelli, además de la monumental obra de Ulisse Aldrovandi sobre ciencias naturales. El propio Leonardo, en sus estudios anatómicos de 1510, atribuye al dibujo la facultad de dar «verdadera noticia» de los distintos miembros y de sus funciones, «ya que era imposible que los antiguos y modernos escritores pudieran dar verdadera no-

20 - 22. Estudios sobre la estática y la dinámica de los arcos (c. 1495). Códice I de Madrid, (f. 143r). (c. 1492). Manuscrito A, (ff. 49 y 53r). (c. 1495). Códice I de Madrid, (f. 139r).

23. Primeras ideas para el cimborrio del duomo de Milán en una hoja de estudios de figuras, perfiles y estudios para la rueda hidráulica. Códice Arundel, (f. 719r).

24. Primeras ideas para el cimborrio del duomo de Milán en una hoja de estudios de figuras, perfiles y estudios para la rueda hidráulica. Códice Arundel, (f. 719r).

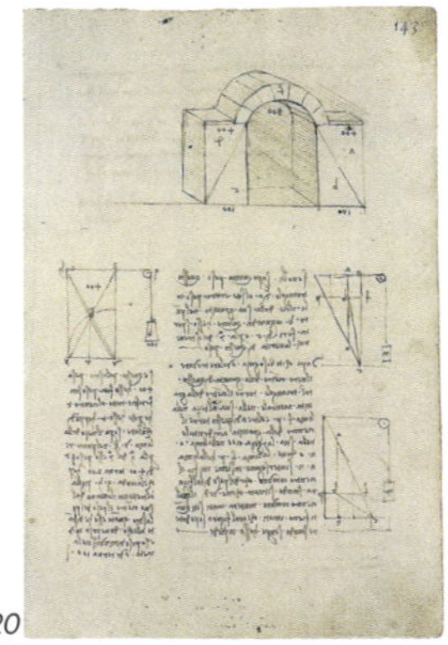

20

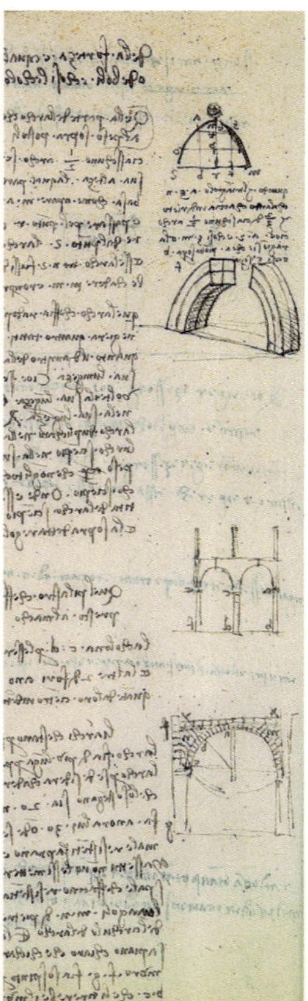

21

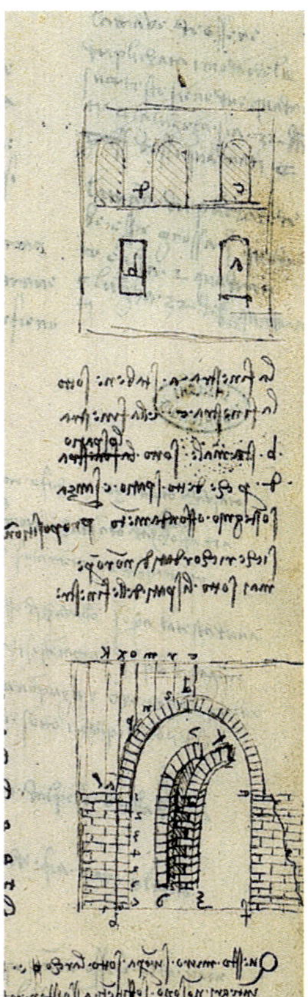

22

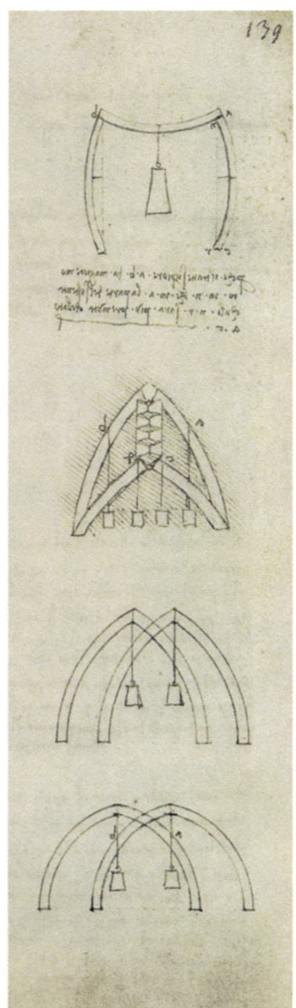

23

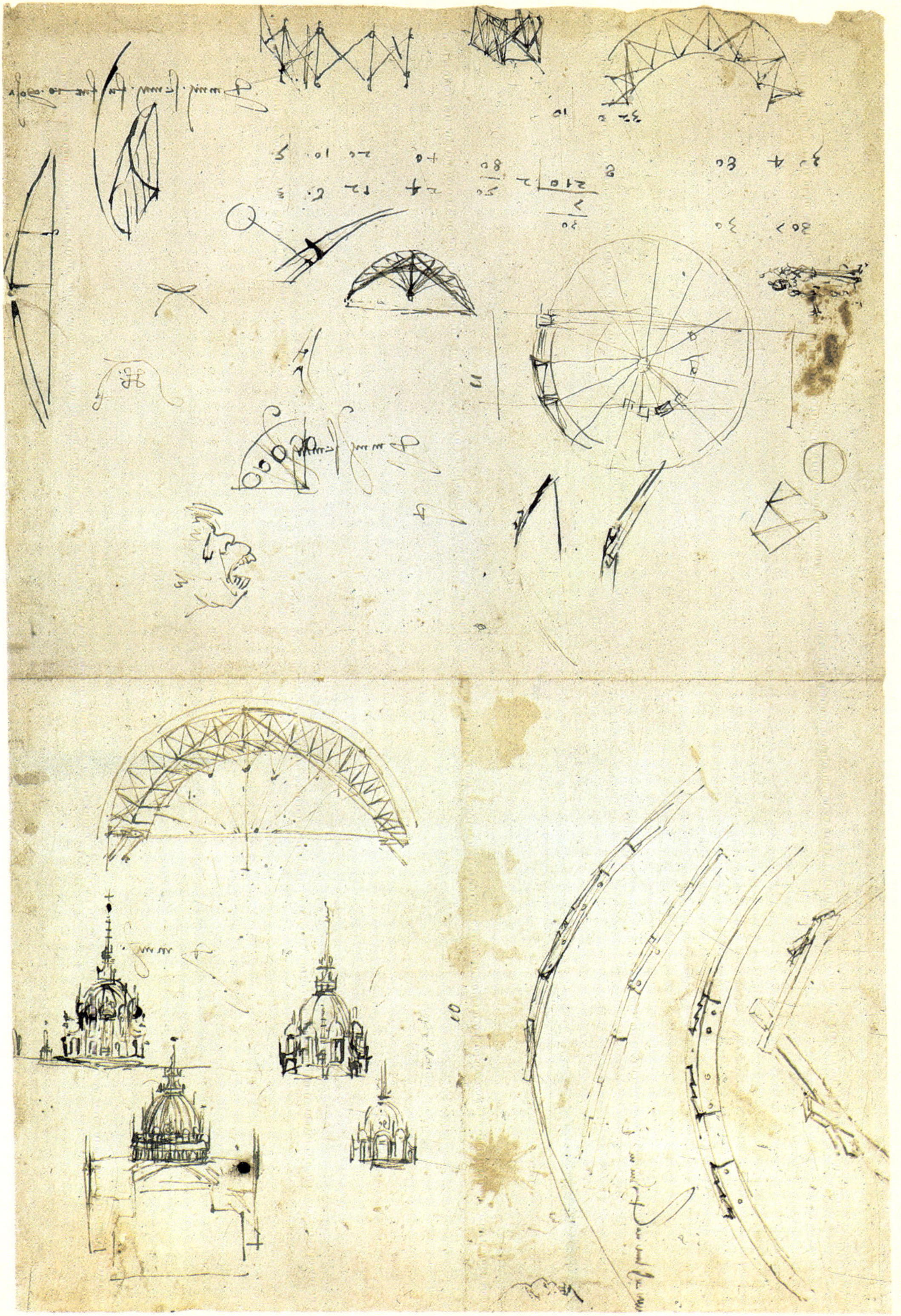

25 y 27. Estudio para un repertorio de «elementos maquinales» (c. 1495-1497). Códice I de Madrid, (ff. 8v - 9v - 10r).

26. Estudios para el dispositivo de un elevador manual (c. 1495-1497). Códice I de Madrid, (f. 9r).

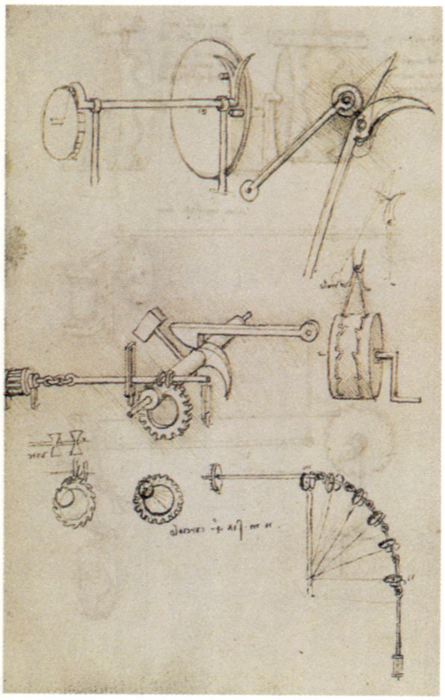

25

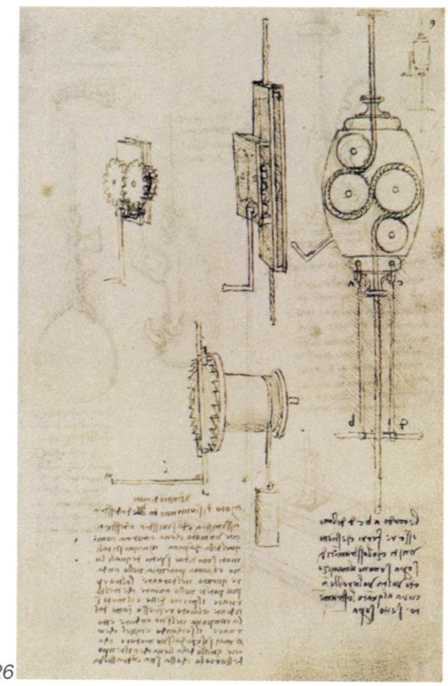

26

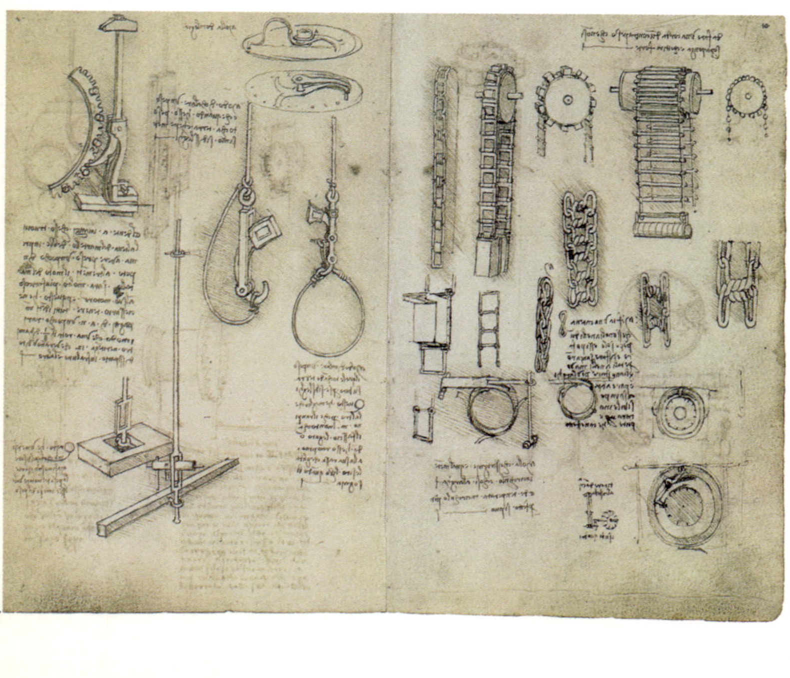

27

ticia de estos temas sin una extensa, tediosa y confusa cantidad de escritura y de tiempo». Lamentablemente, lo que se conserva de los escritos de Leonardo no permite realizar una valoración objetiva de su contribución a la «teórica». El matemático y tratadista Luca Pacioli se refiere a su tratado *Del movimiento local y de todas las fuerzas*, es decir, pesos accidentales en una obra suya de 1498.

No sería justo, por tanto, minimizar la aportación científica de Leonardo argumentando que carecía de la preparación formal y académica, e incluso de la condición propia del tratadista. Por fortuna, en lugar de saber latín como su padre, sabía dibujar.

De manera distinta opinaba el milanés e historiador del arte Giovan Paolo Lomazzo en 1590, tras mostrarle Francesco Melzi, discípulo y heredero de Leonardo, los libros de este que todavía estaban íntegros. Después de mencionar los libros de anatomía humana y equina, los de las proporciones y la perspectiva, recuerda «muchos otros libros, en los que Leonardo enseñó la cantidad de movimientos y aspectos que podían ser tenidos en cuenta en la matemática». Y añade: «Mostró además el arte de elevar pesos con facilidad, [libros] de los que Europa está llena, y son muy estimados por los entendidos, porque consideran que no se puede llegar más lejos de lo que lo ha hecho Leonardo». La difusión de las ideas científicas de Leonardo a las que se refiere Lomazzo ha sido confirmada por las recientes investigaciones de Ladislao Reti, al que se debe, entre otras cosas, la edición crítica de los códices de Madrid hallados en los años sesenta del siglo xx. El primero de ellos constituye un auténtico repertorio de «elementos mecánicos», que son los que desarrollan una función primaria en la construcción y el funcionamiento de toda máquina.

EL HELICÓPTERO Y EL ALA DELTA

Desde que Gilberto Govi lo presentó en 1881, en un breve informe a la Academia de las Ciencias de París, el pequeño dibujo de Leonardo del f. 83v del Códice B del Institut de France ha sido objeto de reiteradas interpretaciones y comentarios que han llevado a realizar maquetas de carácter a menudo arbitrario para exposiciones itinerantes o museos leonardianos. Una oportuna actualización bibliográfica de los problemas tecnológicos relacionados con este tema, expuestos en mis Estudios vincianos de 1957, aparece en el ensayo de Giovanni P. Galdi *Leonardo's Helicopter and Archimedes Screw: the Principle of Action and Reaction,* editado en Achademia Leonardi Vinci, 1991. Se han encontrado precedentes incluso medievales en miniaturas que muestran a niños con juguetes del tipo de los que se usaban hasta hace poco un palillo con forma de tornillo a lo largo del cual se impulsaba hacia arriba un dispositivo de palas que comenzaba a girar en el aire. Véase Ladislao Reti, *Helicopters and Whirligigs,* de Raccolta Vinciana, XX, 1964, donde aparecen referencias a publicaciones anteriores de Charles H. Gibbs-Smith sobre el mismo tema. El mejor comentario al dibujo de Leonardo continúa siendo el texto del propio Leonardo que lo acompaña: «El extremo exterior del tornillo constará de una cuerda de hilo de hierro grueso, y desde el círculo al centro habrá 8 brazos [unos 5 metros]. Pienso que, si este instrumento en forma de tornillo está adecuadamente construido –es decir, fabricado con tela fina cuyos poros se obturarán con almidón– y se gira con rapidez, se hará hembra en el aire y se elevará hacia lo alto. A modo de ejemplo, si se impulsa al aire una regla ancha y fina con un movimiento enérgico, se observará que el brazo sigue la línea de corte de dicho eje. Se armará la mencionada tela con cañas largas y gruesas. Puede construirse un pequeño modelo en papel, cuyo eje sea de fina lámina de hierro, que, si se rota a la fuerza, hará dar vueltas al tornillo al liberarlo».

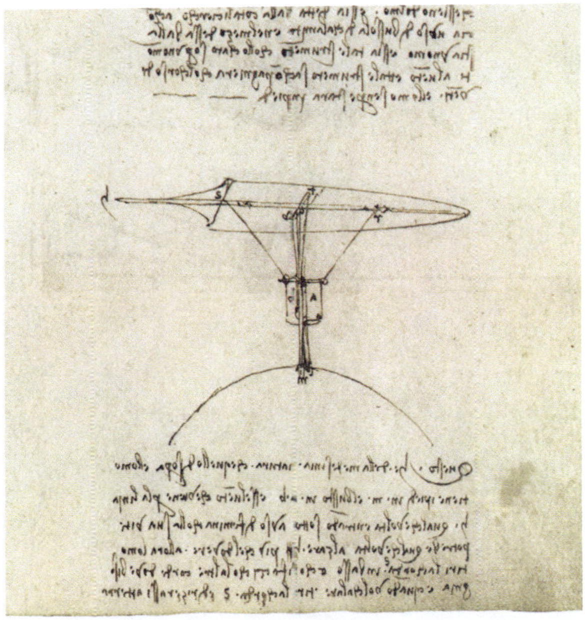

Arriba, estudios sobre cometas para vuelo a vela (c. 1497). Códice I de Madrid, (f. 64r). A la izquierda, maqueta del helicóptero de Leonardo, Milán, Museo della Scienza e della Tecnica A la derecha, reconstrucción del «ala delta» de Leonardo da Vinci realizada en Inglaterra en 1993. Manuscrito B, (f. 83v).

El extenso corpus de estudios de Leonardo acerca del vuelo se ha incrementado en los años sesenta con el descubrimiento de los códices de Madrid. Y no solo con las anotaciones sobre el vuelo de los pájaros escritas en torno a 1504 en el segundo de ellos, sino también con los dibujos de máquinas voladoras que aparecen en una hoja del primero, y que se pueden fechar en torno a 1497. En los manuscritos de la primera década milanesa, entre 1482 y 1490, prevalece la idea del ornitóptero, máquina que debía reproducir el batir de las alas de los pájaros. En torno a 1505, Leonardo advierte que la mejor solución consistiría en una máquina para planear que el piloto pudiera maniobrar, modificando su centro de gravedad mediante sencillos desplazamientos de la parte superior de su propio cuerpo.

Este es, por tanto, el principio del ala delta, al que Leonardo llega no solo a través de un estudio sistemático del vuelo de los pájaros, sino también observando el comportamiento de las cometas, algunas de las cuales, de grandes dimensiones, eran capaces de levantar a un hombre. Esta teoría aparece explicada precisamente en el Códice I de Madrid en la hoja 64r, en el que un dispositivo de este tipo presenta forma esférica para velejar secundado por el viento, a lo largo de la pendiente de un monte, mientras «el hombre permanecerá siempre de pie» en una jaula esférica en suspensión cardánica en el centro del dispositivo.

Otro dispositivo que aparece representado en la misma página muestra ya todas las características del ala delta. En Inglaterra se llevó a cabo una primera reconstrucción de él en 1993, con la que se realizaron intentos de vuelo.

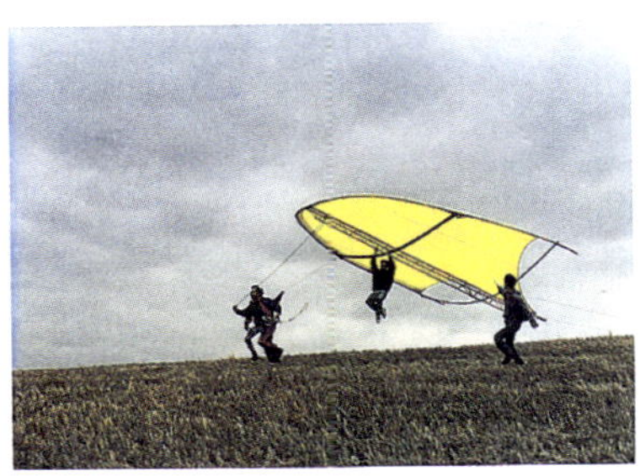

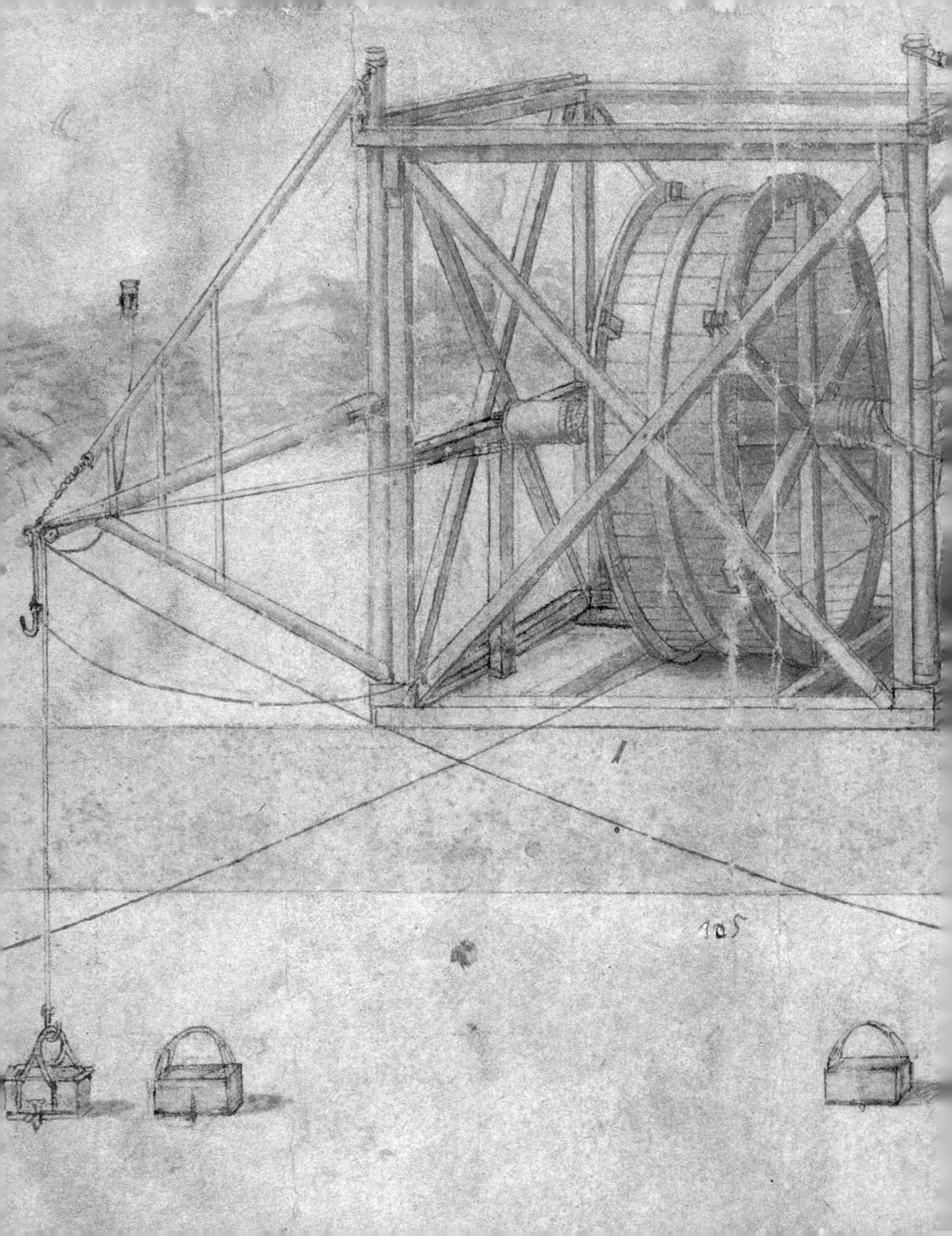

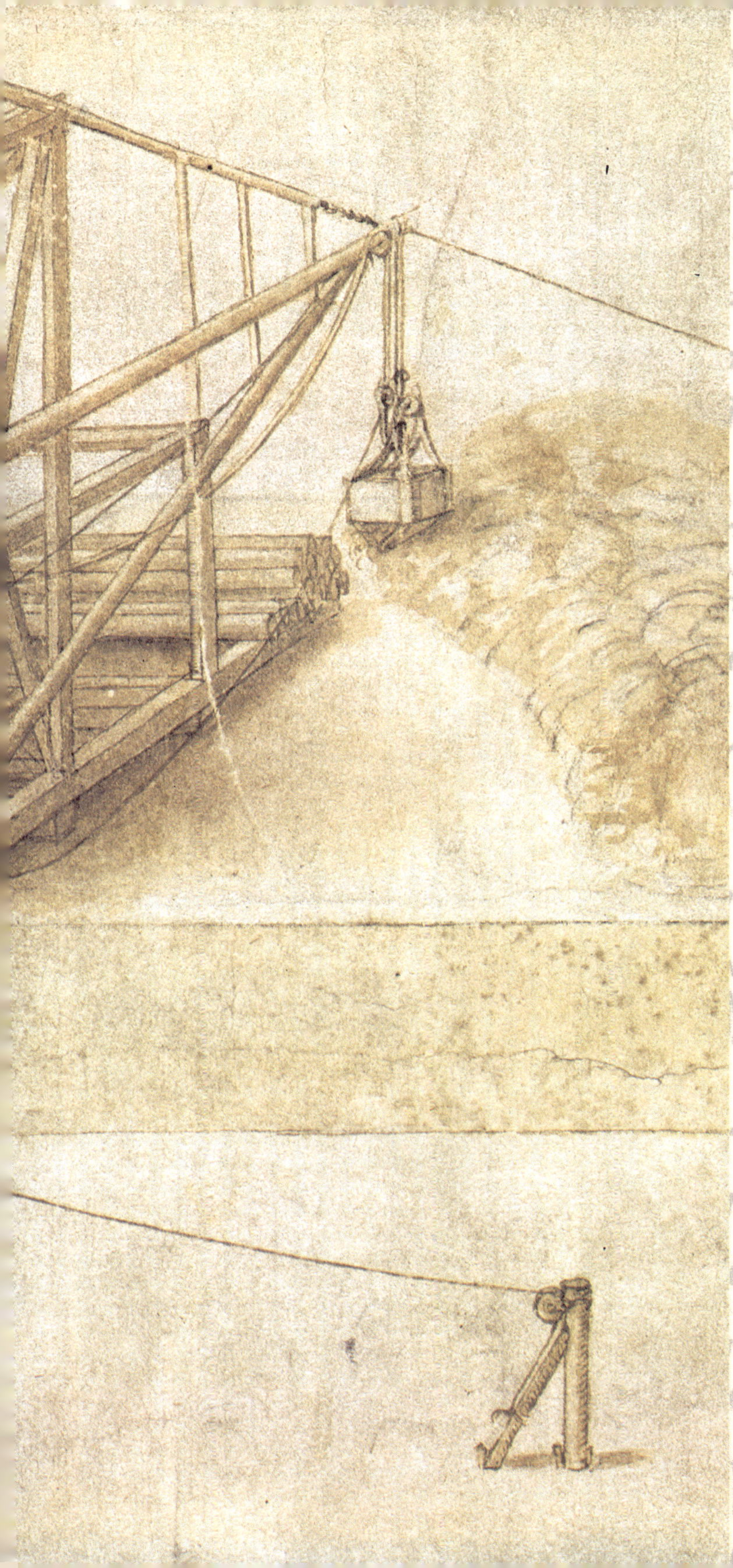

Homo faber

Todas las concepciones tecnológicas de Leonardo se inspiran en los ejemplos de la naturaleza y reconocen en el ser humano, considerado como máquina viva, un modelo insuperable de genialidad inventiva que únicamente puede ser simulada en una mínima parte por un robot. Se trata de un aspecto de la tecnología vinciana que solo recientemente se ha impuesto al siempre fascinante terreno de sus invenciones dentro del campo militar o civil, que incluyen desde el carro de combate al helicóptero, desde el submarino al automóvil, hasta llegar a las grandiosas excavadoras. Así se ha puesto en evidencia la estrecha relación, cuya existencia reconocía el propio Leonardo, entre anatomía y tecnología, hasta el punto de aplicar a ambas los mismos principios de dibujo.

En las dos páginas anteriores: Detalle de máquina excavadora (c. 1503). Códice Atlántico, (f. 3 r).

1. 2. Estudios sobre la mecánica del cuerpo humano (c. 1508). Windsor, Royal Library (19040r-v).

3. Esquema de mecanismo de alas para planeador (c. 1506-1508). Códice Atlántico, (f. 934r).

4. Estudios para un modelo anatómico de pierna con músculos representados por alambres de cobre (c. 1508). Windsor, Royal Library (12619).

5. Estudios sobre los músculos de la boca (c. 1508). Windsor, Royal Library (19055v).

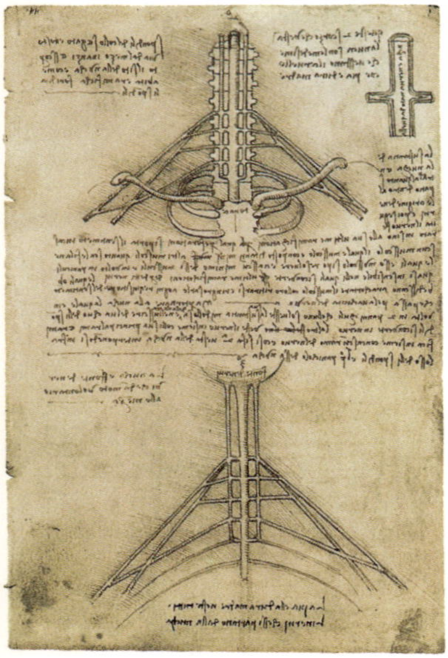

1

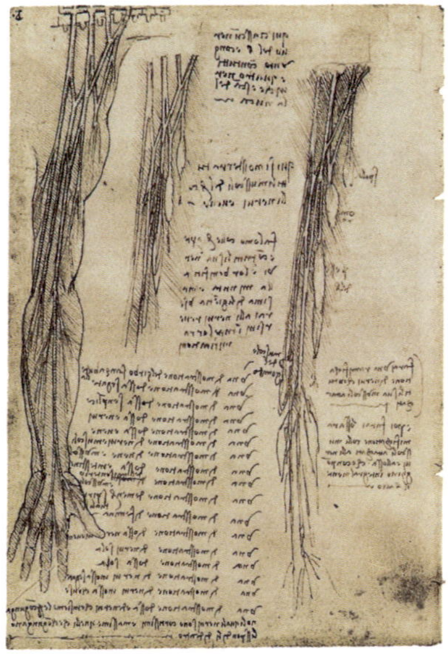

2

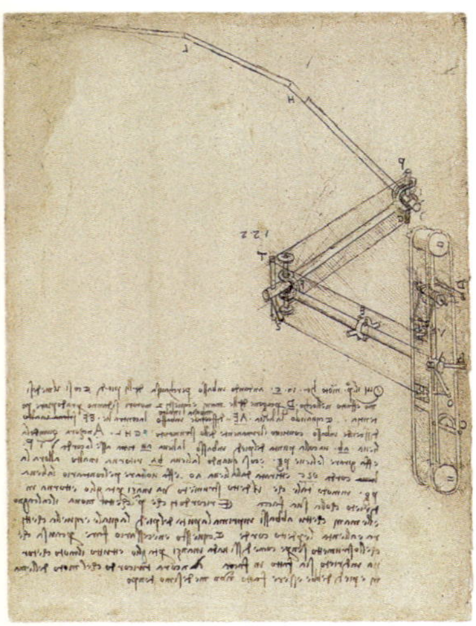

3

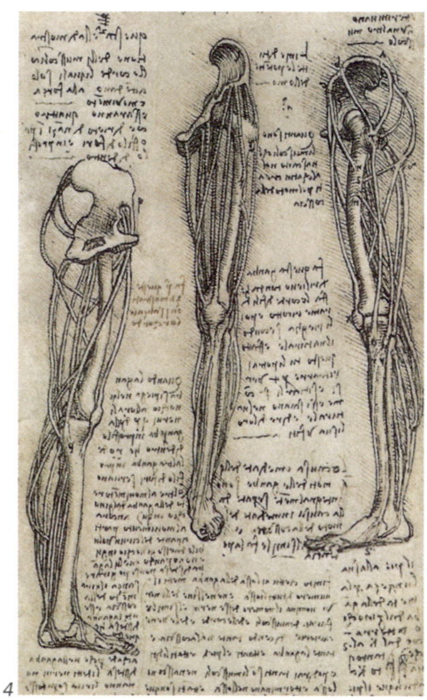

4

La Gioconda, *la Última Cena* y la carta a Ludovico Sforza, que se remonta a 1482, constituyen los elementos que mayor fama como artista-científico e inventor proporcionaron a Leonardo. Sin embargo, para comprender su arte es necesario seguir su pensamiento en la exploración sistemática y apasionada de la naturaleza y de sus leyes a través de sus manuscritos y dibujos. El arte para él es una forma creativa de conocimiento que va más allá de la ciencia. Se trata, por tanto, de un método superior de expresión de los sentimientos humanos –de los «estados mentales»– cuya esencia está en la sonrisa.

La sonrisa es producida por imperceptibles movimientos de los músculos faciales que ninguna máquina podrá reproducir jamás. Consciente de ello, Leonardo intenta describir y representar los movimientos de los 24 músculos de la boca «demostrando tales movimientos con mis principios matemáticos». Y es a través de este método como, durante sus estudios anatómicos entre 1508 y 1510, se plantea la relación entre la máquina humana y la que el hombre ha inventado. De aquí surge una especie de retrato de sí mismo como inventor: «Aunque el ingenio humano realice invenciones diversas, respondiendo a un mismo fin con varios instrumentos, jamás hallará una invención más hermosa, ni más sencilla, ni más breve que la naturaleza, porque en ella nada falta y nada sobra».

El león mecánico

La invención de Leonardo que más profundamente impresionó a sus contemporáneos es una de la que no ha quedado ningún testimonio. Se trata del león mecánico. Solo recientemente se ha podido determinar que el autómata fue construido en Florencia en 1515 y enviado a Lyon para recibir al

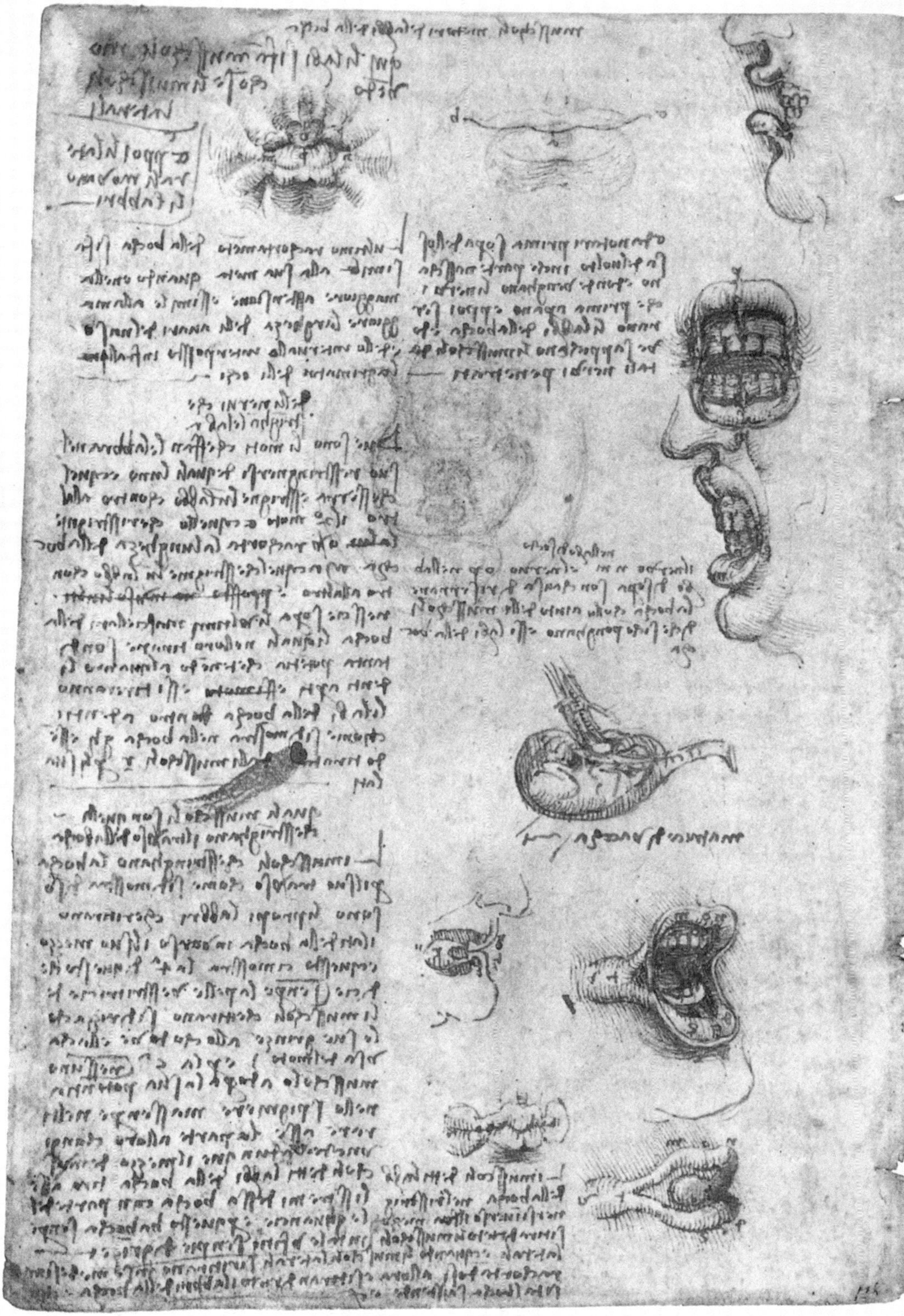

6 y 7. Estudios de cabezas de león (c. 1500-1503). Windsor, Royal Library (12586, 12587).

8. Estudio de yelmo para desfile en las fauces de un león (c. 1517-1518). Windsor, Royal Library (12329).

9. Estudio de animal fantástico, posible idea para un autómata (c. 1515-1516). Windsor, Royal Library (12369).

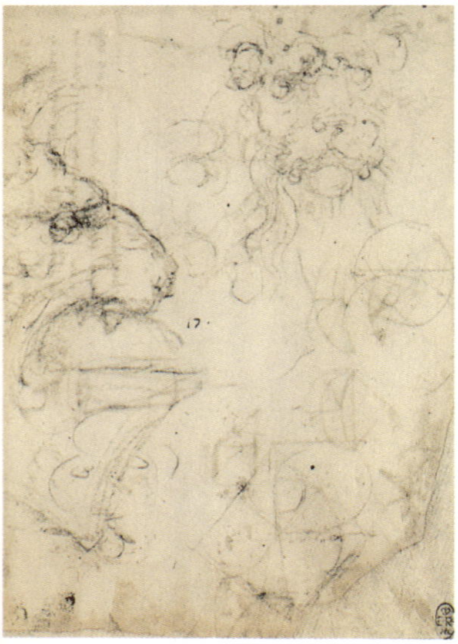

6

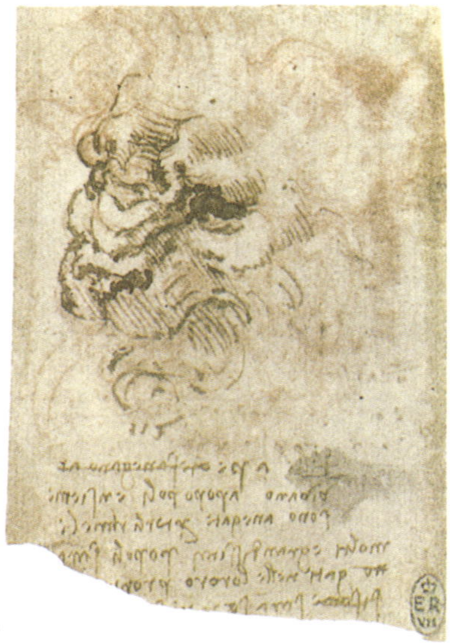

7

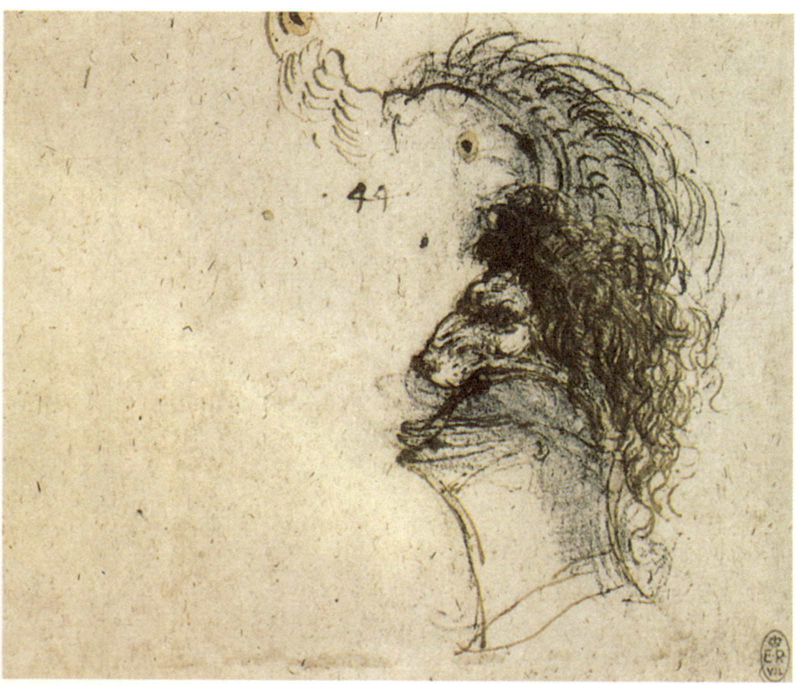

8

nuevo rey de Francia, Francisco I, en su entrada triunfal en la ciudad.

Las celebraciones fueron organizadas por la colonia florentina, lo que explica la presencia del león como referencia a su patria adoptiva. Aunque esta presencia tiene un doble sentido, ya que el homenaje simbólico está dirigido al poderoso monarca con el que el papa León X se proponía aliarse. En efecto, el papa conseguiría que la tía del rey, Filiberta de Saboya, se casara con su hermano Giuliano de Médicis, protector de Leonardo. Y he aquí a Leonardo preparándose para inventar otra alegoría política, recurriendo en esta ocasión a la tecnología. El gobernador de Florencia que le hace el encargo es Lorenzo de Piero de Médicis, sobrino del papa, para el que realiza también el proyecto de un grandioso palacio.

El león, como el *Marzocco* de Donatello, es el símbolo de Florencia (y he aquí el doble sentido: león-León X). La idea era que el autómata caminara hacia el rey, se detuviera ante él y se alzara sobre sus patas posteriores para, a continuación, abrirse el pecho con las anteriores, mostrando que en el lugar del corazón llevaba las flores de lís francesas, que Luis XI había concedido a la república florentina. Este acto simbólico culminaba la renovada amistad entre ambas naciones.

En 1548, Giovanni Paolo Lomazzo se refiere a este autómata como a un «admirable artificio», y en otra ocasión precisa que Leonardo supo mostrar cómo hacer «caminar a los leones por medio de ruedas». Es, por tanto, verosímil que los detalles constructivos del mecanismo fueran descritos e ilustrados por él en manuscritos hoy desaparecidos. Una réplica de aquel león fue puesta en funcionamiento en 1600, con ocasión de la celebración de las bodas de Maria de Médicis con Enrique IV, rey de Francia.

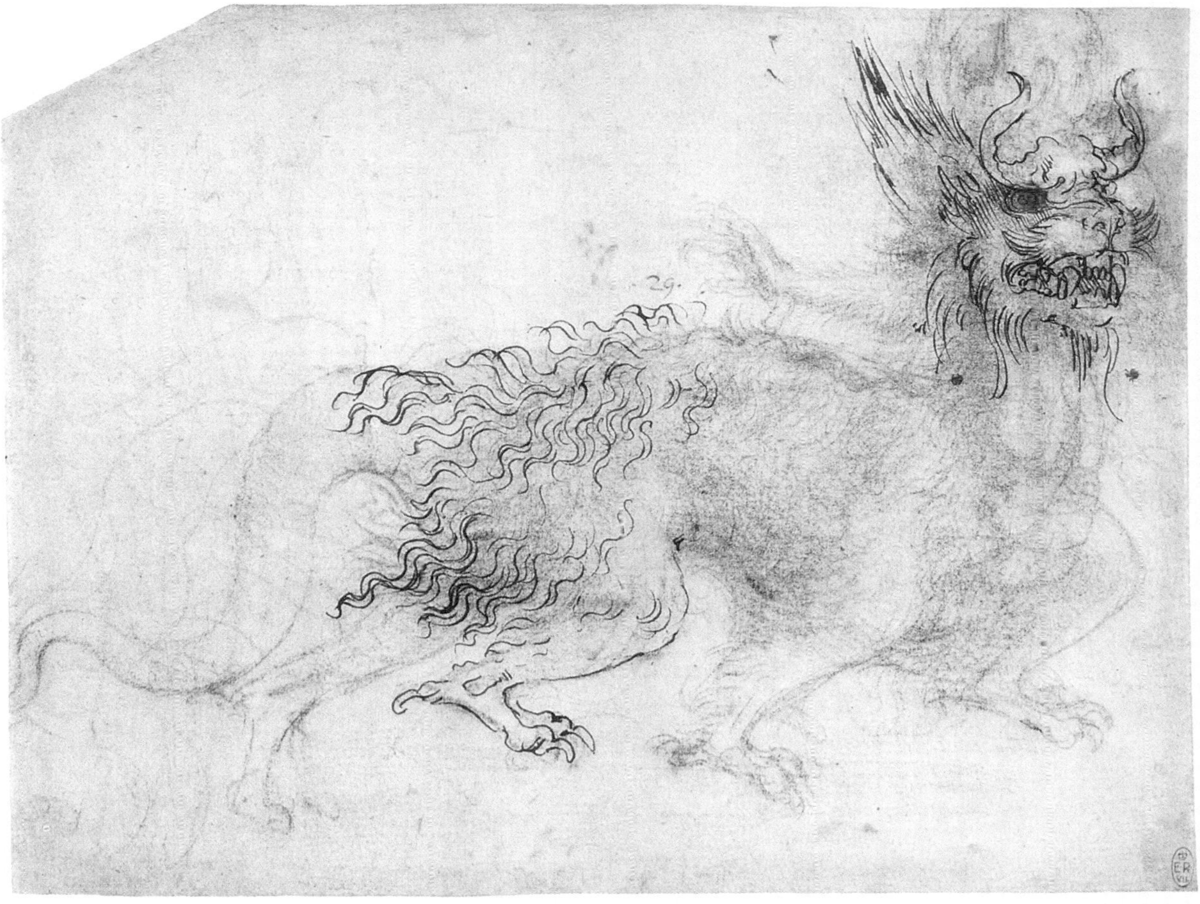

9

10. Benvenuto di Lorenzo della Golpaja, contador hidráulico mandado construir por Leonardo para Bernardo Rucellai (c. 1510). Códice Marciano, 5363 f. 7v.

11. Boceto de la máquina Rucellai (c. 1510). Códice Atlántico, (f. 229r)

12. Dibujo para la construcción a escala de la máquina Rucellai, según las medidas referidas por Golpaja (1954) (Colección Vinciana, fasc. XVII, pp. 212-213).

13. Carlo Pedretti: Propuesta de un modelo para la máquina Rucellai (1953).

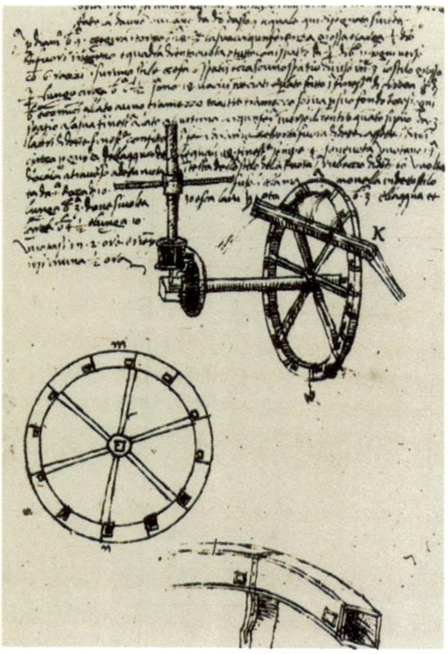

10

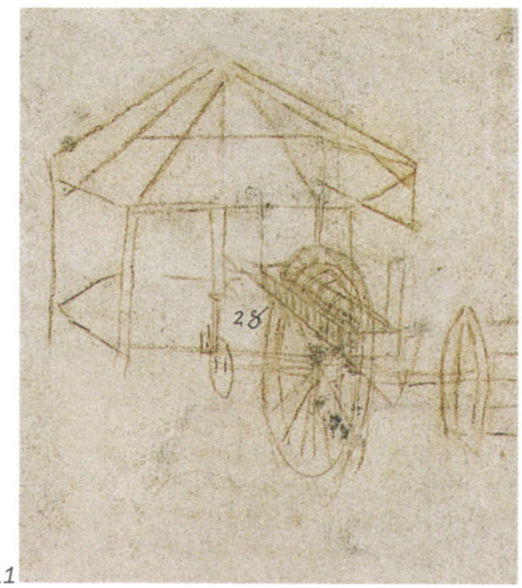

11

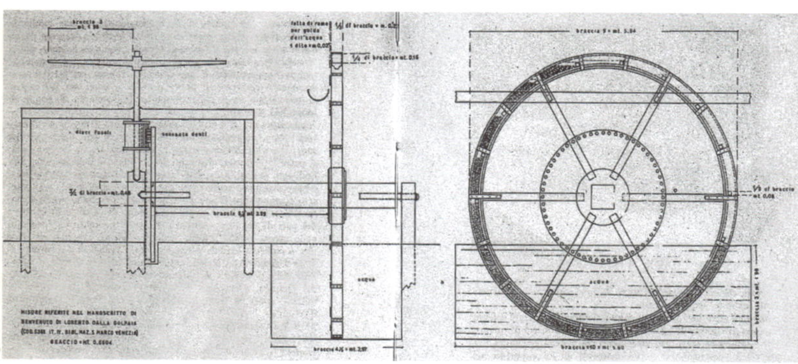

12

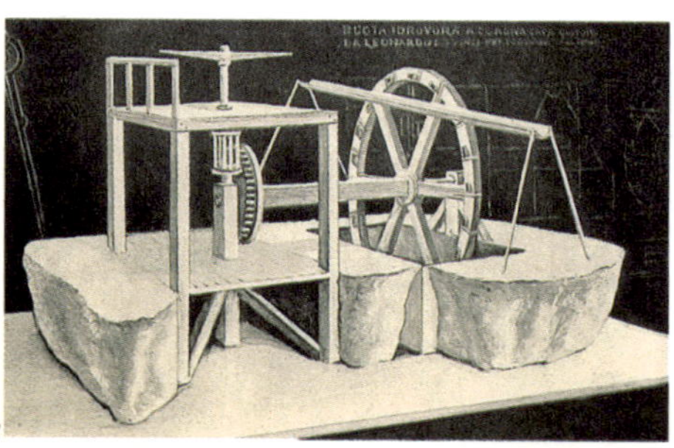

13

En la referencia impresa a aquel acontecimiento se menciona el precedente leonardesco, cuyas circunstancias se explican. Se trata, entre otras cosas, de una prueba del conocimiento y difusión de las ideas tecnológicas de Leonardo después de su muerte, punto en el que es necesario insistir.

Las realizaciones concretas

Han pasado más de 50 años desde que descubrí el único documento que demostraba que una máquina inventada por Leonardo había sido realizada por él. Se trata de un contador hidráulico que le hizo construir a un artesano de Domodossola en torno a 1510 y que fue enviado al comerciante y humanista Bernardo Rucellai de Florencia, probablemente para su propiedad de Quaracchi. El instrumento fue descrito por un contemporáneo de Leonardo, y parece estar basado en una serie de dibujos sobre su construcción, ya que en ellos se indicaban las medidas de cada elemento de la máquina.

El documento que publiqué en 1952 es un códice de un contemporáneo de Leonardo, Benvenuto di Lorenzo della Golpaja (Biblioteca Marciana de Venecia). En él se describen e ilustran otras dos invenciones de Leonardo: los compases de apertura ajustable, que vuelven a aparecer dibujados por él mismo en 1493-1494, y un ingenioso compás «para hacer figuras ovaladas», es decir, un elipsógrafo, probablemente utilizado para la fabricación de ruedas ovales para relojes planetarios. La idea fue retomada por Durero y difundida en Alemania, como demuestra un dibujo suyo que se encuentra en Dresde.

Los museos de máquinas vincianas, que en los últimos años han surgido por doquier, insisten en presentar modelos obtenidos a partir de dibujos de Leonardo relacionados directamente

14. *Estudios de artillería naval (c. 1487-1490). Windsor, Royal Library (12632r).*

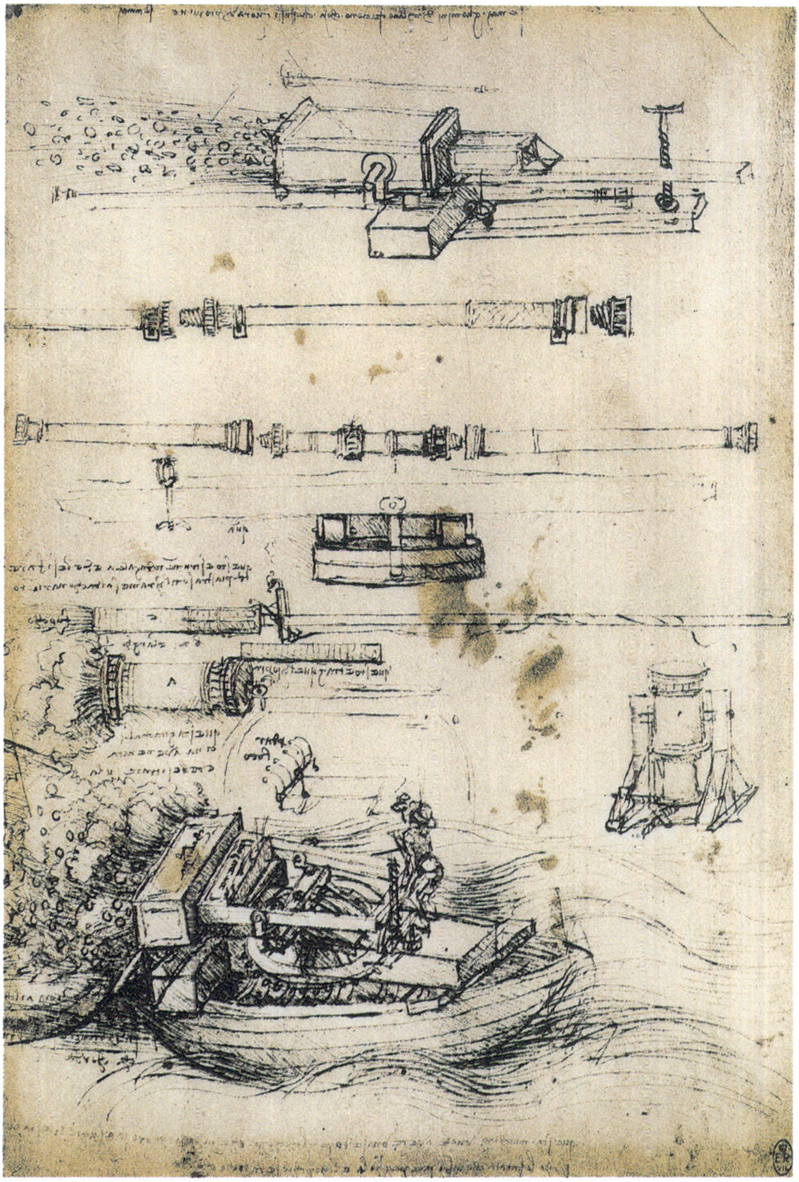

14

con las distintas invenciones de carácter militar enumeradas en la famosa carta a Ludovico Sforza.

A estos se suman los modelos de máquinas voladoras (principalmente del tipo ornitóptero, con alas batientes, más que de vuelo a vela), los dispositivos relativos a la náutica –incluidos las escafandras de buzo y los aparatos especiales para ataques submarinos–, las excavadoras de canales, las máquinas hidráulicas y, en general, los elementos más espectaculares que se ha podido recoger de sus manuscritos siguiendo un criterio de clasificación temática y no cronológica que, sin embargo, podría mostrar mejor el extraordinario desarrollo de la actividad tecnológica de Leonardo.

Máquinas e ingenios

El descubrimiento de los códices de Madrid en 1967 ha contribuido a incrementar el repertorio tecnológico leonardesco, fundamentalmente en el campo de las máquinas textiles y de los relojes, además de los dispositivos de los «elementos mecánicos», aquellos que desempeñan cada uno una función primaria, como palancas, ruedas, engranajes y otros.

El primero de esos códices contiene los ejemplos más elocuentes de la inventiva de Leonardo en este campo, y es la demostración más eficaz de cómo presentar un concepto tecnológico a través del lenguaje visual. Son dibujos fechados entre 1497 y 1500, en el periodo posterior al de la *Última Cena* y al de los estudios para el monumento ecuestre de los Sforza. Es famoso el que ilustra el principio de la transmisión del movimiento de un muelle de reloj enroscado y metido en un tambor. Leonardo muestra cómo efectuar esta transmisión por medio de una espiral cónica que compensa la disminución de la fuerza del muelle al desenroscarse.

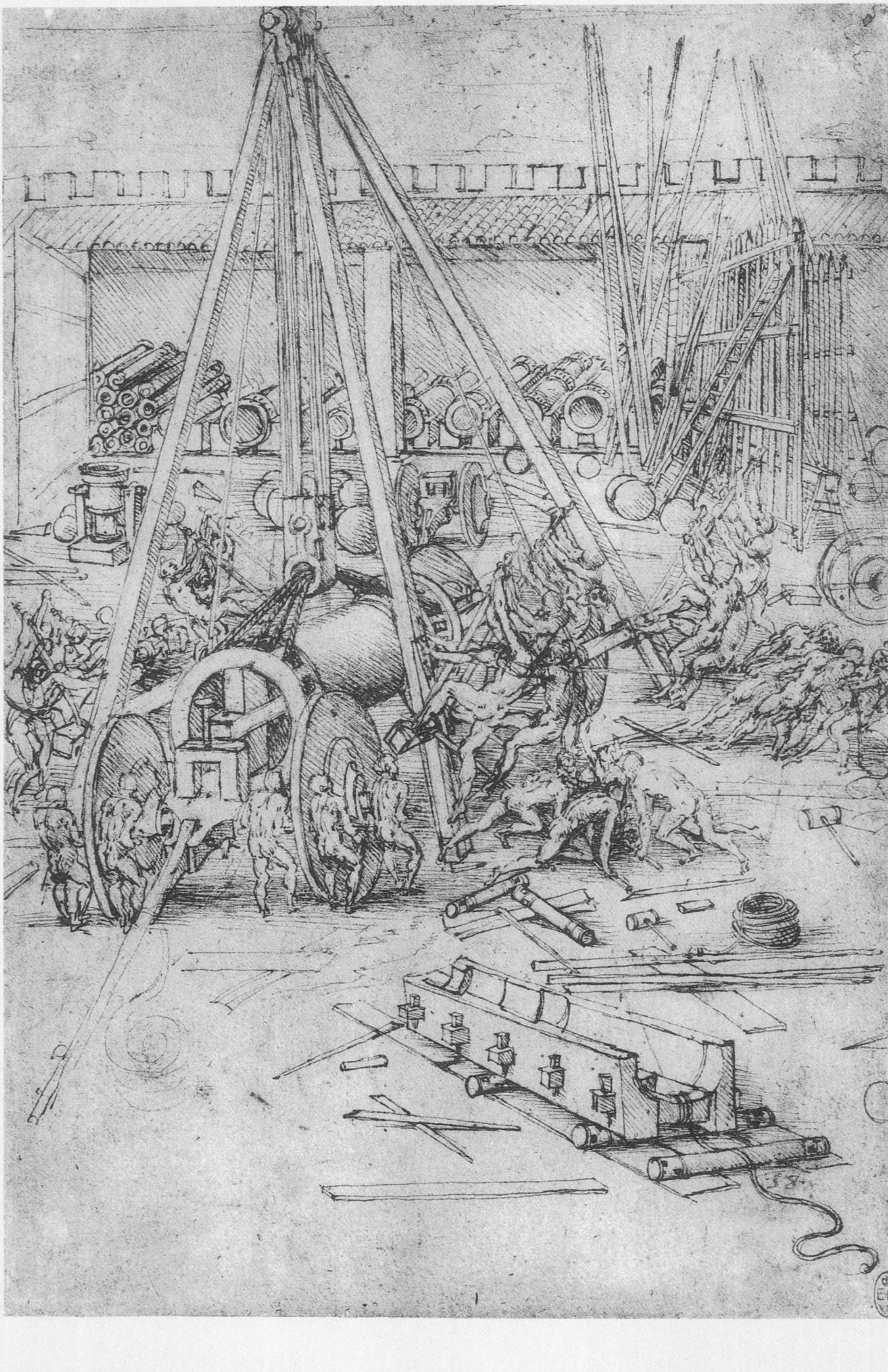

15. Dibujos de máquinas militares (c. 1487-1490). Windsor, Royal Library (12647).
16. Tornillo invertido y manillar para carruaje (c. 1495). Códice I de Madrid, (f. 58r).
17. Motor de muelle (c. 1495). Códice I de Madrid, (f. 14r).
18. Tornillo circular sin fin (c. 1495). Códice I de Madrid, (f. 70r).
19. Maqueta del motor de muelle (1987). Florencia, Museo di Storia della Scienza.
20 y 21. Tornillo sin fin engranado a rueda dentada. Códice I de Madrid, (f. 17v); y maqueta en funcionamiento (1987). Florencia, Museo di Storia della Scienza.

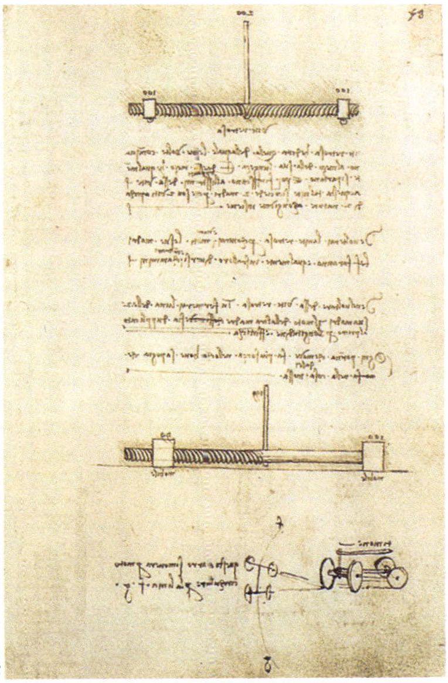
16

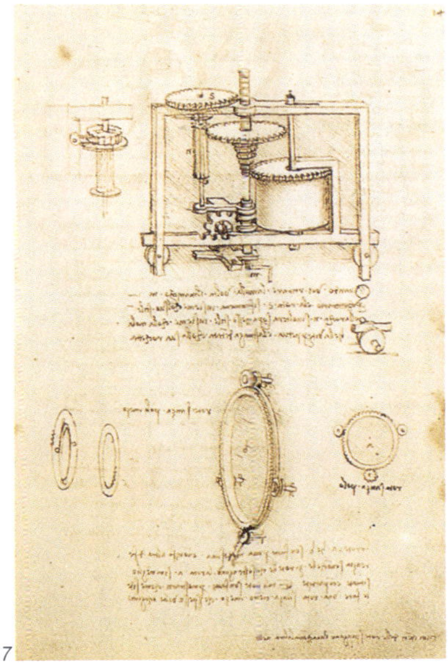
17

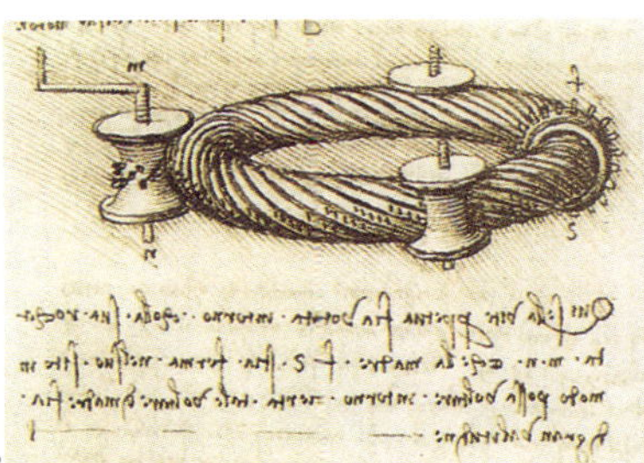
18

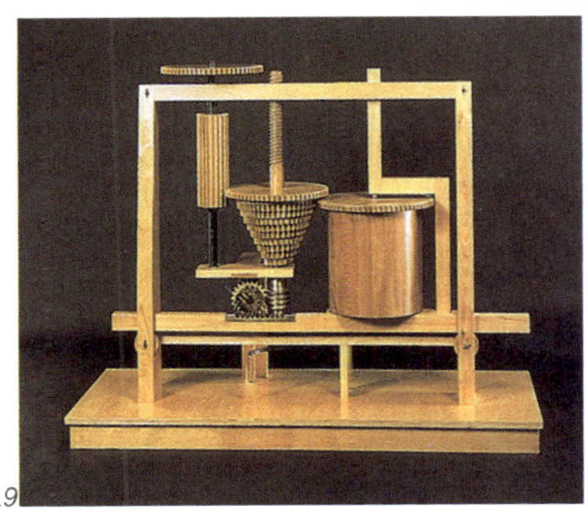
19

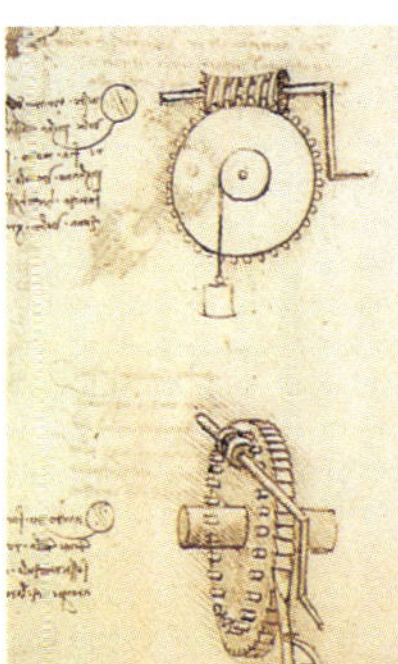
20

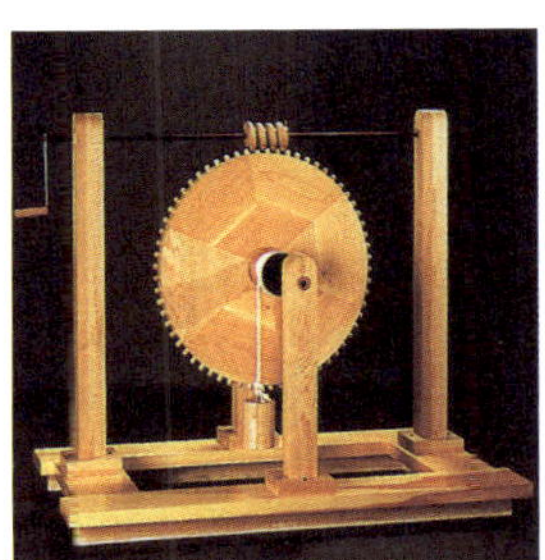
21

La anotación se limita a proporcionar informaciones para su construcción. Sin embargo, la explicación de su funcionamiento está encomendada al dibujo, que resulta muy apropiado por su trazo vigoroso y preciso, imponente, como si estuviera destinado a un monumento arquitectónico.

El mismo carácter arquitectónico del dibujo se aprecia en el dispositivo representado en la página siguiente. Se trata de un artefacto cuya utilidad es difícil de imaginar, pero que aparece claramente ilustrado con planta y alzado. Varias astas verticales están dispuestas en círculo en el interior de la apertura central de una plataforma circular. Cada una está empernada para que se pueda mover hacia fuera a lo largo del radio que parte del centro de la plataforma. Se planteaba el problema de cómo abrir simultáneamente las astas, como si se tratara de los mástiles de una enorme tienda con forma de parasol. La solución consistió en instalar un sistema de cuerda continua que pasara a través de una doble corona radial de poleas; las exteriores estaban fijadas a la plataforma y las interiores eran móviles, aunque estaban unidas a la base de un mástil. Enrollando los cabos de la cuerda en el rodillo de una árgana se ejercía una presión uniforme sobre la corona interior de las poleas que provocaba la apertura simultánea y controlada de los mástiles.

La breve nota que acompaña al dibujo se limita prácticamente a observar que «las ruedas interiores son móviles y las del círculo exterior permanecen fijas», por lo que «al girar la árgana se produce un movimiento circular, ya que las ruedecillas de dentro se aproximan a las de fuera, arrastrando lo que esté sujeto a ellas». En la ilustración se aprecia que esta mención es superflua. El dibujo se explica

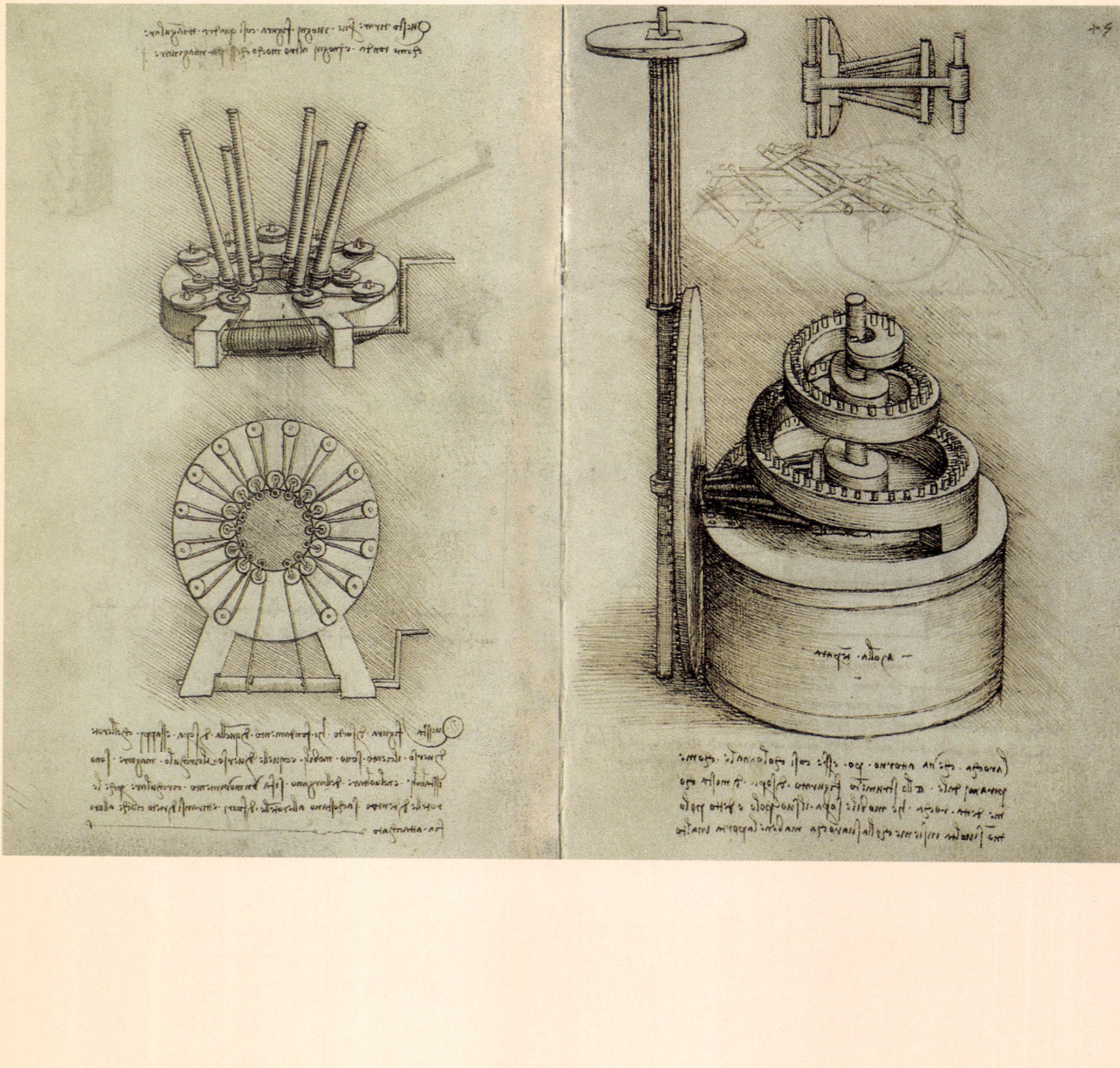

22

22. Estudios de «elementos mecánicos« (palancas y muelles) (c. 1497). Códice I de Madrid, (ff. 44v - 45r).

23. James E. McCabe, el funcionamiento del teatro de Curio según la interpretación de Leonardo (1969).

24 - 26. Mecanismo del teatro de Curio según la interpretación de Leonardo del texto de Plinio (maqueta realizada por James E. McCabe según sus dibujos interpretativos).

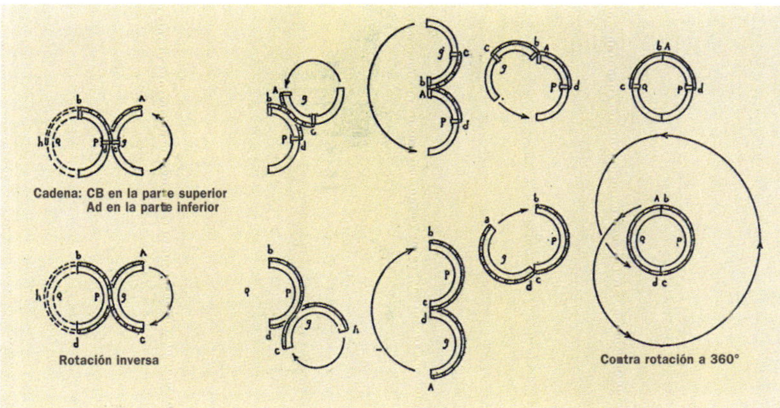

23

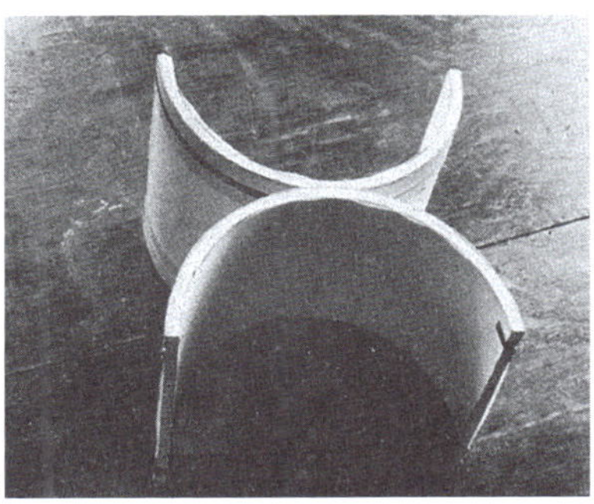
24

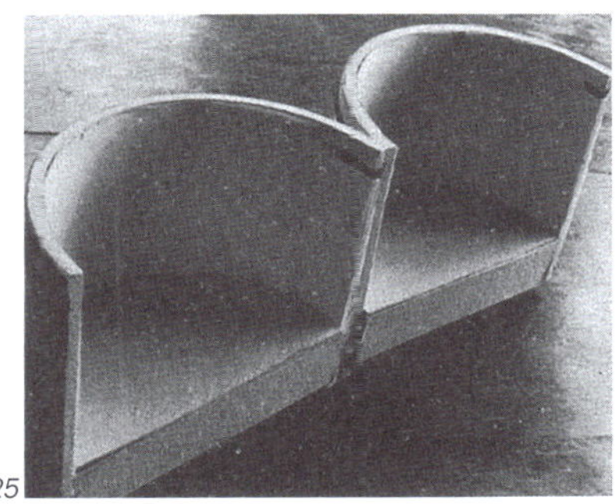
25

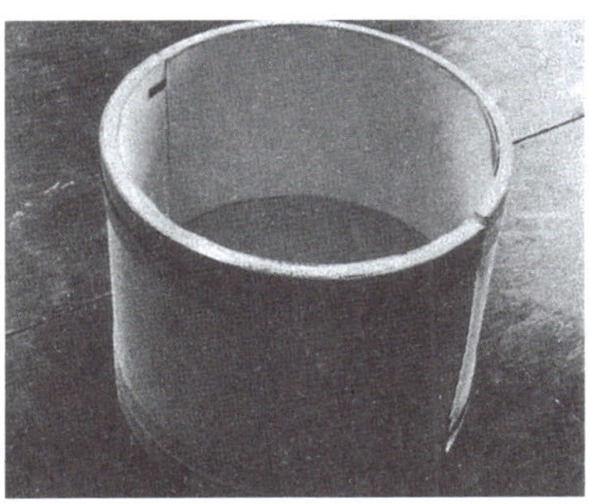
26

por sí mismo. Lo mismo se puede afirmar de otros ejemplos tomados del mismo manuscrito, como los presentados para ilustrar las correspondientes maquetas realizadas para exposiciones o museos vincianos en todos los rincones del mundo.

El contrastre con la antigüedad

Un aspecto poco conocido de la tecnología vinciana es la interpretación de Leonardo de las referencias tecnológicas de los textos clásicos. En este caso, el tema del «elemento mecánico» es suministrado por *Naturalis Historia* de Plinio. Este texto se limita a relatar cómo el rico edil romano Curio había construido un grandioso teatro móvil de madera constituido por dos partes rotatorias que se disponían, rotando sobre sí mismas, una al dorso de la otra, formando dos anfiteatros en los que se podían realizar representaciones simultáneas sin incomodar a los espectadores.

Leonardo recoge la idea y la plantea como problema: «Encuentro entre las magnas obras romanas que se construyeron dos anfiteatros que estaban uno a espaldas del otro, y que después, con toda la gente, se giraban y se cerraban formando un teatro». Después sigue la descripción del movimiento de los dos anfiteatros, representados esquemáticamente por su planta: posición adosada, alineada y, en formato mayor, vista adosada junto a la que aparece cerrada formando un círculo. En el dibujo principal Leonardo traza una vista en perspectiva del sistema en posición cerrada.

Aunque parezca imposible, Leonardo llegó a donde algunos de los más famosos arquitectos y técnicos del siglo XVI no habían llegado: nos estamos refiriendo a intérpretes de Lino y de Vitrubio, como Daniele Barbaro, Francesco Marcolini da Forli, Andrea Palladio y Gerolamo Cardano.

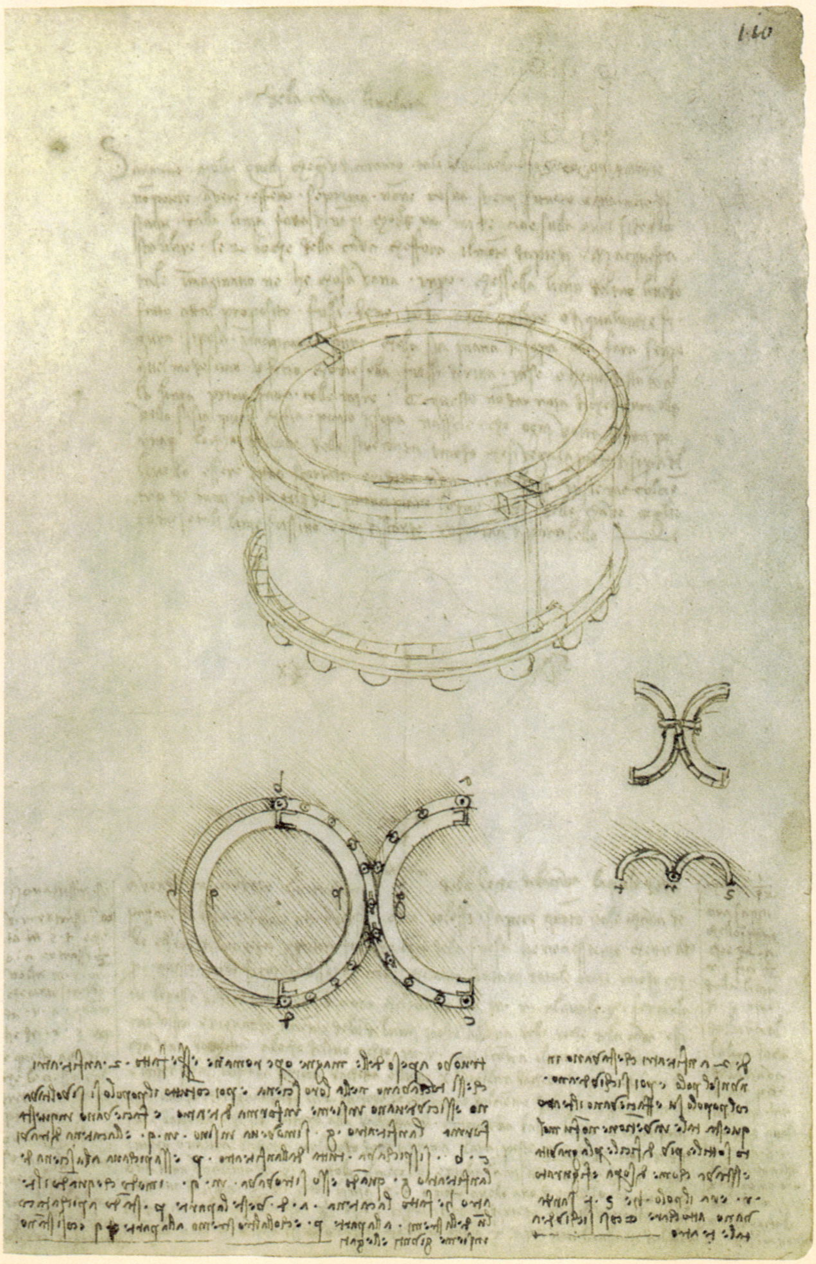

27. El teatro de Curio (c. 1495). Códice I de Madrid, (f. 110r).

28. Bernardo Luini, Niño jugando con tablillas articuladas según el principio del teatro de Curio en la interpretación de Leonardo. Localización desconocida.

29. Maqueta de cojinete de esferas (1987). Florencia, Museo di Storia della Scienza.

30. Cojinetes de esferas (c. 1495-1497). Códice I de Madrid, (f. 101v).

31. Maqueta de cojinete de esferas (1987). Florencia, Museo di Storia della Scienza.

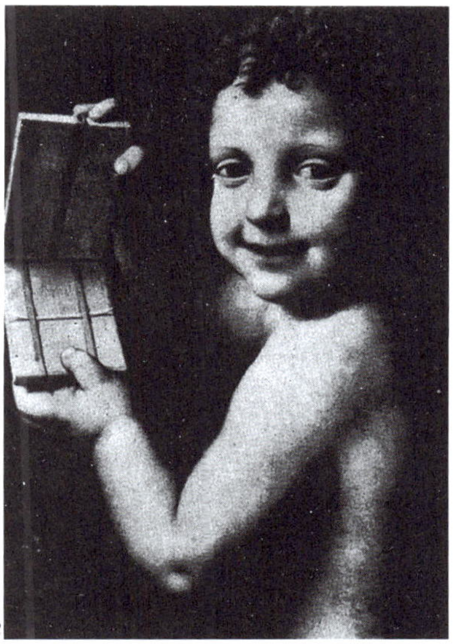
28

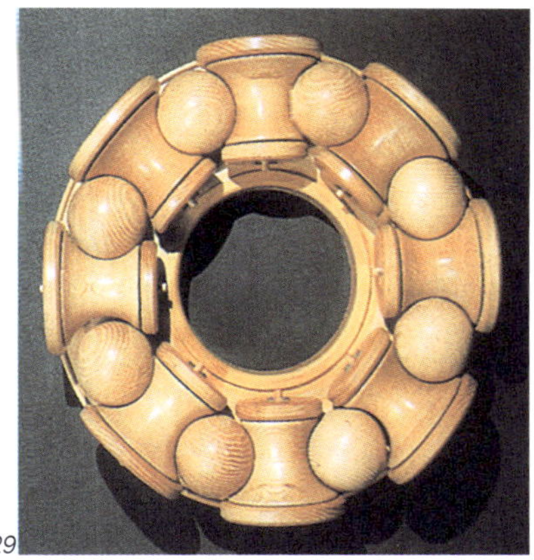
29

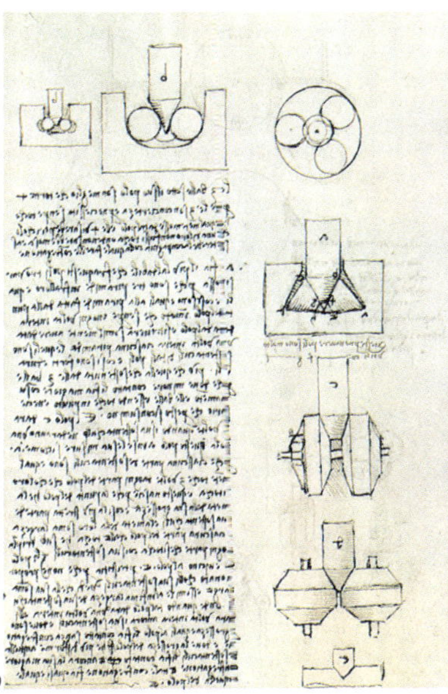
30

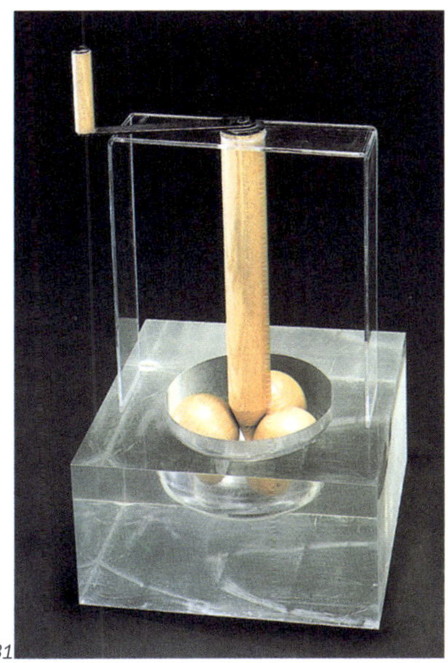
31

Leonardo demuestra que el tecnólogo, igual que el pintor, necesita imaginación y fantasía. El principio mecánico –el «elemento mecánico» que se debe buscar en el texto clásico– es el mismo que se aplicaba al antiguo juguete de las dos tablillas que se mantienen unidas mediante tres cintas y que se pueden abrir alternativamente, permitiendo que un objeto fino, como una paja o un trozo de papel, esté siempre sujeto por una o dos de las cintas. Es difícil de describir, pero algunos recordarán haber usado en el pasado este dispositivo como portafolios. Y no hay duda de que Leonardo lo conocía. Podemos verlo en manos de un niño sonriente en una conocida pintura de Bernardo Luini.

Los dos anfiteatros estaban unidos por este sistema mediante cadenas hechas con bloques de madera, que eran articuladas como las de las bicicletas y que estaban dispuestas una en la base y la otra en la cima de los anfiteatros, pero en sentido alterno.

El ingeniero norteamericano James E. McCabe, acostumbrado al estudio de misiles en el programa del proyecto *Apolo*, ha explicado el dibujo de Leonardo sin necesidad de leer las anotaciones, extrayendo de él un modelo esquemático que funciona. El lector se puede divertir resolviendo por sí mismo el problema mediante la información visual suministrada por el dibujo de Leonardo y contrastando después su resultado con los esquemas interpretativos de McCabe.

El esquema de Leonardo se limita, de partida, al problema planteado en el texto de Plinio, sin ocuparse de determinar cuál debía ser la fuerza motriz. Resulta fácil imaginar que la gran máquina estuviera colocada sobre rodillos y que rotase mediante poleas de cuyas cuerdas tirarían animales.

En Roma ya era conocido el uso de rodillos para facilitar el movimiento,

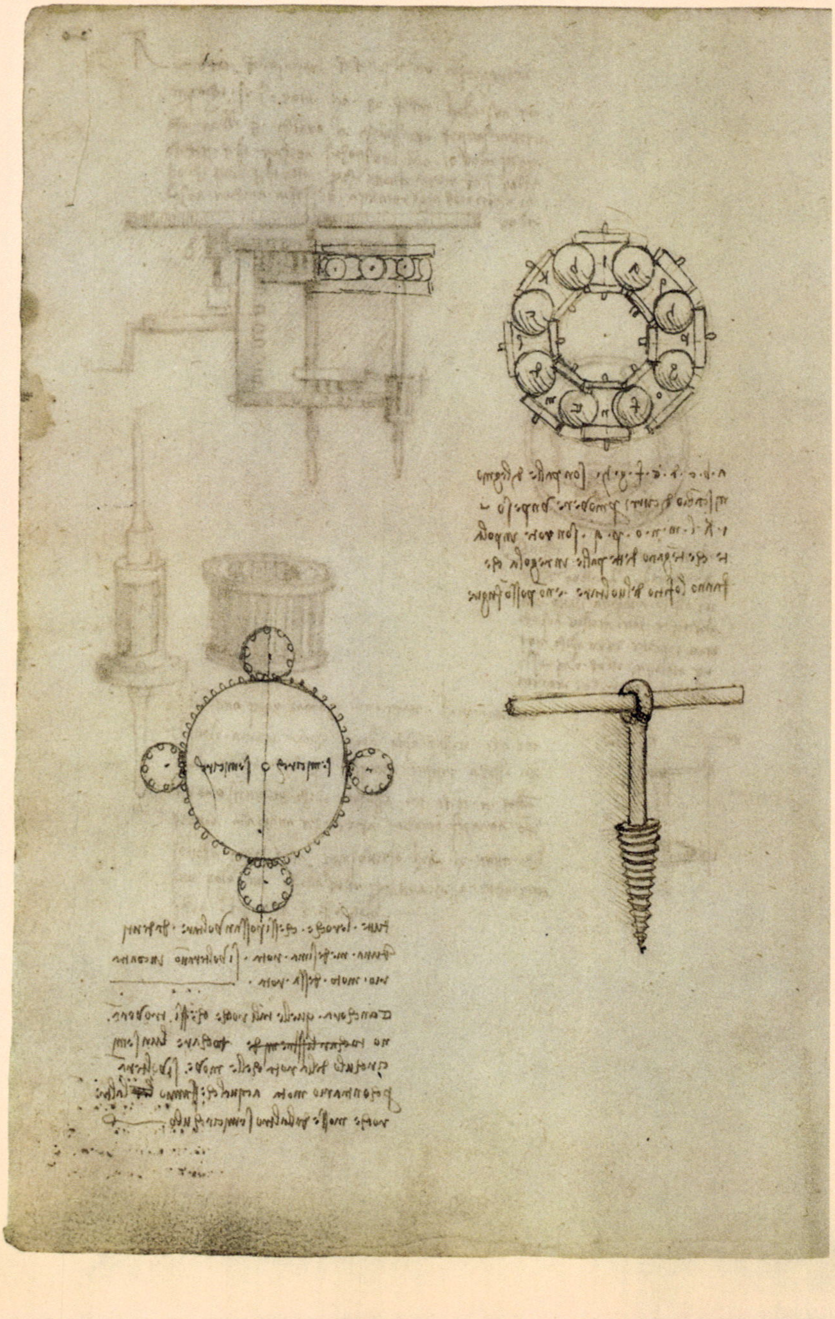

32. Cojinetes de esfera (c. 1495-1497). Códice I de Madrid, (f. 20v).

33. Proyecto para excavadora de canales de tipo tradicional (c. 1503). Códice Atlántico, (f. 3r).

34. Sistema de contrapesos aplicados a los brazos de una grúa (c. 1497). Códice I de Madrid, (f. 96r).

35. Estudios para excavadoras (c. 1503). Códice Atlántico (f. 994r).

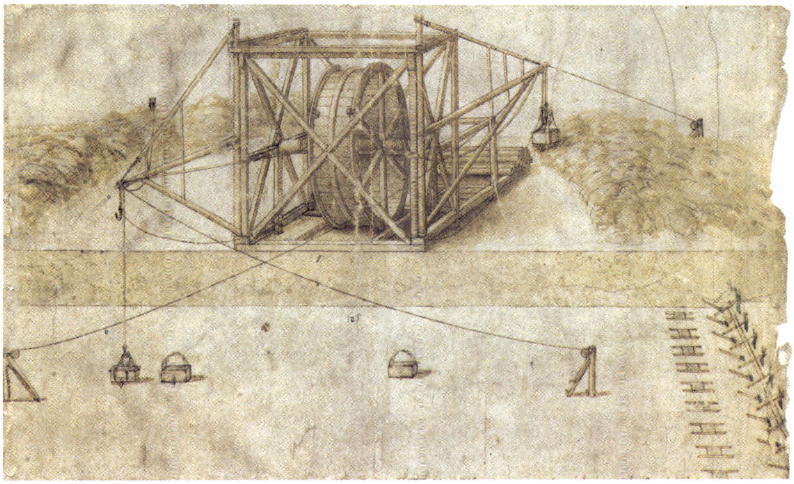

33

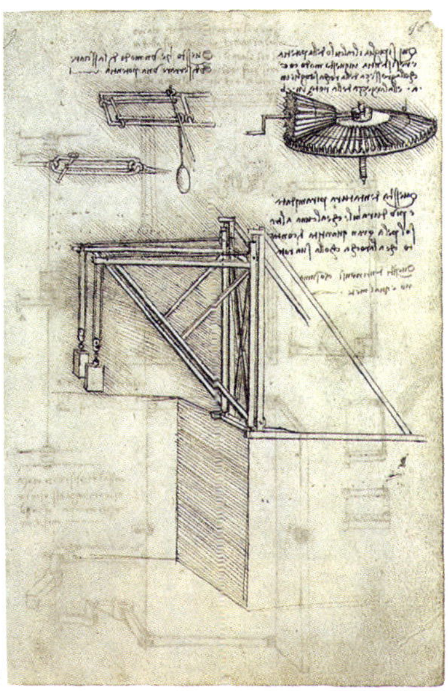

34

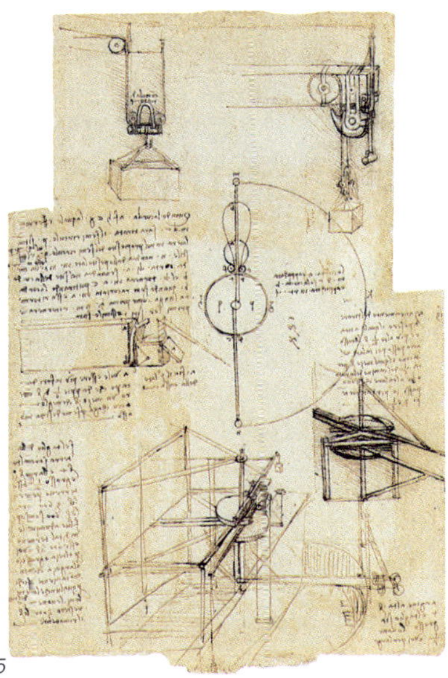

35

como demuestran las plataformas rotatorias encontradas en las embarcaciones hundidas en el lago de Nemi. Sabemos que Leonardo había estudiado el problema del frotamiento, y, en el mismo Códice de Madrid en el que figura la interpretación del teatro de Curio, aparece indicada la solución del cojinete de esferas moderno.

Movimientos de tierra

No son muchas las máquinas concebidas y quizá realizadas por Leonardo con dimensiones notables, y no hay ninguna que emulase la grandiosidad de las «magnas obras romanas». Son una excepción las máquinas para excavar canales, especialmente las que están dibujadas en las dos hojas que aparecen al principio del Códice Atlántico y que, en origen, formaban una hoja única.

El estilo del gran dibujo reconstruido, tan similar también por el tipo de papel al célebre plano de Imola de 1502, sugiere una fecha en torno a los primeros años del siglo XVI. Sin embargo, es más probable que estas dos excavadoras estuvieran relacionadas con los bocetos de tratados o relaciones técnicas referentes a los estudios para la canalización del Arno, que aparecen en manuscritos de 1503-1505. Se trata de dibujos que se han deteriorado durante la desafortunada «restauración» del códice en los años setenta del pasado siglo, como consecuencia de la cual desaparecieron casi por completo las anotaciones escritas por Leonardo da Vinci, además de los números consecutivos del antiguo coleccionista. En mi libro *Leonardo arquitecto* (1978) reproduzco las hojas a partir de viejas fotografías que muestran los dibujos aún intactos y que permiten volver a unirlos para recuperar el aspecto original: prueba de ello es, aparte del papel y el estilo, la propia representación del canal, constituida

36. El cañón de vapor de Arquímedes (c. 1487-1490). Manuscrito B, (f. 33r).

36

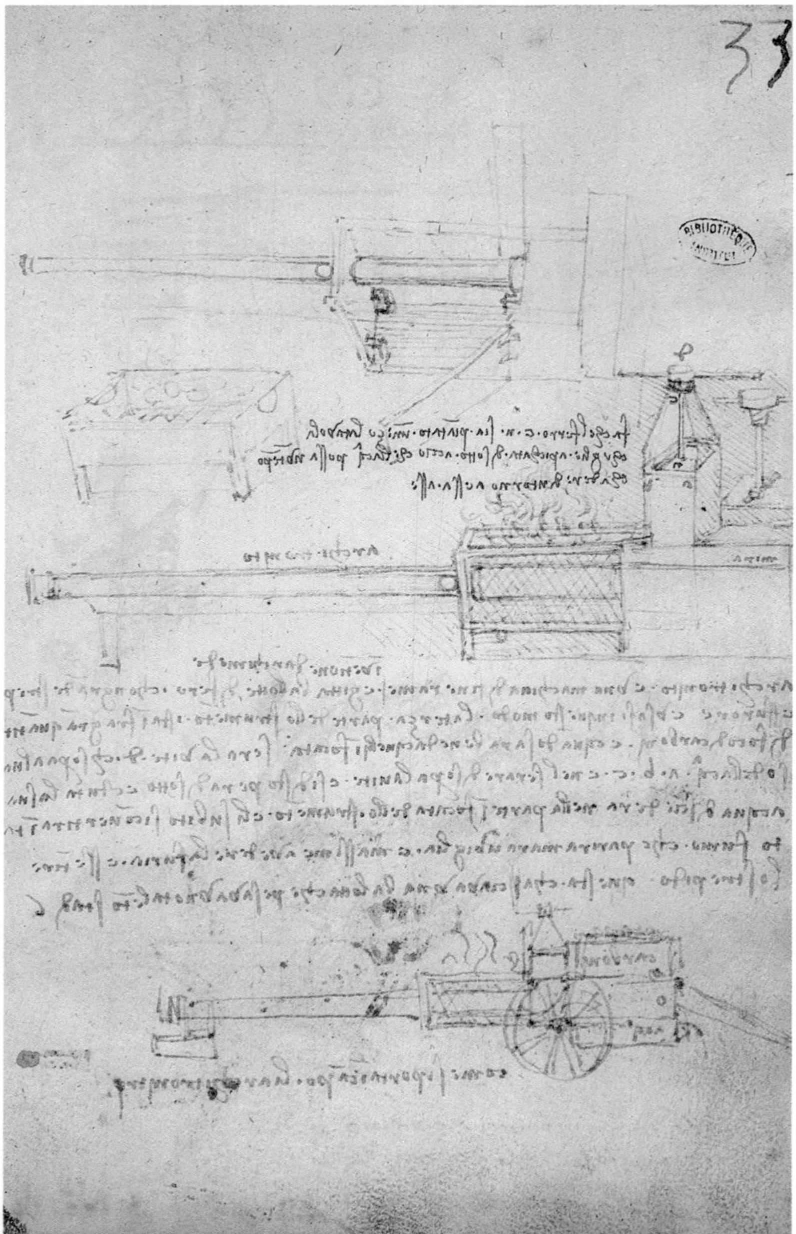

por un único trazo realizado entre una hoja y otra.

A la izquierda Leonardo representa la excavadora tradicional colocada en una de las orillas del canal: se trata del sistema deducido del tratado de arquitectura de Vitrubio, y está constituido por un tambor puesto en movimiento por obreros que caminan dentro de él con el objeto de activar los brazos de las grúas que transportan las cargas de tierra preparadas por los excavadores en las zanjas. Es evidente que, una vez finalizada la operación de excavación, es necesario detenerse para llevar la máquina a la posición siguiente. Mediante la técnica del dibujo «contextual», Leonardo muestra la superioridad de su máquina, representada en funcionamiento en el propio canal, a la derecha. La máquina de Leonardo avanza hacia el interior del canal sobre raíles a medida que la excavación va siendo efectuada por los obreros que se disponen en semicírculo en dos niveles de la excavación (solo sus herramientas –azadas y palas– aparecen indicadas en los puestos a los que están asignados). Los brazos de la grúa giran sobre el mismo eje para descargar el material excavado lateralmente, a orillas de las zanjas. La pequeña rueda que aparece representada en el centro del armazón recoge la tierra excavada que pasa de una grúa a otra.

Leonardo plantea una genial aplicación del mecanismo de sube y baja (lo que se puede determinar a través de anotaciones y dibujos que aparecen en otros manuscritos suyos): un cajón cargado de tierra sube cuando el otro, una vez vacío, es empujado hacia abajo por el peso del trabajador que se mete dentro. La operación está organizada de tal modo que se proceda alternativamente y, a medida que la excavación va avanzando, se van añadiendo secciones de raíles.

EL CAÑÓN DE VAPOR

A través de Petrarca, o de otras fuentes sin determinar, Leonardo tuvo noticia de que Arquímedes había construido un cañón de vapor. El dibujo de Leonardo es casi con seguridad un ejemplo de interpretación de un texto clásico o medieval. Un cañón de vapor análogo (Winans) fue construido y utilizado entre 1865 y 1867, durante la Guerra Civil de Estados Unidos.

La aplicación industrial del vapor se remonta a principios del XIX, con el barco fluvial proyectado por Robert Fulton. Por otra parte, las propiedades del vapor eran conocidas desde la antigüedad, basta recordar la «eolipila» de Herón de Alejandría, o el molino de vapor mencionado incluso por Vitrubio; se trata, sin lugar a duda, del germen de las que serían las futuras turbinas a reacción.

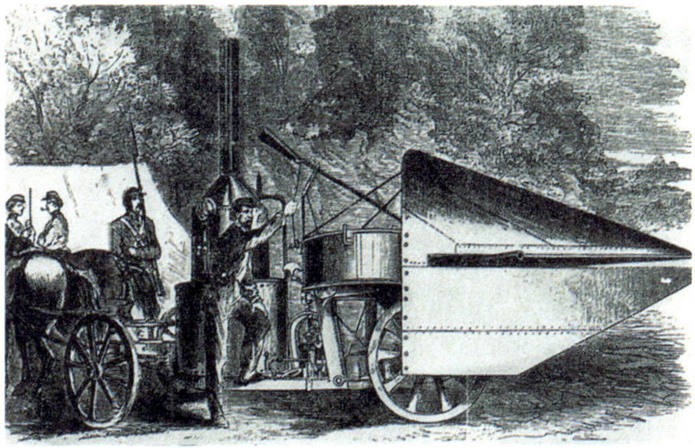

Arriba, cañón de vapor Winans. 1. asador rotatorio activado con aire caliente (c. 1480). Códice Atlántico, (f. 21r). 2. cabeza de moro (aventador de vapor), Códice Atlántico, (f. 1112v). 3. Aventador de vapor anónimo. Maqueta (1995). Florencia, Museo di Storia della Scienza.

Leonardo había estudiado diversos aspectos de la energía térmica, hasta el punto de formular los principios de la máquina de vapor y hasta del motor de explosión, todo lo cual aparece en el Códice Hammer, (f. 10r), y en el Manuscrito E, (f. 16v), ambos de alrededor de 1508.

Sin embargo, la aplicación del vapor con fines prácticos ya era conocida en su época. Su famoso dibujo juvenil de un asador rotatorio accionado por una turbina de aire caliente aparece ya en tratados del siglo XV, desde los de Mariano Taccola a los de Giuliano Sangallo.

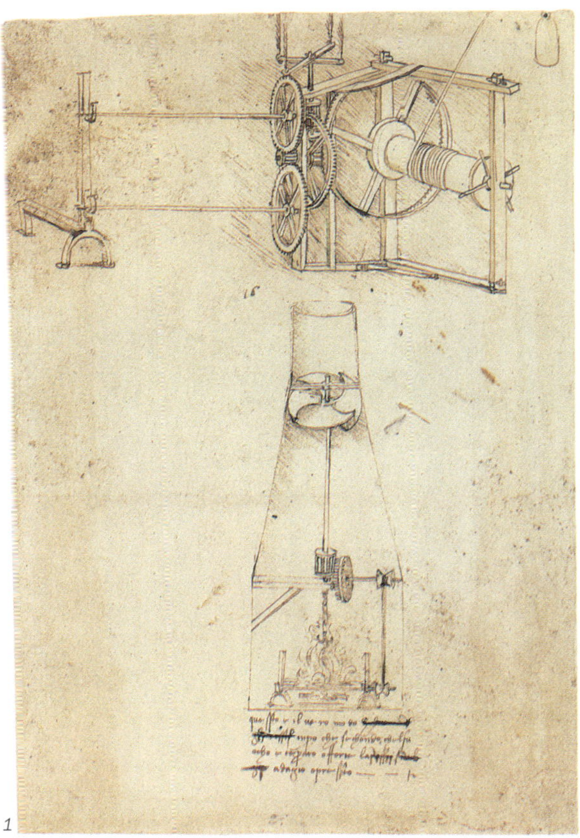

1

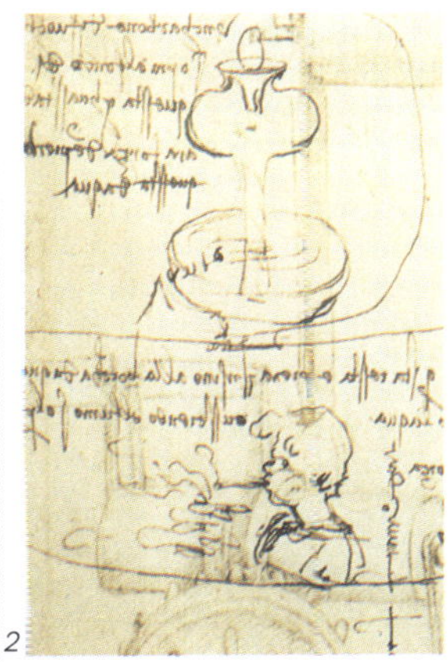

2

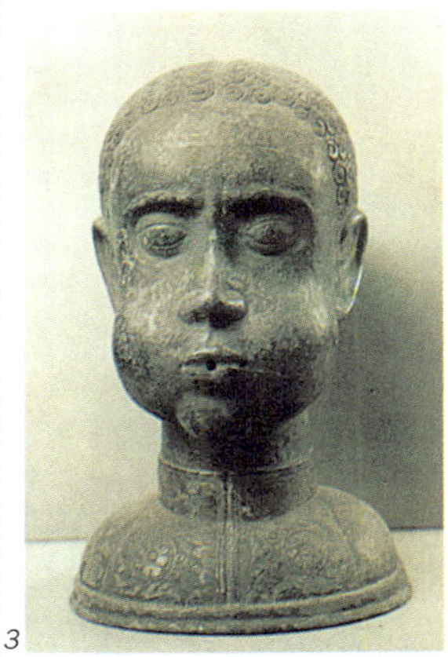

3

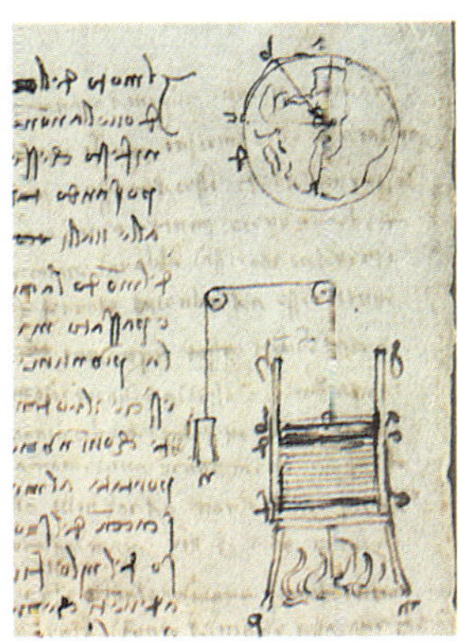

También el dispositivo al que Leonardo hace alusión en el Códice Hammer («El agua que exhala por el pequeño orificio del recipiente en el que hierve sopla con fuerza convirtiéndose en viento: con ella se gira el asado») en realidad no es más que un modelo derivado de la «eolipila» de Herón, similar a la cabeza de moro propuesta por Filarete para atizar el fuego de las chimeneas.

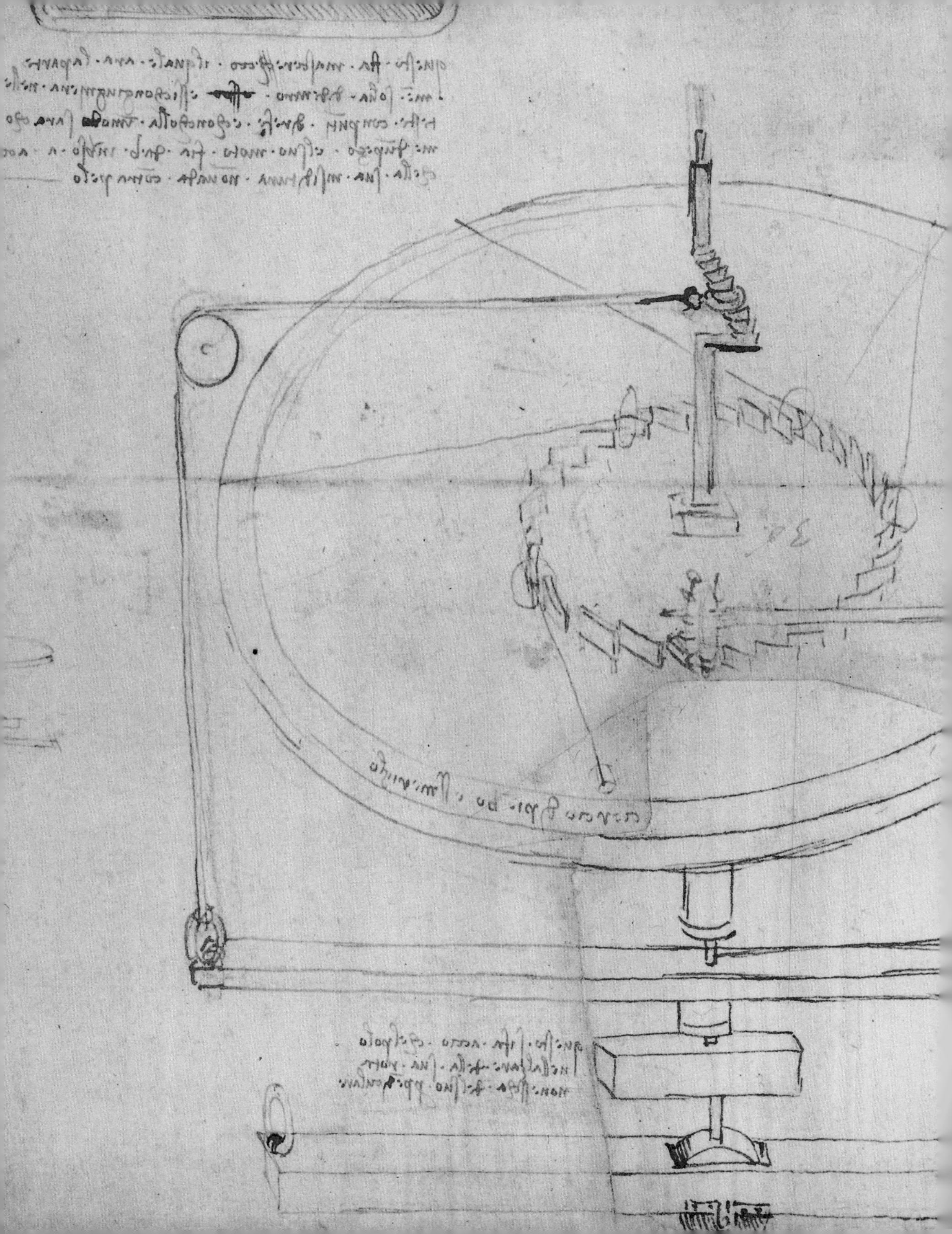

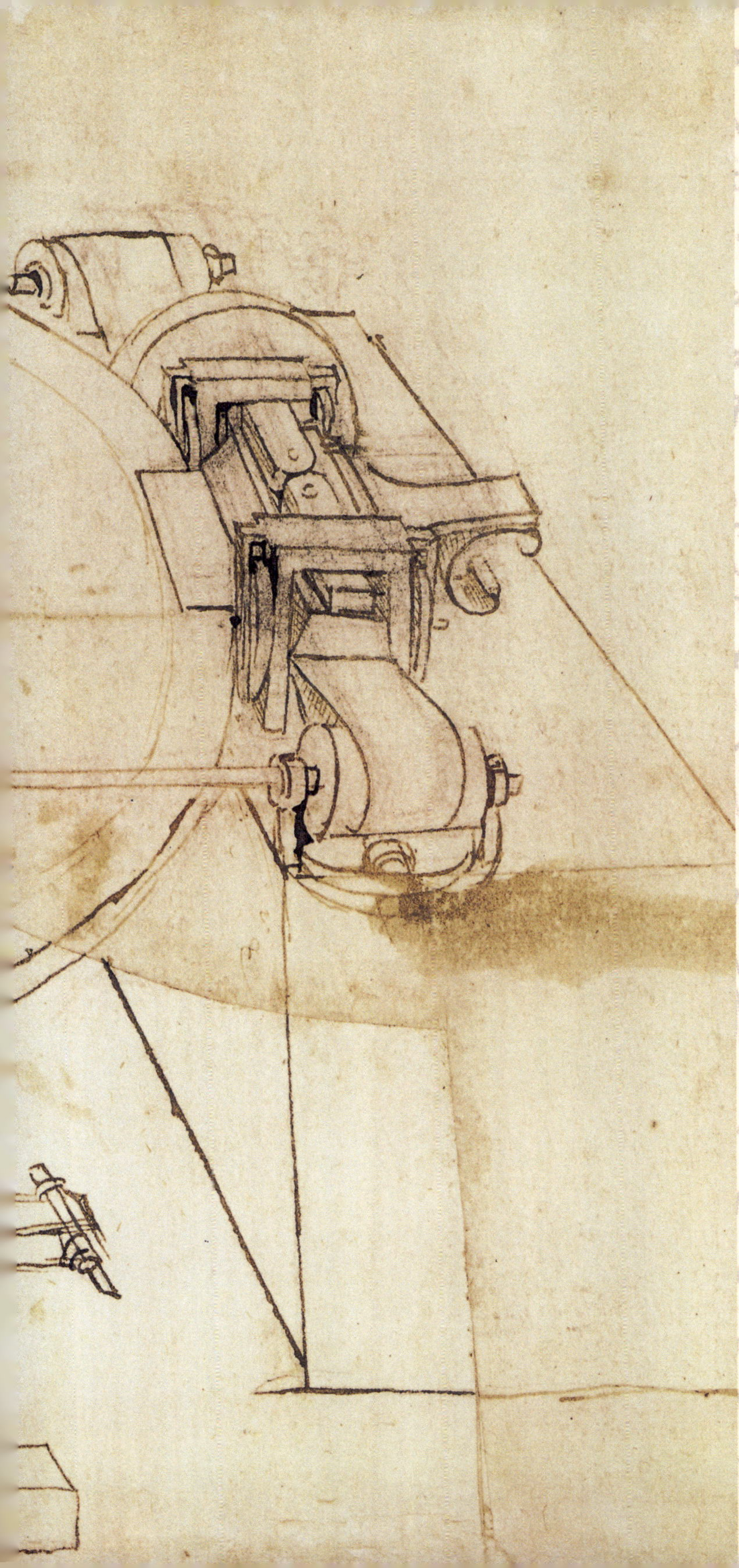

Del espectáculo a la industria

Los más de veinticinco años de ardiente actividad milanesa, por parte de Leonardo antes y después del año 1500, se caracterizan por su enorme dedicación teórica y práctica al campo de la tecnología. El pintor de la *Última Cena* –y el escultor del colosal caballo para Ludovico Sforza– se impone, con su inagotable facundia inventiva, como organizador de espectáculos teatrales y como teórico de la automatización aplicada a diversos aspectos de la industria milanesa, especialmente de la textil. Surgen así sus numerosas propuestas para el genial perfeccionamiento de mecanismos que ya estaban en uso en aquella época y su insistencia en las visiones futuristas, como el vuelo y la navegación submarina, a las que se enfrenta siempre con una extraordinaria actitud pragmática.

En las dos páginas anteriores: Máquina para afilar agujas (c. 1495). Códice Atlántico, (f. 86r.)

1. *Estudios para la puesta en escena del Orfeo de Policiano (c. 1506-1508). Códice Arundel, (ff. 231v - 224r).*
2. *Hoja de estudios para la máquina teatral del Orfeo de Policiano. Códice Atlántico, (f. 50).*
3. 4. *Maqueta reconstruida en 1964.*
5. *«Pájaro de la comedia», autómata para teatro (c. 1506-1508). Códice Atlántico, (f. 629 ii v).*
6. *Copias de dibujos tecnológicos de Leonardo parcialmente desaparecidos (c. 1530). Florencia, Gabinete de Dibujos y Estampas n. 4085 A.*

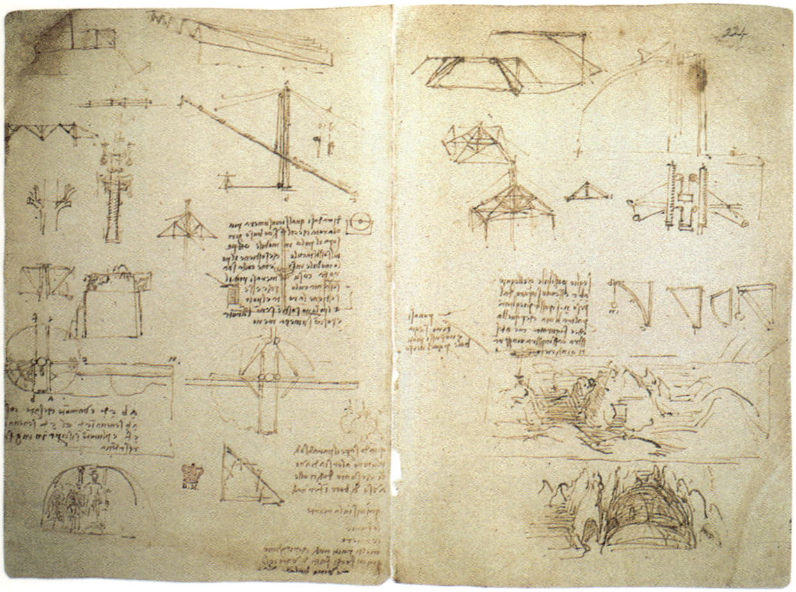
1

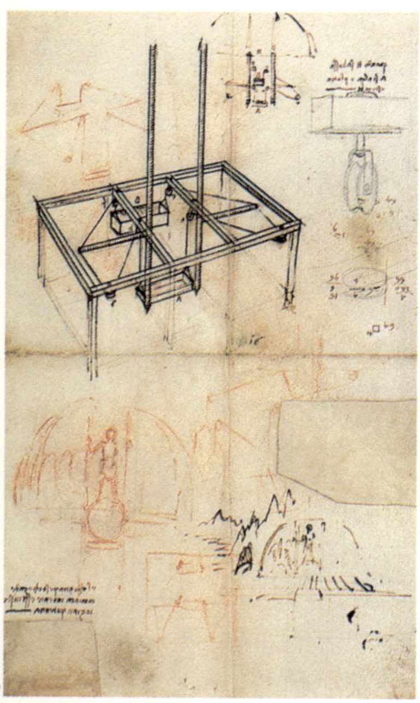
2

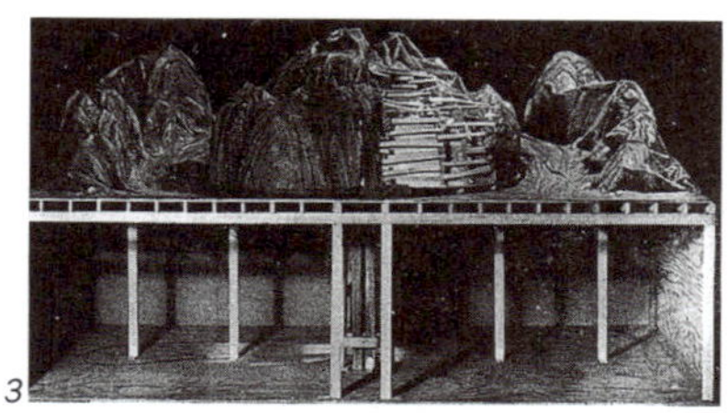
3

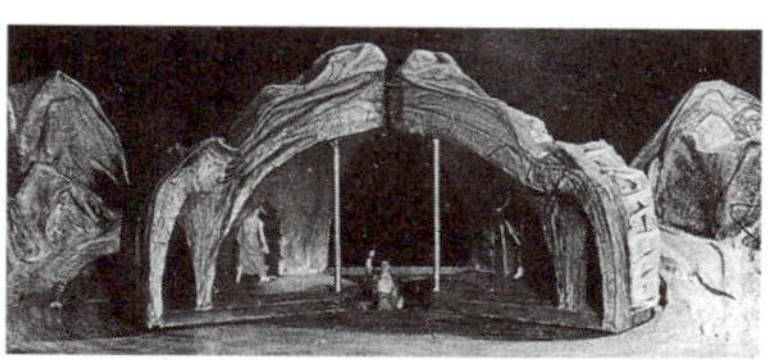
4

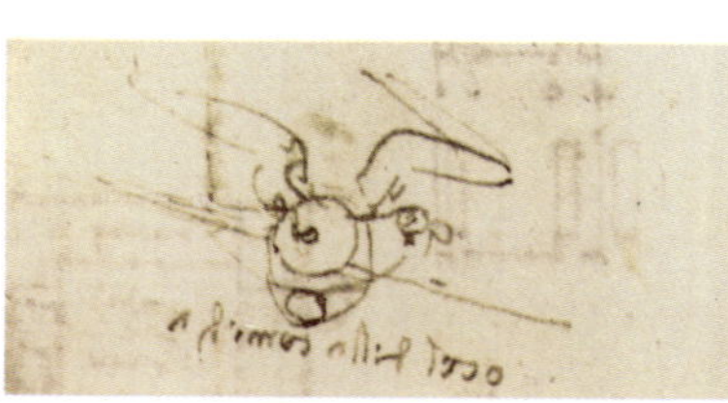
5

La aplicación del principio de los contrapesos está insinuada en otros dibujos tecnológicos de Leonardo, y aparece también en la serie de los «elementos maquinales» del Códice de Madrid. Leonardo alude a ella en el célebre texto cuando afirma que la superioridad de la naturaleza en sus procesos se demuestra por el hecho de que no «funciona con contrapesos», sino que ha infundido «alma» a los miembros predispuestos para el movimiento. Mediante la aplicación de este principio de los contrapesos, Leonardo realizó la escenografía rotatoria para la representación del *Orfeo* de Policiano en Milán (1506-1508). Se trataba de un sistema que, mediante un golpe de efecto escenográfico, presentaba simultáneamente una montaña que se abría y a Plutón emergiendo de los infiernos a través de una abertura en el centro. El modelo fue realizado en 1964 por el laboratorio del departamento de teatro de la Universidad de California en Los Ángeles para una convención sobre el teatro del Renacimiento organizada aquel año por la Sorbona de París. Este modelo no figura todavía en ninguno de los museos vincianos del mundo.

Sin embargo, sí se ha concedido la importancia adecuada a una gran hoja anónima del siglo XVI que se conserva en el Gabinete de Dibujos y Estampas de los Uffizi de Florencia, publicada por mí por primera vez en 1975. Son copias de dibujos técnicos de Leonardo, en gran parte desaparecidos. En especial son importantes las copias de los fragmentos de Munich, inéditos hasta que los publiqué en 1957. Las copias los reproducen antes de ser mutilados.

La extraordinaria hoja de Florencia, que tiene el carácter de un original de Leonardo, es importante sobre todo como prueba de la difusión de sus ideas tecnológicas tras su muerte.

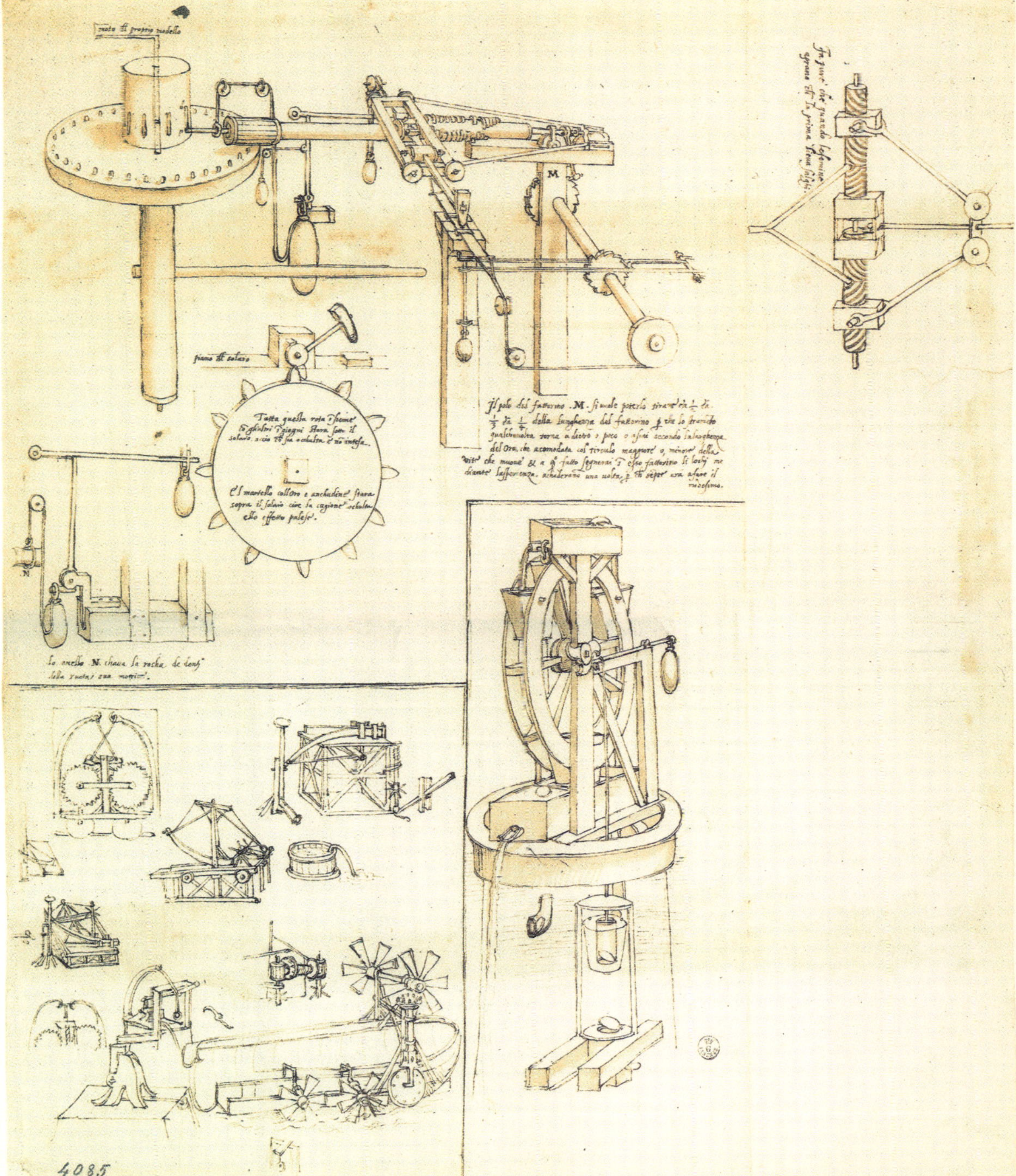
M
N
4085

7. Estudios de punzones para fabricar «bisantini», (lentejuelas para trajes de gala) (c. 1495). Códice Atlántico, (f. 1091r).

8. Estudios de máquinas textiles para hilar con huso de aleta (c. 1495-1497). Códice Atlántico, (f. 1090v).

9. Máquina textil para encanillar (c. 1495). Códice I de Madrid, (f. 65v).

10. Gran tundidora mecánica (c. 1495). Códice Atlántico, (f. 1105r).

11. Máquina para retorcer cuerda (c. 1513-1515). Códice Atlántico, (f. 13r).

12. Estudios para «batidor de oro» (c. 1493-1495). Códice Atlántico, (f. 29r).

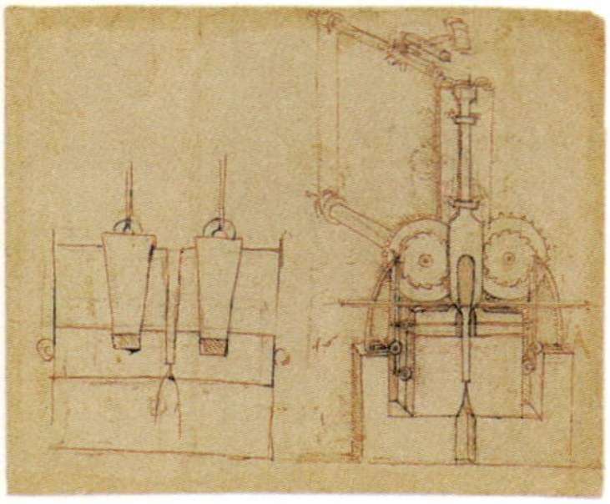

7

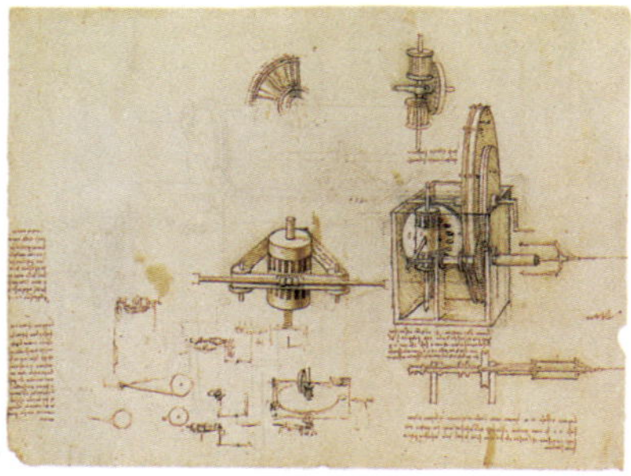

8

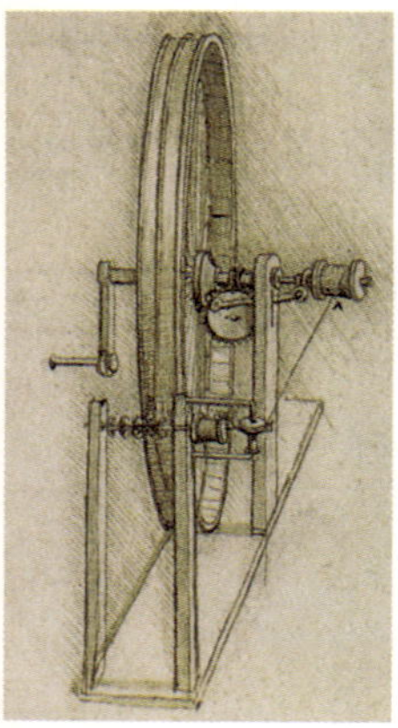

9

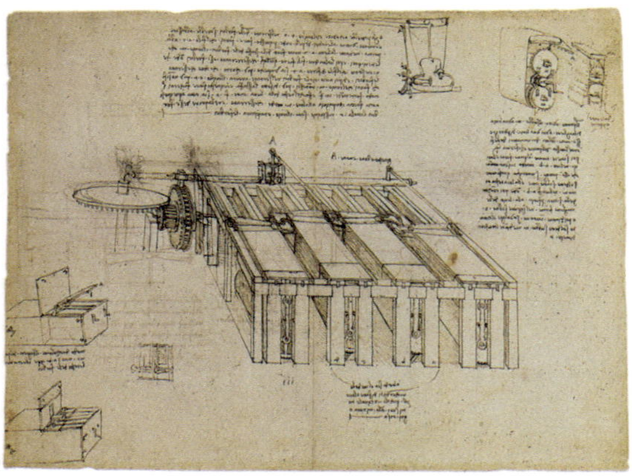

10

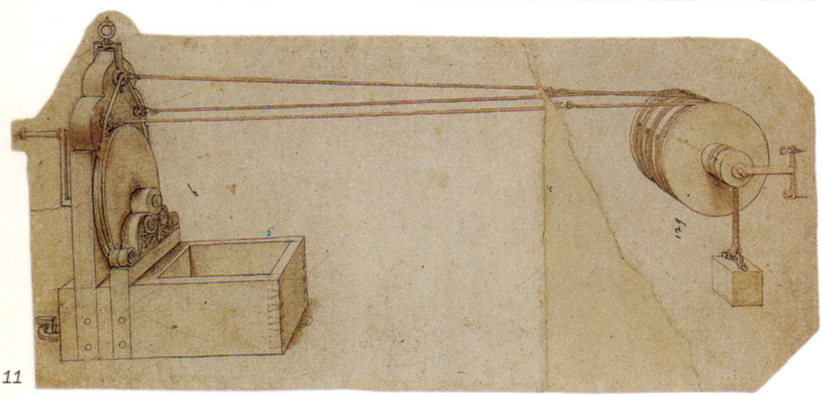

11

El dibujo 1, que reproduce el fragmento más grande de Munich antes de su mutilación, hace referencia a una serie de estudios de Leonardo para un «batidor de oro», máquina utilizada para la producción industrial de bisantini, es decir, lentejuelas metálicas empleadas en la ropa de gala. La serie se puede fechar en torno a 1495 y sugiere la participación de Leonardo en el desarrollo de la industria textil lombarda.

En el mismo periodo se pueden situar los extensos estudios para máquinas textiles tales como hiladoras automáticas, cardadoras, etc., realizadas en hojas del Códice Atlántico. Son máquinas industriales que en infinidad de ocasiones han dado lugar a maquetas.

El dibujo tecnológico

En la copia de Florencia se recogen algunos dibujos cuya fuente se ha perdido, pero que sin embargo reflejan el carácter juvenil de los dibujos tecnológicos de Leonardo. Efectivamente, nos remiten a uno fechado en 1478, en el que aparecen estudios de cabezas de pastores de perfil para una *Natividad* y bocetos de dispositivos mecánicos en las dos caras de la hoja. Estos, por su parte, se hallan en otras hojas juveniles del Códice Atlántico y en otras publicaciones, entre las que se encuentra también el estudio de un carruaje automático definido todavía –aunque no sea más que por la presencia del diferencial– como el «automóvil» de Leonardo.

La hoja de Florencia también incluye un curioso tipo de barco activado por palas de viento que me hizo pensar en una posible referencia al *Badalone* de Brunelleschi, legendario barco fluvial que el famoso arquitecto florentino inventó y hasta patentó para transportar el mármol destinado a la construcción de la cú-

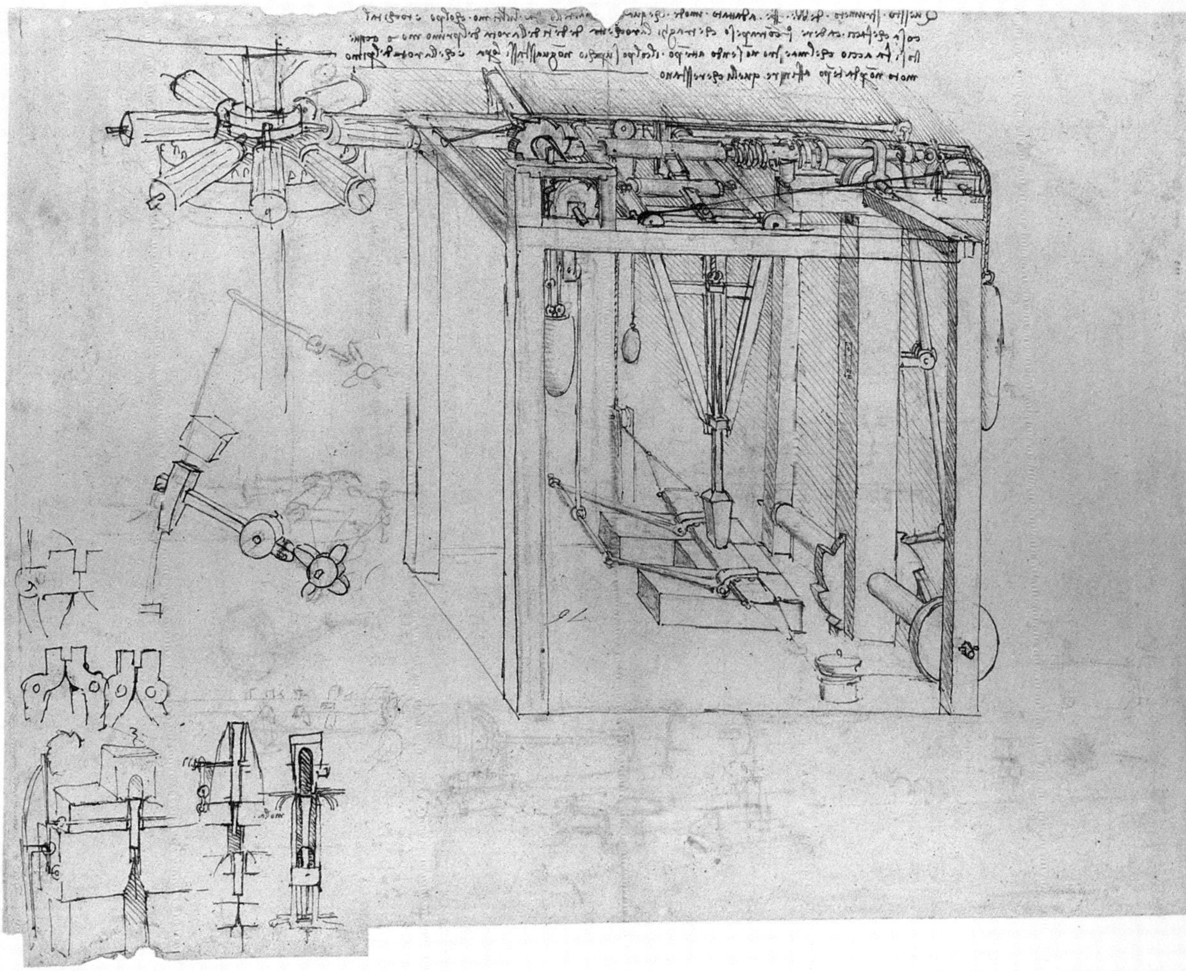

12

13. Barco movido con palas de viento, copia de un dibujo desaparecido de Leonardo que probablemente reproduce el legendario Badalone de Brunelleschi (c. 1530). Florencia, Gabinete de Dibujos y Estampas, n. 4085.

14. Sistema de transmisión del movimiento a un eje de carruaje (principio del diferencial) (c. 1478-1480). Códice Atlántico, (f. 17v).

15. Estudios de pastores para una Natividad y de mecanismo de un carruaje automotor (fechado «diciembre 1478»). Florencia, Gabinete de Dibujos y Estampas n. 446 E.

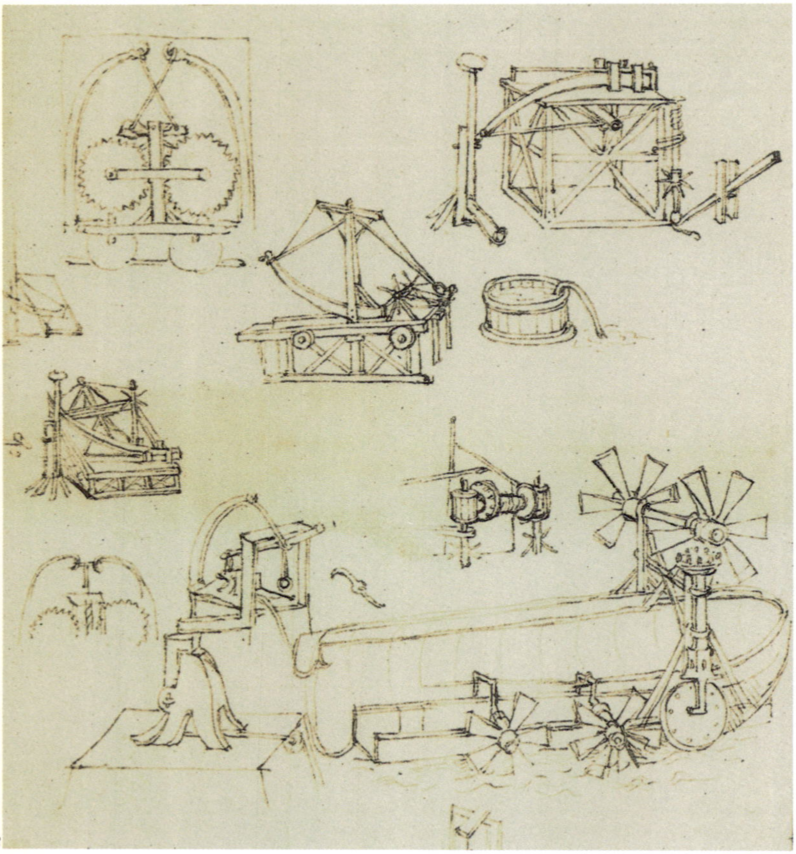

13

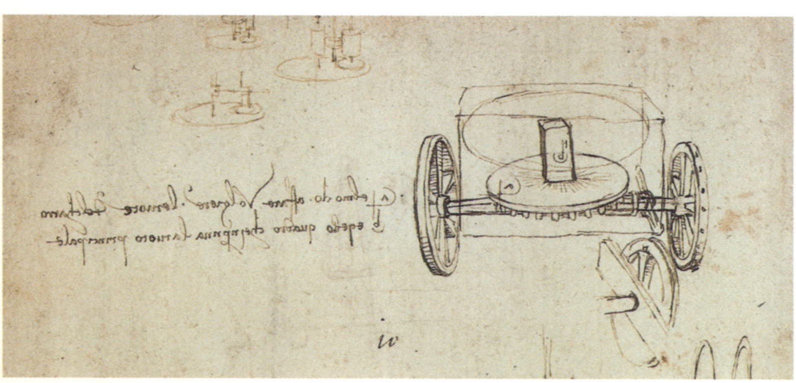

14

pula de la catedral desde Pisa hasta Florencia. Fue un fracaso.

Las crónicas de la época relatan que la peculiar embarcación embarrancó en la dársena que el Arno forma en Empoli y allí quedó abandonada. Tal vez existiera aún en tiempos de Leonardo, que, siendo un muchacho, podría haber ido a verla desde la cercana Vinci. Se trata de una hipótesis que sirve para buscar en la juventud de Leonardo las raíces de su enorme fascinación por la tecnología. Poco tiempo después, como hemos visto, trabajando en el taller de Verrocchio, entraría de nuevo en contacto con la tradición brunelleschiana a través de la realización de la esfera de cobre destinada a coronar la cúpula de la catedral.

La tecnología de su tiempo

Los aspectos de la tecnología leonardesca, desde los primeros a los últimos proyectos de máquinas, se pueden relacionar con la tecnología de su tiempo. El estudio del contexto en el que se desarrolló no disminuye para nada su importancia, sino que pone en evidencia su originalidad, en tanto que permite determinar las destrezas desarrolladas por él para mejorar dispositivos ya existentes.

Hay un campo en el que se aventura solo: el estudio, y tal vez la prueba, de máquinas voladoras. Es cierto que ya en el siglo XIII el enciclopédico Roger Bacon (cuya obra Leonardo conoce) aludía al problema del vuelo, mientras que el arquitecto de Padua Giovanni Fontana parece haberse ocupado del mismo tema en torno a 1430. Y también es verdad que se tiene conocimiento de intentos de vuelo realizados hacia finales del siglo XV en Perusa, aunque se trata de conocimientos que no fueron difundidos hasta el siglo XVII: de momento, ningún documento ha confir-

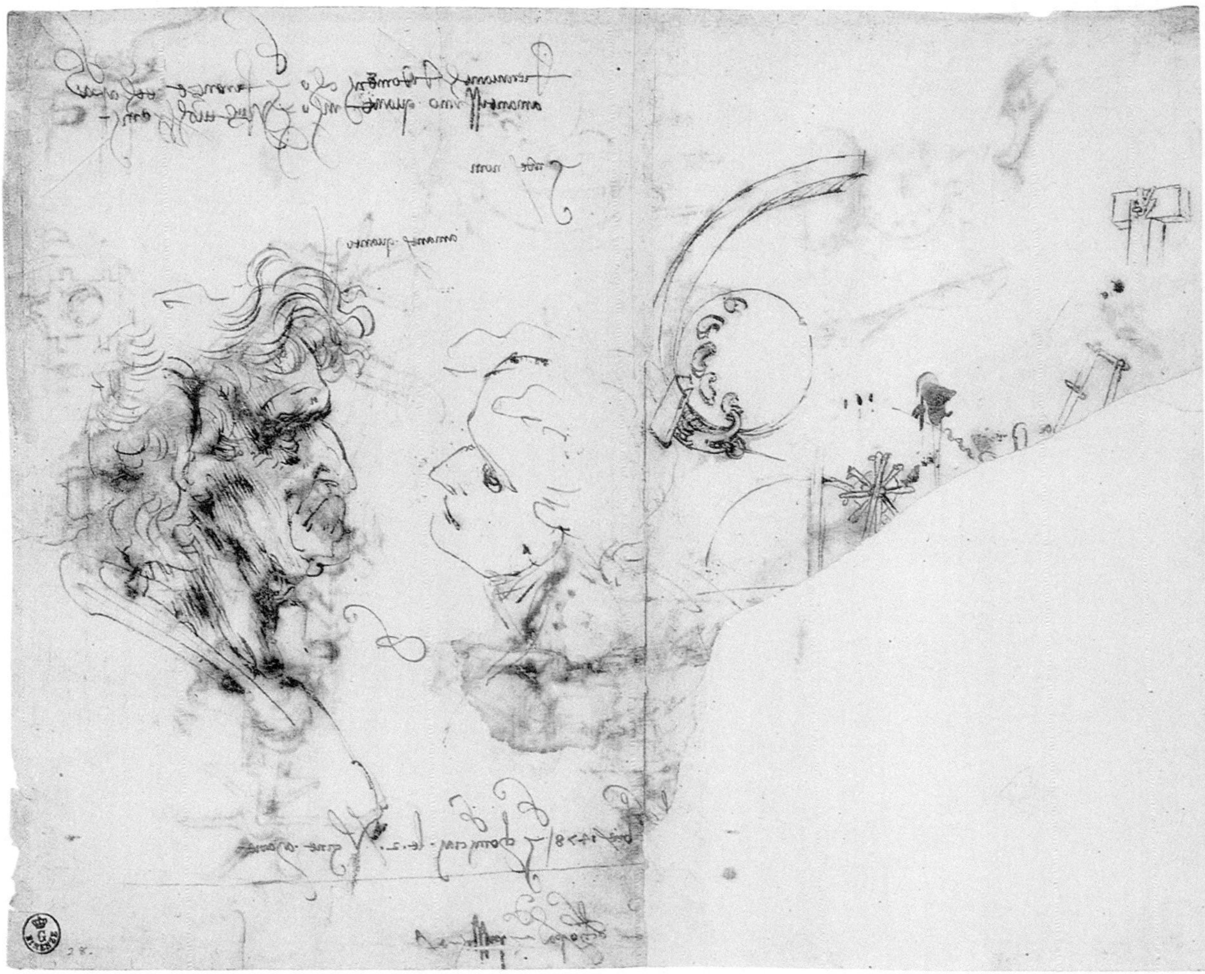

15

16. Estudio para ala artificial (c. 1487-1490). Manuscrito B, (f. 74r).

17. Estudio para máquina voladora (c. 1480). Códice Atlántico, (f. 860 r).

18. Estudios para máquinas voladoras (c. 1480). Florencia, Gabinete de Dibujos y Estampas n. 447 E r.

19. Hoja de estudios sobre el vuelo artificial; arriba a la derecha, boceto de paracaídas (c. 1480). Códice Atlántico (f. 1058 v).

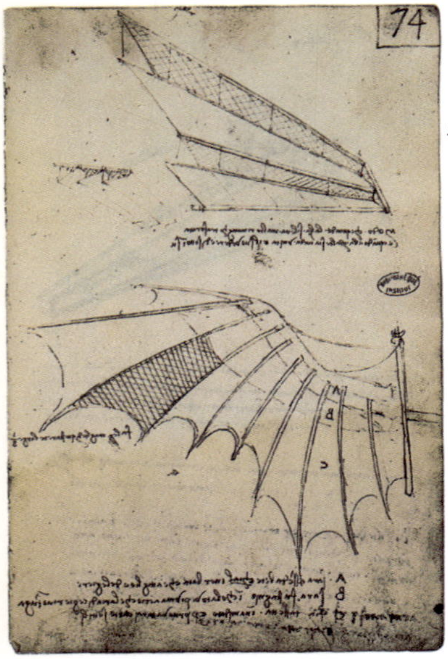

16

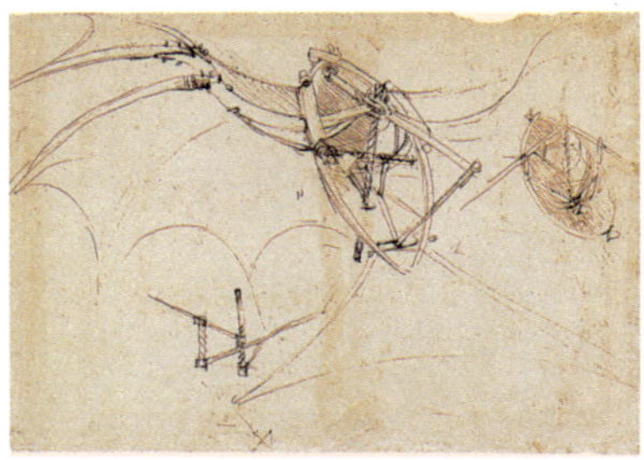

17

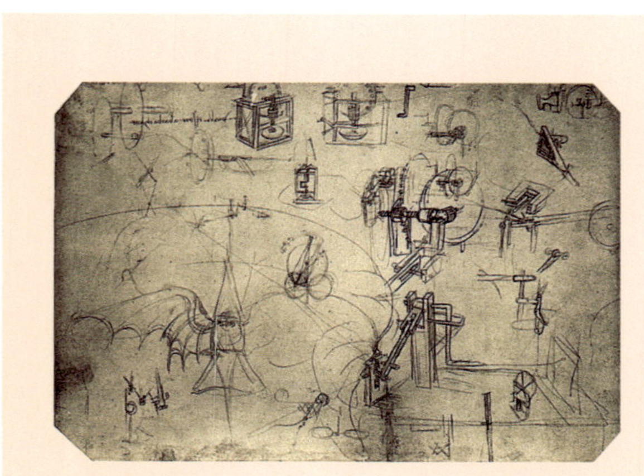

18

mado que el arquitecto Giovanni Battista Danti de Perusa hubiera probado una máquina voladora inventada por él en el lago Trasimeno. Por otra parte, el propio Leonardo sugiere que su máquina se pruebe en un lago para evitar los peligros de una posible caída.

Es interesante, además, que ya se pensara en el vuelo en relación con la actividad bélica. Leonardo describe su paracaídas como un instrumento idóneo para lanzarse desde gran altura, como una torre o la explanada de una fortaleza. Además, los estudios de Leonardo sobre el vuelo, incluido el helicóptero, se encuentran en un manuscrito parisiense de entre 1487 y 1490, el denominado B, dedicado en gran parte a fortificaciones y armas.

Por otra parte, no hay duda de que en tiempos de Leonardo se utilizaban cometas con fines de reconocimiento, realizadas según modelos tal vez importados de China. Se trataba de máquinas que permitían precisamente que el hombre se elevara a notable altura. De ellas Leonardo ha dejado testimonio gráfico en el primero de los códices de Madrid.

ENTRE CIELO Y MAR

Leonardo comienza sus estudios sobre el vuelo y las máquinas voladoras mucho antes de lo que se creía, precisamente en 1481, época de la *Adoración de los Magos*, antes, por tanto, de trasladarse a Milán. Lo demuestra uno de sus dibujos que se encuentra en los Uffizi de Florencia, en el que, junto a los ropajes para una de las figuras de esta obra, aparecen estudios de mecanismos y un esquema del planeo de los pájaros, como explica la anotación: «Esta es la manera en que descienden los pájaros».

No sorprende, por tanto, que el reverso de la hoja esté enteramente dedicado a estudios para una máquina voladora en los que ya se configura la

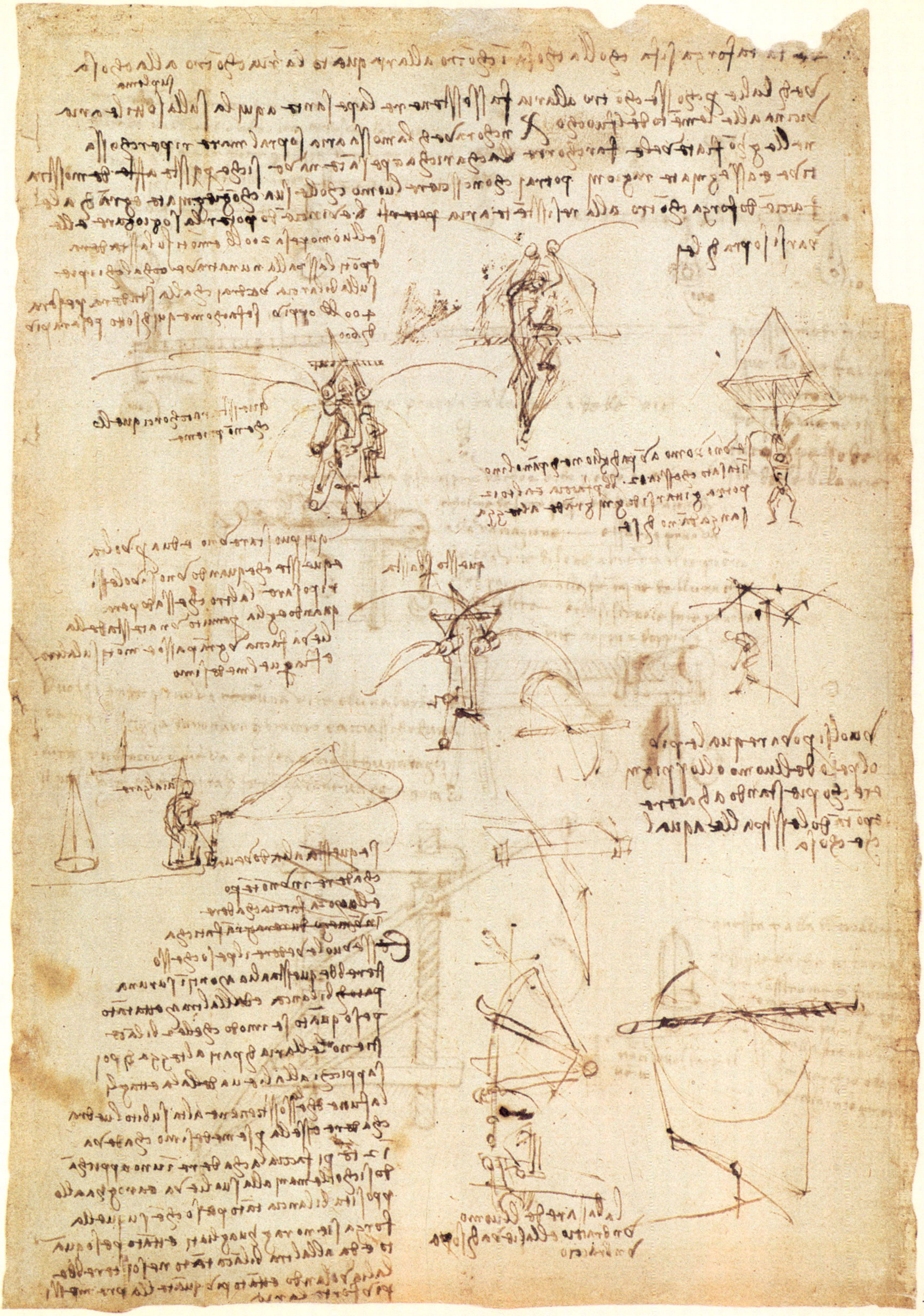

20. Estudio para embarcación sumergible (c. 1485-1487). Códice Atlántico, (f. 881 r).

21. Nave para hundir embarcaciones» (c. 1487-1490). Manuscrito B, (f. 11 r).

22. Aparato respirador para buzo (1508). Códice Arundel (f. 24 v).

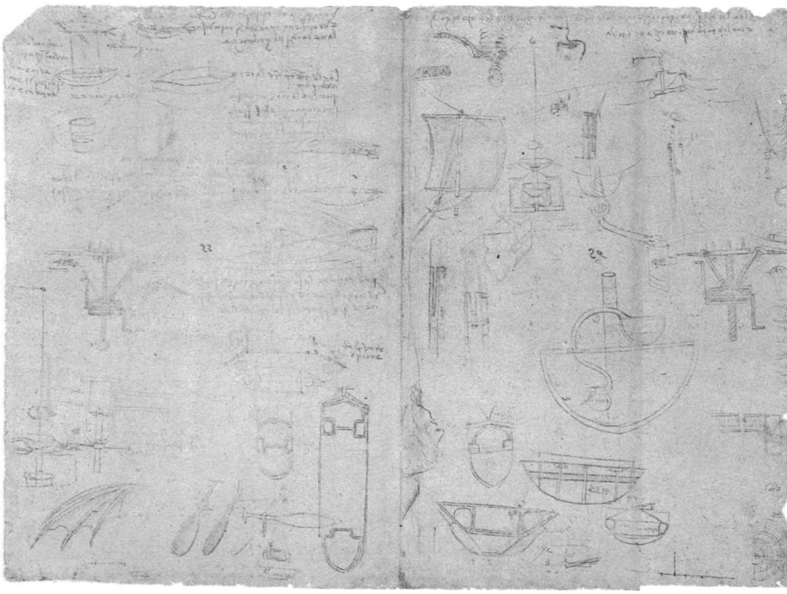

20

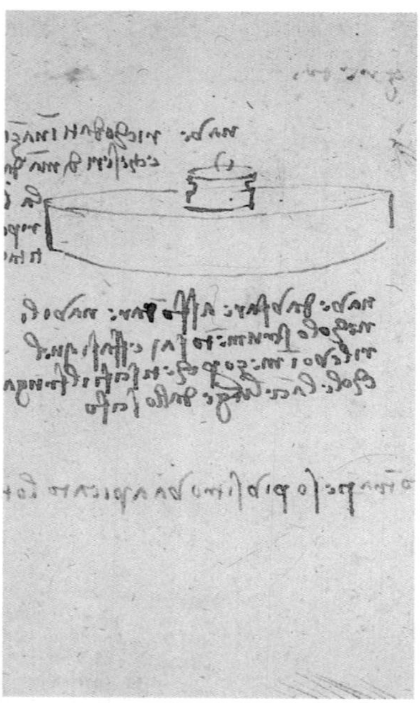

21

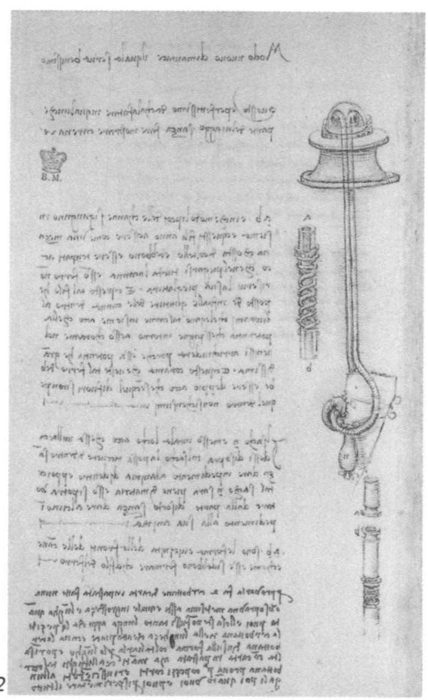

22

característica forma de las alas artificiales inspiradas en las de los murciélagos. Se trata de dibujos que publiqué hace 40 años y a los que sólo ahora, en las aportaciones de Domenico Laurenza a la cronología de los estudios de Leonardo sobre el vuelo, se les ha otorgado la debida atención.

¿Y el submarino? Le corresponde a Leonardo la paternidad de este invento por cuanto él mismo se la atribuye: «Y no publico o divulgo esto por la maldad de los hombres, los cuales llevarían a cabo asesinatos en el fondo de los mares rompiendo el fondo de las naves y sumergiéndolas junto con los hombres que se encontraran dentro». Esta declaración, que aparece en un manuscrito (1506-1508), se cita a menudo como prueba de su elevada moral. Hay razones para creer que hubiera realizado realmente (y probado) un submarino, aunque sólo para darse cuenta del uso inmoral al que podía prestarse. Sus estudios sobre la compresibilidad del aire parecen haberle hecho vislumbrar la idea de un sistema de presurización que permitiese inmersiones prolongadas.

En una hoja de sus primeros años en Milán se alude a una especie de barco sumergible, apenas suficiente para dar cabida a un hombre recostado que parece desplazarlo mediante un sistema de pedales. En otro manuscrito del mismo periodo se aprecia un boceto de una embarcación análoga, y la anotación que le acompaña parece aludir a un método de presurización. Por otra parte, podría tener que ver con la referencia de Cesare Cesariano a un navío con el que navegar bajo el agua desde los fosos del castillo de los Sforza en Milán al castillo de Musso, en el lago de Como. Discípulo de Bramante y autor de la edición de Vitrubio de 1521, Cesariano estaba en Milán en 1508, durante la segunda estancia lombarda de Leonardo da Vinci.

EL AUTOMÓVIL Y EL SALVAVIDAS

La primera alusión a los bocetos del Códice Atlántico (f. 296v) como estudios para un vehículo automotor se remonta a un artículo de Guido Semenza en 1929. Es un carruaje con tres ruedas, dirigible, en el que los grandes muelles de ballesta han sido erróneamente interpretados como las fuentes de la fuerza motriz.

Esta procede de los muelles enrollados alrededor del fulcro de cada una de las ruedas horizontales, emparejadas en el centro; son muelles colocados probablemente debajo de aquellas ruedas. El complejo sistema de ballestas permitiría regular su funcionamiento, manteniendo constante el rendimiento y ofreciendo la posibilidad de recargarlas de forma alterna.

El norteamericano Mark Elling Rosheim, inventor especializado en robótica que trabaja para la NASA, ha sido capaz recientemente de descifrar unas anotaciones de Leonardo de 1497, y las interpretó como estudios para la construcción de un robot que camina, mueve los brazos, se sienta y abre la boca para hablar (*Achademia Leonardi Vinci,* IX, 1996, pp. 99-100).

El «automóvil» de Leonardo era un vehículo con el que se podían efectuar recorridos limitados, como el trayecto de un extremo a otro de una plaza. Podemos verlo en detalles del plano que aparecen también en la copia de Florencia. Es probable, como sugiere Rosheim, que se tratara de un carruaje para fiestas o del mecanismo de un autómata como el del león mecánico realizado por Leonardo casi 40 años después.

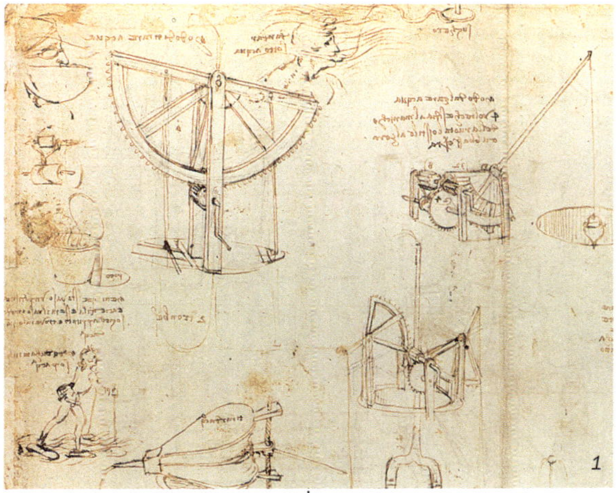

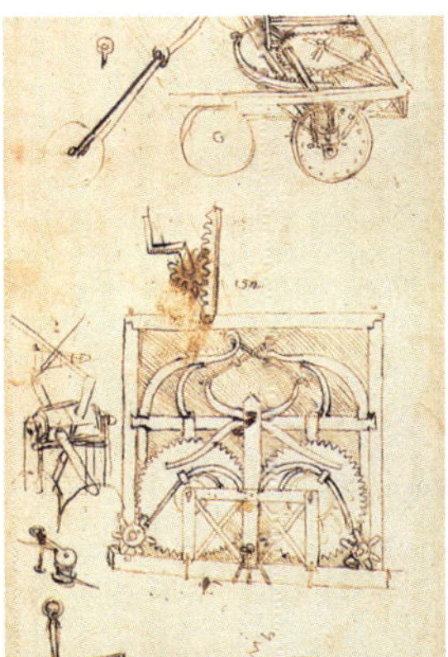

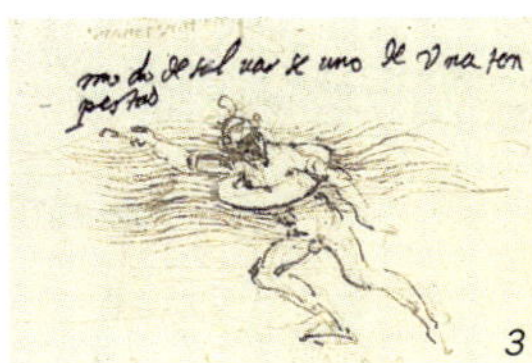

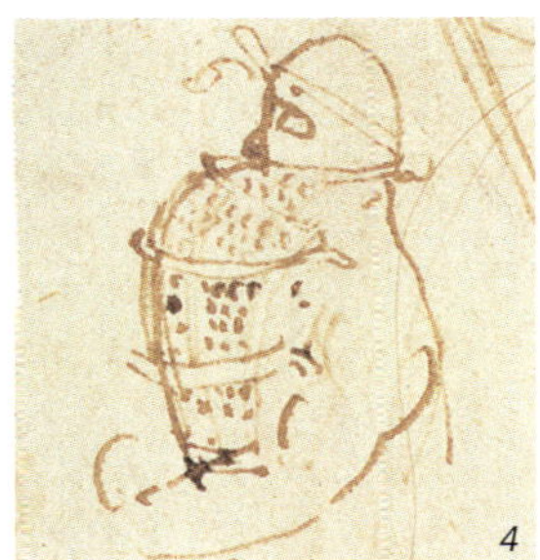

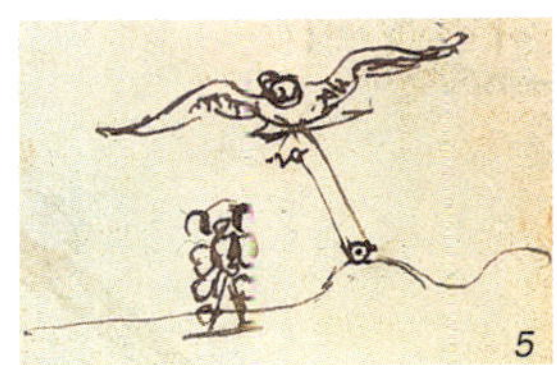

1. Estudios de sistema para respirar bajo el agua y caminar sobre ella (c. 1480-1482). Códice Atlántico, (f. 26r). 2. Estudios para carruaje automotor (c. 1478). Códice Atlántico, (f. 812r). 3. Estudio de salvavidas (c. 1487-1490). Manuscrito B, (f. 81v). 4. Estudio para escafandra (c. 1485-1487). Códice Atlántico, (f. 909 v). 5. Dispositivos de salvamento aéreo a base de odres según el principio del air bag *(1505). Códice sobre el vuelo de los pájaros, (f. 16r).*

En 1939, Nando de Toni publicó la interpretación correcta de algunos dibujos de Leonardo que aparecen en dos hojas del Códice Arundel de 1508. No se trata del submarino, sino de un dispositivo de buzo cuyo sistema de válvulas para la toma de aire aparece ilustrado, precisándose que el instrumento, dotado de una boya que indica siempre su presencia, es útil para realizar las reparaciones o el mantenimiento de los cascos de las embarcaciones sin necesidad de recurrir a los astilleros. Se trata del perfeccionamiento de dispositivos que estaban en uso incluso antes de la época de Leonardo y que ya habían sido tomados en cuenta por él en sus manuscritos más antiguos, como en el Códice B de París (1487-1490) y en hojas anteriores del Códice Atlántico.

En aquel periodo, Leonardo estudia también la natación y el salvamento marítimo, realiza dibujos de aletas y salvavidas con forma de rosca y un curioso sistema para caminar sobre el agua.

No sorprende, por lo tanto, que las operaciones de salvamento estuvieran previstas también en el caso de un intento de vuelo, que debía efectuarse siempre sobre el agua. De aquí surge la idea de utilizar odres llenos de aire que protegieran el cuerpo durante una eventual caída, no solo en el agua, sino también en tierra. Una anotación suya a este respecto en el Códice sobre el vuelo de los pájaros de 1505, está ilustrada por un pequeño dibujo que sólo recientemente ha sido interpretado por Alessandro Vezzosi: se trata de la figura esquemática de un hombre que aparece de pie envuelto en un sistema de «odres atados para usar como protección», precursor del principio del *air bag.*

Fig. 239.

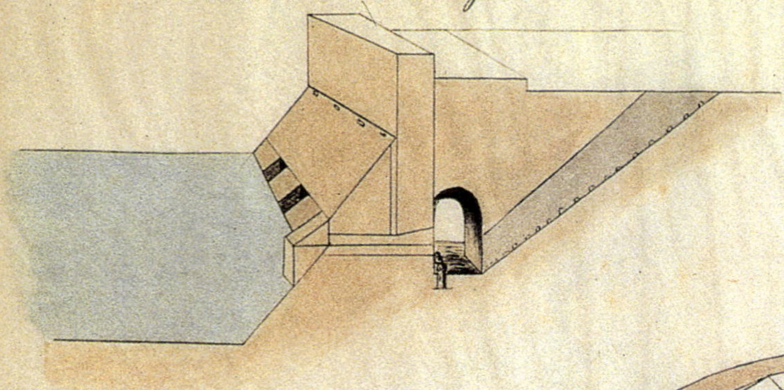

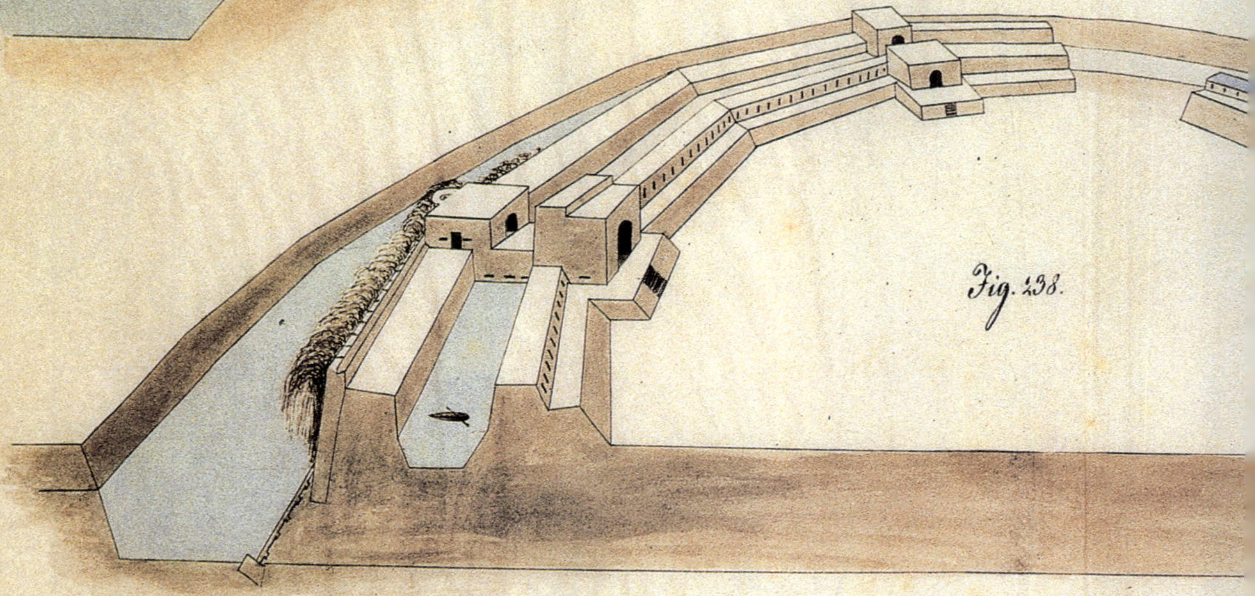

Fig. 238.

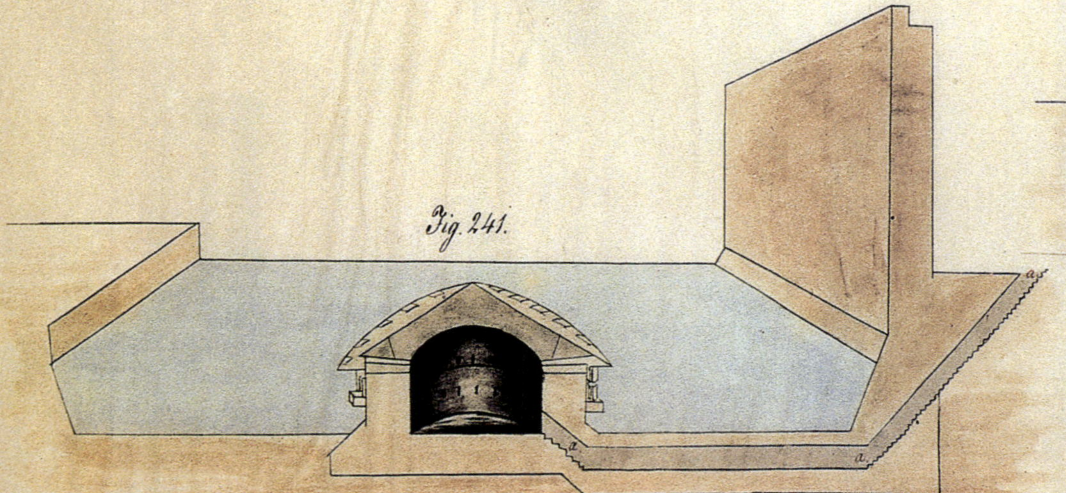

Fig. 241.

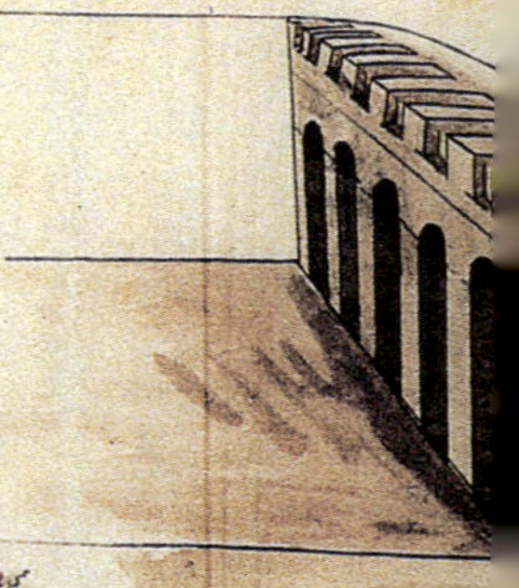

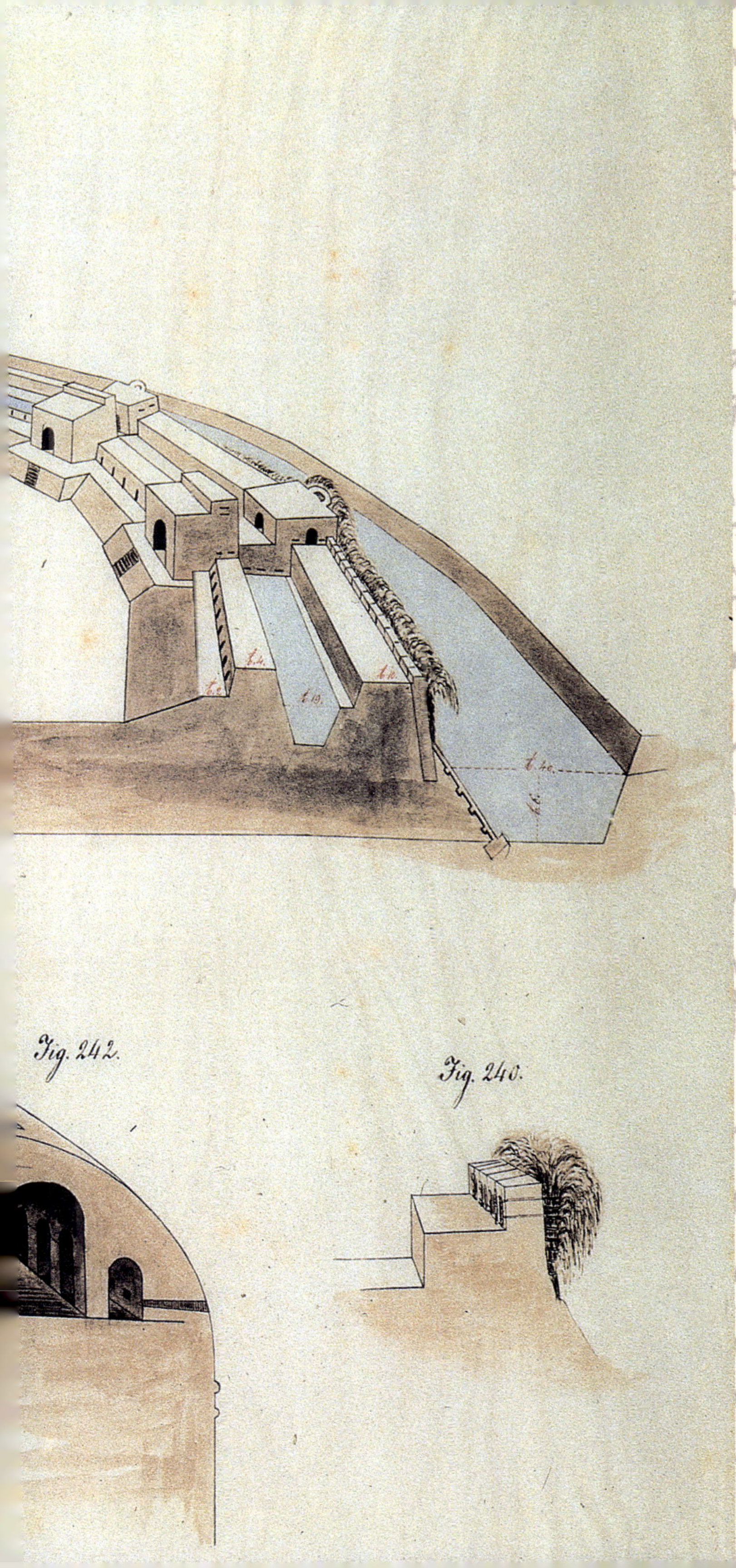

«Que no se pierda la invención»

Leonardo nace con la aparición de la imprenta. Las prensas tipográficas le causan fascinación desde sus inicios, en torno a 1480, y las estudia con la innovadora idea de crear un alimentador de papel automático, idea que reaparece hacia finales del siglo XV. Con el renovado interés por la anatomía que surge a partir del siglo XVI, y con la ordenación sistemática de sus escritos con vistas a la compilación de numerosos tratados, Leonardo es cada vez más consciente de la necesidad de divulgar sus propias invenciones por medio de la imprenta. Llega así a plantear un sistema de reproducción simultánea de escritos o dibujos que se anticipa en tres siglos al de William Blake.

En las dos páginas anteriores, dibujos de arquitectura militar del Códice Atlántico copiados por G. Francois y L. Ferrario, lámina XLI (1841). Milán.
1. *Estudio de prensa tipográfica con alimentador de hojas automático y boceto de la Virgen, (c. 1480-1482) Códice Atlántico, (f. 995 r).*
2. *Fragmento de boceto de prensa tipográfica (c. 1480-1482). Códice Atlántico, (f. 991v).*
3. *Estudios para una máquina textil (c. 1495). Códice Atlántico, (f. 985r).*
4. *Detalles de alimentador de hojas automático para prensa tipográfica en una hoja reconstruida del Códice Atlántico y un fragmento de Windsor con estudio de figura (c. 1497). (Royal Library 12722). Códice Atlántico, (ff. 35r y 1038r).*

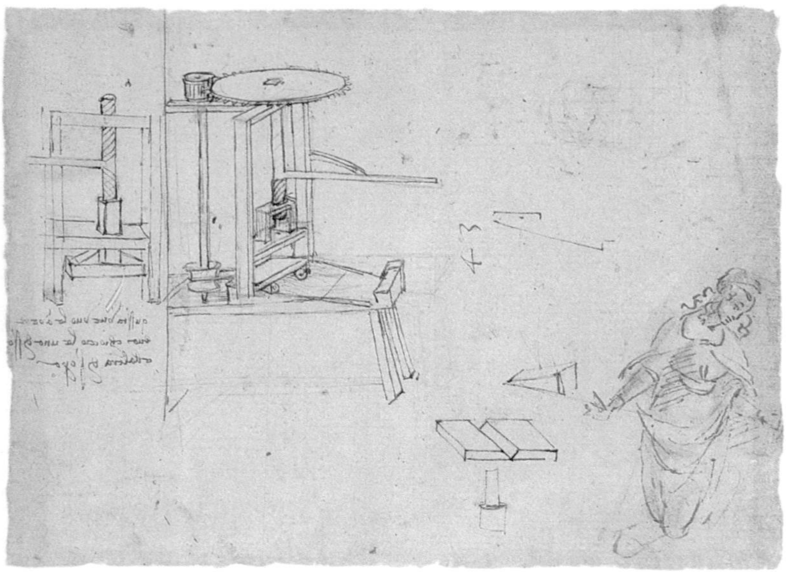
1

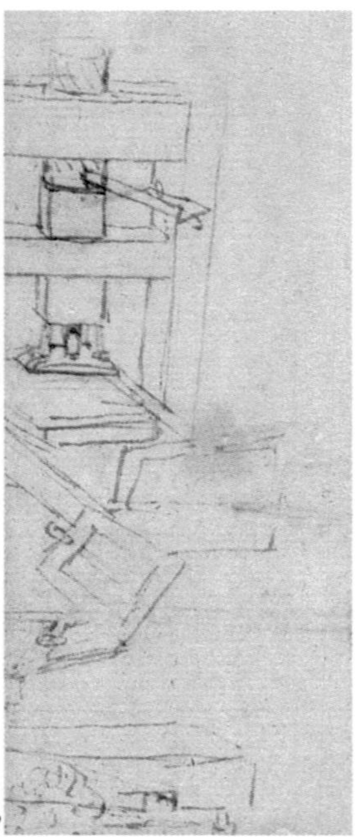
2

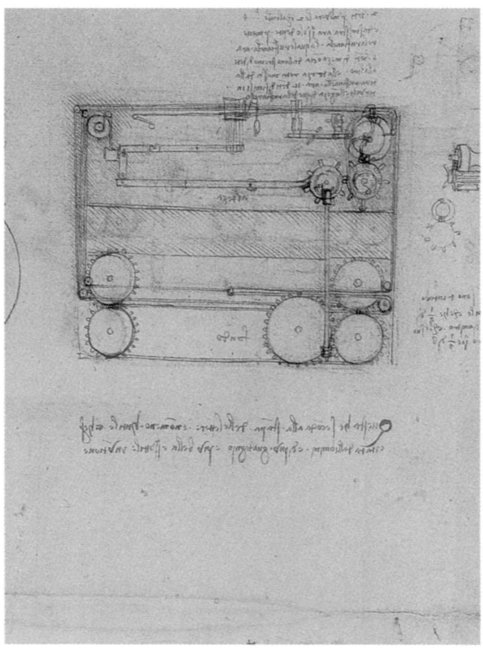
3

«No publico ni divulgo». La afirmación, si reflexionamos sobre ella, puede tomarse como prueba de que Leonardo publicaba y divulgaba sus propias invenciones. De ello podemos estar seguros (y hoy tenemos las pruebas), si bien los medios de divulgación en su tiempo no eran en absoluto los de los actuales medios de comunicación de masas. La imprenta hizo su primera aparición a mediados del siglo XV, justamente en el periodo en el que nació Leonardo.

En una de sus afirmaciones del *Libro de pintura* se ha creído reconocer las razones que le impidieron imprimir sus propias obras. En ella habla acerca de la pintura como arte superior a todos los demás, por cuanto no es reproducible en más de un ejemplar: «La pintura no tiene infinitos hijos, como los libros impresos».

Sin embargo, en los campos científico y tecnológico había reconocido la necesidad de facilitar la difusión de sus ideas y descubrimientos. El dibujo de una prensa tipográfica con alimentador de hojas automático, fechado en torno a 1480-1482, aparece en una de sus hojas más antiguas del Códice Atlántico, junto al boceto de una Virgen arrodillada, probablemente el estudio para una Natividad o una Anunciación. En un fragmento de la misma época, e incluso en hojas de la última década del siglo XV, aparecen esbozos de dispositivos para la impresión.

En uno de sus textos, en el que explica la importancia de una de sus invenciones en el ámbito de la tecnología textil, aparece un auténtico elogio de la imprenta. Se trata de una hoja del Códice Atlántico de alrededor de 1495: «Esta es inferior a la imprenta de las letras y no menos útil; es también manejada por el hombre y produce mayor ganancia y constituye una invención más hermosa y sutil».

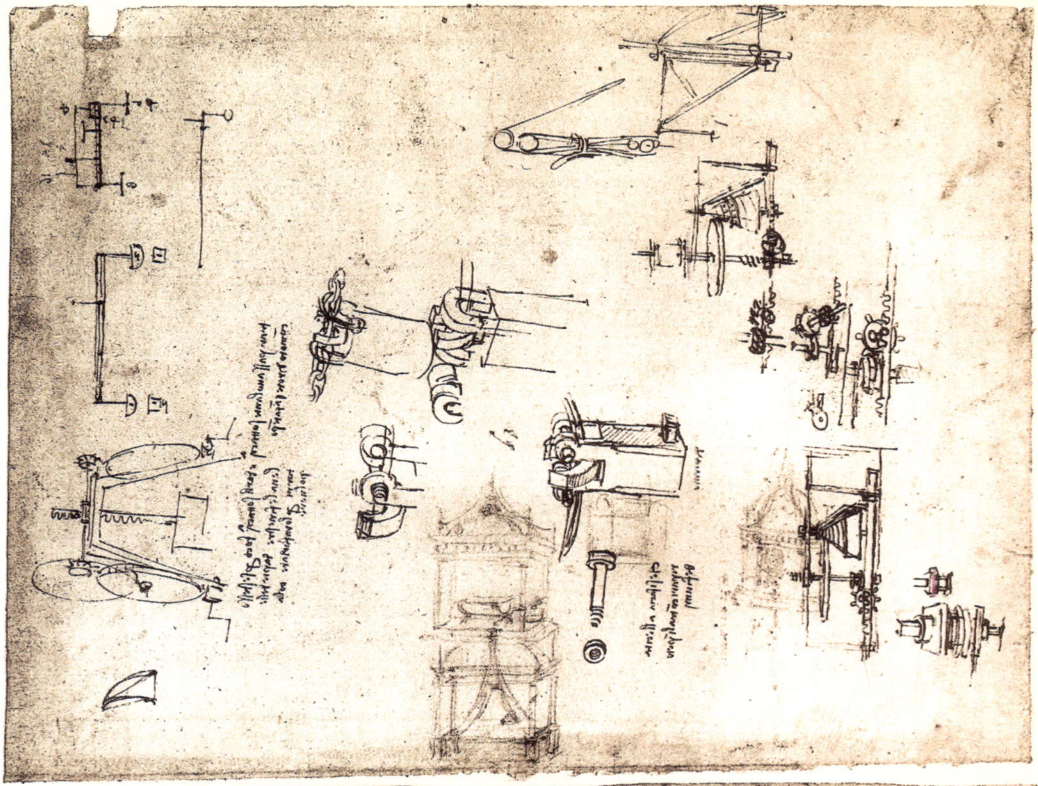

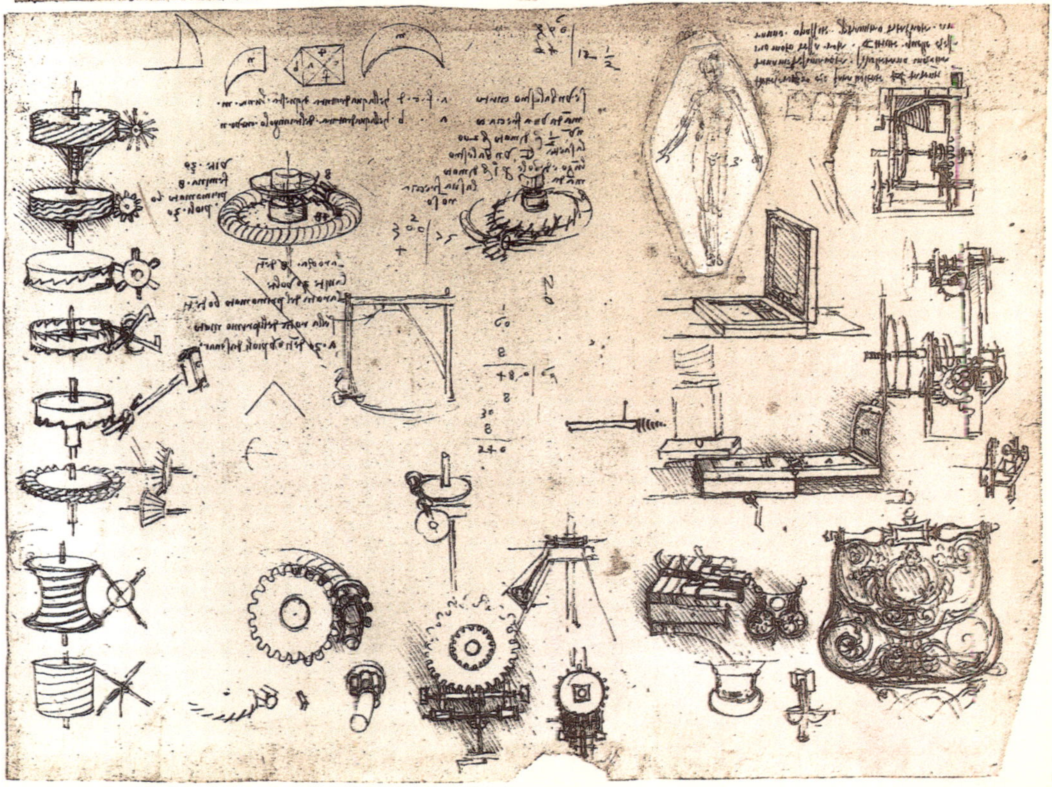

5. Mecanismo de relojería: ejemplo de dibujo «compaginado» para la imprenta (c. 1495-1497). Códice I de Madrid, (f. 27v).

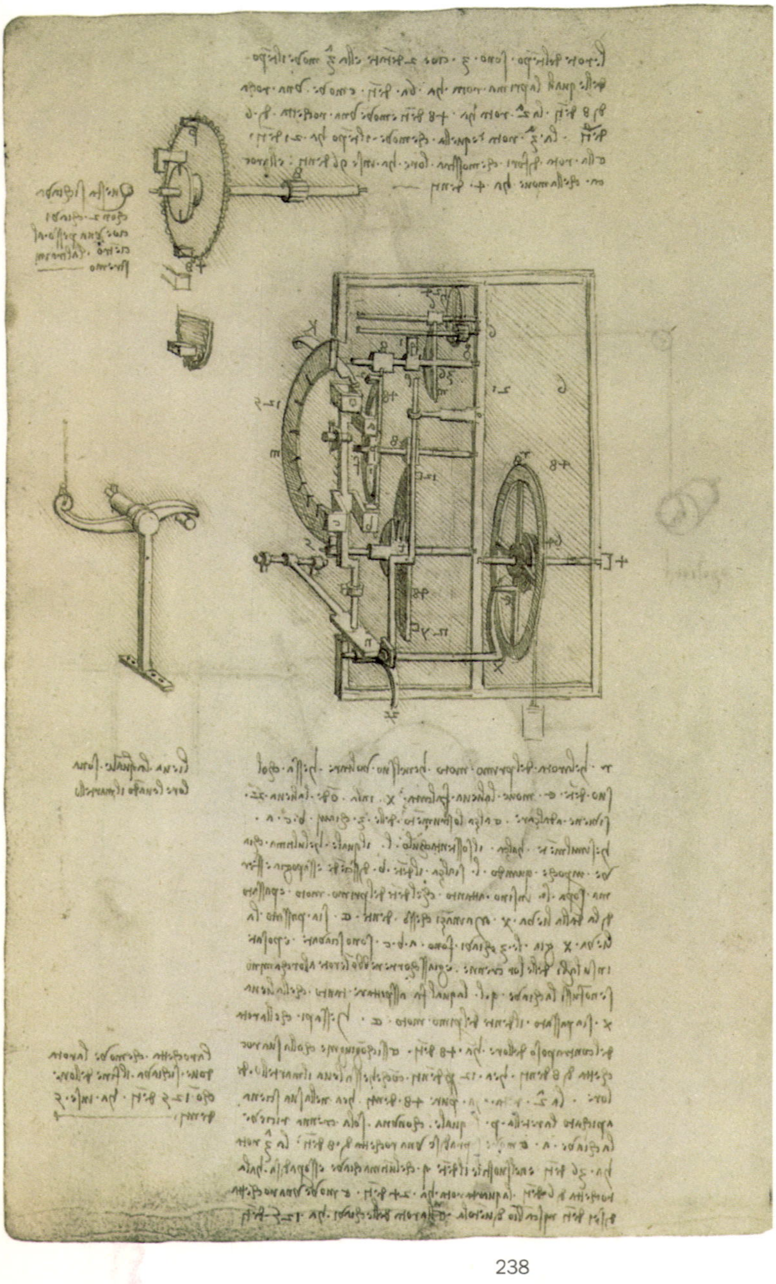

5

En torno a 1505, Leonardo pensó incluso en un rudimentario sistema para la reproducción simultánea de escritos e ilustraciones, es decir, el método que William Blake adoptaría tres siglos después.

Más tarde aún, en torno a 1515, aparece algún indicio de su intención de dar a la imprenta algo suyo, y se ha encontrado incluso el cálculo de los caracteres necesarios para componer un libro de 160 hojas (es decir, 320 páginas) con 52 líneas cada una y 50 matrices por cada línea.

Sistemas de imprenta

Poco antes, en una hoja de los estudios anatómicos de Windsor de 1510, se lee una reflexión acerca de la necesidad de reproducir aquellos estudios mediante un procedimiento extremadamente costoso, como era el del grabado en cobre, del que ya se tenían ejemplos soberbios, como en el caso documentado de la famosa y gran «imprenta Prevedari» de Bramante. Leonardo escribe: «Realizarás tres versiones de estos huesos del cuello unidos y otras tres separados; y del mismo modo lo harás teniendo en cuenta otros dos aspectos, es decir, vistos desde abajo y desde arriba, ofreciendo así información verdadera de sus figuras, lo cual es imposible de hacer sin una inmensa, tediosa y confusa extensión de escritura y de tiempo. De este conciso modo de representarlos bajo distintos aspectos se dará completa y verdadera información, y para que el beneficio que proporciono a los hombres [no se pierda], yo muestro la manera de volver a imprimirlo ordenadamente, y os ruego a vosotros sucesores que la avaricia no os obligue a realizar las impresiones en [...]». Falta la última palabra por los daños sufridos en los márgenes de la hoja, pero no puede ser más que «madera», en referencia al procedimiento xilográfico, eficaz para

6 - 10. Dibujos de mecanismos «compaginados» para ser impresos (c. 1495-1497). Códice I de Madrid, (f. 2r, f. 30r, f. 43r, f. 50r, f. 99r).

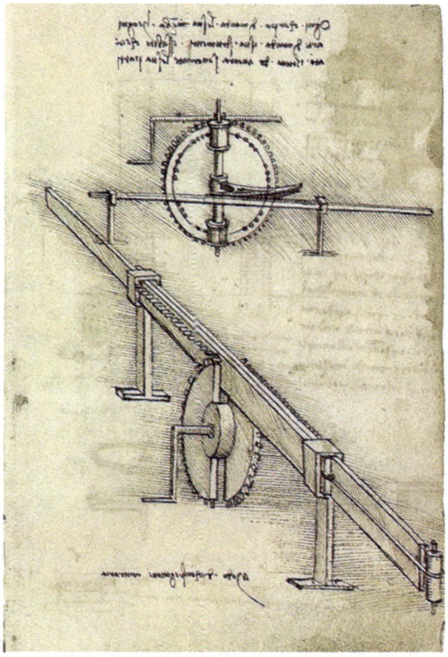
6

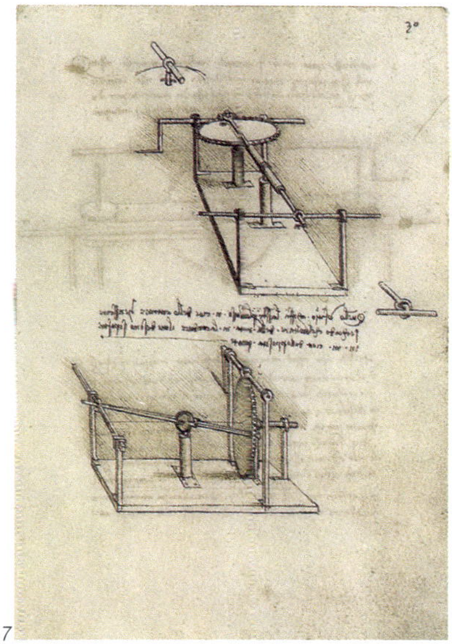
7

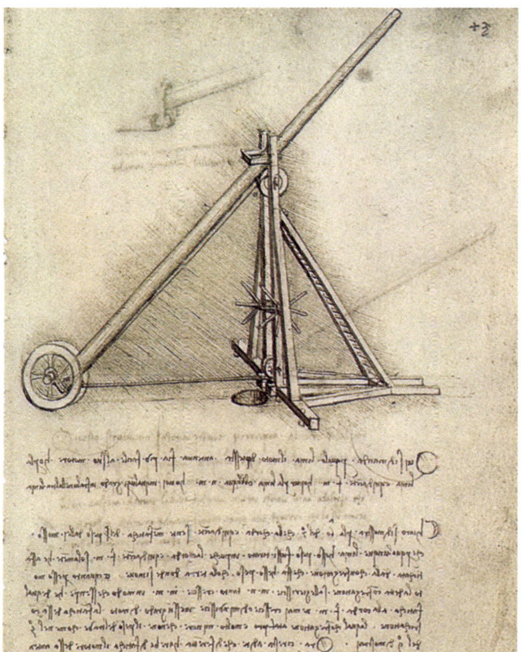
8

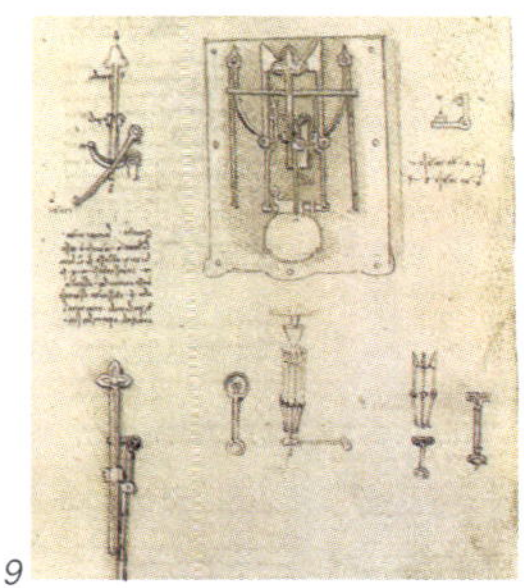
9

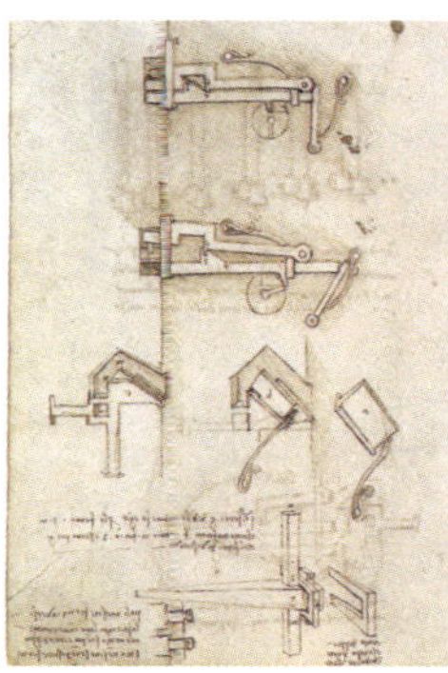
10

la ilustración a base de gráficos, pero inadecuado para reflejar los complejos detalles del dibujo anatómico. Por ello, en el proyecto de impresión del *Libro de pintura*, realizado por sus discípulos tras su muerte, las ilustraciones que había previsto se limitan a diagramas y pequeñas figuras esquemáticas, fácilmente reproducibles con el procedimiento xilográfico, y además, a bajo precio.

¿Y las máquinas? Cuando no estaban proyectadas para ser construidas o propuestas a eventuales mecenas podían dibujarse con la intención de publicarlas a través de la imprenta. De sus manuscritos se puede extraer algún indicio en este sentido, como cuando insiste en cómo representar la máquina en sus elementos esenciales y sin envoltorio, para que su funcionamiento se comprendiera rápidamente. Esto se ilustra en el primer Códice de Madrid, en torno a 1497: «Y tales instrumentos se representarán en gran parte sin sus envolturas o cualquier otra cosa que pudiera interferir con el ojo del que los estudia».

Se trata de máquinas para ser estudiadas. El texto que figura en esa página parece anticipar los repertorios tecnológicos de las grandes enciclopedias francesas, desde la hidráulica de Belidor a la universal de Diderot. No sorprende que como conclusión a aquel texto se exponga el caso de la recuperación de grandes pesos del fondo marino, siguiendo un método del que se han realizado aplicaciones espectaculares en la tecnología náutica actual. «Sobre cómo llevar aire bajo el agua y sacar de ella pesos enormes, es decir, llenar odres de aire que están atados a pesos bajo el agua».

En los libros impresos en Francia y Alemania, aunque también en Italia, desde finales del siglo XVI en adelante reaparecen las máquinas de Leonardo,

11-15. Dibujos de armas, máquinas de guerra y construcciones militares del Códice Atlántico copiados por G. François y L. Ferrario (Milán 1841), portada, láminas X, XII, XIV, XXXV. Se trata del primer ejemplo de reproducción sistemática de un corpus de dibujos tecnológicos vincianos.

16. Dibujo de árganas y martillos «compaginado» para ser impreso (c. 1495-1497). Códice I de Madrid, (f. 92v).

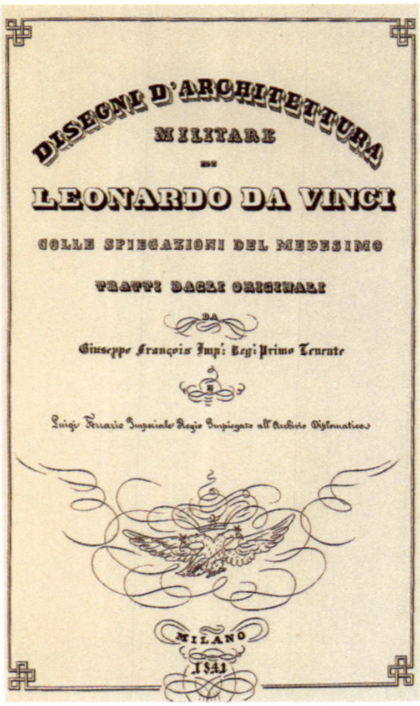

DISEGNI D'ARCHITETTURA
MILITARE
DI
LEONARDO DA VINCI
COLLE SPIEGAZIONI DEL MEDESIMO
TRATTI DAGLI ORIGINALI
DA
Giuseppe François Imp: Regi Primo Tenente
E
MILANO
1841

11

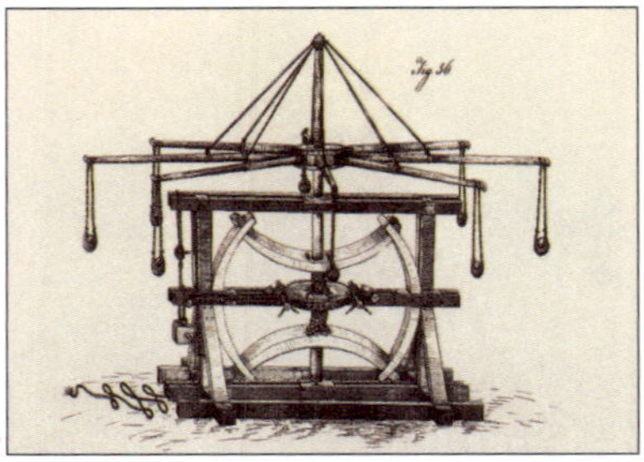

12

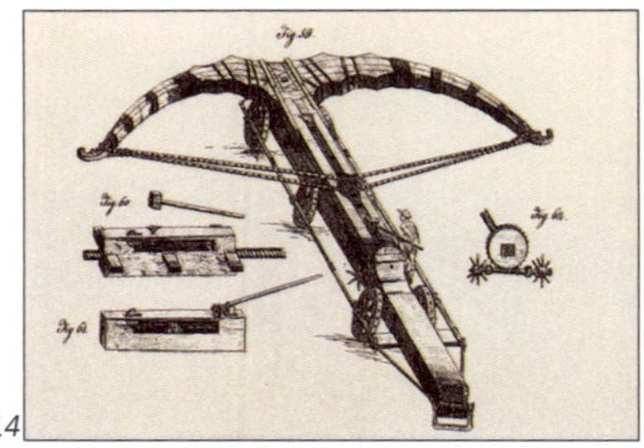

14

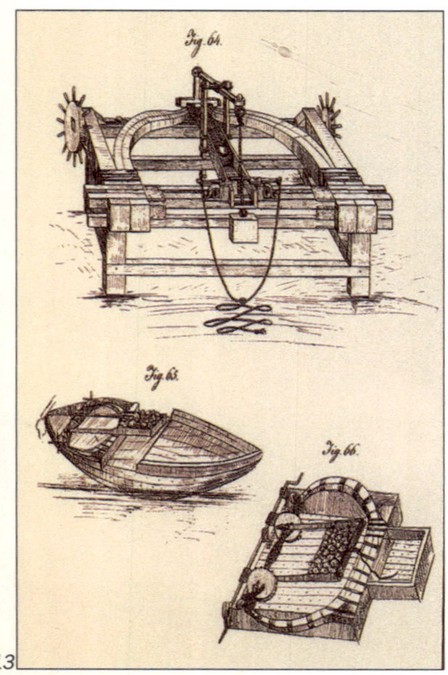

13

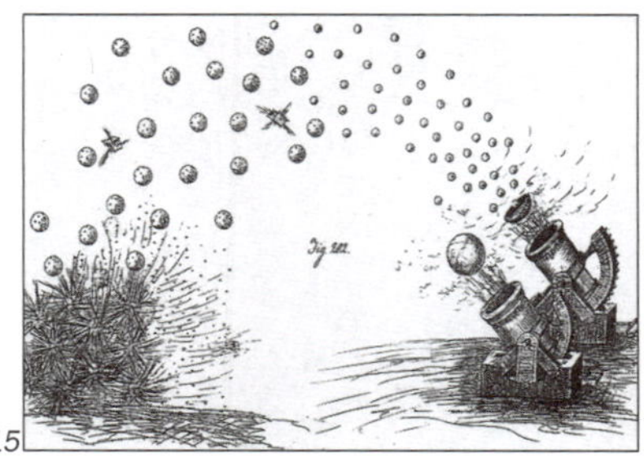

15

representadas en ocasiones con tal profusión de detalles que no queda ninguna duda sobre su procedencia.

Creación y responsabilidad

Leonardo vivió en Francia sus últimos tres años como huésped de Francisco I en el castillo de Clos-Lucé, cerca de Amboise, donde, en 1517, recibió la visita del cardenal Luis de Aragón. Leonardo muestra al ilustre prelado y a su séquito cuadros, dibujos y sobre todo manuscritos: «Una infinidad de volúmenes», escribe el secretario del cardenal en su *Diario*, «y todos en lengua romance, los cuales, si salen a la luz, serán proficuos y muy deleitosos». Puede ser que Leonardo hubiera hablado de ellos a sus huéspedes como de obras que se proponía publicar, si bien sabía que era una tarea que correspondía a la posteridad.

Así, para él la tarea de compilación se convierte, más que nunca, en un hábito cotidiano que ya no le pesa. Nada puede interferir con el laborioso proceso de transcripción, elaboración y revisión de sus notas realizado con paciencia, determinación y humildad, consciente de que su propia obra podía acarrear un beneficio que no merecía perderse: «Estudia mañana todos estos casos y cópialos, y después cancela los originales y déjalos en Florencia, de modo que, si se extraviaran los que tú llevas contigo, que la invención no se pierda». Así escribía en torno a 1508, en los tiempos de la compilación del Códice Hammer.

Al final Leonardo retoma con fervor la elaboración de obras que se llevan adelante incluso cuando la fuerza física flaquea, cuando él mismo se habría podido dormir en los laureles. Ya anciano, abandona Italia, y no para buscar refugio en la acogedora protección de un rey de Francia, sino para contribuir a hacer posible un futuro que para él ya había comenzado.

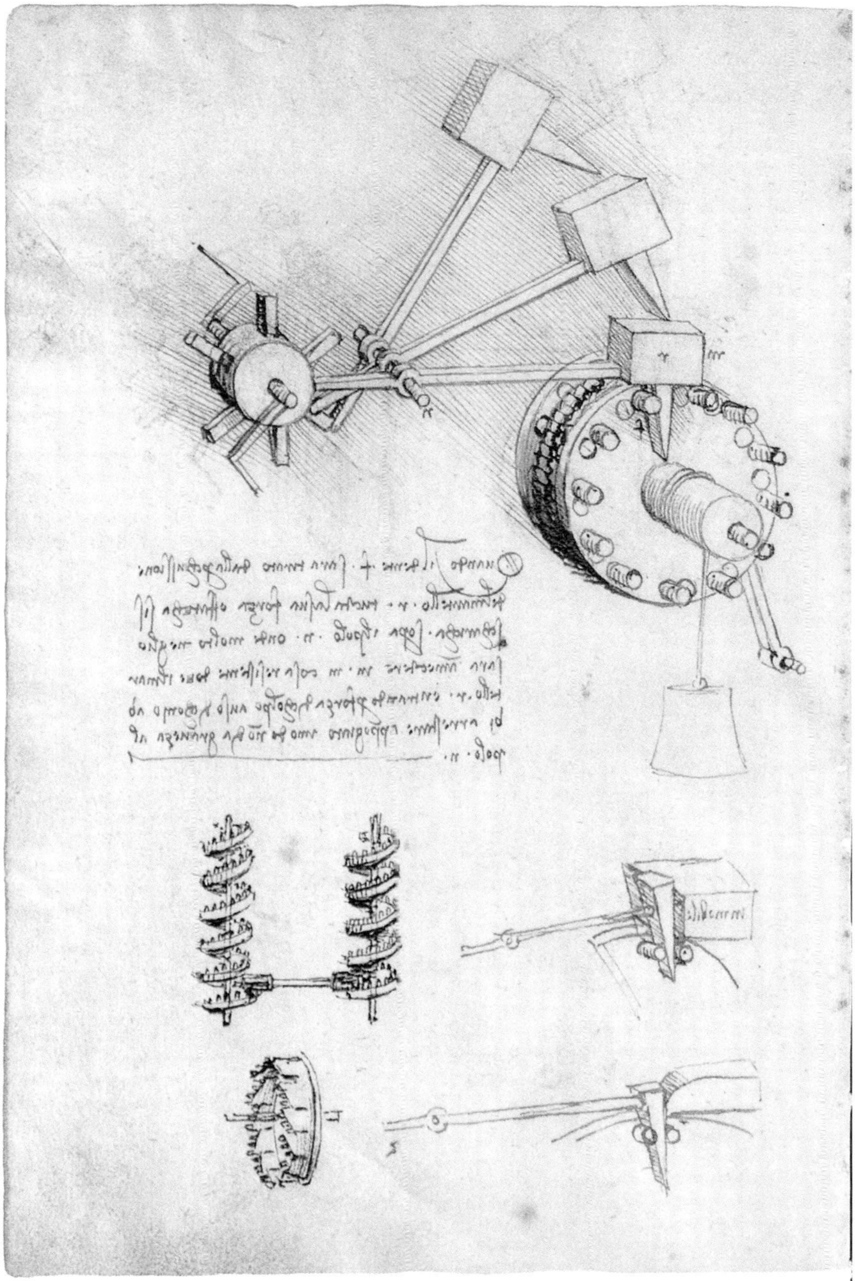

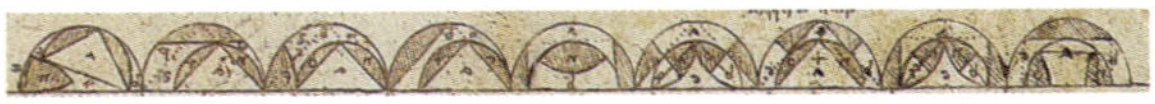

LA IMPRENTA DE LEONARDO

En un artículo publicado sobre el arte gráfico de Leonardo da Vinci (Londres, 1971), Ladislao Reti hacía referencia a la extraordinaria anticipación vinciana al sistema de imprenta introducido por W. Blake a finales del siglo XVIII.

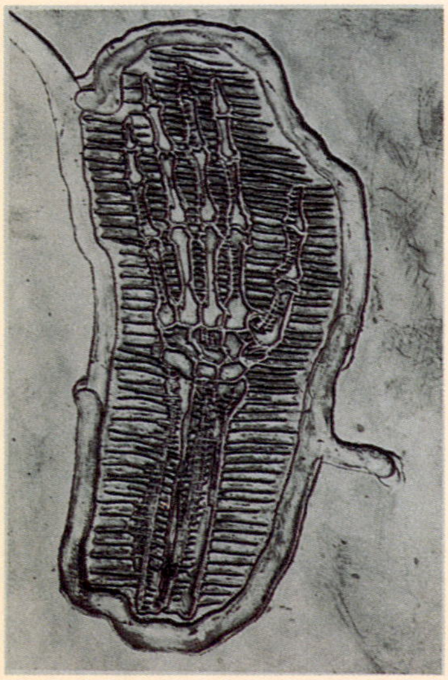

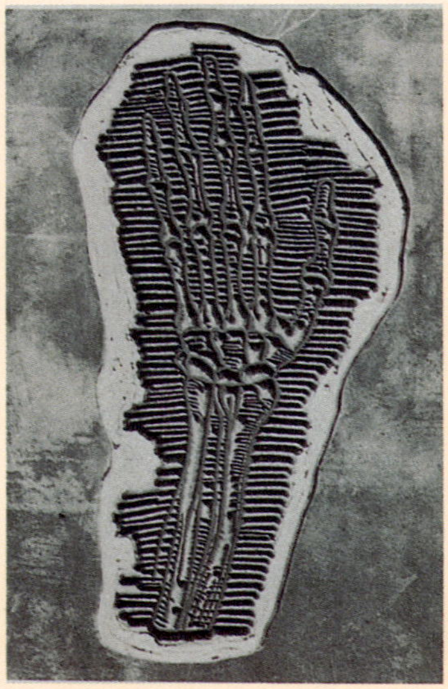

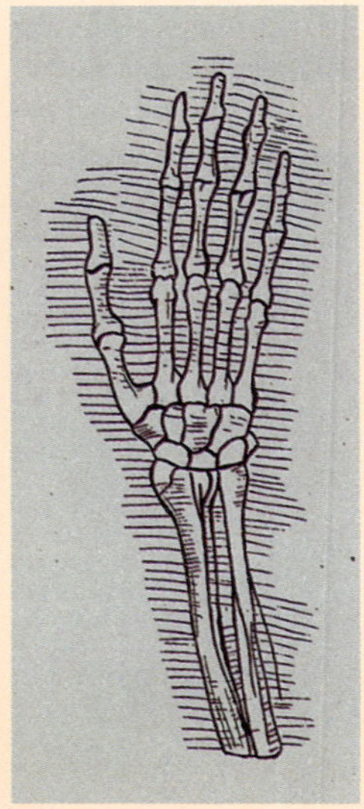

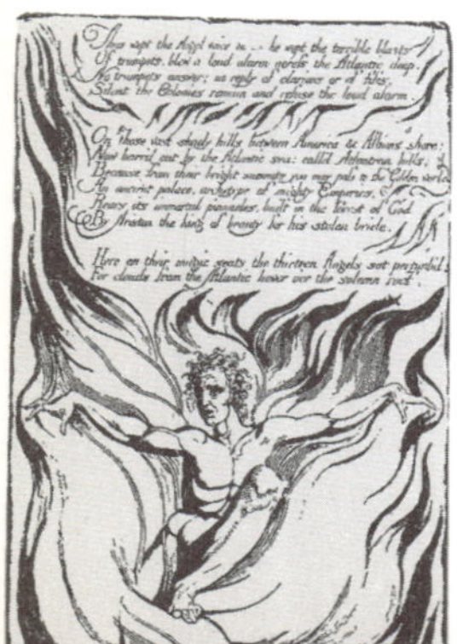

La invención de la imprenta de caracteres móviles se remonta a mediados del siglo XV, coincidiendo con el nacimiento de Leonardo.

En el segundo Códice encontrado en Madrid, plantea un sistema de imprenta que, con costes reducidos, habría permitido facilitar la difusión de sus escritos y dibujos.

Se trata de un nuevo tipo de aguafuerte en relieve realizado sobre metal que aparece así descrito en el f. 119r del Códice II de Madrid: «De cómo estampar esta obra. Recúbrase la plancha de hierro con albayalde ligado con huevo y escríbase con punta metálica la superficie. Una vez hecho esto, cúbrase todo de barniz, es decir, de barniz y amarillo de plomo o minio y, cuando se haya secado, póngase en remojo: Desaparecerá la superficie de las letras trazada sobre el albayalde y el minio, que, por ser quebradizo, se romperá y dejará las letras unidas a la plancha grabada. Incídase después la superficie según se acostumbre y las letras quedarán en relieve sobre ella. Mézclese después el minio con pez griega y aplíquese en caliente, como antes hemos dicho, y será más quebradiza. Y para que mejor se vean las letras, tíñase la plancha con humo de azufre, que se incorporará a la lámina grabada».

Siguiendo estas instrucciones, A. Rossi, artista contemporáneo, ha reproducido los huesos de la mano que aparecen en una hoja de estudios anatómicos de Leonardo da Vinci (1510), Windsor, (n. 19009v).

Arriba, Attilio Rossi, impresión de dibujo anatómico de Leonardo realizada con el método descrito en el Códice II de Madrid (c. 1504), (f. 119r). Códice Atlántico, (f. 197v).

A la izquierda, William Blake, ilustración para América: A Prophecy (1793), lámina 10 («Orc in the fires of energy»).

En la página siguiente, sistema de impresión fisiotípica (c. 1508-1510). Códice Atlántico (f. 195v).

17 (página 245). Estudios sobre la geometría de los sólidos con la anotación (arriba, en el centro): «Hacen falta gafas para ver la Luna grande» (1513-1514). Códice Atlántico (f. 518r).

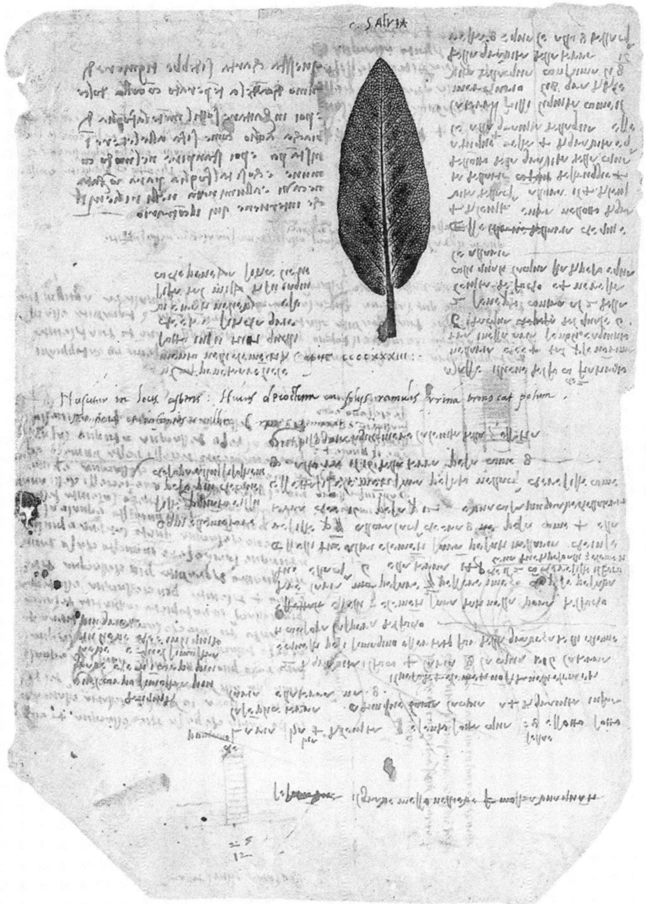
SALVIA

Y YO CUADRO EL CÍRCULO

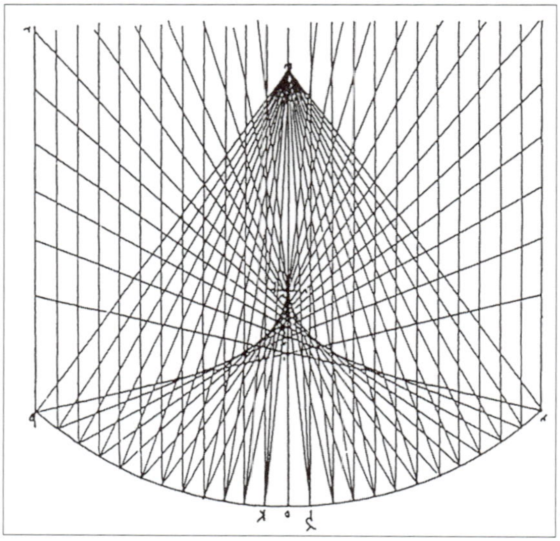

Arriba, estudios sobre las cáusticas de reflexión inspiradas en los espejos ustorios de Arquímedes (c. 1508). Códice Arundel (f. 87v).

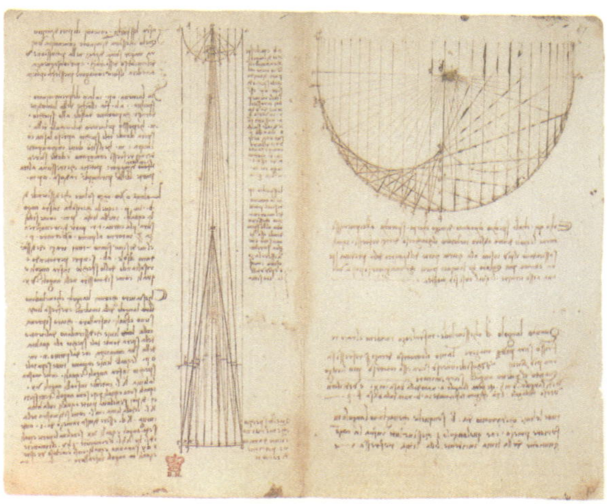

Abajo, estudios sobre espejos parabólicos para el aprovechamiento de la energía solar (c. 1513-1515). Códice Atlántico (f. 750r).

La investigación histórica ya ha establecido que, entre los textos antiguos retomados por la cultura occidental de los humanistas en el siglo XV, los de Arquímedes tuvieron una importancia decisiva en el proceso que propició el auténtico «renacer» de la ciencia basado en un planteamiento rigurosamente geométrico-matemático y destinado, a finales del siglo XVI, a producir un resultado revolucionario con la llegada de Galileo. A finales del XV, sin embargo, Arquímedes constituye un punto de referencia obligado en el debate científico. Sus obras son buscadas tanto en el texto griego como en las versiones latinas: la medieval de Moerbeke y la renacentista de Jacopo da Cremona.

Como otros grandes ingenieros del Renacimiento, Leonardo advirtió la necesidad de volver a Arquímedes, y realizó un profundo estudio de sus escritos. Consultó la *Dimensio circuli* publicada por Gaurico en 1504 y tuvo conocimiento del *Equilibrio de los planos* y el *Tratado de los Cuerpos flotantes* (transcritos parcialmente en el Códice Atlántico). En los textos leonardianos, el científico de Siracusa presenta la doble fisonomía característica que la tradición le había adjudicado y que se corresponde con la sumamente concreta del ingeniero-inventor (espejos ustorios para incendiar las naves romanas; «tornillos» para elevar cargas; un cañón de vapor cuyo descubrimiento le fue atribuido por Leonardo; un sistema para desenmascarar al que había vendido a Gerón, tirano de Siracusa, por áurea una corona de aleación de oro y plata).

Si la mención del nombre de Leonardo en la edición de los escritos de Arquímedes dirigida por Gaurico (en la que se define a Leonardo como «muy notable por su ingenio arquimediano») está probablemente referida al perfil del Arquímedes como ingeniero-inventor, numerosos párrafos de Leonardo atestiguan su admiración por la sabiduría geométrica del siracusano. Dicha admiración, aun siendo inmensa, nunca se tradujo en una actitud de pasiva imitación. En efecto, Leonardo analizó con gran detalle las soluciones arquimedianas a los problemas de la cuadratura del círculo y de las figuras curvilíneas, y evidenció los aspectos que no le satisfacían: «Estuvo bien enunciada pero mal formulada la cuadratura del círculo de Arquímedes». Arquímedes habría cuadrado no un círculo, «sino una figura de lados rectos», mientras Leonardo pensaba que él había ido más allá: «Y yo cuadro el círculo, excepto una porción tan minúscula como el intelecto sea capaz de imaginar, es decir, como el punto visible».

En otro momento Leonardo anuncia haber encontrado, el 30 de noviembre de 1504, la solución del viejo problema de la cuadratura: «La noche de San Andrés encontré la solución a la cuadratura del círculo, cuando se acababa el candil, la noche y el papel en el que estaba escribiendo; lo concluí al alba».

Por desgracia, no queda rastro de esta presunta solución. Si bien es oportuno recordar que las densas reflexiones de Leonardo acerca de las cuadraturas no constituyen uno de los aspectos más interesantes u originales de su actividad científica, no se nos puede escapar que para Leonardo, como para muchos de sus contemporáneos, la revisión de los estudios de Arquímedes no representó tan sólo una ocasión para dar solución a algunos problemas geométricos de gran relevancia, sino que dio lugar principalmente al descubrimiento de un método de estudio geométrico-mecánico de la realidad, del que se derivaría una transformación radical de la forma misma de entender y acercarse al conocimiento científico.

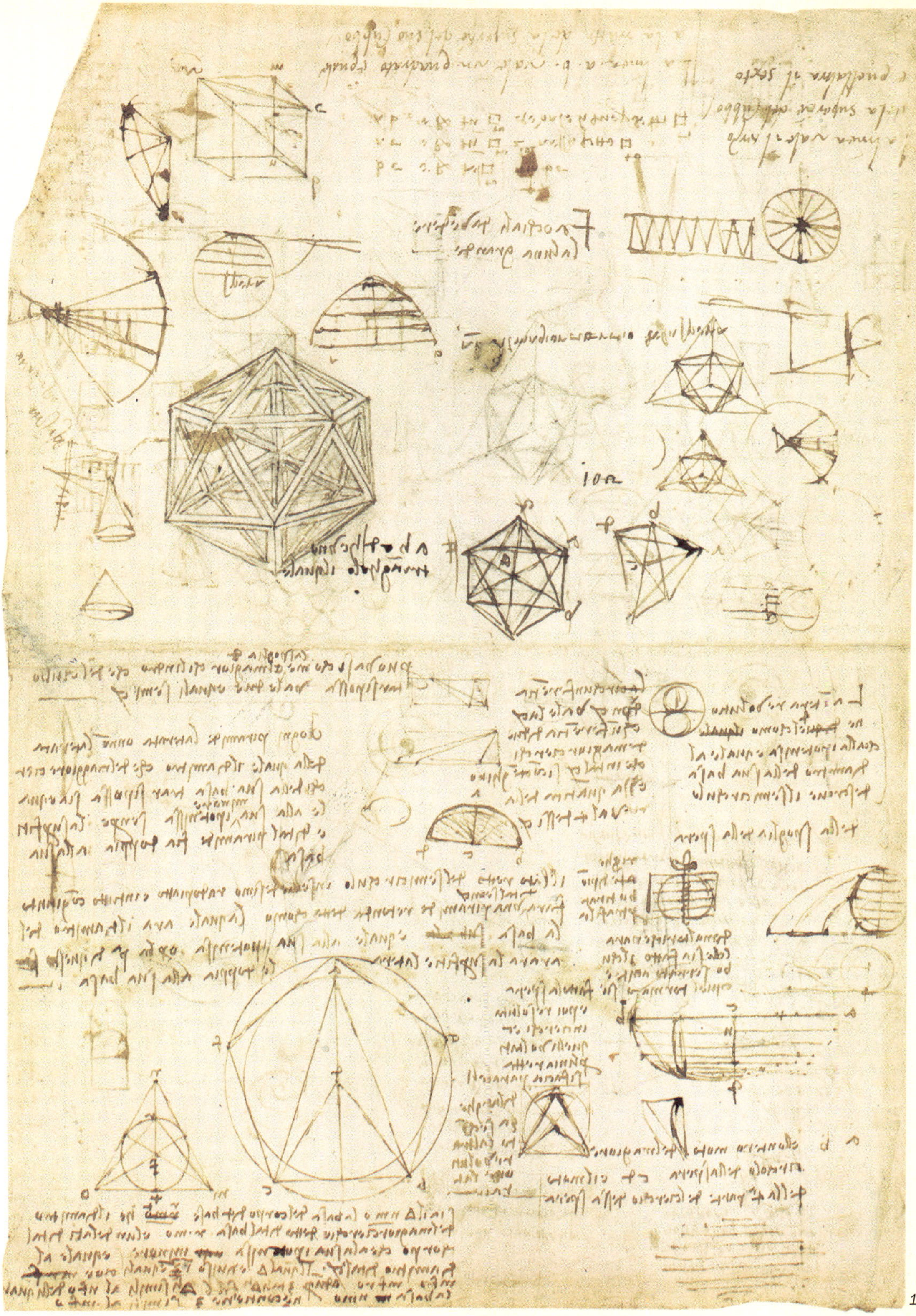

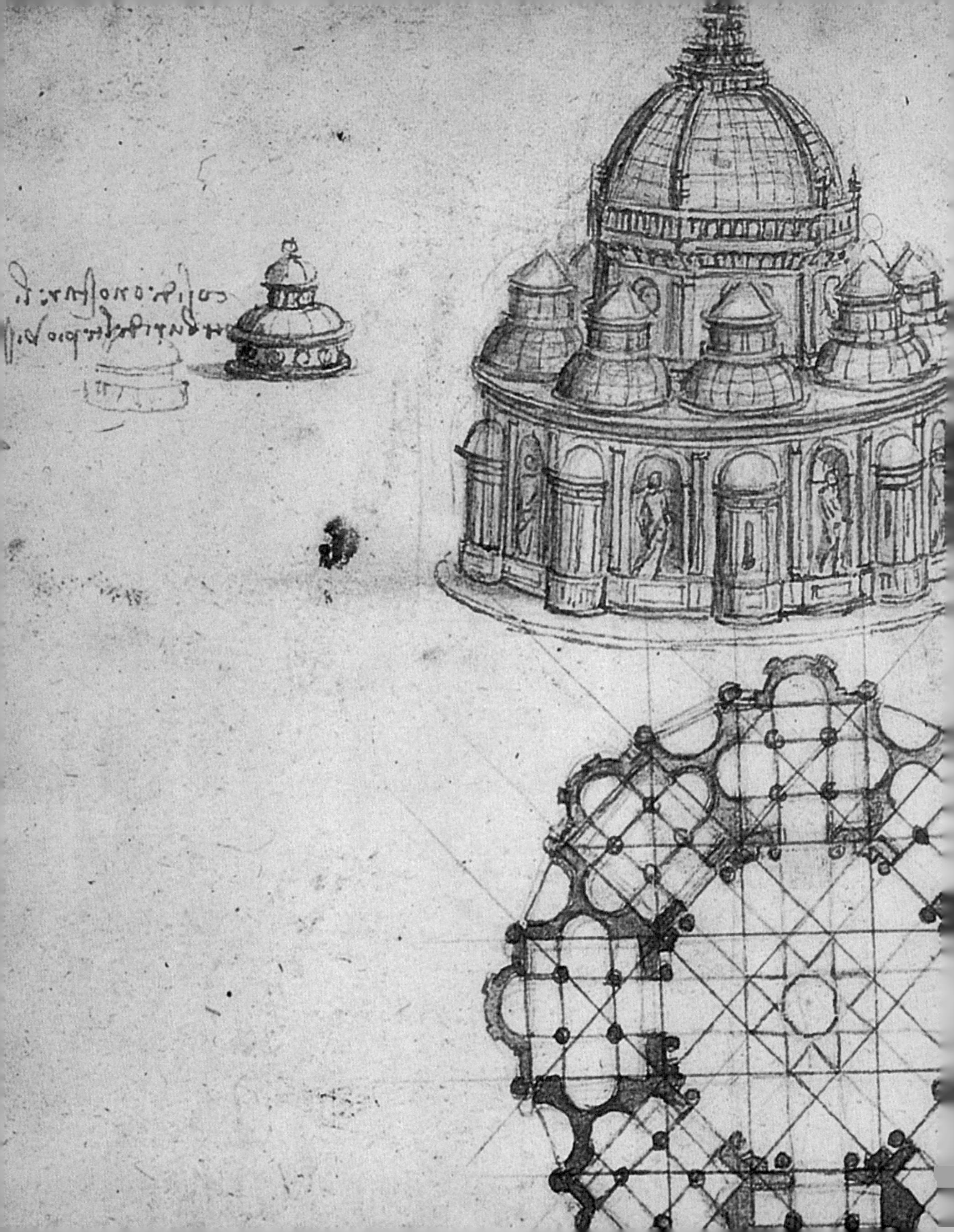

CRONOLOGÍA

ÍNDICE

Cronología	1450	1460	1470	1480	1485
Leonardo da Vinci	**1452** Leonardo nace en Vinci el 15 de abril, hijo natural del notario Piero di Antonio.	**1469** Se presume que en este año comienza su aprendizaje en el taller de Verrocchio.	**1472** Entra en el gremio de pintores, en la compañía de San Lucas. **5 de agosto,** Paisaje del valle del Arno.	**1476** Acusado de sodomía junto con otras personas, es absuelto. **1481** Contrato para la *Adoración de los Magos*.	**1489** Realiza los aparatos provisionales para las celebraciones de la boda de Gian Galeazzo Sforza e Isabel de Aragón.
Italia	**1452** 9 de abril de 1454 La paz de Lodi entre Venecia, Milán y el papado abre un periodo de estabilidad.	**1465** Piero de Medici es el nuevo Señor de Florencia tras la muerte de su padre Cosimo. Antonello da Messina pinta el *Salvator Mundi*.	**1471** Sixto IV della Rovere es elegido papa. **1475** Guerra entre Venecia y los turcos.	**1480** En Milán, Ludovico Sforza (el Moro) accede al poder. **1483** Nace Rafael en Urbino.	**1485** Da comienzo la «conjura de los barones» contra el rey Fernando de Nápoles, respaldada por el papa Inocencio VIII.
Francia	**1450** Carlos VII arrebata Normandía a los ingleses. **1453** Toda Francia (excepto Calais) vuelve a manos del rey de Francia.	**1461** Es nombrado rey de Francia Luis XI, hijo de Carlos VII, que consolida la unidad política y territorial del país.	**1471** Luis XI comienza la guerra contra Carlos de Borgoña, aliado de los ingleses.	**1482** El Tratado de Arras entre Luis XI y Maximiliano de Habsburgo regula el reparto del territorio de Borgoña.	
España	**1458** Muere Alfonso V el Magnánimo; le suceden su hermano Juan II (la corona de Sicilia) y su hijo Fernando I (el reino de Nápoles).	**1469** Boda de Fernando, heredero del trono de Aragón, e Isabel, heredera del trono de Castilla.	**1479** Fernando II el Católico, rey de Aragón y Castilla, consigue la unidad española.	**1482** El Tribunal de la Inquisición, fundado en 1480, nombra inquisidor general a Tomás de Torquemada.	
Inglaterra	**1458** En Francia, los ingleses pierden el dominio de Calais.	**1461** Es destronado Enrique VI, y accede al trono Eduardo IV de York.			**1485** Los York son derrotados en la batalla de Bosworth. Comienza la dinastía Tudor. Finaliza la guerra de las Dos Rosas.

1490	1495	1500	1505	1510	1515
490 Es irector y iseñador de estuarios para umerosas estas de la orte. Conoce Luca Pacioli.	**1495** Comienza *La última cena,* que concluye, probablemente, en 1497. Es convocado como ingeniero ducal.	**1500** Viaja a Venecia; proyecta planes de defensa contra la invasión turca. **1502** Está al servicio de César Borgia.	**1506** Entra al servicio del gobernador francés de Milán, Carlos de Amboise. **1507** Regresa a Florencia por asuntos de herencia.	**1510** Estudia anatomía con Marcantonio della Torre. **1513** Viaja a Roma. Se aloja en el Vaticano, su mecenas es Giuliano de Medici.	**1517** Se traslada a Francia. **1519** El 23 de abril redacta su testamento. Muere el 2 de mayo.
492 Muere en lorencia orenzo el Magnífico. Es ombrado papa lejandro VI orgia. **494** Muere ian Galeazzo forza.	**1493** El papa Alejandro VI excomulga a Savonarola. **1498** En Florencia, Girolamo Savonarola es ejecutado por hereje.	**1501** Maquiavelo es enviado ante el duque Valentino. **1504** Rafael firma *Los desposorios de la Virgen*. Miguel Ángel el *David*.	**1505** El papa Julio II encarga su tumba a Miguel Ángel. **1505** Julio II conquista Bolonia y la anexiona al Estado de la Iglesia.	**1510** Muere Sandro Botticelli. **1512** Los Medici regresan a Florencia. **1513** Maquiavelo escribe *El príncipe*.	**1517** León X declara completada la reforma de la Iglesia. **1518** Maquiavelo escribe *La mandrágora*.
494 Inducido or Ludovico Moro, arlos VIII vade Italia. xpulsión de ero de edici: Carlos III entra en orencia.	**1495** Carlos VIII conquista Nápoles. El 6 de julio es derrotado por una liga de Estados italianos (Liga de Venecia) en la batalla de Fornovo.	**1501** Comienza la guerra entre Francia y España, que concluye en 1504 con el Tratado de Lyon y la victoria de los españoles.			**1515** Francisco I de Valois-Angulema es nombrado rey de Francia. Se dirige a Italia y ocupa el ducado de Milán.
92 Por orden Torquemada, s judíos son pulsados de paña. 12 de tubre Colón ga a nérica.		**1500** Tratado de Granada entre Luis XII y Fernando el Católico para el reparto del reino de Nápoles.		**1510** Los españoles ocupan Cuba, que sería la base para la conquista de México.	**1519** Carlos I hereda la corona de España y las posesiones austriacas. Hernán Cortés ocupa México y destruye Tenochtitlán.
			1509 Accede al trono Enrique VIII Tudor, sucediendo a su padre Enrique VII.		

ÍNDICE ANALÍTICO

Nota: los números en *cursiva* hacen referencia a los pies de foto de esas páginas.